Klassisch-arabische Chrestomathie aus Prosaschriftstellern
8., neu bearbeitete Auflage

PORTA LINGUARUM ORIENTALIUM
Neue Serie
Herausgegeben von Werner Diem und Lutz Edzard

Band 17,1

2008
Harrassowitz Verlag · Wiesbaden

Rudolf Ernst Brünnow, August Fischer

Klassisch-arabische Chrestomathie aus Prosaschriftstellern

8., neu bearbeitete Auflage
von Lutz Edzard und Amund Bjørsnøs

2008
Harrassowitz Verlag · Wiesbaden

Djaroumiya: grammaire arabe élémentaire de Mohammed Ben Dawoud El-Sanhadji.
Texte arabe et traduction française par M. Bresnier.
Algiers: Bastide, Librairie-Editeur. 1846

Bibliografische Information der Deutschen Nationalbibliothek
Die Deutsche Nationalbibliothek verzeichnet diese Publikation in der Deutschen Nationalbibliografie; detaillierte bibliografische Daten sind im Internet über http://dnb.d-nb.de abrufbar.

Bibliographic information published by the Deutsche Nationalbibliothek
The Deutsche Nationalbibliothek lists this publication in the Deutsche Nationalbibliografie; detailed bibliographic data are available in the internet at http://dnb.d-nb.de.

Informationen zum Verlagsprogramm finden Sie unter
http://www.harrassowitz-verlag.de

Gedruckt auf alterungsbeständigem Papier.
Druck und Verarbeitung: Hubert & Co., Göttingen
Printed in Germany

ISSN 0554-7342
ISBN 978-3-447-05696-0

Inhaltsverzeichnis

Vorwort zur achten Auflage

Seit ihrer ersten Auflage von 1895 ist Rudolf-Ernst Brünnows *Arabische Chrestomathie aus Prosaschriftstellern*, die später von August Fischer substantiell erweitert und bearbeitet wurde, ein beliebtes Hilfsmittel zur Einführung in das klassische Arabisch. Zwanzig Jahre nach dem Erscheinen der siebenten Auflage von 1988 bot sich nunmehr die Gelegenheit zu einer neuen Auflage, die auch in einer englischen Fassung erscheinen wird. Die Herausgeber haben hierbei versucht, u.a. auf die folgenden Punkte zu achten:

1. Die Textausschnitte sind von vielerlei Kommentaren zu grammatischen, lexikalischen und kulturellen Details begleitet. Die Kommentare sind in erster Linie als pädagogisches Hilfsmittel für motivierte Studierende ab dem dritten Semester gedacht, nicht als wissenschaftlicher Kommentar für fortgeschrittene Spezialisten. Gleichwohl wird auf wichtige Begriffsbildungen der Arabistik und Semitistik Bezug genommen, wobei auch Gesichtspunkte der nativen arabischen Grammatiktheorie Berücksichtigung finden. Auf Fischers *Grammatik des Klassischen Arabisch* wird ebenso regelmäßig verwiesen wie auf Wrights *Grammar of the Arabic Language*. Immer wieder, aber keineswegs systematisch, finden sich Bezüge auf wichtige Referenzwerke für Arabisten und Semitisten, gelegentlich werden auch wichtige Spezialabhandlungen zitiert, immer mit Blick darauf, daß die Studierenden beim Studium Eigeninitiative entwickeln können. Jahreszahlen in den Kommentaren beziehen sich in der Regel auf den gregorianischen Kalender.

2. Die wichtigsten Editionen der Quellentexte sind angegeben. In der Chrestomathie vorgenommene Textkürzungen sind mit "[.]", "[..]" oder "[...]" vermerkt, je nach Länge der Kürzung; "[.]" bezieht sich dabei typischerweise auf mehrere Wörter (etwa Namensbestandteile), "[..]" auf mehrere Zeilen und "[...]" auf mehrere Seiten. Kommata im arabischen Text ("،") bezeichnen Sinneinschnitte, die in den Editionen entweder auch so notiert sind oder aber einer optischen Paragrapheneinteilung entsprechen. Interessante Textvarianten sind notiert. August Fischers und Anton Spitalers Kommentare wurden dabei weitestgehend miteingearbeitet. Auch auf wichtige Übersetzungen wird hingewiesen, schon weil diese zum Teil detaillierte Zusatzinformationen enthalten, die hier nicht alle in die Kommentare aufgenommen werden konnten.

3. Das Glossar, das ja in seiner bisherigen Form ein kleines Kunstwerk darstellt, ist inhaltlich und stilistisch mit Hinblick auf die sich weiter entwickelnde Sprachwissenschaft und Lexikographie, aber auch mit Blick auf den Beginn des 21. Jahrhunderts behutsam überarbeitet. Formulierungen à la "cum accusativo mulieris" wird man somit nicht mehr finden. Bezüge auf Socins bzw. Brockelmanns *Arabische Grammatik* (die der Paragraphenaufteilung in den neuesten Auflagen dieser Grammatik ohnehin nicht mehr entsprachen) wurden durch Bezüge auf Wolfdietrich Fischers *Grammatik des Klassischen Arabisch* (bzw. die englische Übersetzung dieses Werks von Jonathan Rodgers) ersetzt; gelegentlich wird auch auf Wrights *Grammar of the Arabic Language* und Reckendorfs *Arabische Syntax* verwiesen. Belege aus anderen semitischen Sprachen, die inhaltlich redundant und zum Teil auch etymologisch unsicher waren, wurden entfernt. Dafür sind unten einige Hinweise zu vergleichend-etymologischen Referenzwerken beigefügt ("Hinweise zur Onomastik und vergleichenden Etymologie"). Ebenso wurden Angaben zu den arabischen Metren, die sich ursprünglich im Glossar fanden, in einem eigenen Abschnitt zusammengefaßt ("Hinweise zur arabischen Metrik"). Gelegentlich finden sich Querverweise von den Kommentaren auf das Glossar, um die Analyse heikler Passagen zu erleichtern.
4. Die Texte sind bis auf kleinere notwendige Abweichungen exakt in der Seiten- und Zeilenstruktur der 7. Auflage gesetzt. Damit behalten die zahlreichen Stellenverweise im Glossar ihre Gültigkeit. Notwendige Änderungen ergaben sich bei den Angaben zu den Koranzitaten, die nunmehr mit der Anordnung der *ʾāyāt* im etablierten Kairener *textus receptus* im Einklang stehen. Die Ḥadīṯ-ausschnitte wurden mit den Kapitelnummern in den Editionen versehen. Glossierende Ergänzungen zu den *ʾaḥādīṯ*, die in den älteren Auflagen zwischen Asterisken gesetzt waren, wurden zwischen geschweifte Klammern gesetzt.
5. Einem Vorschlag August Fischers folgend (vgl. sein Vorwort zu der Ausgabe von 1928), wurde das Textkorpus um drei lexikographische und drei geographische Specimina erweitert. Auf der lexikographischen Seite haben sich die Herausgeber für zwei Ausschnitte aus dem Vorwort zu al-Ḫalīls *Kitāb al-ʿayn* entschieden, sowie für die Einträge *quṭrub* in Ibn Manẓūrs *Lisān al-ʿarab* und az-Zabīdīs *Tāǧ al-ʿarūs*. Auf der geographischen Seite wurden ein etymologisch orientierter Abschnitt aus al-Masʿūdīs *Murūǧ aḏ-ḏahab wa-maʿādin al-ǧawhar* sowie zwei Ausschnitte aus Yāqūts *Muʿǧam al-buldān* hinzugenommen, die ebenfalls etymologischer Natur sind. Die "geographischen" Abschnitte am Ende der Neuauflage der Chrestomathie stehen somit in einem harmonischen Zusam-

menhang mit den vorhergehenden lexikographischen Abschnitten. Auf der anderen Seite wurde keine der *ʾadab*-Geschichten am Beginn der Chrestomathie herausgenommen, so wie es August Fischer auch vorgeschlagen hatte, nicht einmal die unzweifelhaft als nachklassisch anzusetzende Geschichte Nr. 12. Dafür sind die Geschichten – neben ihrem pädagogischen Wert – inhaltlich einfach zu reizvoll.

Dank schulden die Herausgeber vor allem Stefan Wild, der Lutz Edzard großzügig seine Kursunterlagen zum Unterricht mit der Chrestomathie überlassen hat. Lutz Edzard konnte von 1998 bis 2002 an der Universität Bonn selbst pädagogische Erfahrung mit der Chrestomathie machen, wobei ihm Stefan Wild immer wohlwollend über die Schulter geschaut hat. Seit dem Herbstsemester 2007 bildet die Chrestomathie auch die Grundlage eines Masterkurses am Department of Culture Studies and Oriental Languages der Universität Oslo, die die Neuauflage durch die Bereitstellung von Mitteln für einen wissenschaftlichen Mitarbeiter, Amund Bjørsnøs, nach Kräften gefördert hat. Amund Bjørsnøs, ein graduierter Student an unserem Institut, hat das komplette Glossar neu gesetzt, die arabischen Texte zum großen Teil aus Internetquellen kompiliert und Lutz Edzard zur weiteren Bearbeitung überspielt. Darüber hinaus hat er das gesamte Projekt mit sorgfältiger Detailarbeit und vielerlei intelligenten Kommentaren zu verschiedenen Themen begleitet. Stefan Wild, Werner Diem und Christian Szyska haben einzelne Hinweise beigesteuert, wofür wir zu großem Dank verpflichtet sind. Stephan Guth hat dankenswerterweise eine Korrektur mitgelesen und konstruktive Vorschläge beigesteuert. Ebenso sei Alexandra Edzard für ihre Mithilfe beim Korrekturlesen gedankt. Einem Vorschlag Stefan Wilds folgend haben wir "Arabische Chrestomathie" in "Klassisch-arabische Chrestomathie" umbenannt. Herr Michael Langfeld, Frau Dr. Barbara Krauß, Herr Reinhard Friedrich und Herr Jens Fetkenheuer vom Harrassowitz Verlag haben das Projekt in all seinen Stadien mit technischem Rat begleitet. Wie immer liegt die abschließende Verantwortung für die Neuausgabe bei den Herausgebern allein, die Kommentare jedweder Art gerne entgegennehmen.

Oslo, im Mai 2008 Lutz Edzard und Amund Bjørsnøs

Hinweise zu den Quellen der Textauszüge

1. ʾ*adab*-Literatur: Šākir al-Batlūnī:
Kitāb tasliyat al-ḫawāṭir fi muntaḫabāt al-mulaḥ wa-n-nawādir. Beirut 1882.
Nr. 1: S. 127; Nr. 2: S. 124–125; Nr. 3: S. 81; Nr. 4: S. 82; Nr. 5: S. 19; Nr. 6: S. 46; Nr. 7: S. 55; Nr. 8: S. 77; Nr. 9: S. 86; Nr. 10: S. 64–65; Nr. 11: S. 21–24; Nr. 12: S. 39–41; Nr. 13: S. 137–139; Nr. 14: S. 151–152; Nr. 15: S. 69–71.
Zu weiteren Quellenangaben mit textkritischen Bemerkungen vgl. Fischer 1940.

2. Klassische Prosa und Poesie: ʾAbū l-Faraǧ al-ʾIṣbahānī: *Kitāb al-ʾaġānī*. 25 Bde. Kairo: Maṭbaᶜat dār al-kutub al-ᶜarabīya. 1927–1979.
2.1. *Taʾabbaṭa Šarran:*
Kitāb al-ʾaġānī li-ʾAbī l-Faraǧ al-ʾIsbahānī, ed. ᶜAbd al-Karīm ʾIbrāhīm al-ᶜAzbāwī und Maḥmūd Muḥammad Ġanīm, Bd. 21: 127–173 (Auszüge). Kairo 1973.
2.2. *Qays ibn Ḏarīḥ:*
Kitāb al-ʾaġānī li-ʾAbī l-Faraǧ al-ʾIsbahānī, Bd. 9: 180–220 (Auszüge). Kairo 1936.
2.3. *ᶜUrwa ibn Ḥizām al-ᶜUḏrī:*
Kitāb al-ʾaġānī li-ʾAbī l-Faraǧ al-ʾIsbahānī, ed. ᶜAbd al-Karīm ʾIbrāhīm al-ᶜAzbāwī und ᶜAbd al-ᶜAzīz Maṭar, Bd. 24: 145–164 (Auszüge). Kairo 1973.

3. Biographie Muḥammads: Ibn Hišām (Ibn ʾIsḥāq): *Kitāb sīrat an-nabī*
Edition: Wüstenfeld, Ferdinand. 1858-1860. *Das Leben Muhammed's nach Muhammed Ibn Ishâk bearbeitet von Abd el-Malik Ibn Hischâm.* 2 Bde. Göttingen: Dieterichsche Universitätsbuchhandlung.
Englische Übersetzung: Guillaume, Alfred. 1955. *The Life of Muhammad. A translation of Isḥāq's* Sīrat rasūl allāh. London et al.: Oxford University Press.
Deutsche Übersetzung: Weil, Gustav. 1864. *Das Leben Mohammed's nach Mohammed Ibn Ishâk bearbeitet von Abd el-Malik Ibn Hischam.* 2 Bde. Stuttgart: Verlag der J. B. Metzler'schen Buchhandlung.
Deutsche Übersetzung (in Auszügen): Rotter, Gernot. 1976. *Ibn Ishâq. Das Leben des Propheten.* Tübingen: Horst Erdmann Verlag.
3.1. *Ḥaml ʾĀmina bi-rasūl allāh wa-wilādatu-hū:*
Wüstenfeld, Bd. 1: 100–102; englische Übersetzung: Guillaume, S. 68–69; deutsche Übersetzungen: Weil, Bd. 1: 75–77; Rotter, S. 27–28 (in Auszügen).

3.2. *Mab*ᶜ*at̲ an-nabī:*
Wüstenfeld, Bd. 1: 150–154; englische Übersetzung: Guillaume, S. 104–107; deutsche Übersetzungen: Weil, Bd. 1: 112–115; Rotter, S. 42–45.
3.3. *ᵓAmr al-ᶜAqaba al-ᵓūlā:*
Wüstenfeld, Bd. 1: 287–290; englische Übersetzung: Guillaume, S. 198–199; deutsche Übersetzungen: Weil, Bd. 1: 214–215; Rotter, S. 92–93 (in Auszügen).
3.4. *ᵓAmr al-ᶜAqaba at̲-t̲āniya:*
Wüstenfeld, Bd. 1: 293–297, 304–305; englische Übersetzung: Guillaume, S. 201–204 und 208; deutsche Übersetzungen: Weil, Bd. 1: 218–220, 226; Rotter, S. 93–97 (in Auszügen).
3.5. *Hiǧrat rasūl allāh ᵓilā l-Madīna:*
Wüstenfeld, Bd. 1: 323–326; englische Übersetzung: Guillaume, S. 221–223; deutsche Übersetzungen: Weil, Bd. 1: 237–240; Rotter, S. 101–104.
3.6. *Nubd̲a min al-ḫabar ᶜan ġazwat Badr al-kubrā:*
Wüstenfeld, Bd. 1: 443–445; englische Übersetzung: Guillaume, S. 299–301; deutsche Übersetzungen: Weil, Bd. 1: 331–332; Rotter, S. 134–135 (in Auszügen).
3.7. *Nuḫba min al-ḫabar ᶜan fatḥ Makka:*
Wüstenfeld, Bd. 1: 820–824; englische Übersetzung: Guillaume, S. 553–555, 774; deutsche Übersetzungen: Weil, Bd. 2: 202–206; Rotter, S. 219–220 (in Auszügen).
3.8. *Wafāt rasūl allāh:*
Wüstenfeld, Bd. 1: 1009–1012; englische Übersetzung: Guillaume, S. 681–682; deutsche Übersetzungen: Weil, Bd. 2: 347–348; Rotter, S. 249–251 (in Auszügen).

4. Historiographie: aṭ-Ṭabarī: *Kitāb ar-rusul wa-l-mulūk*
Edition: de Goeje, M. J. 1879-1901. *Annales quos scripsit Abu Djafar Mohammed ibn Djarir at-Tabari.* Leiden: E.J. Brill.
4.1. *Nuḫba min al-ḫabar ᶜan futūḥ aš-Šām wa-Ḫālid ibn al-Walīd:*
de Goeje, S. 2121–2150 (Auszüge); englische Übersetzung: Blankinship, Khalid Yahya. 1993. *The History of al-Ṭabarī. vol. xi. The Challenge to the Empires.* Albany: State University of New York Press, S. 122–163 (Auszüge).
4.2. *Nuḫba min ḫabar al-Qādisīya:*
de Goeje, S. 2247–2339 (Auszüge); englische Übersetzung: Friedmann, Yohanan. 1992. *The History of al-Ṭabarī. vol. xii. The Battle of al-Qādisiyyah and the Conquest of Syria and Palestine.* Albany: State University of New York Press, S. 42–126 (Auszüge).

5. Biographie: Ibn Ḫallikān: *Kitāb wafayāt al-ʾaʿyān wa-ʾanbāʾ ʾabnāʾ az-zamān*
Edition: *Wafāyāt al-ʾaʿyān wa-ʾanbāʾ ʾabnāʾ az-zamān,* ed. ʾIḥsān ʿAbbās. 8 Bde. Beirut: Dār Sādir. 1968–1977.
Englische Übersetzung: *Ibn Khallikan's Bibliographical Dictionary.* Translated from the Arabic by B^{n} Mac Guckin de Slane. 1842–1871. 4 Bde. New York & London: Johnson Reprint Corporation.

5.1. *Sībawayhi:*
Edition: Bd. 3: 463–465; Übersetzung: Bd. 2: 396–399.

5.2. *al-Buḫārī:*
Edition: Bd. 4: 188–190; Übersetzung: Bd. 2: 594–597.

5.3. *Ibn ʾIsḥāq (ṣāḥib al-maġāzī wa-s-siyar):*
Edition: Bd. 4: 276–277; Übersetzung: Bd. 2: 677–679.

5.4 *ʾAbū l-ʿAlāʾ al-Maʿarrī:*
Edition: Bd. 1: 113–116; Übersetzung: Bd. 1: 94–98.

5.5. *al-Ḥarīrī (ṣāḥib al-maqāmāt):*
Edition: Bd. 4: 63–68; Übersetzung: Bd. 2: 396–399.

6. Koran: Kairener Standardausgabe: *Muṣḥaf al-ʾAzhar aš-šarīf*
Englische Übersetzungen:
The Qurʾān translated, with a critical re-arrangement of the Surahs by Richard Bell, 2 Bde. Edinburgh: T. & T. Clark. 1937–1939.
An English interpretation of the Holy Quran with full Arabic text by A. Yusuf Ali. Lahore: Sh. Muhammad Ashraf. 1975.
Deutsche Übersetzung:
Paret, Rudi. 1977 (2. Aufl.). *Der Koran. Kommentar und Konkordanz.* Stuttgart: Kohlhammer.

6.1. *Sūrat al-Fātiḥa* (1)
6.2. *Sūrat al-ʾIḫlāṣ* (112)
6.3. *Sūrat al-Kāfirūn* (19)
6.4. *min Sūrat al-ʾAnʿām* (6)
6.5 *ʾĀyat al-kursī* (2: 256)
6.6. *Sūrat al-Qadr* (97)
6.7. *ʾawwal Sūrat al-Muddaṯṯir* (74)
6.8. *Sūrat al-Masad* (111)
6.9. *Sūrat al-Qāriʿa* (101)
6.10. *Sūrat at-Takwīr* (81)

6.11. *Sūrat ar-Raḥmān* (55)
6.12. *Sūrat aḍ-Ḍuḥā* (93)
6.13. *Sūrat al-Falaq* (113)
6.14. *an-niṣf al-ʾawwal min Sūrat Yūsuf* (12)
6.15. *Sūrat at-Taḥrīm* (66)
6.16. *nubaḏ muḫtārāt min Sūrat al-Baqara* (2)

7. Ḥadīṯ: al-Buḫārī: *Kitāb al-ǧāmiᶜ aṣ-ṣaḥīḥ*
Editionen: *Recueil des traditions mahométanes par Abou Abdallah Mohammed ibn Ismaîl el-Bokhâri,* ed. M. Ludolf Krehl (Bde. 1–3) und Th. W. Juynboll (Bd. 4). Leiden: E.J. Brill. 1862–1908.
al-Ǧāmiᶜ aṣ-ṣaḥīḥ al-musnad min ḥadīṯ rasūl allāh wa-sunani-hī wa-ʾayyāmi-hī, ed. Muḥibb ad-Dīn al-Ḫaṭīb et al. Kairo: al-Maṭbaᶜa as-salafīya. 1979 (1400h).
Englische Übersetzung: Khan, Muḥammad Muḥsin. 1983. *The Translation of the Meanings of Ṣahih al-Bukhari: Arabic–English.* Lahore: Kazi Publications.
Deutsche Übersetzung (Auszüge): Ferchl, Dieter. 1991. *Ṣaḥīḥ al-Buḫārī. Nachrichten von Taten und Aussprüchen des Propheten Muhammad.* Ausgewählt, aus dem Arabischen übersetzt und herausgegeben von Dieter Ferchl. Stuttgart: Reclam.
7.1. *at-tawḥīd:*
Juynboll, Bd. 4: 445–452; Ḫaṭīb, Bd. 4: 378–383.
7.2. *al-qadar:*
Juynboll, Bd. 4: 251–254; 257; Ḫaṭīb, Bd. 4: 208–210; 213.
7.3. *al-libās:*
Juynboll, Bd. 4: 103–106; Ḫaṭīb, Bd. 4: 81–83.
7.4. *an-nikāḥ:*
Krehl, Bd. 3: 410–416, 421, 423–424, 445, 454; Ḫaṭīb, Bd. 3: 354–359, 364, 366–367, 387, 396.

8. Grammatik: Ibn ʾĀǧurrūm (Muḥammad ibn Dāʾūd aṣ-Ṣinhāǧī):
Kitāb al-ʾĀǧurrūmīya
Text and Übersetzung in Trumpp, Ernst. 1876 *Einleitung in das Studium der arabischen Grammatiker. Die Ajrūmiyyah des Muḥammad bin Daūd.* München: Verlag der K. Akademie. Der Text ist eingebettet in Muḥammad ibn ʾAḥmad aš-Širbīnīs Traktat *Nūr as-saǧīya fī ḥall ʾalfāẓ al-ʾĀǧurrūmīya,* ediert, übersetzt und kommentiert in Carter, Michael G. 1981. *Arab Linguistics. An introductory classical text with translation and notes.* Amsterdam: J. Benjamins.

9. Lexikographie

9.1. al-Ḫalīl: *Kitāb al-ᶜayn: min al-muqaddima*

Edition: ᵓAbū ᶜAbdarraḥmān al-Ḫalīl ibn ᵓAḥmad al-Farāhīdī. *Kitāb al-ᶜayn,* ed. Mahdī al-Maḫzūmī und ᵓIbrāhīm as-Sāmarrāᵓī. 8 Bde. Baghdad: Dār ar-Rašīd li-n-našr. 1980, Bd. 1, S. 47–49 und 58–60.

Englische Übersetzung: Haywood, John. 1960. *Arabic Lexicography. Its history and its place in the general history of lexicography.* Leiden: E.J. Brill, S. 28–29 und 36–37.

9.2. Das Lemma *quṭrub*: Ullmann, Manfred. 1976. "Der Werwolf. Ein griechisches Sagenmotiv in arabischer Verkleidung", *Wiener Zeitschrift für die Kunde des Morgenlandes* 68: 171–184.

9.2.1. Ibn Manẓūr, Muḥammad ibn Mukarram. *Lisān al-ᶜarab.* Beirut: Dār ᵓiḥyāᵓ at-turāṯ al-ᶜarabī. 1988, s.v. *quṭrub.*

9.2.2. az-Zabīdī, Muḥammad Murtaḍā. *Tāǧ al-ᶜarūs min ǧawāhir al-Qāmūs.* Kuwait: Maṭbaᶜat ḥukūmat al-kuwayt. 1965, s.v. *quṭrub.*

10. Geographie

10.1. al-Masᶜūdī: *Murūǧ aḏ-ḏahab wa-maᶜādin al-ǧawhar*

Edition: al-Masᶜūdī. *Les prairies d'or* (*Murūǧ aḏ-ḏahab wa-maᶜādin al-ǧawhar*). Edition Barbier de Meynard et Pavet de Courteille revue et corrigée par Charles Pellat. 7 Bde. Beirut: Publications de l'Université Libanaise. 1966–1979.

Französische Übersetzung: Masᶜūdī (mort en 345/956). *Les prairies d'or.* Traduction française de Barbier de Meynard et Pavet de Courteille revue et corrigée par Charles Pellat. 3 Bde. Paris: Societé Asiatique. 1962–1971.

Fī ḏikr tanāzuᶜ an-nās fī l-maᶜnā llaḏī min ᵓaǧli-hī summiya l-yaman yamanan wa-l-ᶜirāq wa-š-šām wa-l-ḥiǧāz:

Edition: Bd. 2: 190–191; Übersetzung: Bd. 2: 377–378.

10.2. Yāqūt: *Muᶜǧam al-buldān*

Edition: *Jacut's geographisches Wörterbuch* aus den Handschriften zu Berlin, St. Petersburg und Paris herausgegeben von Ferdinand Wüstenfeld. 6 Bde. Leipzig: Brockhaus. 1866–1873.

10.2.1. *Fī ǧumal min ᵓaḫbār al-buldān*:

Edition: Wüstenfeld, Bd. 1: 52–54. Übersetzung: Jwaideh, Wadie. 1959. *The Introductory Chapters of Yāqūt's Muᶜjam al-Buldān. Translated and annotated.* Leiden: E.J. Brill, S. 75–79.

10.2.2. *Baġdād*:

Edition: Wüstenfeld, Bd. 1: 677–678.

Hinweise zur Onomastik und vergleichenden Etymologie

Schall 1982 stellt eine nützliche Einführung in den arabischen Wortschatz an sich dar. Zur semitischen Onomastik generell (Eigen- und Ortsnamen) wird Streck & Weninger 2002 als Anlaufpunkt empfohlen. Wild 1982 ist im engeren Sinne den arabischen Personen-, Stammes- und Ortsnamen gewidmet. Fraenkel 1886 bietet eine schon ältere Übersicht aramäischer Lehnwörter im Arabischen. Retsö 2006 ist eine knappe moderne Darstellung desselben Themas. Weninger 2007 liefert Details zu äthiopischen Lehnwörtern im Arabischen (und *vice versa*). Endress 1992: 14–23 zeichnet die Übernahme griechischen Vokabulars im Arabischen (über das Syrisch-Aramäische) nach, vor allem in wissenschaftlicher Literatur. Gutas 2007 ist ein modernes Résumé desselben Themas. Shahîd 2008 bietet eine Übersicht über lateinisches Lehnvokabular im Arabischen. Zu persischen Lehnwörtern im Arabischen kann man sich in Asbaghi 2008 einen Überblick verschaffen. Jeffery 2007 (1938), Margoliouth 1939 und Carter 2006 behandeln Lehnvokabular im Qur'ān (das natürlich auch in anderen Quellentexten auftaucht), darunter viele wichtige religiöse Termini. Auch Zammit 2002 kann in dieser Beziehung mit Gewinn verwendet werden. Der "Index of Semitic Roots" in Leslau 1987: 765–813 ist eine nützliche Quelle zur vergleichenden semitischen Lexikographie generell. Lipiński 2001: 555–588 bietet eine Fülle von Informationen zur diachronen und synchronen lexikalischen Semantik mit diversen weiterführenden Hinweisen.

Hinweise zur arabischen Metrik

Genaue Details zur arabischen Metrik bieten Wright, Bd. 2, §§ 191–253, *EI*^{2}, s.v. ᶜArūḍ, Heinrichs 1987, Bohas & Paoli 1997 und Frolov 2008. Die sieben in der Chrestomathie vorkommenden Metren haben die folgende interne Struktur ("S" = kurze Silbe: CV; "L" = lange Silbe: CVV oder CVC; "S/L" ~ "L/S" = *anceps*: kurze oder lange Silbe; "L/SS" = eine lange Silbe oder zwei kurze Silben):

basīṭ:	S/L L S L I L/S S L I L/S L S L I S S L I I S/L L S L I L/S S L I L/S L S L I L/SS L
rağaz:	S/L L S L I S/L L S L I S/L L S L I I L/S S S L I L/S S S L I L/S S S L
ramal:	S/L S L L I S/L S L L I S/L S L I I S/L S L L I S/L S L L I S/L S L
munsariḥ:	S/L L S L (oder: L/S S S L) I L I S/L L S L I S S L I I S/L L S L (oder: L/S S S L) I L I S/L L S L I L/S L/S L
ṭawīl:	S L S/L I S L L/S L I S L S/L I S L S L I I S L S/L I S L L/S L I S L S/L I S L S L (oder: S L L L)
kāmil:	L/SS L S L I L/SS L S L I L/SS L S L I I L/SS L S L I L/SS L S L I L/SS L S L
wāfir:	S L L/SS L I S L L/SS L I S L L I I S L L/SS L I S L L/SS L I S L L

Hier ein kurzes Beispiel zu Illustrationszwecken, im Versmaß *wāfir* (S. 15, Z. 7): *saqā-nī ḫamratam mir rīqi fī-hi wa-ḥayyan bi-l-ᶜaḏāri wa-mā yalī-hi*. In der folgenden Analyse bezeichnet "-" eine Silbengrenze und "=" eine Morphemgrenze:

S	L	L	L	I	S	L	L	L	I	S	L	L	I I
sa	*-qā*	*=nī*	*ḫam*		*-ra*	*-tam*	*mir*	*rī*		*-qi*	*fī*	*=hī* (gelängt)	
S	L	L	L	I	S	L	S S	L	I	S	L	L	
wa	*=ḥay*	*-yan*	*bi=l*		*=ᶜa*	*-ḏā*	*-ri wa*	*=mā*		*ya*	*-lī*	*=hī* (gelängt)	

Literaturhinweise

Asbaghi, Asya. 2008. "Persian loanwords", in: Kees Versteegh et al. (Hrsg.). *Encyclopedia of Arabic Language and Linguistics*, Bd. 3: 580–584. Leiden: E.J. Brill.

Bell, Richard. 1991. *A Commentary on the Qurʾān*. 2 Bde. Manchester: Manchester University Press.

Bellamy, James. 1993. "Some proposed emendations to the text of the Koran", *Journal of the American Oriental Society* 13: 562–573.

Blau, Joshua. 1963. "The role of the bedouins as arbiters in linguistic questions and the *masʾala az-zunbūriyya*", *Journal of Semitic Studies* 8: 42–51.

Bohas, Georges und Paoli, Bruno. 1997. *Aspects formels de la poésie arabe.* Toulouse: Aman.

Brockelmann, Carl. 1908–1913. *Grundriß der vergleichenden Grammatik der semitischen Sprachen.* 2 Bde. Berlin: Verlag von Reuther und Reichard (= 1999. Hildesheim: Olms). (= *GvG*)

Brockelmann, Carl. (1996). *Grundriß der Arabischen Litteratur. A New Edition, with a Preface by Jan Just Witkam.* 5 Bde. Leiden: E.J. Brill. (= *GAL*)

Brockelmann, Carl. 1992 (24. Aufl.). *Arabische Grammatik.* Leipzig: Verlag Enzyklopädie.

Brünnow, Rudolf-Ernst. 1895. *Chrestomathie aus arabischen Prosaschriftstellern im Anschluß an Socin's Arabische Grammatik.* Berlin: Verlag von Reuther und Reichard.

Brünnow, Rudolf-Ernst und Fischer, August. 1913 (2. Aufl.). *R. Brünnows Arabische Chrestomathie aus Prosaschriftstellern in zweiter Auflage völlig neu bearbeitet und herausgegeben von August Fischer.* Berlin: Verlag von Reuther und Reichard.

Carter, Michael G. 1990. "Arabic lexicography", in: M. J. L. Young et al. (Hrsg.). *Cambridge History of Arabic Literature. Religion, Learning and Science in the ʿAbbasid Period,* 106–117. Cambridge: Cambridge University Press.

Carter, Michael G. 2004. *Sībawayhi.* London: Tauris.

Carter, Michael G. 2006. "The foreign vocabulary of the Qurʾān", in: A. Rippin et al. (Hrsg.). *Blackwell's Companion to the Qurʾān,* 120–139. Oxford: Blackwell.

Diem, Werner. 1973. "Die nabatäischen Inschriften und die Frage der Kasusflexion im Altarabischen", *Zeitschrift der Deutschen Morgenländischen Gesellschaft* 123: 227–237.

Diem, Werner. 1979. "Untersuchungen zur frühen Geschichte der arabischen Orthographie. I. Die Schreibung der Vokale", *Orientalia* 48 / 2: 207–257.

Diem, Werner. 1981. "Untersuchungen zur frühen Geschichte der arabischen Orthographie. III. Endungen und Endschreibungen", *Orientalia* 50 / 4: 332–383.

Diem, Werner. 1986. "Alienable und inalienable Possession im Semitischen", *Zeitschrift der Deutschen Morgenländischen Gesellschaft* 136 / 2: 227–291.

Diem, Werner 1998. *fa-waylun li-l-qāsiyati qulūbuhum. Studien zum arabischen adjektivischen Satz.* Wiesbaden: Harrassowitz.

Diem, Werner. 2007. "'Paronomasie'. Eine Begriffsverwirrung", *Zeitschrift der Deutschen Morgenländischen Gesellschaft* 157 / 2: 299–351.

Edzard, Lutz. 2003. "Perspektiven einer computergestützten Analyse der qurʾānischen Morpho-Syntax und Satz-Syntax in kolometrischer Darstellung", *Arabica* 50 / 3: 350–380.

Encyclopaedia of Islam. 1960–2004 (2. Aufl.). 12 Bde. Leiden: E.J. Brill. (= *EI²*)

Endress, Gerhard. 1992. "Die wissenschaftliche Literatur", in: Wolfdietrich Fischer (Hrsg.). *Grundriß der Arabischen Philologie*. Band III: Supplement, 3–152. Wiesbaden: Dr. Ludwig Reichert Verlag.

Endress, Gerhard. 1997 (3. Aufl.). *Der Islam: Eine Einführung in seine Geschichte*. München: Beck.

Fischer, August. 1940. "Allerlei Bemerkungen zu meiner 'Arabischen Chrestomathie'", *Zeitschrift der Deutschen Morgenländischen Gesellschaft* 94: 313–331.

Fischer, Wolfdietrich. 2006 (4. Aufl.). *Grammatik des Klassischen Arabisch*. Wiesbaden: Harrassowitz.

Fraenkel, Siegmund. 1886. *Die aramäischen Fremdwörter im Arabischen*. Leiden: E.J. Brill (Wiederabdruck 1962. Hildesheim: Olms).

Frolov, Dmitry. 2008. "Meter", in: Kees Versteegh et al. (Hrsg.). *Encyclopedia of Arabic Language and Linguistics*, Bd. 3: 207–215. Leiden: E.J. Brill.

Gensler, Orin. 2003. "Object ordering in verbs marking two pronominal objects: non-explanation and explanation", *Linguistic Typology* 7 / 2: 187-231.

Goldziher, Ignaz. 1920. *Die Richtungen der islamischen Koranauslegung*. Leiden: E.J. Brill.

Gutas, Dimitri. 2007. "Greek loanwords", in: Kees Versteegh et al. (Hrsg.). *Encyclopedia of Arabic Language and Linguistics*, Bd. 2: 198–202. Leiden: E.J. Brill.

Hallaq, Wael. 1999. "The authenticity of prophetic ḥadîth: a pseudo-problem", *Studia Islamica* 89: 75–90.

Heinrichs, Wolfhart. 1987. "Poetik, Rhetorik, Literaturkritik, Metrik und Reimlehre", in: Helmut Gätje (Hrsg.). *Grundriß der Arabischen Philologie*. Band II: Literaturwissenschaft, 177–207. Wiesbaden: Dr. Ludwig Reichert Verlag.

Isaksson, Bo. 2007 (3. Aufl.). *Hind behärskade högspråket ...: Textkurs i klassisk arabiska med utgångspunkt i R.-E. Brünnows och A. Fischers Arabische Chrestomathie*. Uppsala: Uppsala universitet.

Jeffery, Arthur. 1938. *The Foreign Vocabulary of the Qurʾān*. Baroda: Oriental Institute. (Wiederabdruck: 2007. Leiden: E.J. Brill)

Lane, Edward. *An Arabic-English Dictionary derived from the best and the most copious Eastern sources* ... Bde. 1–5. London 1863–1874; Bde. 6–8. Ed. by Stanley Lane Poole. London 1877–1893.

Leslau, Wolf. 1987. *Comparative Dictionary of Geᶜez*. Wiesbaden: Harrassowitz.

Lipiński, Edward. 2001 (2. Aufl.). *Semitic Languages. Outline of a Comparative Grammar*. Leuven: Peeters.

Margoliouth, David S. 1939. "Some additions to Professor Jeffery's *Foreign Vocabulary of the Qurʾān*", *Journal of the Royal Asiatic Society* (1939): 53–61.

Marzolph, Ulrich. 1992. *Arabia ridens. Die humoristische Kurzprosa der frühen adab-Literatur im internationalen Traditionsgeflecht*. 2 Bände. Frankfurt a.M.: Vittorio Klostermann.

Meisami, Julie S. und Starkey, Paul (Hrsg.). 1998. *Encyclopedia of Arabic Literature*. 2 Bde. London/New York: Routledge.

Mez, Adam. 1906. Über einige sekundäre Verben im Arabischen", in: Carl Bezold (Hrsg.). *Orientalische Studien. Theodor Nöldeke zum siebzigsten Geburtstag*, 249–254. Gießen: Töpelmann.

Moberg, Axel. 1927. *Arabiska myter och sagor. Med kulturhistorisk inledning*. Stockholm: Natur och Kultur.

Nebes, Norbert. 1982. *Funktionsanalyse von* kāna yafᶜalu. *Ein Beitrag zur Verbalsyntax des Althocharabischen mit besonderer Berücksichtigung der Tempus-und Aspektproblematik*. Hildesheim: Olms.

Nebes, Norbert. 1982/1985. "*ᵓan al-muḫaffafa* und *al-lām al-fāriqa*", *Zeitschrift für Arabische Linguistik* 7: 7–22 und 14: 7–44.

Neuwirth, Angelika. 1987. "Koran", in: Helmut Gätje (Hrsg.). *Grundriß der Arabischen Philologie*. Band II: Literaturwissenschaft, 96–135. Wiesbaden: Dr. Ludwig Reichert Verlag.

Nöldeke, Theodor. 1963 (1897). *Zur Grammatik des classischen Arabisch*. Bearbeitet von Anton Spitaler. Darmstadt: Wissenschftliche Buchgesellschaft.

Paret, Rudi. 1977 (2. Aufl.). *Der Koran. Kommentar und Konkordanz*. Stuttgart: Kohlhammer.

Radscheit, Matthias. 1997. "Word of God or prophetic speech? Reflections on the Quranic *qul*-statements", in: Lutz Edzard und Christian Szyska (Hrsg.). *Encounters of Words and Texts. Intercultural Studies in Honor of Stefan Wild*, 33–42. Olms: Hildesheim.

Reckendorf, Hermann. 1898. *Die syntaktischen Verhältnisse des Arabischen*. Leiden: Brill.

Reckendorf, Hermann. 1909. *Die Paronomasie in den semitischen Sprachen*. Gießen: Töpelmann.

Reckendorf, Hermann. 1921. *Arabische Syntax*. Heidelberg: Carl Winter's Universitätsbuchhandlung. (= *AS*)

Reichmuth, Stefan. 1999. "Murtaḍā al-Zabīdī (d. 1791) in biographical and autobiographical accounts. Glimpses of Islamic scholarship in the 18th century", *Die Welt des Islams* 39/1: 64–102.

Retsö, Jan. 1987. "Copula and double pronominal objects in some Semitic languages", *Zeitschrift der Deutschen Morgenländischen Gesellschaft* 137: 219–245.

Retsö, Jan. 2006. "Aramaic/Syriac loanwords", in: Kees Versteegh et al. (Hrsg.). *Encyclopedia of Arabic Language and Linguistics*, Bd. 1: 178–182. Leiden: E.J. Brill.

Rodgers, Jonathan. 2002 (3. Aufl.). *A Grammar of Classical Arabic* (englische Übersetzung von Wolfdietrich Fischers *Grammatik des Klassischen Arabisch*). New Haven: Yale University Press.

Rosenthal, Franz. 1989. "The history of an Arabic proverb", *Journal of the American Oriental Society* 109/3: 349–378.

Schall, Anton. 1982. "Der arabische Wortschatz", in: Wolfdietrich Fischer (Hrsg.). *Grundriß der Arabischen Philologie*. Band I: Sprachwissenschaft, 142–153. Wiesbaden: Dr. Ludwig Reichert Verlag.

Schmucker, Werner. 1995. "Coranica: 'Siglen', Surenanfänge und anderes", *Orientierungen: Zeitschrift zur Kultur Asiens* 2/1995: 90–127.

Schoeler, Gregor. 2000. "Wer ist der Verfasser des *Kitāb al-ᶜain*", *Zeitschrift für Arabische Linguistik* 38: 15–45.

Sezgin, Fuat. 1967–2000. *Geschichte des Arabischen Schrifttums*. 12 Bde. Leiden: E.J. Brill. (= *GAS*)

Shahîd, Irfan. 2008. "Latin loanwords", in: Kees Versteegh et al. (Hrsg.). *Encyclopedia of Arabic Language and Linguistics*, Bd. 3: 6–8. Leiden: E.J. Brill.

Spitaler, Anton. 1962. "*al-ḥamdu li-llāhi llaḏī* und Verwandtes", *Oriens* 15: 97–114.

Streck, Michael P. und Weninger, Stefan (Hrsg.). 2002. *Altorientalische und semitische Onomastik*. Münster: Ugarit-Verlag.

Talmon, Rafael. 1997. *Arabic Grammar in its Formative Age:* Kitāb al-ᶜayn *and its attribution to Ḫalīl b. Aḥmad*. Leiden: Brill.

Talmon, Rafael. 2002. "Grammar and the Qurᵓān", *Encyclopaedia of the Qurᵓān*, Bd. 2: 345–369. Leiden: E.J. Brill.

Ullmann, Manfred. 1970–. *Wörterbuch der klassischen arabischen Sprache*. Unter Mitwirkung der Akademien der Wissenschaften in Göttingen, Heidelberg und München und der Akademie der Wissenschaften und der Literatur in Mainz herausgegeben durch die Deutsche Morgenländische Gesellschaft. Bearbeitet von Manfred Ullmann. Wiesbaden: Harrassowitz. (= *WKAS*)

Ullmann, Manfred. 1976. "Der Werwolf. Ein griechisches Sagenmotiv in arabischer Verkleidung", *Wiener Zeitschrift für die Kunde des Morgenlandes* 68: 171–184.

Ullmann, Manfred. 1984. *Arabisch* ᶜasā *"vielleicht": Syntax und Wortart*. München: Verlag der Bayerischen Akademie der Wissenschaften.

Versteegh, Kees. 1977. *Greek Elements in Arabic Linguistic Thinking*. Leiden: E.J. Brill.

Versteegh, Kees. 2001 (2. Aufl.). *The Arabic Language*. Edinburgh: Edinburgh University Press.

Versteegh, Kees et al. (Hrsg.). 2006–2008. *Encyclopedia of Arabic Language and Linguistics*. Volume I: A–Ed; Volume II: Eg–Lan; Volume III: Lat–Pu; Volume IV: Q–Z. Leiden: E.J. Brill. (= *EALL*)

Wehr, Hans. 1952a. *Der arabische Elativ*. Wiesbaden: Akademie der Wissenschaften und der Literatur in Mainz.

Wehr, Hans. 1952b. "Muḥammads letzte Worte", *Wiener Zeitschrift für die Kunde des Morgenlandes* 51: 283–286.

Weil, Gotthold (Hrsg.). 1913. Kamāl ad-Dīn ᵓAbī l-Barakāt ᶜAbd ar-Raḥmān ibn ᵓAbī Saᶜīd al-ᵓAnbārī, *Kitāb al-ᵓinṣāf fī masāᵓil al-ḫilāf* (*Die grammatischen Streitfragen der Basrer und Kufer*). Leiden: E.J. Brill.

Weninger, Stefan. 2007. "Ethiopic loanwords", in: Kees Versteegh et al. (Hrsg.). *Encyclopedia of Arabic Language and Linguistics*, Bd. 2: 56–57. Leiden: E.J. Brill.

Wild, Stefan. 1965. *Das* Kitāb al-ᶜAin *und die arabische Lexikographie*. Wiesbaden: Harrassowitz.

Wild, Stefan. 1980. "Die Präposition *ḥattā* mit dem Indikativ Imperfekt im klassischen Arabisch", in: Werner Diem und Stefan Wild (Hrsg.). *Studien aus Arabistik und Semitistik. Anton Spitaler zum siebzigsten Geburtstag überreicht*, 204–223. Wiesbaden: Harrassowitz.

Wild, Stefan. 1982. "Arabische Eigennamen", in: Wolfdietrich Fischer (Hrsg.). *Grundriß der arabischen Philologie.* Band I: Sprachwissenschaft, 154–164. Wiesbaden: Dr. Ludwig Reichert Verlag.

Wild, Stefan. 1987. "Arabische Lexikographie", in: Helmut Gätje (Hrsg.). *Grundriß der Arabischen Philologie.* Band II: Literaturwissenschaft, 136–147. Wiesbaden: Dr. Ludwig Reichert Verlag.

Wright, William. 1967 (3. Aufl.). *A Grammar of the Arabic Language.* Translated from the German of Caspari, rev. W. Robertson Smith and M. J. de Goeje. 2 Bde. Cambridge: Cambridge University Press.

Zammit, Martin R. 2002. *A Comparative Lexical Study of Qurʾānic Arabic.* Leiden: E.J. Brill.

Zetterstéen, K.V. 1919. "Rezension von Brünnow und Fischer (1911–)1913: R. BRÜNNOWs *Arabische Chrestomathie aus Prosaschriftstellern in zweiter Auflage völlig neu bearbeitet und hrsg. von* AUGUST FISCHER: Porta Linguarum Orientalium XVI. Berlin, Reuther & Reichard, 1911–1913 ...", *Le Monde Oriental* 13: 137–138.

Glossar

Im Glossar sind *im allgemeinen* unberücksichtigt geblieben:

1) Formen und Bildungen, die elementaren grammatischen Regeln entsprechen und daher auch schon Anfängern geläufig sein sollten (die gewöhnlichen Feminina, die Duale, die äußeren Plurale, z.T. die Zahlwörter, die Partizipien, Elative, u.a.);

2) die Eigennamen prominenter Personen, deren Art, Zeit und Bedeutung sich zur Genüge aus dem jeweiligen Zusammenhang ergibt, in dem sie erscheinen;

3) die Eigennamen und Relativnomen (*nisabāt*) von nur zufällig und vereinzelt auftretenden Personen ohne besondere Bedeutung;

4) die Eigennamen von Stämmen und Orten, über die schon der betreffende Zusammenhang alles Nötige besagt (die Aussprache der Eigennamen ist überall im Text selbst zur Genüge angegeben);

5) Konstruktionen von Verben und Verbalnomen, die sich entweder deutlich aus dem betreffenden Kontext ergeben, oder, sofern es sich dabei um abgeleitete Verbalstämme handelt, bereits bei der jeweiligen Grundform berücksichtigt worden sind.

Die Vokale a, i, u ("Themavokale") in Parenthese hinter den Grundformen der Verben bezeichnen die jeweilige Imperfektbildung.

Bei den Stellenhinweisen zu Seiten- und Zeilenzahl im Textteil sind Überschriften und Leerzeilen wegzudenken (z.B. beginnt die Anekdote Nr. 2 auf S. 1 auf der vierten Zeile).

Die Hinweise mit § beziehen sich, wenn nicht anders vermerkt, auf Wolfdietrich Fischers *Grammatik des Klassischen Arabisch*, 4. Aufl. 2006.

Verwendete Abkürzungen

A.	Anmerkung
a. (unter Umständen acc.)	Akkusativ (abhängiger Kasus)
abstr.	abstrakt
acc.	siehe a.
adj.	Adjektiv
adv.	Adverb
akk.	akkadisch
alt.	alter (anderer)
apoc.	Apokopat
aram.	aramäisch
art.	Artikel
bes.	besonders
c.	cum (mit)

cogn. cognomen (Beiname)
coll. Kollektivum
comm. communis generis (gemeinsamen Geschlechts: m. oder f.)
conj. Konjunktion
d. der, die, das, des, etc.; duplex (doppelt) in der Verbindung c. d. a. cum dupl. acc.
dim. Diminutiv
d.H. der Hiǧra (bei Jahresdaten; die Ära der Hiǧra begann am 15. 07. 622 n. Chr.)
du. Dual
e. einer, eine, eines, etc.
eig. eigentlich
elat. Elativ
energ. Energicus
etw. etwas
f. Femininum
Fw. Fremdwort
gen. Genitiv (obliquer Kasus)
gew. gewöhnlich
gr. griechisch
hebr. hebräisch
id. idem (dasselbe)
imp. Imperativ
impf. Imperfekt (Präfixkonjugation)
ind. Indikativ (unabhängiger Modus)
ind. indisch
inf. Infinitiv
Interj. Interjektion
intr. intransitiv
jmd., jmds., jmdm., jmdn. jemand, etc.
kontrah. kontrahiert
lat. lateinisch
m. Maskulinum
mul. mulier (Frau), mulieris, etc.
n. Nomen
NA. nordarabisch
neg. Negation
n. l. nomen loci (Ortsname)
nom. Nominativ (unabhängiger Kasus)
n. pr. nomen proprium (Eigenname)
n. pr. l. nomen proprium loci (Ortsname)
n. pr. mul. Eigenname einer Frau (mulier)
n. pr. trib. Eigenname eines Stammes (tribus)
n. pr. v. Eigenname eines Mannes (vir)
n. rel. nomen relativum (Relativpronomen)
n. spec. nomen speciei (Gattungsbezeichnung)
n. un. nomen unitatis (einzelnes Exemplar)
n. vb. nomen verbalis (Verbalnomen; "Infinitiv")
n. vic. nomen vicis (einmaliges Vorkommen)
o.ä. oder ähnlich
obj. Objekt
od. oder
opp. Opposition (im Gegensatz zu)
p. Person
part. Partikel
part. int. Interrogativpartikel (Fragepartikel)
pass. Passiv
pf. Perfekt (Suffixkonjugation)
pl. Plural
praed. Prädikat
praep. Präposition
pron. Pronomen
pron. dem. pronomen demonstrativum (Demonstrativpronomen)
pron. int. pronomen interrogativum (Fragepronomen)

pron. pers.	pronomen personale (Personalpronomen)
pron. rel.	pronomen relativum (Relativpronomen)
q.v.	quod vide (siehe in Bezug darauf)
r.	Sache
reg.	regelmäßig
s.	siehe
SA.	südarabisch
san.	sanus (gesund)
sbj.	Subjekt
sc.	scilicet (d.h., nämlich)
seq.	sequens (folgend), sequentis, etc.
s.u.	siehe unter
sg.	Singular
subj.	Subjunktiv (Konjunktiv, abhängiger Modus)
subst.	Substantiv
suff.	Suffix
sum.	sumerisch
t. gramm.	grammatischer terminus technicus (Fachausdruck)
temp.	tempus (Zeit), etc.
tr.	transitiv
u.	und
u.ö.	und öfters
urspr.	ursprünglich
v.	von, vom;
	auch vir (Mann), viri, etc.
voc.	Vokativ
<	entstanden, entlehnt aus

Siglen

Die folgenden Siglen sind rein "ikonisch" zu verstehen, d.h. sie stellen lediglich einen für die jeweilige Sprach(grupp)e typischen Buchstaben dar:

<א>	nordwestsemitisch
<ሐ>	südsemitisch
<η>	griechisch
<گ>	persisch

ا (ء)

أَ part. int. (§§ 41c, 323.1, 333, 335; bei direkten u. bei indirekten Fragen) *ne? num?* ‖ أَ – أَمْ *utrum – an? ob – od.* ‖ أَلَا s. لَا. – أَلَمْ s. لَمْ. – أَمَا (أَمَ) s. مَا u.ä.

اِبْنُ آجُرُّومَ Verfasser d. nach ihm benannten gramm. Kompendiums الآجُرُّومِيَّةُ (genauer المُقَدِّمَةُ الآجُرُّومِيَّةُ *Einführungsschrift des I. ʾĀ.*), gest. 723/ 1323.

آدَمُ s. ادم.

الآزَاذْمَرْدُ بْنُ الآزَاذْبِه Perser, sasanidischer Resident in al-Ḥīra. (آزاذمرد u. آزاذبه, beide = *edel, vornehm*, sind eig. pers. Titel, werden aber z.T. wie Eigennamen behandelt.)

أَبٌ (§ 72b) pl. آبَاءٌ *Vater*; *Vorfahre*. – du. أَبَوَانِ *Eltern*. – voc. يَا أَبَتِ *o mein Vater!* – dim. أُبَيٌّ. – لَا أَبَا لَكَ (§ 318c) (*du hast keinen Vater*, gebraucht im Sinne von:) *mögest du keinen Vater haben!* (urspr. Verwünschung, später bloßer erregter u. ärgerlicher od. erstaunter Ausruf) ‖ أُبَيُّ بْنُ كَعْبٍ Gefährte des Propheten, hervorragender Koran-Kenner.

أَبَدٌ *unbegrenzte Zeit, Ewigkeit*. – أَبَدًا adv. *stets, auf immer*; c. neg. *niemals* (v. d. Zukunft).

إِبْرَاهِيمُ (إِبْرٰهِيمُ; unter Angleichung an إِسْمَاعِيلُ u. إِسْرَائِيلُ; cf. hebr. אברהם) *Abraham*.

ابط V c.a. od. بِ *unter d. Achselhöhle nehmen*. – تَأَبَّطَ شَرًّا n. pr. v.: vorislam. Dichter ‖ إِبْطٌ *Achselhöhle*.

إِبِلٌ coll. *Kamele*.

إِبْلِيسُ (Lw. < διάβολος ?) Name d. Satans.

اِبْنٌ, اِبْنَةٌ s. بن.

أَبِهَ (a) c. لِ *wissen von, erkennen*.

أَبَى (a) *sich weigern*. – tr. *verweigern, nicht wollen*; c. عَلَى p. *jmdm. etw. verweigern, abschlagen*. – أَبَيْتَ اللَّعْنَ *mögest du Verfluchung vermeiden* (in heidnischer Zeit an d. Könige gerichtete Wunschformel).

أُبَيٌّ s.u. اب.

أَتَى (i) c. a. od. إِلَى *kommen, gehen zu*. – c. a. des Partners/der Partnerin *schlafen mit* 156,14. – أُتِيَتْ 37,16 *sie hatte e. übersinnliche Erscheinung*. – c. بِ r. *vorbringen, in Umlauf setzen*. – c. a. od. لِ p. und بِ r. *jmdm. etw. bringen, geben*. – c. عَلَى *zu Ende kommen mit, erledigen* ‖ IV c. d. a. *jmdm. etw. bringen, geben, verleihen, zubilligen*. – هَاتِ etc. s. هات ‖ مَأْتًى *Zugang*.

أَثَاثٌ *Hausgerät, Möbel*.

أَثَرَ (u, i) *überliefern, durch Überlieferung fortpflanzen* ‖ IV c. a. und عَلَى *e. Sache einer anderen vorziehen* ‖ أَثَرٌ od. إِثْرٌ pl. آثَارٌ *Fußstapfen, Fußspur*. – فِي آثَارِ, فِي أَثَرِ (إِثْرِ) *dicht hinter, unmittelbar nach* ‖ أَثَرَةٌ c. عَلَى p. *Vorzugsstellung vor jmdm.* ‖ مَأْثُرَةٌ *Privileg*.

إِثْمٌ *Sünde, Sündenschuld*.

اِثْنَانِ etc. s. ثنى.

أَجَرَ (u) *belohnen* ‖ أَجْرٌ *Lohn, Belohnung*.

مِنْ أَجْلِ c. gen. *wegen* ‖ أَجَلْ part. *ja, so ist's* ‖ أَجَلٌ *Termin*; *Ziel, Ende* (der Wartezeit geschiedener Frauen vor e.

event. Wiederverheiratung); *Lebensziel, Tod* ‖ آجِلٌ *künftig, dereinstig.*

أَحَدٌ f. إِحْدَى (§ 129.1) *einer, eins*; (in negat. u. Fragesätzen) *irgendeiner.*

أَخٌ (§ 72 b) pl. إِخْوَةٌ (gew. in eigentlicher), إِخْوَانٌ (gew. in uneigentlicher Bedeutung) *Bruder*; *Stammes-, Geschlechtsgefährte*; *Nächster, Freund, Kollege* ‖ أُخْتٌ pl. أَخَوَاتٌ *Schwester*; *Nächste*; t. gramm. *verwandter Ausdruck.*

أَخَذَ (u) (§ 238) n. vb. أَخْذٌ *nehmen, ergreifen.* – c. بِ *fassen, anpacken.* – c. عَنْ p. *wissenswertes übernehmen von, lernen von.* – لِنَفْسِهِ *auf sein eigenes Bestes achthaben, sich persönlich Garantien geben lassen.* – c. عَلَى *d. Weg nehmen über* 98,4. – c. a. r. und عَلَى p. *jmdn. wegen etw. tadeln.* – c. عَلَى p. und أَنْ *jmdn. verpflichten zu.* – عَلَيْهِ الطَّرِيقَ *versperrte ihm d. Weg.* – عَلَى أَبْصَارِهِمْ عَنْهُ *täuschte ihre Blicke, so daß sie ihn nicht wahrnahmen.* – c. فِي r. *anfangen.* – c. impf. *anfangen etw. zu tun* ‖ III c. a. p. und بِ r. *strafen für* ‖ VIII اِتَّخَذَ (§ 238) *für sich nehmen, nehmen.* – c. d. a. *jmdn. nehmen zu, machen zu* ‖ مَأْخَذٌ pl. مَآخِذُ *Quelle literarischer Entlehnung* 111, 12.

اخر II *hinten nachfolgen lassen*; *später tun* ‖ V *zurückweichen, -gehen, -bleiben*; *e. jüngeren Zeit angehören* ‖ آخَرُ f. أُخْرَى pl. comm. أُخَرُ (§ 127b), pl. m. auch آخَرُونَ *anderer* ‖ آخِرٌ f. ة pl. comm. أَوَاخِرُ *letzter*; *zweiter v. zweien*; *Ende*; *Endkonsonant e. Wortes.* – آخِرًا *schließlich* (169,8). – آخِرَ الدَّهْرِ *auf immer, immer.* – الآخِرَةُ *d. Jenseits* ‖ أَخِيرٌ *letzter*; *zweiter v. zweien.*

ادب II *gut erziehen, die klassische Bildung lehren* ‖ أَدَبٌ *gute Bildung*; *humanistische Wissenschaft* ‖ أَدِيبٌ pl. أُدَبَاءُ *gebildet* ‖ المُؤَدِّبُ cogn. v.

آدَمُ (א) *Adam.*

أَدَاةٌ *Werkzeug, Gerät.*

ادى II *gelangen lassen*; *übergeben, zahlen*; (einer Pflicht) *nachkommen* 38, 12; *führen, leiten zu* ‖ أَدَاءٌ dient als n. vb. zu أَدَّى .

إِذْ 1) adv. (mit folg. Verbalsatz) *siehe da.* – إِذْ ذَاكَ *damals* ‖ 2) conj. (§§ 343b, 442) *da, als*; *da ja, weil.* ‖ إِذْمَا *wenn, wann auch immer.*

إِذَا 1) adv. (mit folg. Nominalsatz, dessen sbj. auch durch بِ c. gen. ausgedrückt werden kann) *siehe da, da plötzlich*; فَإِذَ هُوَ إِيَّاهَا (هِيَ) 100,9f. *und siehe, die eine ist* (in Hinsicht d. Heftigkeit des Stiches wie) *die andere.* – (mit bloßem n. im nom. od. c. بِ) *da erschien, zeigte sich, erhob sich plötzlich* ‖ 2) conj. (§ 464) *wann, wenn, so oft als.* – (unmittelbar hinter حَتَّى) *wenn, als.* ‖ إِذَا مَا (إِذَامَا ; § 343.1) *wann, wenn, so oft als.*

إِذًا (إِذَنْ) adv. *dann, in diesem Falle.*

أَذِنَ (a) c. لِ p. und فِي r. *erlauben.* – c. بِ r. *wissen* ‖ IV *benachrichtigen* ‖ X. c. a. p. und فِي r. *um d. Erlaubnis zu etw. bitten.* – c. عَلَى p. *um Einlaß bei jmd. bitten* ‖ إِذْنٌ *Erlaubnis* ‖ أُذُنٌ f. *Ohr.*

إِذَنْ s. إِذًا .

أَذًى *Schaden*; *Schmerz*; *Ärger*.

أَرَبٌ c. فِى r. *Wunsch*, *Bedürfnis nach etw*.

أَرْبَعٌ s. ربع .

تَأْرِيخٌ pl. تَوَارِيخُ (südarab. Ursprungs) *Chronik*, *Annalenwerk*.

أَرْدَشِيرُ Begründer d. Sasaniden-Dynastie (reg. 226-241 n. Chr.).

الأُرْدُنُّ *Jordan*; *Jordandistrikt*.

أَرْضٌ f. (Wright I § 304 = S. 221) *Erde*; *Land*, *Gegend*; *Boden*.

ازر II *bekleiden*, *belegen* ‖ VIII اِتَّزَرَ (§ 238) *sich mit d.* إِزَار *bekleiden* ‖ إِزَارٌ pl. أُزُرٌ *Lendenhülle*, *Schurz*; *Frauenüberwurf*; (metaphor.) *Frau u. Kind*.

إِزَاءٌ *Front*, *Gegenüber*. – إِزَاءَ , بِإِزَاءِ praep. *gegenüber*.

اِسْتٌ s. ست .

إِسْتَبْرَقٌ (گ) *dicker golddurchwirkter Brokat*.

إِسْحَاقُ (إِسْحٰقُ , cf. hebr. יִשְׁחָק) *Isaak*. – (مُحَمَّدُ بْنُ إِسْحَاقَ = اِبْنُ إِسْحَاقَ) Historiker, Verfasser d. von Ibn Hišām bearbeiteten Prophetenbiographie, gest. 151/768 (s. S. 107ff.).

أَسَدٌ *Löwe*. – n. pr. trib. (NA.); 36, 9f. ein Familienverband von Qurayš. – n. rel. reg.

أَسَرَ (i) *binden*, *gefangen nehmen* ‖ X *sich gefangen nehmen lassen* ‖ أَسِيرٌ *gefangen*.

أَسِفَ (a) n. vb. أَسَفٌ *sich sorgen*.

اِسْمٌ s. سم .

إِصْبَهَانُ *Isfahan* (Stadt in Persien). – n. rel. reg.

إِصْرٌ *Vertragsverpflichtung*.

أَصْلٌ *Wurzel*, *Stock*, *Stamm*; *Stammland*; *Abstammung*; *Original* (einer Schrift).

أُفُقٌ pl. آفَاقٌ *Horizont*; *entferntester Teil d. Himmels*, *der Erde*.

أَفَكَ (i) *täuschen*, *betrügen*.

أَفَلَا s. لَا .

اقت s. وقت .

أَقِطٌ *Quark*.

اكد s. وكد .

أَكَلَ (u) (§ 238) *essen*. – الرِّبَا *Wucherzinsen nehmen* ‖ IV *zu essen geben*. – الرِّبَا *Wucherzinsen geben*.

أَلْ d. Artikel; hat in einigen Fällen noch Demonstrativkraft (§ 143b).

أَلَا s. لَا .

أَلَّا 1) conj. s. أَنْ ‖ 2) part. int. *warum nicht?* (antreibend u. zurechtweisend).

إِلَّا s. إِنْ .

اَلَّذِى f. اَلَّتِى pl. m. اَلَّذِينَ pl. f. اَللَّاتِى (seltener اَللَّائِى) pron. rel. (§ 18.1, 281, 282) *derjenige welcher* (subst.); *welcher* (adj.).

الٓر geheimnisvolle Buchstaben, die sich im Koran vor e. Anzahl von Suren finden (u. zwar offenbar als echte u. eigentliche Bestandteile derselben).

أَلِفَ (a) n. vb. إِلْفٌ c. a. p. *sich halten zu*, *umgehen mit*, *Zuneigung fassen zu* ‖ II *abfassen* (e. Buch o.ä.) ‖ V c. a. p. *Zuneigung fassen zu* ‖ أَلْفٌ pl. آلَافٌ *tausend* ‖ أَلِفٌ Name d. Buchstaben ا . – الأَلِفُ وَاللَّامُ t. gramm. einer der Namen d. Artikels (s. auch لَامٌ) ‖ أُلْفَةٌ *Eintracht* ‖ تَأْلِيفٌ pl. تَوَالِيفُ (literarisches) *Werk* ‖ مُؤَلِّفٌ *Verfasser*, *Autor*.

اَللّٰهُ s. اله .

أَلَمْ s. لَمْ .

أَلِمَ (a) *Schmerzen haben* ‖ IV (c. a. p. *jmdm.*) *Schmerzen verursachen* ‖ أَلِيمٌ *schmerzlich.*

أَلَمَّا s. لَمَّا 2).

إِلٰهٌ *ein Gott* ‖ اَللّٰهُ (§ 29.2, 49d) *Gott, Allah.* – اَللّٰهُمَّ *o Gott!* – لِلّٰهِ شَيْءٌ (69,3) *wie ausgezeichnet ist etwas!*

الو IV مِنِ ٱمْرَأَتِهِ *er schwur, seiner Frau fernzubleiben.*

إِلًى pl. آلَاءٌ *Wohltat.*

إِلَى praep. (§ 303) *zu, nach, nach...hin, nach ... zu*; *bis, bis zu, bis zum Ablauf von*; *zu ... hinzu*; *gehörig zu, zustehend* (أَمْرُكُمْ إِلَى اللّٰهِ 44,4 *eure Sache steht bei Gott*, d.h. Gott kommt d. Entscheidung darüber zu); *neben, bei.* ‖ إِلَى أَنْ conj. *bis, bis daß.*

أَمْ part. int. *oder?* (vor d. zweiten Glied e. Doppelfrage).

أَمَ für أَمَا s. مَا .

أَمَةٌ (§ 70) pl. إِمَاءٌ *Magd, Sklavin* (als Konkubine 27,15). – dem. أُمَيَّةٌ . ‖ أُمَيَّةُ n. pr. v. Stammvater der Omayyaden. – بَنُو أُمَيَّةَ *Omayyaden* (Inhaber d. Kalifats 41/661-132/750).

أَمَّ (u) c. a. p. *jmdm. vorbeten* ‖ أُمٌّ (§ 72.2, 104) pl. أُمَّهَاتٌ *Mutter.* – أُمُّ الْمُؤْمِنِينَ *d. Mutter d. Gläubigen*: Ehrenname d. Frauen des Propheten ‖ أُمَّةٌ *Religionsgemeinde*; *Volksgemeinde, Volk*; *Zeitabschnitt, Weile* ‖ إِمَّةٌ *Glück, Segen* ‖ أَمَامَ praep. *vor* (gew. vom Orte); تَقَدَّمَ أَمَامَهُ *er ging vorwärts* 42,7 ‖ إِمَامٌ pl. أَئِمَّةٌ *Anführer, Vorsteher* (bes. im religiösen Sinn); = *Kalif* 115,12; *Vorbeter*; (übertragen) *Fürst, Hauptvertreter* ‖ إِمَامَةٌ *Stellung, Amt eines* إِمَام ; *Meisterschaft.*

أَمَا s. مَا .

أَمَّا (< أَنْ + مَا) part. (c. seq. فَ) *was ... anlangt* (, *so* ...).

إِمَّا (< إِنْ + مَا) conj. *wenn.* ‖ إِمَّا...وَإِمَّا *sei es ... od. sei es, entweder ... oder.*

أَمَدٌ *Zeit, Zeitabschnitt.*

أَمَرَ (u) (§ 238) c. a. p. und بِ r. od. أَنْ *befehlen, betrauen.* – أَمَرَهُ فَفَعَلَ *er befahl ihm, forderte ihn auf,* (etw.) *zu tun* 64,15. – أَمَرَ بِهَا فَطُمِسَتْ *er ließ sie vernichten* 59,14 ‖ II c. a. p. und عَلَى r. *zum Befehlshaber ernennen über* ‖ VIII c. بِ *ratschlagen betreffs* ‖ أَمْرٌ pl. أُمُورٌ *Befehl*; t. gramm. *Imperativ*; *Macht, Herrschaft*; *Sache, Angelegenheit, Geschäft* ‖ أَمِيرٌ pl. أُمَرَاءُ *Befehlshaber, Statthalter, Fürst*; = *Kalif* 67,15. – أَمِيرُ الْمُؤْمِنِينَ *d. Fürst d. Gläubigen = d. Kalif* ‖ إِمَارَةٌ *Stellung, Amt eines* أَمِير ‖ أَمَّارٌ f. ة c. بِ r. *immer etw. gebietend, immer auffordend zu etw.*

اِمْرُؤٌ ,(اِمْرَأٌ) اِمْرَأَةٌ s. مرأ .

أَمْسِ adv. *gestern.* – بِالْأَمْسِ , مِنَ ٱلْأَمْسِ (88,17) *gestern, am vorhergehenden Tage.*

أَمِنَ (a) *in Sicherheit leben.* – c. a. od. مِنْ od. أَنْ *sicher, ohne Furcht sein vor.* – c. a. p. und عَلَى r. 1) *vor jmd. mit Bezug auf e. Sache sicher sein, sie nicht von ihm befürchten*; 2) *jmdm. etw. anvertrauen* ‖ IV c. a. p. 1) *Sicherheit geben*; 2) *jmdm. glauben.* – c. بِ *glauben an* ‖ أَمَانٌ *Sicherheit, Straffreiheit* ‖ أَمِينٌ *zuverlässig, vertrauenswürdig*;

mit Vertrauen beschenkt; *Bevollmächtigter* 16,1. – الأَمِينُ بْنُ هٰرُونَ ʿabbāsid. Kalif (193/809-198/813) ‖ آمِنَةُ Mutter des Propheten ‖ المَأْمُونُ بْنُ هٰرُونَ ʿabbāsid. Kalif (198/813-218/833) ‖ مُؤْمِنٌ *gläubig*. – المُؤْمِنُ (als Beiname Gottes wohl:) *der Sicherheit Verleihende*.

أَنْ conj. (§ 196b, 344, 414, etc.) *daß*; vor direkter Rede gleich dem “:” ; *damit nicht, aus Furcht daß, weil sonst* (= engl. *lest*) 41,11; 45,13; verwandelt davorstehende Präpositionen in Konjunktionen. ‖ أَنْ لَا, kontrahiert أَلَّا *daß nicht*; *damit nicht*.

إِنْ conj. (§§ 332, 450) *wenn*; nach d. Verben d. Beschwörens *daß nicht* (34,14); mit ind. impf. höfliche Form e. Vorschlags Höherstehenden gegenüber: *wie wäre es, wenn* 14,6. – وَإِنْ auch *wenn auch, obgleich, etsi*. ‖ إِلَّا (< إِنْ + لَا ; § 310) *wenn nicht, außer*; mit vorhergeh. Negation *nur, erst*; nach d. Verben d. Beschwörens, Anflehens *daß*. – إِلَّا أَنَّ *nur daß, jedoch*. 2) part. neg. *nicht*. 3) part. mit nachfolg. لَ = إِنَّ *siehe, wahrlich*.

أَنَّ conj. (§§ 338.1, 344, 415, etc.) *daß*. – وَذٰلِكَ أَنَّ *nämlich*.

إِنَّ part. (§§ 338, 339) *siehe, wahrlich* (meist nicht zu übersetzen). ‖ (وَ)إِنَّمَا part. *nur*; *vielmehr* 20,16. ‖ فَإِنَّ conj. *denn* (s. فَ).

أَنَا pron. *ich* (§ 264).

انا Abkürzung für أَخْبَرَنَا .

أَنْتَ pron., f. أَنْتِ *du*, pl. m. أَنْتُمْ , pl. f. أَنْتُنَّ *ihr*, du. أَنْتُمَا *ihr beide* (§ 264).

أُنْثَى pl. إِنَاثٌ *weibliches Wesen, weiblich*; *Stute* ‖ تَأْنِيثٌ t. gramm. *Femininum* ‖ مُؤَنَّثٌ t. gramm. *weiblich, im Feminin stehend*.

الإِنْجِيلُ (η) *d. Evangelium*; *d. vier Evangelien d. Neuen Testaments*. – أَهْلُ الإِنْجِيلِ *d. Christen*.

أَنِسَ (a) c. بِ *vertraut werden mit* ‖ IV c. a. *aufheitern* ‖ إِنْسٌ coll. *Menschengeschlecht, Menschen* ‖ إِنْسِيٌّ *menschliches Wesen, Mensch* ‖ إِنْسَانٌ (§ 65.1) *Mensch* ‖ أَنَسُ بْنُ مَالِكٍ Gefährte des Propheten, namhafter Überlieferer ‖ نَاسٌ (< أُنَاسٌ , § 49d) coll. *Menschen, Leute*; *einige* ‖ أَنِيسٌ *gesellig*; c. neg. *irgendeiner* 77,6. – آنَسُ elat. *umgänglicher*; *zahmer*.

الأَنَامُ coll. *d. Menschen*.

إِنَّمَا s. إِنَّ .

أَنَى (i) *zur Reife kommen*; *siedend heiß werden* ‖ إِنَاءٌ *Gefäß* ‖ أَنَاةٌ *Sichzeitnehmen, Bedachtsamkeit*.

أَنَّى part. int. *woher? wo? wohin? wie?* – conj. *woher (wo, wohin, wie) auch immer*.

أُهْبَةٌ *Ausrüstung, Gerät*.

أَهْلٌ coll., pl. أَهْلُونَ *Leute, Angehörige, Familie, Einwohner*; *Ehefrau* 156,14; c. gen. (§ 391b) *Besitzer, Inhaber, Vertreter* o.ä. *einer Sache*. – أَهْلًا وَمَرْحَبًا بِكَ (vgl. § 375) = *sei herzlich willkommen!* ‖ أَهْلِيٌّ *häuslich, zahm*.

أَوْ conj. *oder*. – c. subj. (§ 196a, 411) *es sei denn daß, wenn nicht, bis*.

آدَ (u) *bedrücken, anstrengen*.

الأَوْسُ n. pr. trib. (SA., später in Medina).

آفَةٌ pl. reg. *Schaden, Unglück.*

اول II *deuten, auslegen* ‖ آلٌ *Familie* ‖ آلَةٌ *Werkzeug, Instrument* ‖ أَوَّلُ f. أُولَى pl. m. أَوَائِلُ (§ 127b) *erster, früherer*; substantiv. *erster Teil, Anfang.* – أَوَّلًا *zuerst, früher.* – الأُولَى *das Diesseits.*

أُولَائِكَ s. ذَا .

أُولُو , أُولِى s. ذُو .

الآنَ s. اين .

أَوَى (i) c. إِلَى *sich zurückziehen zu, Schutz suchen bei* ‖ IV *aufnehmen, Schutz geben* ‖ مَأْوًى *Zufluchts-, Aufenthaltsort.*

آيَةٌ coll. آيٌ pl. آيَاتٌ *Zeichen, Kennzeichen; belehrendes u. warnendes Beispiel; Wunder; Koranvers; Mitteilung.*

أَيْ part. 1) *das heißt, besagt(e), nämlich.* – 2) (beim voc.) *o.*

أَيٌّ (§ 286) pron. int. *welcher? was für ein?* – pron. rel. indef. *wer auch immer.*

إِيَّا nota acc. (§ 272). – إِيَّاكَ وَ c. a. *hüte dich davor, daß...*

ايد II c. a. *stärken, helfen* ‖ إِيَادٌ n. pr. trib. (NA.).

أَيْضًا part. (urspr. n. vb., deshalb eig. nie an d. Spitze d. Satzes) *auch, gleichfalls, wiederum.*

أَيْكٌ coll. *Baumdickicht.*

أَيْنَ part. int. *wo? wohin?* – conj. *wo (wohin) auch immer.* – أَيْنَ هُوَ عَنْ (107,17) *warum wendet er sich nicht an ...?* – مِنْ أَيْنَ *woher?* – أَيْنَمَا *wo (wohin) auch immer.*

الآنَ *jetzt.* – مِنَ الآنَ *von jetzt ab; gleich jetzt* 46, ult.

أَيَّانَ part. int. *wann?* – conj. *wann auch immer.*

أَيَّةُ s. أَيُّهَا .

أَيُّهَا (im Koran auch أَيُّهْ geschrieben), vor Femin. auch أَيَّتُهَا ; mit od. ohne يَا davor, part. voc.: *o(h)* (§ 157).

ب

بِ praep. (§ 294) *in, an; mit* (Verbindung, Begleitung u. Mittel), *durch* (Werkzeug); *für, um* (Ersatz, Preis); *um* (Maß); *bei* (Schwur); kann nach d. Verben d. Wissens u. Kennens d. direkte Objekt u. nach negat. Ausdrücken d. Prädikat bezeichnen.

بَاءٌ Name d. Buchstaben ب u. der Präposition بِ .

بَئِسَ (a, i) *in unglücklicher Lage sein* ‖ بِئْسَ *schlecht ist ...! wie schlecht ist ...!* (§§ 259-261) ‖ بَأْسٌ *Schaden; Unglück; Unrecht, Sünde* (167,13). – لَا بَأْسَ 9,14 *(damit) hat es keine Not.* – لَا بَأْسَ عَلَيْكَ *du hast nichts zu befürchten* (4,8f.) ‖ بُؤْسٌ *Not, Unglück* ‖ بَأْسَاءُ *Unglück* ‖ بَئِيسٌ *Unheil* ‖ بَائِسٌ *arm, bedauernswert.*

بَاهَانُ n. pr. v. byzantinischer Patrizier u. Feldherr.

بَتٌّ e. bestimmtes *Obergewand* (viereckig, dick, losegewebt, grünlich-staubfarben) ‖ البَتَّةَ acc. adv. *durchaus.*

أَبْتَعُ assonierende Verstärkung zu أَجْمَعُ .

بتل V *sexuelle Abstinenz üben.*

بَثَّ (u) *ausbreiten, ausstreuen* ‖ VII *auseinandergesprengt werden.*

بَثَقَ (i, u) c. النَّهْرَ *d. Dämme e. Flusses durchstechen, so daß er aus seinen Ufern tritt.*

بَجِيلَةُ n. pr. trib. (SA.).

البُحْتُرِىُّ arab. Dichter, gest. 284/897.

بحر V c. فِى *tief u. weit eindringen in* ‖ بَحْرٌ pl. بِحَارٌ *Meer, großer Fluß* ‖ البَحْرَيْنِ Landschaft an der NO-Küste Arabiens.

بَخْ بَخْ interj. *ausgezeichnet!*

بُخَارَا Land mit gleichnamiger Hauptstadt in Zentralasien. – n. rel. بُخَارِىٌّ. – البُخَارِىُّ berühmter Traditionsgelehrter, gest. 256/870 (vgl. S. 103ff.).

بَخُورٌ *Räucherwerk.*

بَخْسٌ *zu niedrig.*

بُدٌّ *Möglichkeit, einer Sache zu entgehen,* c. مِنْ r. – لَا بُدَّ لِى مِنْهُ *ich muß es unbedingt tun* (§ 318c). – وَلَا بُدَّ 2,3 *unbedingt, in jedem Falle.*

بَدَأَ (a) n. vb. بَدْءٌ c. بِ *beginnen mit.* – c. a. p. *den Anfang machen jmdm. gegenüber*; 94,11 *jmdn. zuerst angreifen* ‖ VIII c. a. p. und بِ r. *jmdm. gegenüber mit etw. d. Anfang machen* ‖ مُبْتَدَأٌ (für مُبْتَدَأٌ بِهِ) t. gramm. *Subjekt im Nominalsatz* (s. § 352).

بَدْرٌ *Vollmond.* – n. pr. l. Brunnen zwischen Mekka u. Medina. – بَدْرُ الدِّينِ s. دِينٌ.

بَدِيعٌ *unerhört, neu, wunderbar; Schöpfer, Neubegründer.* – البَدِيعُ (für بَدِيعُ الزَّمَانِ) cogn. des Hamaḏānī, d. Begründers d. Literaturgattung d. Maqamen, gest. 398/1008.

بدل II *vertauschen, verwandeln, ändern.* – c. d. a. *jmdm. etw. als Ersatz geben* ‖ IV c. a. und مِنْ *etw.* (acc.) *einsetzen, substituieren für* (مِنْ) *etw. anderes* ‖ بَدَلٌ t. gramm. *Permutativ, Apposition* (s. §§ 393-397).

بَدَا (u) *sichtbar werden, sich zeigen.* – c. لِ p. *gut scheinen, belieben*; بَدَا لَهُ لَ c. energ. *er beschloß, zu …*

بَذَلَ (u, i) n. vb. بَذْلٌ *freigebig spenden*; التَّوبَةَ 9,18 *sehr reuevoll tun.*

بَرَّ (a; 1. p. sg. بَرِرْتُ) *pietätvoll (gegen d. Eltern) sein,* c. بِ *gegen; fromm sein* ‖ V *(durch besondere religiöse Übungen) seine Frömmigkeit zu erweisen suchen* ‖ بَرٌّ 1) *pietätvoll; fromm*; (v. Gott) *gütig, huldvoll.* – 2) *Festland* ‖ بِرٌّ *Pietät (gegen die Eltern); Frömmigkeit; Güte* ‖ أَبَرُّ elat. zu بَرٌّ *pietätvoll.*

بَرَأَ , بَرِئَ (a) c. مِنْ *genesen von* ‖ II *freisprechen* (von sündhafter Neigung u.ä.).

بَرِحَ (a) c. neg. *nicht aufhören zu sein …* (c. acc. praed.).

برد V *sich abkühlen, sich in d. Kühle* (e. Zeltes o.ä.) *erfrischen* ‖ بَرْدٌ *Kälte, Kühle* ‖ بُرْدٌ e. bestimmtes *Obergewand.* – ذُو البُرْدَيْنِ cogn. v. ‖ بَرِيدٌ pl. بُرُدٌ (Lw. < lat.?) *Kuriermaultier, -pferd.*

بَرْزَخٌ (گ) *trennendes Hindernis.*

بَرَكَ (u) *niederknien* ‖ III c. a. od. فِى *segnen* ‖ بَرَكَةٌ pl. reg. *Segen.*

بُرْهَانٌ (ه) *Beweis, Zeichen.*

بَسَرَ (u) *d. Stirn runzeln.*

البَسِيطُ poet. Metrum.

بسم V *lächeln.*

بِٱسْمِ statt بِسْمِ.

بَشَرَ II c. a. p. *jmdm. e. frohe Botschaft verkünden* ‖ III c. a. *sich mit etw. in unmittelbare Berührung setzen; unmittelbar neben etw. stehen* 181,15; *mit jmd. Sex haben* 143,5; *sich mit jmd. in e. Kampf einlassen* 81,2; *sich mit etw. befassen, etw. verrichten* 86, 2 ‖ IV *sich (über e. gute Botschaft) freuen* ‖ البَشِيرُ Bergrücken zwischen d. mittleren Euphrat u. d. syr. Wüste ‖ بَشَرٌ 1) sg. und coll. *Mensch; Menschen*; - 2) *Haut* 125,9 (nach d. gewöhnl. Erklärung) ‖ بَشِيرٌ *(Freuden-) Bote* ‖ بُشْرَى *frohe Botschaft, gute Nachricht* ‖ بِشَارَةٌ *Lohn für gute Botschaft.*

بَصُرَ (u) c. بِ *sehen, begreifen* ‖ IV c. a. *sehen, erblicken* ‖ بَصَرٌ pl. أَبْصَارٌ *Blick; Auge* ‖ البَصْرَةُ bekannte Stadt im ʿIrāq. – n. rel. بَصْرِيٌّ ‖ بُصْرَى d. alte Hauptstadt des Ḥawrān ‖ بَصِيرٌ *sehend.*

أَبْصَعُ assonierende Verstärkung zu أَجْمَعُ.

بِضْعٌ (§§ 129.6, 130.2) *einige* (e. unbestimmte Zahl von Einern) ‖ بِضَاعَةٌ *Ware.*

بطأ IV c. عَنْ p. *zu spät kommen zu*; - c. عَنْ r. *sich verspäten bei.*

بَطْنٌ pl. بُطُونٌ *Bauch; Mutterleib; (Tal-) Grund; Inneres, Tiefe* ‖ بِطَانَةٌ pl. بَطَائِنُ *Futter* (e. Kleides) ‖ بَاطِنٌ (von Gott) c. عَلَى r. *tief eindringend in* (nach anderen: *verborgen für*) 152,16.

بَعَثَ (a) c. a. od. بِ *schicken, senden; auferwecken* ‖ مَبْعَثٌ *Sendung* (eines Propheten).

بعد IV intr. *sich weit entfernen.* – tr. *entfernen, wegnehmen*; أَبْعَدَهُ اللّٰهُ ein Fluch ‖ بَعْدُ adv. *nachher, später*; mit vorhergeh. Negation *noch.* – مِنْ بَعْدُ *danach.* ‖ بَعْدَ, مِنْ بَعْدِ praep. *nach; nach d. Weggang (Verlust, Tod* 1,3; 64,17*) von; hinzu zu, außer* 17,12. ‖ بَعْدَ أَنْ conj. = بَعْدَ مَا = مِنْ بَعْدِ مَا *nachdem.*

بَعِيرٌ *Kamel.*

بعض V *sich in verschiedene Teile zerlegen lassen* ‖ بَعْضٌ (§ 139) *Teil; einer, einige; etwas.* – بَعْضَ مُنَاشَدَتِكَ رَبَّكَ (sc. دَعْ) 56,1f. *beschwöre deinen Herrn etwas weniger ungestüm!* ‖ بَعْضٌ – بَعْضٌ *der eine – der andere; die einen – die anderen.*

بَعْلٌ pl. بُعُولَةٌ *Ehemann.*

بَغْدَادُ *Baghdad.* – n. rel. reg.

بُغْضٌ *Haß* (dient auch als n. vb. zu أَبْغَضَ *hassen*).

بَغْلٌ (ح) f. ة pl. أَبْغُلٌ, بِغَالٌ *Maultier.*

بَغَى (i) *suchen, begehren* (141,5). – c. d. a. *jmdm. etw. suchen, für jmd. etw. beschaffen.* – c. عَلَى p. *an jmd. Unrecht tun, jmdn. vergewaltigen.* – *überfluten* ‖ VIII *suchen, erstreben* ‖ بَغِيٌّ *Hure.*

بَقَرٌ coll., n. un. بَقَرَةٌ pl. بَقَرَاتٌ *Kühe.*

بَقِيَ (a) *bleiben, übrig bleiben* ‖ IV *übrig lassen, schonen* ‖ بَقِيَّةٌ *Rest.*

بَكْرٌ n. pr. v.; n. pr. trib. (NA.). – أَبُو بَكْرٍ Freund des Propheten u. erster Kalif (11/632-13/634) ‖ بِكْرٌ pl. أَبْكَارٌ *Jungfrau* ‖ بُكْرَةٌ *früher Morgen* (180,6: بُكْرَةً *eines frühen Morgens*), بُكْرَةَ *am frühen Morgen eines be-*

stimmten Tages ‖ بُكَيْرٌ (dim. von بَكْرٌ) n. pr. v.

بَكَى (i) n. vb. بُكَاءٌ , بُكًى *weinen.*

بَلْ part. *nein vielmehr, sondern, aber.*

بَلَّ (i) *genesen, sich erholen* ‖ بِلَالٌ Gefährte des Propheten, erster muslimischer Gebetsausrufer.

بِلَا s. لَا .

بَلَدٌ (η) m. und f., pl. بِلَادٌ oft coll.: *Land* ‖ بَلْدَةٌ *Stadt, Ortschaft.* – dim. بُلَيْدَةٌ .

بَلَغَ (u) c. a. *gelangen zu, erreichen; betragen, wert sein; zu Ohren kommen* (e. Nachricht); – c. مِنْ p. *sehr mitnehmen, erschöpfen* 23,3 ‖ II c. a. r. und إِلَى p. *etw. zu jmd. bringen* ‖ IV c. d. a. *jmdm. etw. mitteilen, melden* ‖ بَلِيغٌ *beredt* ‖ بَلَاغَةٌ *Beredsamkeit* ‖ أَبْلَغُ elat. zu بَلِيغٌ .

أَبْلَقُ f. بَلْقَاءُ *schwarz u.* (besonders an d. Hinterfüßen) *weiß* (Pferd).

بلو III c. a. od. بِ *sich sorgen um* ‖ IV *prüfen* ‖ بَلَاءٌ *Prüfung, Unglück* ‖ بَلْوَى *Prüfung, Schrecken* (11,16).

بَلَى part. *freilich, aber gewiß doch.*

اِبْنٌ (§§ 21, 22) pl. أَبْنَاءٌ , (besonders in Stammesnamen) بَنُونَ *Sohn; Enkel, Nachkomme.* – اِبْنُ الحَرْبِ = *kriegerisch;* أَبْنَاءُ الزَّمَانِ *d. Zeitgenossen.* – dim. بُنَيٌّ ; voc.يَا بُنَيِّ , يَا بُنَيَّ (§ 81.2) *o mein Söhnchen!* ‖ اِبْنَةٌ , بِنْتٌ pl. بَنَاتٌ (§§ 64.1, 72.3) *Tochter.*

البِنْدَوَانُ n. pr. v. Bruder d. persischen Reichsfeldherrn Rustam.

بَنَى (i) *bauen.* – بُنِيَ عَلَيْهِ بِٱمْرَأَةٍ = *er vollzog d. Ehe mit e. Frau* 166,16. – c. a. und عَلَى t. gramm. *e. Wort indeklinabel auf (e. bestimmten Vokal od. sukūn) enden lassen.*

بُنَيٌّ s. بن .

بُهْتَانٌ *Verleumdung, falsche Anschuldigung.*

بَهَرَ (a) *strahlen* ‖ بَهْرَاءُ n. pr. trib. (SA.).

بَهْرَامُ (Lw. < گ) d. Planet *Mars.* n. pr. v.

بهم VII *vag, unbestimmt sein* ‖ الاِسْمُ المُبْهَمُ t. gramm. *das Demonstrativpronomen.*

بهو VIII *frohlocken, prahlen* (93,13).

بوأ V *sich e. Wohnsitz bereiten, wohnen* ‖ بَاءَةٌ *Sex, Ehe.*

بَابٌ (א) pl. أَبْوَابٌ *Tor, Tür; Kapitel* (e. Buchs); *Kategorie; Literaturzweig* 109,12.

بَاعٌ *Klafter.*

بَالَ (u) *urinieren* ‖ بَالٌ *Zustand;* مَا بَالُهُ *wie steht es mit ihm?*

بَاتَ (i, a) n. vb. مَبِيتٌ *d. Nacht zubringen; (in der Nacht) sein, werden.* ‖ بَيْتٌ 1) pl. بُيُوتٌ (dialekt. Nebenform بِيُوتٌ 143,12f.), أَبْيَاتٌ *Zelt, Haus, Zimmer.* – البَيْتُ par excellence = d. Kaʿba in Mekka. – بَيْتُ جِبْرِينَ (*Haus Gabriels*) Ortschaft im südl. Palästina (= Baithogabra, Eleutheropolis, Lucia Septimia Severiana). – 2) pl. أَبْيَاتٌ *Vers* (e. Gedichts).

البَيْرُزَانُ (= الفَيْرُزَانُ) n. pr. v.: bedeutender Perser.

بَيَاضٌ *Weiße; weißer Flecken auf d. Hornhaut d. Auges* ‖ أَبْيَضُ f. بَيْضَاءُ *weiß.*

بَاعَ (i) *verkaufen* ‖ III c. a. p. (et عَلَى r.) *(aufgrund von etw.) mit jmd. e. Vertrag schließen; jmdm.* (e. Höherstehenden) *huldigen* ‖ بَيْعَةٌ (= n. vb. III) *Vertragsabschluß*; *Huldigung*.

بَانَ (i) *getrennt werden* ‖ II *klar machen, erklären* ‖ IV *klar, deutlich sein* ‖ V c. مِنْ *sich unterscheiden von, unterschieden werden von* ‖ بَيْنَ praep. (§ 308; dafür auch مِنْ بَيْنَ u. فِيمَا بَيْنَ) *zwischen, unter*. – فِيمَا بَيْنَهُمْ 61,14 *untereinander*. – بَيْنَ يَدَىْ (auch بَيْنَ رِجْلَىْ , مِنْ بَيْنِ يَدَىْ , vor pl. auch بَيْنَ أَرْجُلِ , مِنْ بَيْنِ أَيْدِى , أَيْدِى etc.) *vor* (von Ort u. Zeit); zu 96,2 s. aber رِجْلٌ und zu 44,3 يَدٌ . – zu مِنْ بَيْنِ vgl. noch ظَهْرٌ . ‖ بَيْنَمَا , بَيْنَا conj. (meist mit Nominalsatz) *während* ‖ بَيَانٌ *Erklärung, Explikativ*; *Beredsamkeit* ‖ بَيِّنَةٌ *Beweismittel, Zeugnis*.

ت

تَاءٌ Name d. Buchstaben ت und d. Schwurpart. تَ *bei*. – تَاءُ التَّأْنِيثِ Name d. Verbalsuff. تْ (3. sg. f. pf.).

تَابُوتٌ (**א**) pl. تَوَابِيتُ *Kasten*; *kastenförmiger Elefantenturm*.

تَبَّ (i) *verderben, zu Grunde gehen*.

تِبْرِيزِيٌّ n. rel. zu تِبْرِيزُ *Tibriz* (Stadt in Persien).

تَبِعَ (a) c. a. *folgen, nachfolgen* ‖ III c. a. p. und عَلَى r. *jmdm. bei etw. helfen* ‖ IV *verfolgen* ‖ VI *in ununterbrochener Folge anrücken* ‖ VIII c. a. p. *folgen, hergehen hinter*; *rechtlich verfolgen, rechtliche Forderungen jmdm. gegenüber geltend machen* 141,16; *durchforschen, studieren* 37,13 ‖ تَبَعٌ sg. und coll., pl. أَتْبَاعٌ *Gefolgsmann, Begleiter* ‖ تَابِعٌ pl. تَوَابِعُ t. gramm. *Apposition*.

تَاجِرٌ (**א**) pl. تِجَارٌ , تُجَّارٌ *Kaufmann*.

تَحْتَ praep. *unter, unterhalb*. – مِنْ تَحْتِ id.; *unter ... hervor*.

تُحْفَةٌ pl. تُحَفٌ *Geschenk*.

تَذَرِقُ n. pr. v. = Theodoros.

تِرْبٌ *Altersgenosse*, (häufiger) *-genossin*. ‖ تُرَابٌ *Staub, Erde*.

تَرْجَمَةٌ (**א**) *Rubrik, Kopfstück, Überschrift, Abschnitt* (e. Buchs).

تَرَكَ (u) n. vb. تَرْكٌ *lassen, verlassen, hinterlassen*.

التِّرْمِذِيُّ (أَبُو عِيسَى) hervorragender Traditionsgelehrter, gest. 279/892.

تَزِيدُ s. زيد .

تِسْعٌ f. ة *neun* ‖ تِسْعُونَ *neunzig*.

تع Abkürzung für تَعَالَى .

تَقَى (i, < اِتَّقَى d.h. وقى VIII) *fürchten* (bes. Gott) ‖ تَقِيٌّ elat. أَتْقَى *gottesfürchtig* ‖ تَقْوَى *Furcht*; *Gottesfurcht*.

تَلِفَ (a) *zu Grunde gehen*.

تِلْكَ s. ذٰلِكَ .

تِلْمِيذٌ (**א**) *Schüler*.

تَلَا (u; < اِتَّلَى d. i. ولى VIII) *folgen, nachfolgen*; *lesen, rezitieren* ‖ تِلْوٌ (e. anderen) *folgend, nachfolgend*; تَلَا تِلْوَهُ 115,16 *er ahmte ihn nach*.

تَمَّ (i) n. vb. تَمَامٌ *voll, vollständig, vollkommen sein*. – c. عَلَى *beharren bei, fortfahren mit* ‖ IV *vollenden, voll machen*; أَتَمَّهَا خَمْسِينَ مَقَامَةً 115,13 *er brachte ihre Zahl auf im ganzen 50 Maqamen* ‖ تَمِيمٌ n. pr. trib. (NA.). – n. rel. reg. ‖ أَبُو تَمَّامٍ Dichter, berühmt durch seine Anthologie *al-Ḥamāsa*, gest. 231/846.

تَمْرٌ coll., n. un. ة , pl. تَمَرَاتٌ *Datteln.*

تنخ n. vb. تُنُوخٌ *bleiben, verweilen* 114,6 ‖ تَنُوخُ n. pr. trib. (urspr. in SA., später ganz im Norden). – n. rel. reg.

تَابَ (u; א) n. vb. تَوْبَةٌ *bereuen, Buße tun;* إِلَى اللّٰهِ *sich reuig zu Gott zurückwenden.* – c. عَلَى p. *jmdm. wieder seine Gnade zuwenden* (Gott) ‖ تَوَّابٌ *aufrichtig Buße tuend.*

تيح IV c. a. r. und لِ p. *für jmd. etw. vorsehen, jmdm. etw. zuerteilen* (Gott).

تيم II c. a. p. *jmd. unterjochen, krank u. irre machen* (Liebe).

ث

ثَبَتَ (u) n. vb. ثَبَاتٌ *feststehen; bleiben; festbleiben; standhalten; zuversichtlich sein.* – c. عَلَى r. *beharren auf* ‖ II *festigen, stärken; Stand halten lassen* ‖ IV *feststellen; bestätigen* ‖ ثَبْتٌ elat. أَثْبَتُ *zuverlässig, glaubwürdig.*

ثَدْيٌ m. und f. *(weibliche) Brust.*

ثقف (a) *finden, treffen* ‖ ثَقِيفٌ n. pr. trib. (NA.). – n. rel. ثَقَفِيٌّ (§ 118).

ثَقُلَ (u) n. vb. ثِقْلٌ *schwer sein* (v. Gewicht) ‖ ثِقْلٌ (seltener ثِقَلٌ), pl. أَثْقَالٌ *Gewicht, Last; Gepäck* ‖ الثَّقَلَانِ (nach d. gewöhnlichsten Erklärung:) *die Menschen u. die Dämonen* ‖ ثَقِيلٌ *schwer.*

ثُلُثٌ *Drittel* ‖ ثَلَاثٌ (ثَلٰثٌ) f. ة *drei.* – ثَلَاثًا 33,9 statt ثَلَاثَ لَيَالٍ : *drei Nächte* (d.h. *drei Tage*) *lang;* 92,16 statt ثَلٰثَ تَكْبِيرَاتٍ ‖ ثَلَاثُونَ *dreißig* ‖ ثَالِثٌ *dritter.*

ثَمَّ adv. *da, dort* ‖ ثُمَّ adv. *dann, darauf.*

ثمر IV *Frucht tragen* ‖ ثَمَرٌ coll. *Früchte.*

ثَمَنٌ *Preis* ‖ ثَمَانٍ f. ة *acht* ‖ ثَمَانُونَ *achtzig* ‖ ثَامِنٌ *achter.*

ثنآ (سآ) Abkürzung für حَدَّثَنَا .

ثنى II *mit zwei Punkten versehen* (d. Konson. ت u. ى) ‖ IV c. عَلَى p. *loben, preisen,* (e. Fürsten gegenüber) *huldigende Ausdrücke aussprechen* ‖ X *etw. ausnehmen, ausschließen* ‖ ثَنَاءٌ *Lob,* (e. Fürsten gegenüber) *huldigende Wendungen* (c. عَلَى p.); *Ruf* ‖ ثَنِيَّةٌ pl. ثَنَايَا *Vorderzahn* ‖ ثَانٍ f. ة *zweiter.* – ثَانِيًا 3,13 *e. zweites Mal, wiederum* (zu §§ 133.2, 315b). – ثَانِي يَوْمٍ *d. folgende Tag* ‖ اِثْنَانِ f. اِثْنَتَانِ (ثِنْتَانِ) (§§ 64.1, 129a) *zwei.* اِثْنَا عَشَرَ f. ثِنْتَا عَشْرَةَ *zwölf.* – يَوْمُ ٱلْاِثْنَيْنِ *Montag* ‖ تَثْنِيَةٌ t. gramm. *Dual* ‖ اسْتِثْنَاءٌ t. gramm. *Ausnahme* ‖ الْمُثَنَّى بْنُ حَارِثَةَ Ältester d. mächtigen Beduinenstammes d. Banū Šaybān, maßgeblich beteiligt an d. muslim. Eroberung des ʿIrāq.

ثَوْبٌ pl. ثِيَابٌ *Kleid; Kleiderstoff, Tuch* ‖ ثَيِّبٌ pl. ثَيِّبَاتٌ *Frau, die nicht mehr Jungfrau ist,* (im bes.:) *verwitwete* od. *geschiedene Frau.*

ثَوَى (i) n. vb. مَثْوًى *sich aufhalten* ‖ مَثْوًى n. l. *Aufenthaltsort, Wohnung.*

ج

جَابَانُ n. pr. Astrologe Yazdagirds III.

الجَالِنُوسُ n. pr. persischer Truppenführer.

جُبٌّ *Brunnen, Zisterne.*

جِبْرِيلُ , جَبْرَئِيلُ (א) d. Engel *Gabriel.*

جِبْرِينُ dialekt. Nebenform v. جِبْرِيلُ .

جَبَلٌ pl. جِبَالٌ *Berg*. – الجِبَالُ (als n. pr.) *d. pers. ʿIrāq* (etwa d. alte Persien u. Medien).

جَبِينٌ *Stirnseite, Stirn.*

جبى VIII *wählen.*

جَثَمَ (i, u) c. عَلَى *belagern.*

جَحَدَ (a) n. vb. جُحُودٌ *verneinen, in Abrede stellen.*

الجَاحِظُ namhafter Philologe u. Literat, gest. 255/869.

جَحِيمٌ f. *Feuer; Höllenfeuer.*

جدّ II *erneuern, auffrischen* ‖ جَدٌّ *Großvater; Vorfahre; Glück* 112,12 ‖ جُدّ (א) *Uferwand* ‖ جِدٌّ *Ernst, Eifer*. – جِدًّا *in hohem Grade, sehr* ‖ جَدِيدٌ *neu* ‖ أَجَدُّ elat. c. فِى r. *mehr Eifer zeigend bei.*

جُدَرِيٌّ *Pocken* ‖ جِدَارٌ *Mauer, Wand* ‖ مُجَدَّرٌ *pockennarbig.*

جدل III c. a. p. *streiten mit.*

جَذَبَ (i) *ziehen, zuziehen* ‖ VII *schnell vorrücken.*

جَذْوَةٌ *Feuerbrand, brennendes Scheit.*

جَرَّ (u) n. vb. جَرٌّ t. gramm. *den Endkonsonanten (e. Wortes) mit i aussprechen,* freier: *(e. Wort) in d. Genitiv setzen* ‖ VIII *wiederkäuen* ‖ جَارٌّ *in d. Genitiv setzend = Präposition* ‖ مَجْرُورٌ *(durch e. Präposition) in d. Genitiv gesetzt.*

جرأ II c. a. p. und عَلَى r. *jmd. ermutigen zu* ‖ VIII *Mut bekommen* ‖ جُرْءَةٌ *Mut, Kühnheit* ‖ جَرِىءٌ *kühn, mutig*, c. عَلَى r. *zu etw.*, c. عَلَى p. *jmdm. gegenüber.*

جِرَابٌ *Sack, Reisesack* ‖ أَجْرَبُ *räudig.*

جَرَحَ (a) *verwunden.*

جَرَّدَ *entkleiden; der Kleider u. Waffen berauben.*

جرم IV *sündigen* ‖ جِرْمٌ *Körper; Scheibe* (d. Mondes) ‖ لَا جَرَمَ *wahrlich, sicherlich.*

جَرَى (i) *laufen, fließen, sich ergehen; sich ereignen, geschehen, stattfinden, eintreten* ‖ IV *schließen, vollziehen* (Vertrag o.ä.) ‖ جَارٍ f. ة pl. comm. جَوَارٍ (c. art. im Koran الجَوَارِ st. الجَوَارِى) *schnell laufend* (Planet 127,2 nach d. gewöhnlichsten Erklärung). – f. (substant.) *Schiff* 128,13 ‖ جَارِيَةٌ pl. جَوَارٍ *Mädchen; Sklavin.*

جُزْءٌ pl. أَجْزَاءٌ *Teil.*

جَزُورٌ pl. جُزُرٌ *Schlachtkamel* (gew. d. weibl. Tier).

جَزِعَ (a) n. vb. جَزَعٌ *Ungeduld, Schmerz empfinden.*

جَزِيلٌ *reichlich, beträchtlich.*

جَزَمَ (i) n. vb. جَزْمٌ t. gramm. *den Endkonsonanten (e. Wortes) ohne Vokal aussprechen,* bzw. *d. auslautenden langen Vokal (e. Wortes) kürzen,* freier: *(e. Verb) in d. Apokopat* (od. *Imperativ) setzen.* ‖ جَازِمٌ pl. جَوَازِمُ *regierender Ausdruck* (Partikel, Konjunktion u.ä.).

جَزَى (i) n. vb. جَزَاءٌ c. d. a. *jmdm. etw. vergelten.* – c. a. p. und خَيْرًا 35,13 zu jmd. sagen: جَزَاكَ اللّٰهُ خَيْرًا *(Gott vergelte dir mit Gutem! = Gott belohne dich!)* ‖ جِزْيَةٌ *Kopfsteuer d. freien Nicht-Muslime unter musl. Herrschaft.*

جِسْمٌ pl. أَجْسَامٌ *Körper.*

جَشِعَ (a) *ungeduldig sein, vom Schreck ergriffen werden.*

جُشْنَسْمَاهُ n. pr. persischer Truppenführer.

جُعْفِيٌّ n. rel. zu جُعْفِيٌّ Stamm (SA.).

جَعَلَ (a) *hinsetzen, legen, stellen; bestimmen, ausersehen* 49,7. – c. a. r., لِ p. und عَلَى r. alt. *jmdm. etw. als Lohn für e. Leistung zusagen.* – c. d. a. *machen zu etw.* – c. impf. (§§ 192.1, 432a) *beginnen, zu ...*

جَفَّ (i) *trocken werden, trocknen;* جَفَّ الْقَلَمُ c. بِ r. 165,6 = *etw. steht unabänderlich im himmlischen Schicksalsbuch, ist unentrinnbares Verhängnis.*

جَفْنٌ *Augenlid* ‖ جَفْنَةٌ *Schale, Napf.*

جَلَّ (i) n. vb. جَلَالٌ *gewaltig, groß, erhaben sein.* – c. عَنْ *zu groß, zu erhaben sein für* ‖ IV *ehren* ‖ V c. a. *bespringen, decken* 18,3 ‖ جَلِيلٌ *groß, erhaben, erlaucht.*

جَلْدٌ , جَلِيدٌ f. ة *stark, kräftig; herzhaft, standhaft* (8,9; 9,17; 52,2) ‖ جِلْدٌ *Haut* ‖ مُجَلَّدٌ *eingebunden; Band.*

جَلَسَ (i) *sich setzen, sitzen* ‖ III c. a. p. *bei jmd. sitzen* ‖ جَالِسٌ pl. جُلُوسٌ *sitzend* ‖ مَجْلِسٌ *Sitzplatz; Sitzungssaal; Sitzung; Kolleg.*

جِلِّقُ Ortschaft bei Damaskus.

جلو V *sichtbar werden, hervorkommen* 78,8.

جَمَّ (u, i) *sich ausruhen, seine Kräfte sammeln* 79,18.

جُمَادَى Name d. 5. u. d. 6. Monats (unterschieden als جُمَادَى الأُولَى u. جُمَادَى الآخِرَةُ) d. musl. Jahres.

جَمَعَ (a) *zusammenbringen, versammeln, vereinigen.* – عَلَيْهِ ثِيَابَهُ *er legte seine Kleider an.* – بَيْنَهُمَا 100,7 *er brachte beide zusammen, ließ beide zusammen vor sich kommen.* – بَيْنَ أُخْتَيْنِ 168,7 *er hatte zwei Schwestern nebeneinander zu Frauen.* – c. a. r., مَعَ r. alt. und لِ p. *zwei Dinge in jmds. Hand vereinigen* ‖ IV رَأْيًا *e. Entschluß fassen.* – c. a. od. لِ r. od. أَنْ *beschließen* ‖ V *sich* (zum Sprung) *sammeln* 98,1 ‖ VIII *sich sammeln, sich vereinigen, zusammenkommen, zusammensein.* – c. مَعَ *zusammentreffen mit* ‖ جَمْعٌ t. gramm. *Plural.* – جَمْعُ التَّكْسِيرِ *d. gebrochene* (= *innere*) *Plural* (§§ 87-100, 106). – الجَمْعُ السَّالِمُ *d. gesunde* (= *äußere*) *Plural* (§§ 101-105). – يَوْمُ الجُمْعَةِ (*d. Versammlungstag* d.h.) *Freitag* ‖ جَمْعِيَّةٌ *Vereinigung, Gesellschaft* ‖ جَمِيعٌ *gesamt; Gesamtheit.* – جَمِيعًا (acc. d. Zustands) *insgesamt, zusammen* ‖ جَمَاعَةٌ *Anzahl, Verband, Gesellschaft* ‖ جَامِعٌ *vereinigend; Sammlung* ‖ أَجْمَعُ pl. أَجْمَعُونَ , f. جَمْعَاءُ pl. جُمَعُ *gesamt, ganz, all.* – بِأَجْمَعِهِمْ *in ihrer Gesamtheit, insgesamt* ‖ مَجْمُوعٌ pl. مَجَامِيعُ *Sammlung.*

جمل IV *schön, gut handeln* ‖ جُمْلَةٌ *Gesamtheit, Summe; Verband;* t. gramm. *Satz.* – جُمْلَةً *gänzlich* ‖ جَمَالٌ *Schönheit* ‖ جَمِيلٌ *schön* ‖ جَمَّالٌ *Kameltreiber.*

جِنٌّ , جَانٌّ coll. *Dämonen* ‖ جَنَّةٌ (א) pl. جِنَانٌ , جَنَّاتٌ *Garten;* c. art. *d. Paradies* ‖ جُنُونٌ *Besessenheit, Wahnsinn* ‖ مَجْنُونٌ *besessen, verrückt.*

جنب II c. d. a. *fernhalten von* ‖ جَنْبٌ , جَانِبٌ *Seite* (109,8: des Tigris).

جَنَاحٌ *Flügel* ‖ جُنَاحٌ (گ) *Sünde, Verbrechen.*

جُنْدٌ (گ) pl. جُنُودٌ , أَجْنَادٌ *Heer.*

جِنَازَةٌ (ﺣ) *Leiche*; *Bahre mit Leiche*; *Leichenbegängnis*.

جِنْسٌ (Lw. < gr. γένος) *Art, Gattung* ‖ تَجْنِيسٌ term. rhetor. *Paronomasie*.

جَنِفَ (a) n. vb. جَنَفٌ *v. rechten Weg abweichen, Unrecht tun*.

جَنَى (i) n. vb. جِنَايَةٌ c. عَلَى *sich vergehen an*. – c. a. r. und عَلَى p. *jmdm. etw.* (Böses) *zufügen* 112,18 ‖ VIII *einsammeln* (Früchte etc.) ‖ جَنًى coll. *Früchte*.

جَهَدَ (a) *sich anstrengen, Eifer zeigen* ‖ III c. a. *Krieg führen mit* (bes. Ungläubigen) ‖ IV *anstrengen, peinigen*.

جَهَّزَ *vorbereiten* ‖ V *sich rüsten, sich fertig machen*.

جَهِلَ (a) n. vb. جَهْلٌ *unwissend, unvernünftig sein*; *töricht handeln*; *Unrecht tun, sich eines Vergehens schuldig machen* (135,13); – tr. *nicht wissen* ‖ VI *sich töricht, unvernünftig stellen* ‖ أَبُو جَهْلٍ musl. Spottname des أَبُو الحَكَمِ عَمْرُو بْنُ هِشَامٍ, eines d. führenden qurayšitischen Gegner Muḥammads ‖ الجَاهِلِيَّةُ *die vorislamische Zeit*.

جَهَنَّمُ (א) f. *d. Hölle*.

اِبْنُ الجَوَالِيقِيِّ (gew. bloß الجواليقيُّ) Philologe, gest. 539/1145.

جوب III c. a. p. *antworten* ‖ IV c. a. p. *antworten*; *zusagend antworten, Gehör geben, willfahren*. – c. a. p. und عَنْ r. *jmdm. auf etw. antworten* ‖ X c. لِ p. *jmdm. Gehör schenken, zu Willen sein* ‖ جَوَابٌ *Antwort*; t. gramm. *Nachsatz, Folgesatz* (zu 174,16 vgl. §§ 410, 411).

جَادَ (u) *freigebig sein*. – بِنَفْسِهِ *in d. letzten Zügen liegen* ‖ جَوَادٌ *freigebig*; (v. Pferd) *schnell* ‖ جَيِّدٌ pl. جِيَادٌ, elat. أَجْوَدُ *gut, ausgezeichnet*; *reichlich* 67,8.

جور III n. vb. جِوَارٌ *ein zurückgezogenes, der Askese u. religiösen Kontemplation gewidmetes Leben führen* ‖ VI *einander benachbart sein*.

جَازَ (u) *erlaubt sein* ‖ IV c. d. a. *jmdm. zur schulmäßigen Weiterüberlieferung eines bestimmten wissenschaftlichen Werkes d. Erlaubnis erteilen*. – c. a. des Halbverses *zu einem Halbvers (einen zweiten dichten*, dann freier:) *ein (ganzes) Gedicht liefern* 16,9 ‖ اِبْنُ الجَوْزِيِّ Universalgelehrter, gest. 597/1200.

جَاعَ (u) *hungern* ‖ جُوعٌ *Hunger*.

جَوْفٌ *Inneres*; *Bauch*.

جَالَ (u) *umhergehen, -schweifen*; *sich zur Flucht wenden* 83,13 ‖ مَجَالٌ *Bezirk, Bereich* 16,13.

جَاءَ (i) n. vb. مَجِيءٌ *kommen, sich einstellen, anlangen*; *überliefert werden* 120,7 f. 151,3. – c. بِ *bringen, hervorbringen*.

جِيدٌ *Hals* (gewöhnl. nur vom Hals e. Frau).

جَيْشٌ pl. جُيُوشٌ *Heer*.

ح

حَاءٌ Name des Buchstabens ح.

حبّ II c. a. r und إِلَى p. *jmdm. etw. lieb machen* ‖ IV (als n. vb. dazu fungieren حُبٌّ und مَحَبَّةٌ) *lieben, gern haben* ‖ حَبٌّ coll. *Körner* (v. Getreide), *Bee-*

ren ‖ حُبٌّ (als subst.) *Liebe* ‖ حَبِيبٌ *Geliebter, Geliebte*; pl. أَحِبَّةٌ *Freund.* – c. إِلَى p. *jmdm. lieb, teuer*; elat. أَحَبُّ (أَحَبُّ الأَمْرِ إِلَيْنَا أَنْ 26,10 *am liebsten wäre uns, daß* ...).

حَبَسَ (i) n. vb. حَبْسٌ , مَحْبَسٌ *in Gewahrsam, gefangen halten; zurückhalten.* – c. a. r. und عَلَى p. *etw. jmdm. vorbehalten, aufheben für jmdn.* ‖ حَبْسٌ (als subst.) *Haft; Gefängnis* ‖ حُبْسَةٌ *Schwierigkeit beim Sprechen* ‖ مَحْبَسٌ *Gefängnis.*

حَبِطَ (a) *umsonst, unnütz sein.*

حَبْلٌ pl. حِبَالٌ *Strick, Seil*; (übertragen) *Band, Abmachung, Vertrag.*

حَتَّى 1) praep. *bis, bis zu.* – 2) einfache Verbindungspartikel: *sogar, schließlich sogar* 178,4. – 3) conj. (§ 196.1, 439) c. pf. *bis, bis daß, so daß.* – c. subj. *bis, so daß, zu dem Zwecke daß, auf daß.*

حَتْفٌ pl. حُتُوفٌ *Tod.*

حثّ X *antreiben, zum Handeln drängen.*

حَجَّ (u) n. vb. حَجٌّ *d. Pilgerreise nach Mekka machen* ‖ VIII c. بِ r. *etw. als Beweis anführen, sich berufen auf etw.* ‖ حُجَّةٌ *Beweis, Rechtfertigung, Verteidigungsmittel* ‖ حِجَّةٌ *Pilgerreise nach Mekka* ‖ حَاجٌّ sg. und coll., pl. حُجَّاجٌ , حَجِيجٌ *Mekka-Pilger* ‖ الحَجَّاجُ (أَبُو مُحَمَّدٍ ابْنُ يُوسُفَ الثَّقَفِيُّ) berühmter Staatsmann der Omayyaden, 75/694-95/714 Statthalter des ʿIrāq.

حَجَبَ (u) *mit d. Schleier bedecken* ‖ حِجَابٌ *Schleier, Vorhang* ‖ حِجَابَةٌ *Pförtneramt* (59,2 an der Kaʿba) ‖ حَاجِبٌ *Pförtner.*

حِجْرٌ *Busen; Schutz* ‖ حَجَرٌ pl. حِجَارَةٌ *Stein* ‖ حُجْرَةٌ pl. حُجَرٌ *Zimmer.*

حجز III *d. Kampf einstellen* ‖ الحِجَازُ (eig. *die Barriere*, nämlich zwischen d. arab. Tief- u. Hochland) d. arab. Landschaft, in der Mekka u. Medina liegen. – n. rel. reg.

حَجَمَ (u) *schröpfen* ‖ حَجَّامٌ *Schröpfer* ‖ مِحْجَمَةٌ pl. مَحَاجِمُ *Schröpfkopf.*

مِحْجَنٌ *Haken-, Krummstock.* – أَبُو مِحْجَنٍ Dichter zur Zeit des Propheten, bes. gefeiert wegen seiner Weinlieder.

حدّ X *d. Rasiermesser* (حَدِيد od. حديدة , eig. *Eisen, eisernes Instrument*) *gebrauchen* (zur Entfernung d. Schamhaare) 166,12 ‖ حَدٌّ pl. حُدُودٌ *göttliche Verordnung; gesetzliche Strafe; Satzung, Statut* ‖ حِدَّةٌ *Schärfe* ‖ حَدِيدٌ *Eisen; eiserne Fessel.*

حدث II c. a. p. und a. od. بِ r. *jmdm. etw. verkünden, mitteilen, erzählen* ‖ IV c. حَدَثًا (in e. Sache) *etw. tun, unternehmen* ‖ V *sich unterhalten* 31,16 ‖ حَدَثٌ *Neuheit; (unglückliches) Ereignis* ‖ حَدِيثٌ *neu*; حَدِيثُ السِّنِّ *jung*; حَدِيثُ عَهْدٍ بِعُرُسٍ *frisch verheiratet.* – pl. أَحَادِيثُ *Neuigkeit, Bericht, Erzählung, Geschichte; Rede, Unterredung* 51,12; (als wissensch. Terminus:) *auf d. Urzeit des Islam, insbesondere den Propheten bezügliche Überlieferung* (sg. und coll.; coll. 4,2; 103,4 etc.) ‖ حَدَاثَةٌ *Jugend* ‖ حَادِثَةٌ pl. حَوَادِثُ *Schicksalsschlag* ‖ مُحَدِّثٌ *Vertreter d. Wissenschaft des Ḥadīṯ* (s. حَدِيثٌ), *Traditionarier.*

حدر VII *hinabgehen.*

حدق IV c. بِ *umgeben, umringen.*

حَذِرَ (a) c. a. *sich in Acht nehmen vor; fürchten.*

حَذَفَ (i) n. vb. حَذْفٌ *wegschneiden; weglassen, auslassen;* t. gramm. *elidieren, apokopieren, durch Aphärese beseitigen* etc.

حَذَاقَةٌ *Scharfsinn, Geist.*

حِذَاءَ praep. *gegenüber.*

حَرٌّ *Hitze* ‖ حُرٌّ f. ة , pl. m. أَحْرَارٌ , pl. f. حَرَائِرُ *frei, edel* (opp. عَبْدٌ) ‖ حَرَّةٌ *steinige, vulkanische Gegend* ‖ حَرِيرٌ *Seide.* – n. rel. حَرِيرِىٌّ *Seidenfabrikant, -händler* (s. 119,18). ‖ حَارٌّ *heiß.* – elat. أَحَرُّ .

حرب III c. a. p. *Krieg führen mit* ‖ حَرْبٌ gew. f., pl. حُرُوبٌ *Krieg.* – حَرْبُ بْنُ أُمَيَّةَ *Großvater des Muʿāwiya,* d. ersten omayyad. Kalifen.

حَرَثَ (u, i) *erwerben, gewinnen; pflügen* ‖ حَرْثٌ *gepflügtes, zur Aufnahme d. Saat fähiges Ackerland* ‖ الحرثُ بْنُ كَعْبٍ (§ 8) n. pr. trib. (SA.).

حرز IV *bergen, in Sicherheit bringen* ‖ VIII *sich zu schützen suchen.*

حَرَسَ (u) *beschützen, bewachen* ‖ مَحْرُوسٌ f. ة *beschützt* (sc. von Gott; beliebtes Beiwort großer Städte).

حِرْصٌ c. عَلَى *Gier, Verlangen nach.*

حرض II *anspornen.*

حَرْفٌ pl. حُرُوفٌ t. gramm. *Buchstabe, Konsonant* (opp. حَرَكَةٌ); *Partikel; Wort.* – حَرْفُ الخَفْضِ *(eigentliche) Präposition* (s. خفض). – حَرْفُ القَسَمِ *Partikel d. Schwurs.*

حرق IV *brennen, verbrennen; peinigen.*

حَرَكَةٌ pl. reg. *Bewegung;* t. gramm. *Vokal* (opp. حَرْفٌ).

حَرَمَ (i) c. a. r. und a. od. مِنْ p. *jmdm. etw. verbieten, versagen, vorenthalten* ‖ حَرُمَ (u) c. عَلَى p. *verboten sein für* ‖ II *verbieten; für heilig, unverletzlich erklären* ‖ IV *in d. Zustand d. Weihe eintreten* (bes. vom Mekka-Pilger, der in diesem Zustand statt d. gewöhnl. Kleider nur zwei ungenähte, neue od. doch reine u. womöglich weiße Tücher trägt, sich nicht kämmt, rasiert od. salbt, allen sexuellen Verkehr unterläßt etc.).

حُرْمَةٌ pl. حُرُمَاتٌ *Heiligkeit, Unverletzlichkeit; Heiliges, Unverletzliches* ‖ حَرَامٌ comm. *verboten* (so 1,3), *heilig; Verbotenes, Heiliges.* – بَنُو حَرَامٍ u. حَرَامِىٌّ s. S. 119,12 u. 15ff.

حِرَاءٌ (حِرَاءُ) Berg bei Mekka.

حَزَّ (u) I u. VIII *abschneiden.*

حِزْبٌ pl. أَحْزَابٌ *Verband, Heeresverband.*

حَزِنَ (a) n. vb. حَزَنٌ *traurig, betrübt sein* ‖ حَزَنَ (u) *betrüben* ‖ حَزْنٌ *hartes, holpriges Terrain* ‖ حَزِينٌ *betrübt, traurig.*

حسّ IV c. a. od. بِ *merken, wahrnehmen.*

حَسَبَ (u) *berechnen, zählen* ‖ حَسِبَ (a, i) c. d. a. *halten für* ‖ VIII (e. fromme Tat, bes. auch Ergebung in Gottes Willen beim Tod teurer Angehöriger *für sich* bei Gott *in Rechnung stellen,* (d.h. dafür) *Lohn im Jenseits suchen* ‖ حَسَبٌ *Betrag, Quantität.* – حَسَبَ , عَلَى حَسَبِ c. gen. *gemäß* ‖ حُسْبَانٌ – *Berechnung* (der Zeitabschnitte 122,11 u. 127, ult.; بِحُسْبَانٍ 127, ult.: ... *sind mit e. Berechnung*, d.h. *enthalten, schließen in sich e. Berechnung*).

حَسَدَ (u) *beneiden*.

حَسَرَ (u, i) c. عَنْ p. *sich entfernen von jmdm., ihm entschwinden* 39,15 ‖ II *ermüden, schwächen* ‖ حَسِيرٌ pl. حَسْرَى *müde, matt* ‖ حَاسِرٌ *ohne Schutzwaffen*.

حَسُنَ (u) *schön sein* ‖ IV c. a. r. *etw. schön, gut machen* (z.B. صِلَتَهُ 17,9 *sein Geschenk*, d.h. *er machte ihm e. schönes, reiches Geschenk* etc.). – (absolut) *schön, gut, freundlich, entgegenkommend, wohltätig handeln* ‖ حُسْنٌ *Schönheit* ‖ حَسَنٌ f. ة , pl. comm. حِسَانٌ *schön*. – الحَسَنُ البَصْرِيُّ hervorragender Theologe. gest. 110/728. – حَسَنُ (الحَسَنُ) بْنُ عَلِيٍّ d. ältere Sohn d. Kalifen ʿAlī u. der Fāṭima, d. Tochter d. Propheten (cf. حُسَيْنٌ) ‖ حُسَيْنٌ dimin. v. حَسَنٌ . – الحُسَيْنُ بْنُ عَلِيٍّ d. jüngere Sohn d. Kalifen ʿAlī u. der Fāṭima (cf. حَسَنٌ).

حَشَرَ (u, i) *versammeln, zusammenbringen*.

حشم VIII *schüchtern, bescheiden, anständig* (12,7) *sein*.

حَاشَى (حَاشَا) s. حوش .

حَاشِيَةٌ *Rand* (e. Buches).

حُصٌّ *memecylon tinctorium* (e. Pflanze zum Gelbfärben) od. *Safran*; خَمْرُ الحُصِّ = *ḥuṣṣ-gelber Wein*.

حَصْبَاءُ coll. *Kieselsteine*.

حَصْحَصَ *ans Tageslicht kommen*.

حَصَدَ (u, i) *schneiden* (Getreide etc.), *ernten*.

حَصَرَ (u, i) *einengen, einschließen*. – c. فِي *beschränken auf* ‖ حَصِرَ (a) n. vb. حَصَرٌ *in beklemmender Verlegenheit sein* ‖ IV *zurückhalten, hindern*.

حَصَلَ (u) *sich einstellen, da sein, vorhanden sein*. – c. لِ p. *jmdn. ankommen, befallen*.

حصن IV *unzugänglich machen, verwahren* (140,9 = *keusch, rein erhalten*) ‖ حِصْنٌ (א) pl. حُصُونٌ *Fort, Festung* ‖ حِصَانٌ *Hengst* (v. Pferd) ‖ حَصِينٌ *unzugänglich* ‖ أَحْصَنُ 162,16 elat. zu مُحْصِنٌ *keusch, rein erhaltend* ‖ المُحْصِنَاتُ 167,11 (= Sure 4, 28) *die wohlverwahrten* d.h. *die im Hause eines Ehemannes wohlverwahrten = die verheirateten (Frauen)*.

حصى IV *zählen*; *im Gedächtnis behalten*.

حَضِرَ (u) *gegenwärtig, zugegen, da sein*. – c. a. *zugegen sein bei* ‖ IV *herbeiholen, -bringen*; *hervorbringen, wirken* 127,1 ‖ حَضَرٌ *besiedeltes u. bebautes Land* (opp. بَدْوٌ , بَادِيَةٌ *Wüste*); أَهْلُ الحَضَرِ *d. Ansässigen* (opp. أَهْلُ البَادِيَةِ *d. Wüstenbewohner*) ‖ حَاضِرٌ *schon vorhanden, bereit*. – حَاضِرَةٌ coll. *an einem festen Platze siedelnde Leute*.

حَضْرَمِيٌّ n. rel. zu حَضْرَمَوْتُ Landschaft in Südarabien.

حَطَبٌ *Brennholz*.

حَظٌّ *Glück, Glücksanteil, Glückslos*.

حَظْوَةٌ *bevorzugte Stellung, Favoritinnenstellung*; *Vorrang*.

حَفَرَ (i) *graben* ‖ حُفْرَةٌ *Grube*.

حَفِظَ (a) n. vb. حِفْظٌ *bewahren, in Obacht nehmen, behüten; im Gedächtnis bewahren, auswendig wissen* ‖ III c. عَلَى *gewissenhaft beobachten, gewissenhaft verrichten* ‖ حِفْظٌ (als subst.) *Gedächtniskraft, gutes Gedächtnis* ‖ حَفِيظٌ *achtsam* ‖ حَافِظٌ *v. starkem Gedächtnis u. viel, insbesondere auch den Koran, auswendig kennend* (الحَافِظُ oft ehrender Beiname).

حفل VIII c. بِ *sich kümmern um.*

حَفْنَةٌ *e. Handvoll.*

حفو V c. بِ p. *sich liebevoll benehmen gegen* ‖ حَافٍ *barfuß.*

حَقَّ (i, u) c. عَلَى p. *jmdm. obliegen* ‖ II *bestätigen* ‖ حَقٌّ *Wahrheit, Gewißheit, Recht, Anspruch, Pflicht, gehörige Weise*; بِالحَقِّ 153,6 *sachgemäß.* – عَرَفَهَا حَقَّ مَعْرِفَتِهَا 115,1 *er kennt sie genau.* – الحَقُّ 9,13 Beiname Gottes ‖ حَقِيقٌ c. بِ r., elat. أَحَقُّ *passend zu, einer Sache würdig, berechtigt zu* (147,17) ‖ حَقِيقَةٌ *Wesenheit, Wahrheit, Sinn u. Bedeutung*; بِالحَقِيقَةِ *in Wahrheit.* – n. rel. حَقِيقِيٌّ *wirklich.*

حكم III c. (a. p. et) إِلَى p. *(e. Gegner) vor jmds. Richterstuhl fordern* ‖ VIII c. a. r. (et عَلَى p.) *(jmdm.) nach eigenem Ermessen e. Leistung* (zu zahlendes Brautgeld o.ä.) *auferlegen* (31,10) ‖ حُكْمٌ *(richterliches u. logisches) Urteil; Richter-, Herrscheramt; Urteilsfähigkeit, Weisheit; Vorschrift, Gesetz* 115,15 ‖ حَكَمٌ *Richter.* – أَبُو الحَكَمِ s. جهل ‖ حِكْمَةٌ *Weisheit* ‖ حَكِيمٌ pl. حُكَمَاءُ *weise; Philosoph, Arzt* ‖ حَاكِمٌ pl. حُكَّامٌ *Richter* ‖ مُحْكَمٌ *fest, sicher.*

حَكَى (i) *erzählen.*

حَلَّ (u) *lösen, öffnen.* – (u, i) *absteigen, sich niederlassen* (c. عَلَى p. *bei*). – (i) *gesetzlich erlaubt, freigegeben sein* (opp. حَرُمَ) ‖ II n. vb. تَحِلَّةٌ c. يَمِينًا *sich durch e. Sühneleistung von e. Eid lösen* ‖ IV *für gesetzlich erlaubt erklären, erlauben, freigeben* ‖ V (18,3) u. X *als gesetzlich erlaubt, freigegeben ansehen; entweihen, schänden* ‖ مَحَلٌّ *Absteigeort, Wohnung, Stelle* ‖ مَحِلٌّ *d. gesetzliche Schlachtplatz d. Opfertiere.*

حَلَبُ *Aleppo* (Stadt in Syrien).

حَلَفَ (i) *schwören* ‖ VI c. عَلَى r. *sich gegenseitig durch Schwur zu etw. verpflichten, sich verbünden zu etw.* ‖ حَلِيفٌ *e. durch eidlichen Vertrag als vollberechtigtes Mitglied in e. Gesellschaft* (Stamm, Familienverband etc.) *aufgenommener Fremdling* od. *ehemaliger Sklave.*

حَلَقَ (i) *rasieren* (d. Kopf) ‖ حَلْقَةٌ *Ring, Türring; Ringpanzer, Panzer* (od. allgemein *Waffen?*) 47,8.

حُلْمٌ pl. أَحْلَامٌ *Traum* ‖ حَلِيمٌ *sanftmütig, human.*

حُلْوٌ f. ة *süß, angenehm* ‖ حَلَاوَةٌ *Süße, Süßigkeit.*

حِلْيَةٌ *Schmuck; äußere Erscheinung* (19,10).

حَمٌ (cf. أَبٌ etc.) *Schwiegervater.*

حَمَامٌ coll., n. un. ة *Tauben* ‖ حَمِيمٌ *heißes Wasser.*

حَمِدَ (a) *loben, preisen* ‖ حَمْدٌ *Lob, Preis* ‖ أَحْمَدُ (eig. elat. zu حَمِيدٌ u.ä. *gepriesen, des Preises wert*) n. pr. v. – steht gelegentlich für مُحَمَّدٌ, d. Namen des Propheten (so in d. Wortspiel 111,11, wo es andererseits d. Eigenname d. Mutanabbī ist). – أَحْمَدُ بْنُ حَنْبَلٍ Begründer d. orthodoxen Gesetzesschule der Ḥanbaliten, gest. 241/855 ‖ مُحَمَّدٌ n. pr. v., insbesondere des Propheten. – مُحَمَّدُ بْنُ كَعْبٍ القُرَظِيُّ namhafter Traditionarier u. Koranexeget, gest. 119/737.

حِمَارٌ pl. حُمُرٌ *Esel* ‖ أَحْمَرُ f. حَمْرَاءُ pl. comm. حُمْرٌ *rot.*

أَحْمَقُ *töricht*; (als elat.) *törichter* 4,1.

حَمَلَ (i) n. vb. حَمْلٌ *tragen, aufladen u. mitnehmen.* – c. a. od. بِ *schwanger werden mit, empfangen.* – c. عَنْ p. *Wissen erhalten haben von, studiert haben bei.* – فِي نَفْسِهِ *v. tiefer Verstimmung, Melancholie befallen sein.* – c. a. p. und عَلَى r. *antreiben, anspornen, veranlassen zu.* – c. عَلَى p., n. vb. (eig. n. vic.) حَمْلَةٌ *e. Angriff machen auf, anstürmen gegen* ‖ II c. d. a. *jmdm. etw. auferlegen* ‖ V c. a. *auf sich nehmen, sich auferlegen* ‖ VI c. عَلَى *Partei nehmen gegen* ‖ VIII *nehmen u. davontragen; aufnehmen können, fassen* 77,7 ‖ حِمْلٌ *Last* ‖ حَمْلَةٌ (als subst.) *Angriff, Attacke* ‖ حَمَّالٌ f. ة *(Last-)Träger* ‖ مَحْمِلٌ *Kamelsänfte.*

حَمَاةُ Stadt in Syrien am Orontes.

حَمَى (i) *schützen, verteidigen* ‖ حَمِيَ (a) *heiß sein.*

حنث V *Entsündigung, religiöse Läuterung suchen* (zu تَحَنَّثَ 40,12 s. § 49a).

حَنِيفٌ *jmd., der sich statt zu e. falschen zur wahren Religion bekennt* ‖ أَحْنَفُ *mit e. Verkrümmung* (d. Fußes o.ä.) *behaftet.* – الأَحْنَفُ n. pr. v.

حَانُوتٌ (א), Nebenform حَانِيَةٌ pl. حَوَانٍ, *Lokal; Kneipe.*

حوج VIII c. إِلَى od. a. *nötig haben, bedürfen* ‖ حَاجَةٌ pl. حَوَائِجُ *Bedürfnis* (c. إِلَى od. بِ od. لِ r. *nach etw.*); *körperliches Bedürfnis* (170,9); *Anliegen, Bitte* (c. إِلَى p. *an jmd.*); *Bedarf; Angelegenheit, Geschäft, Verrichtung, Sache.*

حَوَرٌ *Intensität d. Schwarzen u. d. Weißen im Auge* (16,14), dichterisch für *Mädchen mit Augen von d. durch* حَوَرٌ *charakterisierten Beschaffenheit* ‖ أَحْوَرُ f. حَوْرَاءُ pl. comm. حُورٌ *mit Augen v. großer Intensität d. Schwarzen u. d. Weißen darin.*

حوز VII c. إِلَى *sich anschließen an.*

حَاشَ c. لِلّٰهِ *behüte Gott!* ‖ حَاشَا (حَاشَى) part. (c. gen. od. a. od. لِ) *außer.*

حوط IV c. بِ *umgeben; im vollen Umfang erfassen, kennen* ‖ حَائِطٌ *Mauer, Wand.*

حول II c. a. r. und إِلَى p. *jmdm. etw. übergeben* ‖ III *mit List erstreben* ‖ حَالٌ meist f. *Zustand, Lage*; t. gramm. *Zustandsausdruck* (§ 380). – فِي الحَالِ *sofort* ‖ حَوْلٌ *Jahr.* – حَوْلَ praep. *um-... herum, in d. Umgebung von* ‖ حَالَةٌ *Zustand, Lage* ‖ حِيلَةٌ *List; Mittel zur*

Erreichung e. Zweckes ‖ بِحِيَالِ praep. *gegenüber* ‖ أَحْوَلُ *schieläugig.*

حَيِىَ , حَىَّ (a; § 258b) *leben* ‖ II *grüßen*; بِالعِذَارِ 10,7 *d. Wange zum Kuß darbieten* ‖ IV أَحْيَا *wieder aufleben lassen* ‖ X اِسْتَحْيَى , اِسْتَحَى c. a. od. مِنْ r. od. أَنْ *sich e. Sache schämen*; *sich vor etw. scheuen.* – c. مِنْ p. *sich vor jmd. schämen.* – c. لِ r. *sich schämen wegen* ‖ حَىٌّ *lebend, lebendig*; *Stamm (tribus)* ‖ حَيَاءٌ dient als n. vb. zu X ‖ حَيَاةٌ (حَيٰوةٌ § 9) *Leben* ‖ حَيَوَانٌ sg. und coll., pl. حَيَوَانَاتٌ *Tier, Tiere* ‖ تَحِيَّةٌ pl. reg. *Gruß* ‖ يَحْيَى s. unter ى ‖ مَحْيًا *Ort, wo man lebt.*

حَيْثُ conj. *wo, wohin.* – حَيْثُ مَا (حَيْثُمَا) *wo, wohin auch immer.* – إِلَى حَيْثُ *wohin.* – بِحَيْثُ *so daß.* – مِنْ حَيْثُ *von wo.*

حَارَ (a) n. vb. حَيْرَةٌ *verwirrt, ratlos, bestürzt werden* ‖ V id. ‖ الحِيرَةُ (syr. *Lager, Militärstation*) Stadt im ʿIrāq, am Euphrat unweit Babylon.

حَاضَتْ (i) n. vb. مَحِيضٌ *ihre Periode (Menstruation) haben.*

حين IV *vernichten* ‖ حِينٌ pl. أَحْيَانٌ *Zeit*; *Zeitpunkt* (حَتَّى حِينٍ 135,16 = *eine Zeitlang*). – حِينَ *zur Zeit von*, (vor Sätzen:) *zur Zeit da, als.* – حِينَئِذٍ *damals.* – أَحْيَانًا *zu Zeiten, bisweilen.*

خ

خَاءٌ Name d. Buchstaben خ .

خبأ II *verstecken, an e. sicheren Ort niederlegen* VIII *sich verstecken* ‖ خِبَاءٌ *Zelt.*

خبر II u. IV c. d. a. od. c. a. p. und بِ r. *benachrichtigen, erzählen, verkünden, melden* ‖ X c. a. p. und عَنْ r. *jmd. nach etw. fragen* ‖ خَبَرٌ pl. أَخْبَارٌ *Kunde, Nachricht, Mitteilung*; *Angelegenheit, Sache.* – t. gramm. *Prädikat e. Nominalsatzes*; خَبَرُ إِنَّ s. Reckendorf, AS § 63.2 ‖ خَبِيرٌ *kundig, wissend.* – الخَبِيرُ Beiname Gottes.

خُبْزٌ (ᵭ) *Brot.*

خِبَاءٌ s. خبأ .

خَاتَمٌ , خَاتَامٌ (ᵭ) pl. خَوَاتِيمُ *Siegelring, Siegel*; *Ende, Ausgang* (العَمَلُ بِالخَوَاتِيمِ 159,4. 160,3 *d. Tun ist nach seinem Ausgang zu beurteilen*).

خَثْعَمِىٌّ n. rel. zu خَثْعَمُ Stamm (SA.).

خَجِلَ (a) *vor Scham verwirrt werden, sich schämen*, c. مِنْ p. *vor jmd.* ‖ II c. a. p. *bewirken, daß jmd. vor Scham in Verwirrung gerät* ‖ خَجْلَانُ *verwirrt vor Scham* 118,2.

خَدٌّ *Wange.*

خَدِيجَةُ erste Frau Muḥammads u. Ahnfrau aller seiner Nachkommen.

خِدْرٌ *Vorhang, Frauenabteil d. Zeltes* ‖ خُدْرِىٌّ n. rel. zu خُدْرَةُ Clan in Medina.

خَدَعَ (a) *betrügen, täuschen.*

خَدَمَ (u, i) c. a. p. *dienen* ‖ خَدَمٌ coll. *Dienerschaft* ‖ خَادِمٌ *Diener, Dienerin.*

خَذَلَ (u) *im Stich lassen.*

الخَرَّارَةُ Ort in d. Nähe v. Qādisīya.

خُرَاسَانُ nord-östl. Provinz Persiens.

خرب IV *verwüsten* ‖ خُرْبَةٌ *Irreligiosität, Ungesetzlichkeit.*

خَرْتَنْكُ Ortschaft bei Samarqand (s. 106, 14ff.).

خَرَجَ (u) n. vb. خُرُوجٌ , مَخْرَجٌ *herausgehen, -kommen, hervorgehen, ausgehen, ausziehen* (zum Kampf etc.), *abreisen, weggehen, sich entfernen* (5,7). – c. بِ *herausbringen.* – c. عَنْ *e. Ausnahme bilden von* ‖ II *ausziehen* (tr.), *extrahieren.* – c. (a. r. et) عَنْ p. (e. Tradition o.ä.) *überliefern, veröffentlichen auf Autorität von* ‖ IV *herausführen, austreiben, ausweisen, herausbringen, hervorziehen* (3,11), *herausgeben, gebären; auswählen* (c. إِلَى p. *für*) ‖ V c. بِ p. *seine gelehrte Bildung durch jmd. erhalten* 116,13 ‖ X *hervorholen, ans Tageslicht leiten* ‖ خَرِجَةٌ n. pr. v. – بِنْتُ خَارِجَةَ eine Frau des ʾAbū Bakr.

خَرِيدَةٌ *Jungfrau*; (metaphor.) *undurchbohrte Perle* (zu 117,1 vgl. العِمَادُ).

خَرَسٌ *Stummheit.*

خَرَقَ (i) c. a. *durchbohren, durchstoßen, Bresche legen in, zerreißen, durchbrechen* (d. feindliche Schlachtreihe etc.). – c. a. r. und لِ p. *jmdm. etw. andichten* 123,7.

خَزٌّ (گ) *Seide.*

الخَزْرَجُ n. pr. trib. (SA., später in Medina). – n. rel. reg.

خُزَاعَةُ n. pr. trib. (SA., später bei Mekka). – n. rel. reg.

خِزَانَةٌ (א) pl. خَزَائِنُ *Vorratshaus, Schatzkammer, Bibliothek* (99,12) ‖ خَزِينَةٌ pl. خَزَائِنُ *Schatz.*

خزى IV *erniedrigen, entehren.*

خَسِرَ (a) *Verlust erleiden*; 133,8 *zu Grunde gehen* (?) ‖ IV *verkürzen, fälschen.*

خَشَبَةٌ *Holzpfosten* (als Wasserstandsmesser 182,12).

خَشِيَ (a) *fürchten*, c. عَلَى p. *für.*

خصّ VIII c. بِ r. *ausgezeichnet sein durch etw., etw. allein besitzen* ‖ خَاصٌّ f. ة *speziell.* – خَاصٌّ, häufiger خَاصَّةٌ, pl. خَوَاصُّ *vornehme Leute.* – خَاصَّةً (modaler acc.) *ausschließlich.*

حصر VIII *abkürzen, verkürzen* (c. a. r.); *sich kurz fassen.*

خَصْلَةٌ pl. خِصَالٌ *Eigenschaft, Anlage; vorgeschlagene, zur Wahl gestellte Sache.*

خصم III c. a. p. *streiten, prozessieren mit* ‖ VI c. مَعَ p. und فِى r. *mit jmd. um etw. prozessieren.*

خَصَى (i) n. vb. خِصَاءٌ *kastrieren* ‖ VIII *sich selbst kastrieren* ‖ X *sich kastrieren lassen* 164,12.

خَضِرٌ *Grünes, grüne Saat.* – الخِضْرُ e. überirdische Persönlichkeit, d. mit Elias, mit Henoch, mit d. hl. Georg u. mit anderen identifiziert worden ist (urspr. wohl Personifikation e. Naturkraft) ‖ خُضْرَةٌ *grüne Farbe, grünes Aussehen* ‖ أَخْضَرُ pl. خُضْرٌ *grün, grünlich.*

خَطٌّ *Schrift, Handschrift.*

خَطِئَ (a) n. vb. خَطَأٌ *irren, sündigen.* – قَتِيلُ الخَطَإِ *d. unabsichtlich, ohne Heimtücke Getötete* 58,8 ‖ IV *verfehlen*; أَخْطَأَتْهَا 83,3 *sie verfehlte die ʿaṣīda* (عصيدة, q.v.), d.h. *die ʿaṣīda mißlang ihr.*

خَطَبَ (u) *e. Ansprache halten.* – n. vb. خِطْبَةٌ c. a. der Frau., لِ v. und عَلَى d. Eltern, od. عَلَى v. und إِلَى d. Eltern *um e. Frau für jmd. anhalten bei* ‖ III c. a. p. *anreden.* – c. a. p. und بِ r. *zu jmdm. etw. sagen, Worte an jmd. richten* ‖ خَطْبٌ *Sache, Lage, Veranlassung* ‖ خُطْبَةٌ *Ansprache, Predigt; Vorrede* (e. Buches) ‖ خَطِيبٌ *Redner, Prediger.* – الخَطِيبُ cogn. virorum, bes. d. Verfassers der *Chronik von Baghdad* (gest. 463/1071) ‖ مُخَاطَبٌ t. gramm. *in d. 2. Person stehend.*

خَاطِرٌ pl. خَوَاطِرُ *Gedanke, Gemüt.*

خَطِفَ (a) I v. VIII *packen, wegreißen.*

خَطْوَةٌ pl. reg. *Schritt.*

خَفَّ (i) *leicht sein* ‖ II *leicht machen, erleichtern.* – t. gramm. *(e. Konsonanten) ohne tašdīd aussprechen* ‖ خَفَّانُ Ort bei Qādisīya.

أَخْفَشُ *augenschwach, -leidend.* – الأَخْفَشُ الأَكْبَرُ d. älteste v. drei Philologen des Beinamens الأَخْفَش, gest. 177/793.

خَفَضَ (i) n. vb. خَفْضٌ *den Endkonsonanten (e. Wortes) mit "ī" aussprechen,* freier: *(e. Wort) in d. Genitiv setzen* ‖ مَخْفُوضٌ s. حرف ‖ حَرْفُ الخَفْضِ pl. مَخْفُوضَاتٌ *in d. Genitiv gesetztes Wort.*

خَفَقَ (i, u) n. vb. خَفَقَانٌ *flattern, vibrieren; aufgeregt klopfen* (Herz, 36,1). – n. vic. خَفْقَةٌ *den Kopf vor Müdigkeit auf d. Brust sinken lassen, e. Anfall v. Schläfrigkeit haben.*

خَفِيَ (a) c. عَلَى p. *jmdm. verborgen, für jmd. unkenntlich sein* ‖ X *sich verbergen, sich d. Blicken anderer entziehen.*

خَلَّ (u) *durchbohren* ‖ الخَلِيلُ بْنُ أَحْمَدَ einer d. großen Begründer d. arab. Sprachwissenschaft, d. Hauptlehrer d. Sībawayhi, gest. 175/791.

خَلَبَ (u) *täuschen.*

خَلَدَ (u) *ewig bleiben* ‖ خَالِدُ بْنُ الوَلِيدِ berühmter Heerführer u. Eroberer unter d. beiden ersten Kalifen (s. S. 66 ff.).

خَلَصَ (u) n. vb. خَلَاصٌ c. مِنْ *freikommen von.* – c. إِلَى *gelangen zu; zustoßen* ‖ IV (c. لِلّٰهِ) *(Gott) in unverfälschter Reinheit verehren.* – c. a. *auswählen, auslesen* ‖ X *auswählen, bestimmen* ‖ خَالِصٌ *rein, genuin.*

خَلَطَ (i) *mischen* ‖ III c. a. *sich vermischen mit; zu tun haben mit* (146,12); *geraten in.*

خَلَعَ (a) c. a. *etw. ausziehen; sich lossagen von.*

خلف II *zurück-, hinterlassen* ‖ III c. a. *widersprechen, sich widersetzen, feindlich entgegentreten* ‖ V *zurückbleiben* ‖ VIII *wechseln* (intr.; dann auch tr.: Schwertschläge etc.), *variieren; uneins, verschiedener Meinung sein; in einzelnen Gruppen nach einander auffliegen* 78,12; c. إِلَى *hin- u. hergehen zu, immer wieder besuchen* ‖ X c. a. p. *jmd. zu seinem Stellvertreter, Nachfolger bestimmen* ‖ خَلْفَ, مِنْ خَلْفِ praep. *hinter;* وَطِئَ مِنْ خَلْفِهِ 91,10 *er trat nach hinten, wich zurück* ‖ خَلَفٌ *Nachkomme* ‖ حَيٌّ خُلُوفٌ *e. Stamm, dessen Männer gerade abwesend sind* ‖ خَلِيفَةٌ pl. خُلَفَاءُ *Kalif* (eig. *Stellvertreter,* sc. des Propheten). – خَلِيفَةُ n. pr. v. ‖ خِلَافَةٌ *Amt, Regierung eines Kalifen, Kalifat.*

خَلَقَ (u) n. vb. خَلْقٌ *erschaffen* ‖ خَلْقٌ (als subst.) coll. *Leute* ‖ خَلَاقٌ *Anteil an Gutem.*

اِبْنُ خَلِّكَان Verfasser eines berühmten biograph. Werkes (s. S. 98), gest. 681/1282.

خَلَا (u; 163,4 dialekt. خَلَيَا st. (خَلَوَا) *leer sein*; *vergangen, vorüber sein* (§ 250); *allein sein*; *auf d. Seite gehen, um allein zu sein* (163,4); c. لِ p. *sich unbeeinflußt jmdm. zuwenden* ‖ II *leer, frei lassen.* – سَبِيلَهُ = *ließ ihn laufen.* – c. عَنْ p. *frei lassen.* – بَيْنَهُمَا *überließ beide sich selbst, mischte sich nicht in ihren Streit* (72,1). – بَيْنَهُ وَبَيْنَ شَىْءٍ *etw. d. Fürsorge jmds. überlassen* (89,3) ‖ IV *leer lassen* ‖ خَلَا (für مَا خَلَا) c. a. od. gen. *außer* ‖ خَلْوَةٌ *Einsamkeit.*

خَلَيَا für خَلَوَا s. خلو .

خَمْرٌ (א) gew. f., auch خَمْرَةٌ *Wein* ‖ خِمَارٌ *Frauenschal, -schleier.*

خَمْسٌ f. ة *fünf* ‖ خَمْسُونَ *fünfzig* ‖ خِمْسٌ *Wüste* (od. *Wüstenreise*), *in* (bzw. *auf*) *der die Kamele wegen Wassermangels erst am 5. Tage nach d. vorausgegangenen Tränkung wieder zu trinken bekommen* (69,5).

خَنْدَقٌ (گ) *Graben, Festungsgraben.* – الخَنْدَقُ 85,5. 96,16 d. Graben von Qādisīya.

خِنْزِيرٌ (א) *Schwein.*

خَانِسٌ pl. خُنَّسٌ *zurückweichend* (? 127,2).

خَافَ (a; 1. p. sg. خِفْتُ , § 244) n. vb. خَوْفٌ , مَخَافَةٌ *in Furcht sein.* – c. a. r. od. أَنْ *fürchten.* – c. a. p. *sich fürchten vor.* – c. عَلَى *fürchten für.* – خَافَهُ عَلَى الصِّدْقِ 82,9 *er fürchtete sich, ihm d. Wahrheit zu sagen.*

خَالَةٌ pl. reg. *Tante mütterlicherseits.*

خَانَ (u) I u. VIII *täuschen, betrügen.*

خيب II c. a. p. *jmds. Absichten vereiteln.*

خَيْبَرُ Oasenstadt nördl. v. Medina, v. Juden bewohnt, v. Muḥammad erobert.

خير II c. d. a. *jmdm. etw. zur Wahl stellen* ‖ VIII *wählen, auswählen* ‖ X c. a. Gottes und فِى r. *Gott um d. richtige Eingebung betreffs e. Angelegenheit bitten* (155,6 u. 8) ‖ خَيْرٌ f. ة , pl. f. خَيْرَاتٌ *gut, vorzüglich*; *Gutes, Wohlfahrt*; *Wohltat, Gefälligkeit* (84,8). – als elat. (§§ 124.2, 126.2) *besser, best*; أَهْلُهُ بِخَيْرِ النَّظَرَيْنِ 61,4 = *seine Angehörigen haben die Wahl zwischen zwei Möglichkeiten.*

خَاسَ (i) c. بِ *brechen* (Vertrag, Schwur etc.).

خَيْطٌ *Faden.*

خَالَ (a) c. d. a. *halten für* ‖ خَيْلٌ coll. *Pferde* (pl. خُيُولٌ); *Reiterei* ‖ خَيَالٌ *Vision, Traumgesicht.*

خَيْمَةٌ pl. خِيَامٌ *Zelt.*

د

دَأْبٌ *Gewohnheit*; دَأْبًا (modaler acc.) *nach Gewohnheit.*

دَالٌ Name d. Buchstaben د .

دَاوُدُ (sprich *dāwūdu*; man schreibt auch دَاوُودُ ; jüngere Form دَاؤُدُ , دَاءُودُ ; cf. hebr. דויד) *David.*

دَايَةٌ (گ) *Amme.*

دَبَّ (i) *sich langsam vorwärtsbewegen, kriechen*; *versteckt* (an d. Feind etc.)

heranreiten ‖ دَابَّةٌ (§ 233) pl. دَوَابُّ *Tier*; speziell *Reittier* (Pferd, Maultier, Esel).

دبر II *behandeln, regeln* ‖ IV *d. Rücken kehren, sich abwenden, weichen* ‖ دُبُرٌ pl. أَدْبَارٌ *Rücken*; مِنْ دُبُرٍ *im Rücken, hinten* ‖ دَبْرَةٌ *Wendung, Ausgang einer Schlacht* (c. لِ p. *zu Gunsten jmds.*, opp. عَلَى *zu Ungunsten*) ‖ دَبُورٌ f. (§ 120) *Westwind.*

دثر V *sich in den* دِثَار (e. bestimmtes Obergewand) *einhüllen* (zu مُدَّثِّرٌ 124,9 vgl. § 47).

دَجَّالٌ (א) pl. دَجَاجِلَةٌ *Antichrist.*

دَخَلَ (u) n. vb. دُخُولٌ c. إِلَى od. a. r. *hineingehen in, eintreten in, betreten* (ـها in نَدْخُلَهَا 5,9 = d. Heilige Land). – c. عَلَى (oder إِلَى) p. *eintreten zu* (59,17); *eintreten bei, vorsprechen bei, besuchen.* – c. عَلَى r. t. gramm. *hinzutreten zu* (*vorn* od. *hinten*). – c. بِ p. *Sex haben mit* ‖ IV *eintreten lassen, hineinbringen, -stecken*, c. a. od. إِلَى r. *in* (1,2 ergänze: *in die Schüssel*), c. عَلَى p. *zu, bei.*

دَرٌّ *Milch*; (übertragen) *Ergebnis, Leistung, Tat*; لِلّٰهِ دَرُّهُ (*Gott ist seine Leistung zuzuschreiben*, d.h.) *wie tüchtig, augezeichnet ist er!* ‖ دُرٌّ coll., n. un. دُرَّةٌ *Perlen.*

دَرَجَةٌ *Stufe*; *Stiege, Treppe, Vorrang* (c. عَلَى *vor*).

اِبْنُ دُرَيْدٍ namhafter Philologe u. Dichter, gest. 321/933.

دِرْعٌ (ḥ) gew. f., pl. دُرُوعٌ *Panzer.*

دِرَفْشِ كَابِيَان (pers.) *das Banner des Kāwe* (d.h. d. pers. Reichsbanner, in der Urzeit bei e. Volksaufstand von dem Schmied Kāwe zuerst erhoben).

درك IV *erreichen, erlangen, einholen*; *überfallen, überkommen* (Zeit); *jmdn. erleben*; *erfassen, wahrnehmen* ‖ X *verbessern, berichtigen.*

دَارِمِيٌّ n. rel. zu دَارِمٌ Zweig d. Stammes Tamīm.

دِرْهَمٌ (Lw. < gr. δραχμή) pl. دَرَاهِمُ *Drachme, Silberstück.*

دَرَى (i) n. vb. دِرَايَةٌ *wissen* ‖ III *schmeicheln, umzustimmen suchen* ‖ IV *wissen lassen, belehren* (وَمَا أَدْرَاكَ ... مَا im Koran etwa = *weißt du aber auch, was ... ist?*).

دَعَا (u) n. vb. دُعَاءٌ c. a. p. *rufen* (c. لِ p. *zu jmdm.*); *herbeirufen, kommen lassen* (auch c. بِ p.); *auffordern, einladen* (1,6; 2,11). – (mit Ellipse von اللّٰه) *beten*; c. لَهُ *er betete für ihn* (§ 295), c. لَهُ بِخَيْرٍ *er betete für ihn um Gutes* (beide Wendungen freier: *er segnete ihn, wünschte ihm Gutes*). – c. d. a. *nennen, heißen* ‖ VIII c. a. *für sich fordern, reklamieren, als sein Eigentum in Anspruch nehmen*; *sich anmaßen* ‖ X *zu sich berufen, kommen lassen* ‖ دَعْوَى *Anspruch* (c. فِي *auf*) ‖ دُعَاءٌ *Anrufung Gottes, Gebet*; *Bitte, Wunsch.*

دَفْتَرٌ (η) *Heft, Album.*

دَفَعَ (a) c. a. *stoßen, e. Stoß versetzen*; *zurückstoßen, abhalten, abwehren* (67, 17). – c. a. r. und إِلَى od. لِ p. *übergeben, geben, ausliefern* ‖ III c. a. *jmdn. hinzuhalten suchen* (81,13).

دفق VII *sich ergießen, überlaufen.*

دَفَنَ (i) n. vb. دَفْنٌ *begraben.*

دَقِيقٌ *fein, subtil.*

دُكَّانٌ (Lw.) *Laden.*

دَلَّ (u) c. a. p. und عَلَى r. *jmdm. d. Weg zeigen zu, ihn hinweisen auf* ‖ X c. بِ und عَلَى *aus etwas schließen auf* ‖ دَلِيلٌ *Führer; Hinweis, Zeichen, Kennzeichen; Beweis* (c. عَلَى r. *von etw.*).

دَلَفَ (i) c. لِ *vorrücken auf ... zu.*

دلو IV *hinunterlassen* ‖ دَلْوٌ gew. f. *Schöpfeimer.*

دَمٌ pl. دِمَاءٌ *Blut.*

دَمِيمٌ *häßlich, unansehnlich.*

دِمَشْقُ *Damaskus.*

دِمْنٌ coll., n. un. دِمْنَةٌ pl. دِمَنٌ *Mist; mit Mist bedeckte Stellen e. abgebrochenen Zeltlagers.*

دَنَا (u) c. مِنْ *nahe sein, sich nähern* ‖ VI *sich gegenseitig nähern* ‖ دَانٍ f. ة *nahe, bequem zu erreichen* ‖ دُنْيَا (§ 127) *Welt; irdischer Besitz, irdische Freude.*

دَهْرٌ *Zeit; Zeitraum, -periode.*

دهش IV *in Verwirrung setzen, konsternieren.*

دِهَاقٌ *voll.*

دهم XI *schwarz, schwarzgrün sein.*

دِهَانٌ (Sure 55,37) *Öl, Salbe* (ist nach anderen pl. von دُهْنٌ *Öl*, wieder nach anderen bedeutet es *rote Haut*).

دَهَى (a) c. a. p. *zustoßen* (Unglück etc.).

دَاءٌ *Krankheit.*

دَارَ (u) *herumgehen, kreisen; gewechselt werden* (Worte 35,7) ‖ IV (رَأْيًا *e. Ansicht*) *erwägen* ‖ V تَدَيَّرَ (denomin. v. دَارٌ) *zum Wohnsitz wählen* ‖ دَارٌ gew. f., pl. دُورٌ *Wohnraum, Haus; Wohnsitz; Heimatland* (80,8) ‖ دَائِرَةٌ *Kreis; Umgebung.*

دول IV c. a. p. *d. Sieg verleihen* (c. عَلَى *über*) ‖ دُولَةٌ , دَوْلَةٌ *Wechsel* (فِي دَوْلَتِي 65,17 *als d. Reihe an mir war*); *Schlachtenglück; Dynastie.*

دَامَ (u) *dauern, bleiben*; مَا دَامَ 176,18 (c. a. praed.) *so lange er ... bleibt.*

دُونَ praep. *unterhalb, unter* (an Rang u. Wert 30,14); *diesseits von, vor, in d. Nähe von, zur Verteidigung von; mit Ausschluß von* (178,1). – بِدُونِ *ohne.* – مِنْ دُونِ *unterhalb; mit Ausschluß von* (136,10).

دَوَاةٌ (Lw.?) pl. دُوِيٌّ *Schreibzeug, Tintenfaß.*

دِيبَاجٌ (§ 95.4; Wright I §§ 284, 305 II Rem. b.; Lw. < گ) *Seidenbrokat.*

تَدَيَّرَ s. دور .

دين V c. بِ *sich in religiöser Beziehung zu etw. bekennen, an etw. halten*; تَدَيُّنًا 112,6 *aus Religiosität* ‖ دِينٌ 1) (گ) pl. أَدْيَانٌ *Religion, Religionsform.* – 2) (א) *Gericht* (bes. in d. Verbindung يَوْمُ الدِّينِ). ‖ بَدْرُ ٱلدِّينِ (*Vollmond d. Religion*) n. pr. v. ‖ مَدِينَةٌ s. مدن .

دِينَارٌ (§ 95.4; Wright I §§ 284, 305 II Rem. b; Lw. < lat. denarius) *Golddinar.*

دِيوَانٌ (§ 95.4; Wright I §§ 284, 305 II Rem. b; Lw. < گ) *Register; Sammlung* (v. Gedichten, Kunstbriefen etc.); *Rechnungskammer, Büro, Kanzlei.*

ذ

ذَا pron. dem. (§ 274.2) *dieser, dies.* – dient nach Fragepronomen zur Verstärkung (= *denn* o.ä.; § 285a). ‖ كَذَا *so, in diesem Zustand, so und so, so und so viel.* – هٰكَذَا *so, auf diese Weise* ‖ ذَاكَ (§ 275a) *dieser, dies.* – فَذَاكَ als Nachsatz e. Bedingungssatzes elliptisch für فَذَاكَ المَطْلُوبُ ‖ ذٰلِكَ – daneben ذٰلِكُمْ (poet. ذٰلِكُمُ), ذٰلِكُنَّ etc. – f. تِلْكَ pl. comm. أُولَائِكَ (§ 275a) *jener, jenes.* – وَذٰلِكَ أَنَّ *nämlich* ‖ كَذٰلِكَ *so, auf diese Weise, ebenso, in gleicher Weise* ‖ هٰذَا f. هٰذِهِ pl. comm. هٰؤُلَاءِ du. m. هٰذَانِ du. f. هَاتَانِ (§ 274) *dieser, dies.* – هٰذَا ٱلشَّىْءُ in Fällen wie 18,12 = *da ist, da hast du die Sache.* – هٰذَا ... وَهٰذَا *d. eine ... d. andere.*

ذِئْبٌ pl. ذِئَابٌ *Schakalwolf* (canis anthus, canis lupaster) ‖ ذُؤَابَةٌ *Haarlocke, -strähne* (gew. von d. Mitte des Kopfes nach hinten hängend).

ذَاتٌ , ذَاتٌ s. ذُو .

ذَاكَ s. ذَا .

ذَالٌ Name d. Buchstaben ذ .

ذُبَابَةٌ *Spitze* (d. Schwertes etc.).

ذَبَحَ (a) n. vb. ذَبْحٌ *töten* (durch Kehlschnitt), *schlachten; erschlagen, morden.*

ذَخَرَ (a) *speichern.*

ذَرَّ (u) *aufgehen, aufleuchten* (Sonne).

ذَرْعٌ *Ausstrecken d. (Vorder-)Armes; Macht, Können.* – ضَاقَ بِالأَمْرِ ذَرْعًا *er war d. Sache nicht gewachsen, wußte keinen Ausweg daraus* (30,8 f.) ‖ ذِرَاعٌ f. und m., pl. أَذْرُعٌ *Vorderarm; Elle.*

ذعن IV c. لِ p. und بِ r. *jmdm. freiwillig etw. zugestehen.*

ذَكَرَ (u) n. vb. ذِكْرٌ , ذِكْرَى c. a. *denken an, sich erinnern; erwähnen, sprechen von; berichten, erzählen* ‖ II c. d. a. *erinnern an* ‖ V (c. a.) *sich erinnern (an), denken (an)* ‖ VIII اِدَّكَرَ (§ 46) *sich erinnern* ‖ ذِكْرٌ (als subst.) *Ruf, Renommé* ‖ ذَكَرٌ *mask., männlichen Geschlechts* ‖ تَذْكِرَةٌ 11,8 *Billett, Schreiben* ‖ مُذَكَّرٌ t. gramm. *männlich, im Mask. stehend.*

ذَكِيَ (a) n. vb. ذَكَاءٌ *scharfsinnig sein.*

ذلّ IV *erniedrigen, demütigen* ‖ V *sich demütig zeigen, demütig sein.*

ذٰلِكَ etc. s. ذَا .

ذِمَّةٌ *Vertrag, Schutzvertrag.*

ذَنْبٌ *Vergehen, Sünde.*

ذَهَبَ (a) n. vb. ذَهَابٌ *gehen, weggehen, entschwinden, verschwinden, schwinden.* – c. بِ *wegtragen, -nehmen, rauben;* ذُهِبَ بِهِ *er wurde ohnmächtig* (29,1) – c. impf. *sich daran machen, zu ...* 65,11 ‖ IV c. a. r. und عَنْ p. *jmdm. etw. nehmen* ‖ مَذْهَبٌ c. عَنْ *Ausweg aus* (30,14).

ذُهْلِيٌّ n. rel. zu ذُهْلٌ n. pr. trib.

ذُو gen. ذِي acc. ذَا , f. ذَاتٌ pl. m. ذَوُو , أُولُو pl. f. ذَوَاتٌ *Eigenschaft* (Ding od. Person) 180,16.

ذَاقَ (u) *kosten, probieren* ‖ IV *kosten, schmecken lassen.*

ذَيْلٌ *Schleppe; Appendix, Supplement.* – الذَّيْلُ 117,1 Titel v. Samʿānī's Supplement zu Ḫaṭīb's *Chronik von Baghdad* (s.u. خطب).

ر

رَاءٌ Name d. Buchstaben ر .

رَازِىٌّ s. رىّ .

رَأْسٌ pl. رُؤُوسٌ (رُؤُسٌ , s. § 15.3) *Kopf; Haupt, Führer, Vornehmer* ‖ رَئِيسٌ pl. رُؤَسَاءُ *Chef, Heerführer, Vorsitzender.*

رَأَى impf. يَرَى (§§ 42, 239b) *sehen, erblicken; d. Ansicht sein, meinen, glauben.* – c. رُؤْيَا *e. Traum haben.* – c. d. a. *ansehen als, halten für.* – c. بِ *Gefallen haben an* 112,8. – أَرَأَيْتَ = *sage mir* ‖ IV أَرَى (§§ 42, 239b) c. d. a. *zeigen;* أُرِىَ رُؤْيَا *e. hatte e. Traum.* – pass. أُرِىَ *glauben, meinen* (c. a. *betreffs* o.ä.) ‖ رَأْىٌ *Ansicht, Meinung* ‖ رُؤْيَا *Traum* ‖ مِرْآةٌ *Spiegel.*

رَبٌّ pl. أَرْبَابٌ *Herr* (bes. v. Gott; zu رَبِّ s. § 7.4) ‖ رُبَّ (acc. d. Ausrufs, § 337) c. gen. indeterm. *manch.* – رُبَّمَا *manchmal; vielleicht* ‖ رَبِيبَةٌ pl. رَبَائِبُ *Stieftochter.*

ربص V *warten;* c. a. r. und بِ p. *abwarten, daß jmdm. etw. zustößt.*

ربط III *belagern.*

رَبِيعٌ Name d. 3. u. d. 4. Monats d. musl. Jahres (unterschieden als رَبِيعُ الأَوَّلِ u. رَبِيعُ الآخِرِ s. § 390.2), regelmäßig mit davorstehendem شَهْرُ *Monat.* – auch n. pr. v. ‖ رَبِيعَةُ od. رَبِيعَةُ الفَرَسِ n. pr. trib. (NA.) ‖ رَابِعٌ *vierter* ‖ أَرْبَعٌ f. ة *vier* ‖ أَرْبَعُونَ *vierzig.*

رَبِىَ (a) *aufwachsen.* ‖ رِبًا *Wucher.*

رُتْبَةٌ *Stufe, Leitersprosse; hoher Rang.*

رَتَعَ (a; wohl < اِرْتَعَى d.h. رعى VIII) *nach Belieben weiden* (intr.); *sich vergnügen* ‖ IV *nach Belieben weiden lassen.*

رَثٌّ *abgetragen, schäbig; armselig* ‖ رَثِيثٌ *tödlich verwundet.*

رَثَى (i) c. a. p. *beweinen* (e. Toten); *in e. Trauergedicht feiern.*

رجأ IV *aufschieben; zurücksetzen* (169,3 e. Frau im Turnus d. ehelichen Besuche).

رَجَبٌ Name d. 7. Monats d. musl. Jahres.

رِجْزٌ (א) *Strafe* (Gottes) ‖ الرَّجَزُ poet. Metrum.

رَجَعَ (i) n. vb. رُجُوعٌ *zurückkehren, -weichen; werden* (60,16). – إِلَى الصَّوَابِ *sich korrigieren* ‖ III. c. a. *sich wenden an, befragen* ‖ VI *zu einander zurückkehren* 148,8; *sich nach u. nach zurückziehen* 86,4 ‖ VIII c. a. *sich mit dem Erlös aus e. Verkauf etw. (Besseres) kaufen.*

رجل V *zu Fuß gehen* ‖ رِجْلٌ gew. f., pl. أَرْجُلٌ *Fuß.* – (أَرْجُلِ) بَيْنَ رِجْلَىْ s. بَيْنَ (96,2 aber wohl *zwischen die Füße d. Maultiere,* vgl. 97,10). – أَنَا عَلَى رِجْلٍ 79,16 *ich bin achtsam u. bereit, zu handeln* ‖ رَجُلٌ pl. رِجَالٌ *Mann* ‖ رَاجِلٌ pl. رَجَّالَةٌ , رَجْلٌ , رِجَالٌ (150,10) *Fußgänger, -soldat* ‖ رِجْلَةٌ *Wasserlauf, d. sich aus steinigem nach glattem Gelände hinzieht* (87,17).

رَجَمَ (u) n. vb. رَجْمٌ *steinigen* ‖ رَجِيمٌ *gesteinigt.*

رَجَا (u) n. vb. رَجَاءٌ *hoffen;* c. a. r. *erhoffen, hoffen auf;* c. a. p. *seine Hoffnung setzen auf* ‖ V *hoffen.*

رُحْبٌ *Geräumigkeit;* بِالرُّحْبِ وَالسَّعَةِ = *herzlich willkommen! mach dir es hier be-*

quem! o.ä. ‖ مَرْحَبٌ *geräumiger Platz*; مَرْحَبًا بِهِ *er sei willkommen!* (vgl. اهل).

رَحَلَ (a) n. vb. رَحِيلٌ *abreisen, reisen* ‖ VIII id. ‖ رَحْلٌ pl. رِحَالٌ *Kamelsattel*; *Kamelsattelgepäck*; *Absteigequartier* ‖ رَاحِلَةٌ *Reitkamelin.*

رَحِمَ (a) n. vb. رَحْمَةٌ *sich erbarmen* (c. a. p. *jmds.*) ‖ رَحِمٌ f., pl. أَرْحَامٌ *Gebärmutter*; *Verwandtschaft* ‖ رَحِيمٌ *barmherzig* ‖ الرَّحْمٰنُ (ﺣ) *d. Erbarmer*, d.h. *Gott.*

رَحًى gew. f. *(Hand-)Mühle.* – رَحَى بِطَانٍ n. pr. l.

رخص II (c. لِ p. und فِى r.) *erlauben (jmdm. etw.).*

رَخَاءٌ *sorgenfreie Lage*; *Glück.*

رَدَّ (u) n. vb. رَدٌّ *zurückschicken, -senden* (83,1); *wegschicken, entlassen*; *zurück-, abweisen* (28,17. 84,6 u.ö.); *abwehren, vertreiben* (78,11); *zurück-, wiedergeben* (السَّلَامَ = *d. Gruß erwidern*, جَوَابًا = *antworten*); *antworten, erwidern*; *wiederholen*; *zurückbringen*; *zurücknehmen* (147,17). – c. a. p. und بِ r. (*jmdn. mit etw. entlassen* d.h.) *jmdm. etw. gewähren* 30,12. – c. a. p. und عَنْ r. *jmdn. abbringen, abwendig machen von.* – c. a. r. und إِلَى p. *jmdm. etw. zurückgeben*; *jmdm. etw. zusprechen, vorbehalten* 152,15; c. a. r. und إِلَى r. *e. Sache wieder mit e. anderen vereinigen.* – c. a. r. und عَلَى p. *jmdm. etw. zurückgeben*; *jmdm. etw. antworten*; *jmdm. etw. wiederholen* (32,3); *jmdm. seine Zustimmung, Erlaubnis zu etw. versagen* (164,7) ‖ II *immer wiederholen* ‖ VIII c. عَنْ *abfallen von.*

رَدَغَةٌ *Schlamm.*

رِدْفٌ *Hintermann* (auf d. Reittier); term. poet. *unmittelbar d. Reimkonsonanten vorausgehendes, als Dehnbuchstabe dienendes* ا , و od. ى .

رَدْمٌ *Damm.*

رُدْنٌ pl. أَرْدَانٌ *Ärmel*; *Kleid.*

رَدَى (i) c. بِ *werfen mit* ‖ رِدَاءٌ *Obergewand.*

رَزَّةٌ *Krampe* (an d. Tür zum Einhängen d. Vorlegeschlosses).

رَزِئَ , رَزَأَ (a) c. d. a. *jmdm. etw. nehmen, entziehen.*

رَزَقَ (u) (gew. v. Gott) c. a. p. *jmdm. d.* رِزْق d.h. *Lebensunterhalt* u.ä. *schenken*; c. d. a. *jmdm. etw. schenken, bescheren* (materielle u. geistige Güter; 156,15 u.ö. ein Kind) ‖ X. c. a. p. *um Lebensunterhalt, Vermögen bitten* ‖ رِزْقٌ (ﮔ) *Lebensunterhalt, Vermögen.*

رُسْتَمُ n. pr. v. persischer Reichsfeldherr.

رَسَفَ (u, i) *mit langsamen, kurzen Schritten einhergehen* (von jmdm. in Fußfesseln).

رسل IV *loslassen*; *schicken, senden* ‖ رَسُولٌ pl. رُسُلٌ *Bote, Sendebote, Gesandter* (bes. Gottes, so auch 66, Überschrift); الرَّسُولُ od. رَسُولُ اللّٰه par excellence = Muḥammad ‖ رِسَالَةٌ pl. رَسَائِلُ *Sendung, prophetische Sendung*; *schriftliche Mitteilung, Brief*; *Kunstbrief*; *gelehrte Abhandlung* ‖ رَسُولٌ = مُرْسَلٌ .

رَشَدَ (u) *d. richtigen Weg verfolgen* (meist in übertragenem, bes. religiösem Sinn) ‖ IV *richtig leiten* ‖ X = I ‖ رَشِيدٌ *d. richtigen Weg verfolgend; rechtgläubig*. – الرَّشِيدُ d.h. هُرُونُ الرَّشِيدُ ʿabbāsid. Kalif (170/786-193/809) ‖ الإِرْشَادُ 105,12 biograph. Werk ‖ المُسْتَرْشِدُ بِاللّٰهِ ʿabbāsid. Kalif (512/1118-529/1135).

رَصَدَ (u) c. a. *aufpassen auf, belauern*.

رُضَابٌ *Speichel*.

رَضِعَ (a), رَضَعَ (i, a) n. vb. رَضَاعَةٌ c. a. der Frau *an d. Brust e. Frau saugen* ‖ IV *säugen* ‖ X c. a. des Kindes *e. Kind durch e. Amme säugen lassen* ‖ رَضِيعٌ *Milchbruder* (von der selben Amme ernährt).

رضّه , رضّها etc. Abkürzung für die berühmten Namen d. Islam oft parenthetisch angeschlossene Formel رَضِيَ اللّٰهُ عَنْهُ , رَضِيَ اللّٰهُ عَنْهَا etc. (§ 24).

رَضِيَ (a) n. vb. رِضًى , رِضْوَانٌ , مَرْضَاةٌ c. عَنْ od. عَلَى od. a. od. بِ *Gefallen haben an, zufrieden sein, sich zufrieden geben mit*; vgl. رضّه ‖ II c. a. p. und بِ r. *jmdn. mit etw. zufriedenstellen* ‖ VI *sich untereinander verständigen* ‖ رَاضٍ 126,6 *angenehm*.

رعد VIII *zittern, beben*.

رِعْشَةٌ *Zittern*.

رَعَى (a) *weiden* (tr. u intr.) ‖ رَاعٍ pl. رُعَاءٌ , رِعَاءٌ 78,3 *Hirt*.

رَغِبَ (a) n. vb. رَغْبَةٌ c. فِي *(heftig) begehren*. – c. عَنْ *nicht mögen, verabscheuen*. – c. بِ p. und عَنْ r. *wünschen, daß jmd. etw. verabscheut, jmdn. von etw. abzubringen suchen* (45,12) ‖ II c. a. p. und فِي r. *in jmd. Verlangen nach etw. erwecken*. – c. a. p. und عَنْ r. *jmds. Abneigung gegen etw. wachrufen*.

رَغِيفٌ *Fladen, Brotlaib*.

رَفَثٌ *sexueller Umgang*, c. إِلَى *mit*.

رَفْرَفٌ coll. *Polster, Kissen*.

رَفَضَ (i, u) *verlassen; abweisen* 11,15 ‖ رَافِضَةٌ coll. *Truppenteile, die ihren Führer verlassen haben; fliehende Soldaten* 73,10.

رَفَعَ (a) n. vb. رَفْعٌ *empor-, hochheben, aufrichten; erheben* (Stimme). – يَدَيْهِ عَنْ = *lassen von, einstellen* (61,2). – رُفِعَ عَنْهُ 170,14 = *er kam wieder zu sich* (nach dem die Offenbarung begleitenden nervösen Stress). – t. gramm. *den Endkonsonanten (e. Wortes) mit "u" aussprechen*, freier: *(e. Wort) in d. Nominativ bzw. Indikativ setzen* ‖ مَرْفُوعٌ pl. مَرْفُوعَاتٌ *im Nominativ bezw. Indikativ stehend*.

رَفَقَ (u) *freundlich, rücksichtsvoll sein; behutsam zu Werke gehen*. – c. بِ p. *jmdn. freundlich, schonend behandeln*; 9,18 *jmdm. gute Worte geben* ‖ رَفِيقٌ sg. und coll. *Begleiter, Gefährte* (unter الرَّفِيقُ الأَعْلَى 65,12 verstehen die muslimischen Gelehrten gewöhnlich den Propheten, seltener Gott).

رَقَّ (i) (c. لِ) *weich werden (gegen), Mitleid haben (mit)* ‖ رَقِيقٌ sg. und coll. *Sklave, Sklaven*.

رَقَبَ (u) c. a. *beobachten, warten auf* ‖ رَقَبَةٌ pl. رِقَابٌ *Sklave*.

رُقْعَةٌ *Billett, kurzes Schreiben*.

رَقْمٌ *Ziffer*. – رَقْمٌ وَاحِدٌ 13,9 *die Ziffer "1"*.

رَكِبَ (a) c. a. *aufsitzen auf, reiten auf* (e. Reittier); *laufen auf* (e. Terrain, Weg etc.) ‖ II *zusammensetzen* ‖ VI *über einander lagern* (in d. Ähre 123,3) ‖ VIII c. a. *sich befassen mit* (Verbotenem), *begehen* (e. Sünde u.ä.) ‖ رَاكِبٌ pl. رُكَّابٌ *Reiter* (gew. *Kamelreiter*).

رَكَدَ (u) c. عَلَى *bewegungslos lagern auf* (v. Staub 95,8).

رَكَعَ (a) n. vb. رُكُوعٌ *d. Körper beugen* (bes. beim Gebet); *beten* ‖ رَكْعَةٌ n. vic.; im gesetzl.-techn. Sinn: *Körperbeugung beim Gebet, zusammen mit d. vorausgehenden Akt d. Aufrechtstehens u. den zwei folgenden Prosternationen* (vgl. سجد).

رُكْنٌ *Ecke*. – الرُّكْنُ par excellence d. östl. Ecke der Kaʿba, in der sich d. schwarze Stein befindet.

رَمَّ (u) *ausbessern, in Verteidigungsstand setzen.*

رُمْحٌ pl. رِمَاحٌ *Lanze*; zu 112,14 s. سمك .

أَرْمَدُ *an e. Augenentzündung leidend.*

رَمْزٌ pl. رُمُوزٌ *Zeichen* (das man jmdm. macht), *allegorische Handlung, Allegorie, Rätsel.*

رَمَضَانُ Name d. 9. (d. Fasten-) Monats d. musl. Jahres (gew. mit davorstehendem شَهْرُ *Monat*).

الرَّمْلُ poet. Metrum.

الرَّمْلَةُ Stadt in Palästina, nw. v. Jerusalem.

رُمَّانٌ (א) coll. *Granatäpfel.*

رَمَى (i) c. a. od. بِ r. *werfen, hinwerfen, wegwerfen.* – c. a. und بِ r. *bewerfen, beschießen, treffen mit* (eig. u. übertragen). – رَمْيَةٌ n. vic. *Schuß* ‖ III c. a. *beschießen, schießen auf* (mit Pfeilen 90,1).

رَنَا (u) *unbeweglich blicken.*

رَاهِبٌ pl. رُهْبَانٌ *christlicher Mönch.*

رهق IV c. d. a. *etw. über jmd. bringen, ihn erleiden lassen.*

رَهِينٌ *verpfändet, als Pfand in Gewahrsam gehalten.*

رَاحَ (u) *am Abend sein, tun, kommen, gehen.* – c. بِ *am Abend bringen* ‖ X اِسْتَرْوَحَ c. إِلَى *Erquickung finden durch.* – اِسْتَرَاحَ *Ruhe finden* (c. مِنْ *vor*) ‖ رُوحٌ comm., pl. أَرْوَاحٌ *Geist, Seele* (als Lebensprinzip). – الرُّوحُ 124,8 od. رُوحُ الْقُدُسِ (א) *d. heilige Geist* ‖ رِيحٌ gew. f. (§ 111 d) pl. رِيَاحٌ *Wind* ‖ رَيْحَانٌ coll. *Basilikum* (*ocimum basilicum*); auch im allgem. wohlriechende *Pflanzen* ‖ رَائِحَةٌ *Geruch*, bes. *Wohlgeruch.*

رَادَ (u) *nach Weideland suchen* ‖ III c. a. p. und عَنْ r. *jmd. v. e. Sache abtrünnig zu machen suchen*; رَاوَدَتْهُ عَنْ نَفْسِهِ 134,6 = *sie suchte ihn zu verführen* ‖ IV c. a. *wollen, wünschen, haben wollen, beabsichtigen, meinen.* – c. بِ p. und a. r. (40,18 f.) od. c. a. p. und بِ r. (39,14) *jmdm. etw. zuteil werden lassen wollen* ‖ X c. لِ p. und a. des Ortes *für jmdn.* (e. Stamm, e. Heer o.ä.) *e.* (*zum Lagerplatz bestimmte*) *Stelle sorgfältig auskundschaften.*

روغ IV *beabsichtigen, herstellen wollen* 83,3.

روق IV *ausgießen, vergießen* 113,10; *zum Fließen bringen* 113,11.

رَامَ (u) c. a. *suchen, suchen nach* ‖ الرُّومُ (η) *d. Byzantiner.*

رَوِىَ (a) *sich satt trinken, seinen Durst stillen* ‖ رَوَى (i) n. vb. رِوَايَةٌ *überliefern, weiterberichten* ‖ II c. a. p. *jmds. Durst stillen* ‖ IV id. ‖ رِىٌّ *Möglichkeit, sich satt zu trinken* ‖ رَاوٍ pl. رُوَاةٌ *Überlieferer.*

الرَّىُّ d. pers. Stadt *Rayy* (d. alte Rhagae; ihre Ruinen 13 km ssö. v. Teheran). – n. rel. رَازِىٌّ .

رَاثَ (i) c. عَلَى p. *sein Erscheinen bei jmdm. verzögern, jmd. lange auf sich warten lassen.*

رِيشٌ coll., n. un. ة *Federn, Gefieder.*

رِيقٌ *Speichel.*

رَامَ (i) c. a. *weggehen von, verlassen.*

ز

زَاءٌ (زَاىٌ) Name d. Buchstaben ز .

زَابُ n. pr. v. pers.

زَبَرَ (u, i) c. a. p. *schelten; mit deutlicher Kritik abweisen* ‖ الزُّبَيْرُ (بْنُ العَوَّامِ) einer d. vornehmsten Gefährten des Propheten.

زُجَاجٌ (א) *Glas; gläserne Trinkschale* 69,13.

زَحَفَ (a) n. vb. زَحْفٌ *(langsam) vorrücken* (bes. gegen d. Feind) ‖ VI *gegeneinander vorrücken* ‖ زَحْفٌ pl. زُحُوفٌ *Heeresverband.*

زَحَمَ (a) n. vic. زَحْمَةٌ *drängen* (tr.).

زَرَعَ (a) *säen.*

زرى X *verachten.*

زَعْزَعَ *heftig bewegen, schütteln.*

زَعَمَ (u) *meinen, behaupten*; c. d. a. *halten für.*

زَفَّ (u) c. a. der Frau und إِلَى des Mannes *e. Braut feierlich ihrem Bräutigam zur Verheiratung zuführen.*

زُقَاقٌ pl. أَزِقَّةٌ *Gasse.*

زُكْرَةٌ *kleiner (Wein-)Schlauch.*

زَكَرِيَّاءُ (زَكَرِيَّا ; cf. hebr. זכריה) *Zacharias.* – أَبُو زَكَرِيَّاءَ التِّبْرِيزِىُّ namhafter Philologe, gest. 502/1109.

زَكَا (u) 1) (echtarab.) *gedeihen; sich gehören.* – 2) *rein, gerecht, gut sein* ‖ II *für gerecht erklären; loben* 79,13 ‖ زَكَاةٌ (زَكٰوةٌ , vgl. § 9; Lw. < א) *Gerechtigkeit, Rechtschaffenheit; Rechtfertigung; Almosen; Vermögenssteuer* ‖ أَزْكَى elat. *angemessener, besser.*

زلف IV *nahe bringen.*

زَلْزَلَ *heftig bewegen, erschüttern.*

زَلَمٌ pl. أَزْلَامٌ *Orakelpfeil* (d.h. Pfeil ohne Spitze und Federn, mit e. bestimmten Kennzeichen od. e. bestimmten Aufschrift, den man nach d. Prinzip des Losens od. Kartenlegens zur Befragung d. Gottheit gebrauchte).

زِمَامٌ *Kamelhalfter.*

زَمَنٌ , زَمَانٌ (א) *Zeit, Zeitabschnitt, Zeitdauer.*

زُنْبُورٌ *Hornisse.*

زَنْدٌ *Feuerbohrer* (d. obere, härtere Stück Holz, mit dem man in einem unteren, weicheren bohrte, bis dieses Feuer fing); auch *Feuerzeug* (beide Hölzer zusammen).

زِنْدِيقٌ (گ) pl. زَنَادِقَةٌ *Freigeist, Ketzer* (urspr. bes. von Anhängern zoroastrischer od. manichäischer Glaubensansichten).

زَنَى (i) n. vb. زِنًى (زِنًا) *außerehelichen Sex haben.*

زَهِدَ (a) n. vb. زَهَادَةٌ *Enthaltsamkeit, Abstinenz üben.* – c. فِى *sich e. Sache enthalten; sie verabscheuen* 134,1.

زُهْرَةُ , genauer زُهْرَةُ بْنُ الحَوِيَّةِ , arab. Truppenführer ‖ بَنُو زُهْرَةَ Geschlecht v. Qurayš. – n. rel. زُهرِىٌّ . – الزُّهْرِىُّ , genauer مُحَمَّدُ بْنُ اِبْنُ شِهَابٍ الزُّهْرِىُّ od. مُسْلِمِ بْنِ شِهَابٍ الزُّهْرِىُّ , hervorragender Traditionarier, Lehrer des Ibn ʾIsḥāq, gest. 124/742 ‖ الزُّهَرَةُ d. Planet *Venus* ‖ زُهَيْرٌ (d.h. زُهَيْرُ بْنُ أَبِى سُلْمَى) berühmter vorislam. Dichter.

زوج II *paaren* (126,13 d. Seelen bei d. Auferstehung mit d. Körpern?); c. d. a. od. c. a. und بِ *verheiraten mit* ‖ V c. a. od. بِ p. *heiraten* ‖ زَوْجٌ (η) pl. أَزْوَاجٌ (urspr. *Paar*, gew. aber) *Teil e. Paares; Ehemann, Ehefrau.* – زَوْجَةٌ pl. زَوْجَاتٌ *Ehefrau.* – زَوْجَانِ *Paar* (für 129,17 s. fn.).

زود II c. a. p. *mit Reisevorrat versorgen*; c. d. a. *jmdm. etw. mit auf d. Reise geben* ‖ V *sich mit Reisevorrat versorgen* ‖ زَادٌ *Reisevorrat.*

زَارَ (u) *besuchen* ‖ VI *sich gegenseitig besuchen* ‖ مَزَارٌ *Ort e. Besuchs.*

زَالَ (u; 1.p.sg. زُلْتُ) *sich entfernen, weichen* ‖ زَالَ (a; 1.p.sg. زِلْتُ , vgl. § 244) *aufhören* (gew. c. neg.). – مَا زَالَ c. a. praed. *er hörte nicht auf, zu sein ...* – مَا زَالَ c. impf. *er hörte nicht auf, etw. zu tun* (§ 382b). – مَا زَالَ c. praep. loci *er hörte nicht auf... zu sein, zu bleiben* (مَا زَالَ بِهِ حَتَّى 22,13. 32,17. 61,16f. *er ließ nicht von ihm ab, bis*) ‖ IV *v. seiner Stelle entfernen.*

زَيْتٌ (א) *Olivenöl* ‖ زَيْتُونٌ coll. *Ölbäume* ‖ زَيَّاتٌ *Ölhändler.*

زَادَ (i) n. vb. زِيَادَةٌ 1) intr. *zunehmen, wachsen, sich vermehren*; c. عَلَى *hinausgehen über, übersteigen.* – 2) tr. *hinzufügen*, c. فِى od. عَلَى *zu.* – c. d. a. *jmdm. mehr v. e. Sache geben.* – لَا يَزِيدُهُمْ عَلَى قَوْلِهِ 104,13 *er sagte zu ihnen weiter nichts als ...* ‖ زَيْدٌ n. pr. v. – أَبُو زَيْدٍ الأَنْصَارِىُّ namhafter Philologe, gest. 215/830 ‖ زَائِدٌ *mehr* 94,1. – t. gramm. pl. زَوَائِدُ *Zusatzbuchstabe (nicht-wurzelhaft)* ‖ تَزِيدُ بْنُ حَيْدَانَ Zweig d. Stammes Quḍāʿa ‖ يَزِيدُ بْنُ أَبِى سُفْيَانَ e. d. arab. Feldherren im syr. Eroberungskrieg (vgl. أَبُو سُفْيَانَ). – يَزِيدُ بْنُ هَارُونَ hervorragender Traditionarier, gest. 206/821.

زَالَ (a) *aufhören* s. زول .

زَانَ (i) *schmücken, mit Schönheit ausstatten.*

س

سَـ part. d. Futurs (§ 187).

سَابَاطُ Ortschaft in d. Nähe d. alten Ktesiphon.

سَاجٌ (Lw. < ind.) *Tiekbaum, indische Eiche (tectona grandis L.).*

سَئِرَ (a) *übrig sein* ‖ سَائِرٌ *übrig; Rest.*

سَأَلَ (a; zum imp. سَلْ vgl. § 239) n. vb. مَسْـَٔلَةٌ , سُؤَالٌ *fragen*, c. عَنْ *nach, betreffs.* – *bitten*, c. d. a. *jmdn. um etw.* – c. seq. إِلَّا *beschwören, daß* 8,14 ‖ مَسْـَٔلَةٌ سُؤَالٌ (als subst.) *Frage; Bitte* ‖

(als subst.) *Frage*; *Bitte*; *Angelegenheit*, *Sache*.

سَاوَه (in streng arab. Form سَاوَةُ) Stadt in Persien, zwischen Rayy u. Hamadān.

سُبَّةٌ *Schande*, *Unehre* ‖ سَبَبٌ pl. أَسْبَابٌ *Ursache*, *Grund*, *Veranlassung*, *Anlaß*.

السَّبْتُ (א) od. يَوْمُ السُّبْتِ *Sabbat*, *Samstag*.

سبح II (א) *preisen*, *verherrlichen* (obj. stets Gott) ‖ سُبْحَانَ اللّٰهِ *Preis Gottes!*, *gepriesen sei Gott!*; - c. عَنْ = *erhaben ist Gott über ... !* (123,7).

سَبِخٌ f. ة *mit salzhaltigem Wasser durchsetzt* (Boden) ‖ (أَرْضٌ) سَبْخَةٌ *salzhaltiges Marschland* (73,13).

سَبْعٌ f. ة *sieben*. – سَبْعًا 19,4 statt سَبْعَ غَسَلَاتٍ, 40,17; 57,14 statt سَبْعَ طَوْفَاتٍ etc., also = *siebenmal* ‖ سَبْعُونَ *siebzig*.

سَبَغَ (u, a) *geräumig u. lang sein*.

سَبَقَ (i) c. a. *vorangehen*, *zuvorkommen*, *überholen*. – absolut *vorausgehen* (zeitlich, 106,17). – c. إِلَى r. *etw. spontan tun* od. *sagen*, *ehe man daran gehindert werden kann* 100,15. – c. عَلَى p. *plötzlich seine Kraft auf jmd. ausüben* 157,8 u. 11 ‖ VIII *um d. Wette laufen*, c. a. *nach e. Ziel*.

سَبِيلٌ (א) m. und f., pl. سُبُلٌ *Weg*; *Zugang*; *Mittel*, *Möglichkeit*; c. إِلَى *zu*, *für* o.ä. – اِبْنُ السَّبِيلِ *d. Wanderer*. – فِي سَبِيلِ اللّٰهِ = *für d. Sache Gottes*, *um Gottes u. seiner Religion willen*. – خَلَّى سَبِيلَهُ s. خلو.

سَبَى (i) *gefangen nehmen* (bes. im Krieg) ‖ سَبِيٌّ comm., f. auch ة, pl. comm. سَبَايَا *Gefangener*.

اِسْتٌ f. *Hintern*.

سِتٌّ f. ة *sechs* ‖ سِتُّونَ *sechzig*.

سَتَرَ (u, i) *verhüllen*, *verbergen*; c. a. od. عَلَى r. und بِ alt. *bedecken*, *drapieren mit* 161,4 u. 10 ‖ سِتْرٌ *Vorhang*, *Gardine* ‖ سِتَارَةٌ id.

سَجَدَ (u; א) c. لِ p. *sich niederwerfen*, *prosternieren vor* ‖ سَجْدَةٌ n. vic. *Prosternation beim Gebet* (s. رَكْعَةٌ) ‖ سَجَّادَةٌ *Gebetsteppich* ‖ مَسْجِدٌ (א) pl. مَسَاجِدُ *Moschee*.

سجر II *zum Überfluten bringen*.

سَجَنَ (u) *ins Gefängnis werfen* ‖ سِجْنٌ *Gefängnis*.

سَجَا (u; 131,3 = Sure 93,2 des Reimes wegen dafür سَجَى) *ruhig*, *still sein* ‖ V c. a. r. *sich bedecken mit* (e. Kleidungsstück) 52,16. 56,6 ‖ السَّاجِي Korankenner u. Traditionarier, gest. 307/919.

سَحْرٌ *Lunge*; *Lungengegend d. Körpers* 65,17 ‖ سِحْرٌ *Zauberei*, *Magie* ‖ سَحَرٌ *Zeit vor Tagesanbruch* (zu 180,6 vgl. غُدْوَةٌ u. بُكْرَةٌ).

سَخِطَ (a) c. عَلَى *zürnen*.

سَخِيٌّ *freigebig*; elat. أَسْخَى. – سَخِيُّ النَّفْسِ c. عَنْ r. *gern bereit*, *etw. zu verlassen*, *aufzugeben*.

سُدٌّ *Damm*, *Barriere*, *Hindernis*.

سِدَانَةٌ *Amt d. Pförtners*, *Aufsehers* (an Heiligtümern, bes. d. Kaʿba).

سَرَّ (u) *erfreuen*. – pass. سُرَّ n. vb. سُرُورٌ. c. بِ *sich erfreuen*, *vergnügen an*, *sich freuen über* ‖ IV c. a. *geheim-*

halten أَسَرُّوهُ بِضَاعَةً 133,17 (= Sure 12,19) *sie* (Josefs Brüder) *verheimlichten seine Lebensumstände, indem sie ihn zur Ware machten.* – c. a. r. und إِلَى p. *jmdm. etw. im Vertrauen mitteilen* ‖ V تَسَرَّى (neben تَسَرَّرَ) c. بِ der Frau *zur Konkubine* (سُرِّيَّة) *nehmen* 27,15 ‖ سِرٌّ pl. أَسْرَارٌ *Geheimnis.* – سِرًّا *heimlich* ‖ سُرُورٌ (als subst.) *Freude* ‖ سَرِيرٌ *Bettstelle, Bett; Thron, erhöhter Sitz* ‖ سُرِّيَّة pl. سَرَارِيُّ *als Konkubine dienende Sklavin.*

سرب II *truppweise schicken* 88,16.

سرج IV *satteln* ‖ سَرْجٌ (گ) *Sattel* (d. Pferdes, Maultiers u. Esels) ‖ سَرُوجُ Stadt in d. Nähe d. alten Edessa.

سرح II *schicken, vorgehen lassen* 79,15; *entlassen* (Frau bei d. Ehescheidung) ‖ المُنْسَرِحُ poet. Metrum.

سرع III c. فِى *schnell eingehen auf* 169,5 ‖ IV *rasch sein, eilen* ‖ سَرِيعٌ *schnell* (zu سَرِيعًا 4,1 vgl. §§ 315, 316).

سَرِفُ Ortschaft bei Mekka.

سَرَقَ (i) *stehlen.*

سرو V s. سرّ V ‖ السَّرَاةُ (eig. *d. Rücken*) die Gebirgskette zwischen Mekka u. Jemen.

سَرَى (i) *in d. Nacht reisen* ‖ سَرِيَّةٌ *Expeditionstrupp.*

سَطْحٌ *(flaches) Dach.*

سَطَعَ (a) *sich verbreiten; leuchten* (Licht).

سَعْدٌ pl. سُعُودٌ (81,13) *Glück.* – سَعْدُ بْنُ عُبَادَةَ hervorragender Gefährte des Propheten, Oberhaupt der Ḫazraǧ. – سَعْدُ بْنُ أَبِى وَقَّاصٍ einer d. ältesten u. bedeutendsten Anhänger des Propheten, Oberbefehlshaber d. musl. Heeres bei Qādisīya ‖ سَعِيدٌ *glücklich;* = *gläubig* 157,6 u. 17. – سَعِيدُ بْنُ المُسَيَّبِ berühmter medinensischer Rechtsgelehrter, gest. 94/712. – أَبُو سَعِيدٍ الخُدْرِيُّ Gefährte des Propheten, hervorragender Traditionarier ‖ سَعَادَةٌ *Glück.*

سَعَرَ (a) *entzünden, anfachen* (Feuer, Krieg etc.) ‖ II id. (aber wohl in intens. Sinn).

سعف IV c. a. p. und بِ r. *jmdm. in etw. zu willen sein, jmdm. etw. gewähren* 31,4.

سَعَى (a) *sich rasch bewegen, laufen.* – c. فِى r. *in e. Angelegenheit Schritte tun, sich darum bemühen* ‖ VI *durcheinander laufen.*

سَفْحٌ *Fuß (e. Berges).*

سفر VII *sich verziehen* (Staub etc.) ‖ سَفَرٌ *Reise.*

سَفْسَطَةٌ (η) *Sophistik;* أَهْلُ السَّفْسَطَةِ *d. Sophisten, Scheingelehrten* 11,16.

سَفَكَ (i, u) *vergießen* (bes. Blut).

سَفَلَ (u) *sich nach unten wenden* 97,3. 15.

سَفِينَةٌ (א) *Schiff.*

سَفِهَ (a) n. vb. سَفَهٌ *unklug, unbesonnen sein.*

سُفْيَانُ 153,8. 154,6 u.ö., d.h. سُفْيَانُ الثَّوْرِيُّ, Haupt d. jüngeren kufischen Traditionarierschule, gest. 161/778. – سُفْيَانُ بْنُ عُيَيْنَةَ gleichfalls berühmter kufischer Traditionarier, gest. 198/813. – أَبُو سُفْيَانَ Führer d. Mekkaner in ihrem Kampf gegen Muḥammad, Vater Muʿāwiyas I., d. Begründers d. Dynastie der Omayyaden.

سَقَرُ f. *d. Hölle.*

سَقَطَ (u) *fallen, hinfallen* ‖ سُقْطٌ *Funken, d. beim Feuermachen aus d. Feuerzeug springen* (سقط الزند 110,4 ist Titel eines Trakats).

سَقْفٌ *Dach.*

سَقَى (i) c. d. a. *zu trinken geben.* – c. a. r. 25,4 *schöpfen* ‖ X c. a. r. *um e. Trunk* (Wassers u.ä.) *bitten* ‖ سِقَاءٌ *Wasser-, Milchschlauch* ‖ سِقَايَةٌ *Amt d. Tränkung* (insbes. der althergebrachten Tränkung d. Mekka-Pilger; 58,7. 59,2).

سِكَّةٌ (Lw.?) *(große) Straße.*

سَكَتَ (u) n. vb. سُكُوتٌ *schweigen, verstummen.* – c. عَنْ p. *jmdm. nicht antworten* 165,4 f. ‖ سُكُوتِيٌّ *schweigsam* 13,4.

سَكَنَ (u) n. vb. سُكُونٌ *ruhig, beruhigt werden, ruhen; wohnen, bewohnen*, c. فِي od. بِ od. acc. des Orts ‖ IV c. a. p. *jmdm. Wohnung geben, anweisen* ‖ سَكَنٌ *Mittel, Gelegenheit zur Ruhe* 122,2 ‖ سُكُونٌ t. gramm. *Vokallosigkeit* (eig. *Ruhe*) *e. im Inlaut stehenden Konsonanten; d. Zeichen dieser Vokallosigkeit* (§ 6) ‖ سَكِينَةٌ (א) *innere, auf Gott gründende Ruhe* (160,10) ‖ سِكِّينٌ (א) *Messer* ‖ سَاكِنٌ t. gramm. *vokallos* (Konsonant im Inlaut, eig. *ruhend*; vgl. سُكُونٌ) ‖ مِسْكِينٌ (Lw. < akk.) pl. مَسَاكِينُ *arm, elend.*

سلّ V *sich hinwegschleichen* ‖ سُلَالَةٌ *Abkömmling, Sproß.*

سَلَبَ (u) n. vb. سَلْبٌ c. a. p. *jmdm. (e. getöteten Feind)* seine Waffen u. Kleider nehmen ‖ سَلَبٌ pl. أَسْلَابٌ *Beutegut.*

سِلَاحٌ (*Waffe*, häufiger coll.:) *Waffen.*

سُلْطَانٌ (א) *Herrschaft, Regierung* 76,11; *Vollmacht, Ermächtigung* 129,3, *Legitimation* 136,11, c. بِ *für.*

سِلَفِيٌّ n. rel. zu سِلَفَةٌ n. pr. v. ‖ سُلَافَةٌ *Süßwein aus überreifen Trauben.*

سَلَكَ (u) *betreten.*

سَلِمَ (a) *wohlbehalten, unversehrt, sicher sein* ‖ II c. a. p. *unversehrt erhalten, erretten.* – c. a. r. (et إِلَى p.) *unversehrt übergeben, übergeben* (7,15 zur Aufbewahrung), *zahlen* 149,8. – c. عَلَى p. (eig. *zu jmd. sagen*: سَلَامٌ عَلَيْكُمْ, d.h.) *jmd. grüßen*; in d. besonders d. Namen des Propheten parenthetisch angehängten Formel صَلَّى اللّٰهُ عَلَيْهِ وَسَلَّمَ *jmdm. Segen spenden* ‖ III (c. a. p.) *Frieden halten (mit)*; *(unter bestimmten Bedingungen) Frieden schließen (mit)* ‖ IV c. a. p. *verlassen, im Stich lassen* 101,16. 46,17. – c. لِلّٰهِ (unter Ellipse v. نَفْسَهُ od. وَجْهَهُ) *sich Gott ergeben, hingeben*; davon (unter Wegfall auch v. لِلّٰهِ) bloßes أَسْلَمَ *sich Gott ergeben erklären*, d.h. *Muslim werden* ‖ VIII *berühren, streifen* ‖ سِلْمٌ *Frieden* ‖ سَلِمَةُ e. Familienzweig der Ḫazraǧ in Medina. – n. rel. سَلِمِيٌّ ‖ سُلَمِيٌّ n. rel. zu سُلَيْمٌ Stamm (NA.) ‖ سَلْمَى بِنْتُ خَصَفَةَ Frau von al-Muṯannā b. Ḥāriṯa u. nach dessen Tod von Saʿd b. ʾAbī Waqqāṣ ‖ سَلَامٌ *Unversehrtheit, Wohlfahrt, Segen; Gruß.* – سَلَامٌ (السَّلَامُ) عَلَيْكَ *Segen über dich!* (d. spezifisch musl. Grußformel); عَلَيْهِ السَّلَامُ *Segen über ihn!* (parenthetisch d. Namen v. Engeln u. vorislamischen Propheten nachgesetzt). – السَّلَامُ ist auch Beiname Gottes ‖ سُلَيْمَانُ (cf. hebr. שלמה) *Salomo* ‖ سَالِمٌ *unversehrt, gesund*; zu الجَمْعُ السَّالِمُ s. جمع ‖ إِسْلَامٌ *Religion d. Islam; Zeitalter d. Islam*. – n. rel. إِسْلَامِىٌّ *d. Zeitalter d.* (*älteren*) *Islam angehörig* (29,12) ‖ مُسْلِمٌ *Muslim*. – مُسْلِمُ بْنُ الحَجَّاجِ berühmter Traditionsgelehrter, gest. 261/875.

سَلَا (u) c. عَنْ od. a. *d. Erinnerung an etw. loswerden, etw. vergessen* ‖ II c. a. p. *vergessen machen* (Schmerzliches), *beruhigen, trösten, erheitern*. – c. a. r. *beschwichtigen, verscheuchen* (Sorgen etc., 69,16).

سُلَيْمَانُ s. سلم .

اِسْمٌ (§§ 21a, 72c) pl. أَسْمَاءٌ *Name*. – t. gramm. *Nomen*, spezieller *Substantiv*; اِسْمُ إِنَّ وَأَخَوَاتِهَا *Subjekt d. durch* إِنَّ *u. die ihm verwandten Ausdrücke eingeleiteten Sätze* (vgl. § 338); اِسْمُ كَانَ وَأَخَوَاتِهَا *Subjekt v.* كَانَ *u. den ihm verwandten Ausdrücken* (vgl. § 382.2); اِسْمُ لَا *Subjekt v.* لَا (das e. generelle Verneinung ausdrückt; vgl. §§ 318c, 367.2) ‖ سَمَّى c. a. *nennen, namhaft machen*. – od. c. a. p. und بِ r. *nennen, benennen*. – c. a. r. und إِلَى p. *jmdm. etw. mit ausdrücklichen Worten zusagen* 32,9.

سَمٌّ (א) *Gift*.

سَمَرْقَنْدُ bekannte Stadt in Zentralasien.

سَمِعَ (a) n. vb. سَمْعٌ c. a. r. *etw. hören*, c. مِنْ p. *von jmdm*. – c. بِ r. *von etw.* (*sprechen*) *hören*. – c. a. p. *jmd. hören*. – c. لِ p. *Gehör geben, hören auf* ‖ IV c. d. a. *hören lassen, zu hören geben* ‖ VIII *horchen*. – c. عَلَى *behorchen* ‖ السَّمْعُ وَالطَّاعَةُ od. سَمْعًا وَطَاعَةً (ellipt. Ausdrücke) = *ich höre u. gehorche* o.ä. ‖ سَمِيعٌ *hörend*; السَّمِيعُ (v. Gott) *d. Allhörende* ‖ السَّمْعَانِىُّ Historiker u. Geograph, gest. 562/1167 ‖ أَسْمَعُ elat. *mit d. schärfsten Gehör begabt*.

سَمَكٌ coll., n. un. ة *Fische*. – السَّمَكَةُ *d. Fische* (*Pisces*, d. 12. Zeichen d. Tierkreises) ‖ السِّمَاكَانِ zwei Sterne, nämlich السِّمَاكُ الأَعْزَلُ (*der nicht mit e. Lanze bewehrte simāk* d.h.) *Stern α in d. Virgo* (= *Spica Virginis*) u. السِّمَاكُ الرَّامِحُ (*der mit der Lanze* – sc. dem vor ihm stehenden Stern η im linken Bein des Bootes, arab. رُمْحُ السِّمَاكِ od. bloß الرُّمْحُ genannt – *bewehrte simāk* d.h.) *d. Stern Arcturus*.

سَمْنٌ (*geklärte*) *Butter* ‖ سَمِينٌ f. ة pl. comm. سِمَانٌ *fett*. – أَسْمَنُ elat.

سَمَّى s. سم ‖ سَمَاءٌ m. und f., pl. سَمَاوَاتٌ (سَمٰوَات ; s. § 8) *Himmel*.

سَنَةٌ pl. سِنُونَ (§§ 37.1, 70b) *Jahr*.

سَنّ VIII *sich d. Zähne mit dem* سِوَاك (s. dort) *reinigen u. glatt reiben* ‖ سِنٌّ f., pl. أَسْنَانٌ *Zahn*; (*Lebens*)-*Alter* ‖ سُنَّةٌ *Weg*; *Herkommen, Brauch*. – السُّنَّةُ schlechthin, als relig.-gesetzl. Terminus: *d. Sunna d. Propheten u. seiner Gefährten* d.h. *ihre zu gesetzlich verbindlichen Präzedenzfällen erhobenen Aussagen u. Handlungen* ‖ مُسِنٌّ f. ة pl. comm. مَسَانٌّ *alt, volljährig*.

سُنْبُكٌ (א) pl. سَنَابِكُ *d. vordere Rand d. Hufes* (v. Equiden).

سُنْبُلٌ coll., n. un. ة , pl. سُنْبُلَاتٌ *Ähren.*

السُّنْحُ e. (äußerer) Stadtteil v. Medina.

سند IV c. a. und إِلَى *etw. lehnen gegen, anlehnen an, stützen auf*; als Terminus d. Traditionswissenschaft: *e. Überlieferung auf jmd. als ihren ersten Gewährsmann stützen* d.h. *zur Erhärtung d. Glaubwürdigkeit e. Überlieferung d. Kette ihrer Überlieferer, bis zum ersten Gewährsmann hinauf, anführen*; als t. gramm.: *e. Ausdruck an e. anderen, der Satzsubjekt ist, anlehnen* d.h. *ihn zu seinem Prädikat machen.* – intr. c. إِلَى *sich lehnen an, stützen auf* 109,13 ‖ VIII c. إِلَى *sich stützen, sich gründen auf* ‖ سَنَدٌ *Überliefererkette* (einer Tradition; s. IV) ‖ إِسْنَادٌ pl. أَسَانِيدُ id. ‖ مُسْتَنَدٌ Grund, Veranlassung 116,7.

سَنِيٌّ *hoch, herrlich.*

سَهِرَ (a) n. vb. سَهَرٌ *schlaflos sein.*

سَهْلٌ *glatt, eben, weich*; *leicht* (*facilis*). – (substant.) *ebener, weicher Boden, Ebene.* أَسْهَلُ elat. *leichter.*

سَهْمٌ pl. سِهَامٌ *Pfeil.*

سَهَا (u) *unaufmerksam, geistesabwesend sein* ‖ سَهْوَةٌ e. Art *Alkoven.*

سَاءَ (u) c. a. p. *jmdm. weh tun, jmdn. schmerzen* ‖ IV c. a. r. *schlecht machen, verderben, schädigen* ‖ سُوءٌ *Böses, Unrecht, Vergehen*; *Unheil* ‖ سَوْأَةٌ *Schande* – سَوْأَةٌ لَكَ *Schande über dich!* 34,1 (vgl. § 157.2); وَا سَوْءَتَاهْ (vgl. § 158) *o Schande!* 90,3 ‖ سَيِّءٌ *schlecht, böse.* – سَيِّئَةٌ pl. reg. *Sünde, Vergehen.*

سَاجٌ s. Buchstabenfolge.

سَاحَةٌ *Hof, freier Platz zwischen d. Häusern e. Stammes od. Familienverbandes.*

سَادَ (u) c. a. *Herr* (سَيِّدٌ) *von* (*über*) *etw. sein* od. *werden* ‖ سَوَادٌ *Schwärze.* – *erste Hälfte d. Nacht* (83,11); davon السَّوَادُ als Name einer d. Kampfnächte v. Qādisīya, ibid. ff. – *Ackerland*; السَّوَادُ par excellence (statt سَوَادُ العِرَاقِ) = *ʿIrāq, Babylonien* ‖ سَيِّدٌ pl. سَادَةٌ pl. pl. سَادَاتٌ *Herr, Häuptling, Fürst* ‖ أَسْوَدُ f. سَوْدَاءُ pl. سُودٌ *schwarz, dunkelfarbig*; الأَسْوَدُ وَالأَحْمَرُ *der schwarze u. d. rote*, meristischer Ausdruck für *alle Menschen, d. ganze Menschheit.* – pl. أَسَاوِدُ *große giftige schwarze Schlange.*

سُورَةٌ (א) *selbständiges Stück d. Offenbarung Muḥammads*; *Kapitel d. Korans, Sure.*

سَائِسٌ *Lenker* (zunächst v. Tieren), *Anführer.*

سَوْطٌ *Peitsche.*

سَاعَةٌ (א) (*kurze*) *Zeit*; *Augenblick*; *Stunde*; السَّاعَةَ (§ 315b) *jetzt, in diesem Augenblick*; *sofort, soeben.* – السَّاعَةُ im prägnanten Sinne *d. Stunde d. Auferstehung.*

سَوْفَ part. d. Futurs § 187b ‖ مَسَافَةٌ *Entfernung.*

سَاقَ (u) *treiben, vor sich hertreiben* (Vieh, Gefangene etc.); *mit sich führen, transportieren* (Wein wie e. Gefangenen 87,6); *schicken, zustellen, übergeben* ‖ سَاقٌ f. *Unterschenkel; Schenkel* 22,7 ‖ سَاقَةٌ (eig. wohl pl. von سَائِقٌ) *Nachhut, Arrièregarde.*

سِوَاكٌ *Hölzchen* (dessen Spitze vor d. Gebrauch weichgekaut od. -geklopft wird) *zum Reinigen u. Polieren d. Zähne.*

سول II c. لِ p. und a. r. *jmdm. etw.* (*Schlimmes, Verhängnisvolles*) *einreden, eingeben.*

سوى II *ebnen, nivellieren* ‖ VIII *gleichmäßig, gleich sein; gleiches Niveau haben* 182,11; *gerade, aufrecht stehen* 55,8 ‖ سِوًى (c. gen) *anderer als; außer* (s. 181,4. 11) ‖ سَوَاءٌ *Gleichheit* (عَلَى السَّوَاءِ 84,2. 90,16 *im Zustand d. Gleichheit* d.h. *einander gleich*); *gleich.* – (c. gen.) *anderer als; außer* (s. 181,5 u. 11).

سِيبَوَيْهِ Hauptbegründer d. einheimischen arab. Sprachwissenschaft, gest. 180/796.

سَاحَ (i) *als frommer Asket umherziehen; sich asketischen Übungen unterziehen,* bes. *fasten* (139,9).

سَارَ (i) n. vb. سَيْرٌ , مَسِيرٌ *reisen, ziehen, aufbrechen; kursieren, in Gebrauch kommen* 120,13 ‖ II *in Bewegung setzen; schicken* 118,14; *verbreiten* 113,12 ‖ سِيرَةٌ pl. سِيَرٌ *Lebensweise;* (sg. od. pl.) *Biographie* (السِّيرَةُ par excellence = Biographie Muḥammads); pl. auch im Sinne von (*völkerrechtlichen*) *Kriegsregeln* (107,8) ‖ سَيَّارَةٌ coll. *Karawane.*

(مُحَمَّدُ بْنُ سِيرِينَ =) اِبْنُ سِيرِينَ berühmter Traditionarier u. Theologe, gest. 110/728.

سَيْفٌ (א) pl. سُيُوفٌ , أَسْيَافٌ *Schwert* ‖ سَيَّافٌ *Scharfrichter.*

سَالَ (i) *fließen.*

السَّيْلَحِينُ Ortschaft zwischen Qādisīya u. Kūfa.

سِيمَى (سِيمَا), سِيمَاءُ (Lw. < gr. σῆμα) *Zeichen, Kennzeichen, Wahrzeichen.*

سِينٌ Name d. Buchstaben س u. d. Part. سَ .

ش

الشَّأْمُ (eig. *d. linke Seite* d.h.) *d. Nordgegend,* gew. *Syrien.*

شَأْنٌ *Sache, Angelegenheit, Bewandtnis;* هُوَ فِي شَأْنٍ 128,17 *er ist mit e. Angelegenheit beschäftigt.* – مَا شَأْنُهُ وَالأَمْرُ *was hat er mit d. Sache zu schaffen?* (59,12; s. § 328.3). – شَأْنَكَ (8,17; ellipt. Akk.), auch أَنْتَ وَشَأْنَكَ (61,10f.) *tu, was du zu tun gedenkst!*

شَآ (u) n. vb. شَأْوٌ *im Lauf überholen, im Wettlauf besiegen* (115,17).

شَبَّ (i) *zum jungen Mann heranwachsen* ‖ II c. بِ p. *von e. geliebten Frau u. d. Beziehungen zu ihr am Anfang e. Gedichtes sprechen* ‖ شَبَابٌ *Jugend;* konkret (in dieser Anwendung auch pl. zu شَابٌّ) *junge Männer* ‖ شَابٌّ *jung, junger Mann.*

شبه II c. a. und بِ *vergleichen mit* ‖ IV c. a. *ähneln, gleichen* ‖ VI *einander ähnlich sein* ‖ VIII id. ‖ شِبْهٌ pl. أَشْبَاهٌ (c. gen.; eig. *Ähnlichkeit, Gleichheit,* vgl. § 388b) *ähnlich, gleich* ‖ شَبِيهٌ *ähnlich, gleich.*

شجر VI *miteinander streiten, disputieren* (100,10) ‖ شَجَرٌ coll., n. un. ة *Bäume, Sträucher.*

شَجُعَ (u) *mutig sein* ‖ II *ermutigen.*

شَحْمٌ *Fett.*

شَخَصَ (a) *starr sein* (v. Blick e. Sterbenden, 65,12); *aufbrechen, weggehen* ‖ شَخْصٌ *Individuum, Person, jemand.*

شَدَّ (u, i) *fest, hart machen, stärken*; شَدَّ عَضُدَهُ = *er stand ihm bei* (89,6). – *befestigen, binden, schnüren*, c. عَلَى *an, auf*; شَدَّ عَلَى رَاحِلَتِهِ (sc. الرَّحْلَ) = *er* (*sattelte seine Reitkamelin* d.h.) *begab sich auf die Reise* 31,17. – intr. (c. عَلَى p.) *losstürmen, e. Angriff machen* (*auf*) ‖ II t. gramm. (*e. Konsonanten*) *verstärken* d.h. *verstärkt aussprechen* od. (in d. Schrift) *mit d. Verstärkungszeichen* ـّ (*Tašdīd*) *versehen* 5,3 u. 5 (§ 17) ‖ VIII *hart, kräftig werden*; *stark, heftig, leidenschaftlich werden*; c. عَلَى p. *qualvoll, unerträglich werden für.* – *fortgeschritten sein* (Tageszeit, 64,18). – *laufen, rennen* 109,3 ‖ شِدَّةٌ *Stärke, Heftigkeit, hoher Grad*; *Unglück* ‖ شَدِيدٌ pl. شِدَادٌ *stark, kräftig*; *heftig, schwer zu ertragen* (170,2), *schlimm* (78,11 u.ö.), *unheilvoll, fürchterlich* (c. عَلَى p. *für*). – أَشَدُّ elat.; dient in Wendungen wie أَشَدُّ حَيَاءً 35,9 zur Umschreibung einfacher Elative ‖ أَشُدٌّ *körperliche Reife, kräftiges Mannesalter.*

شَذَّ (i, u) *sich absondern, allein sein.*

شَرٌّ *schlecht, böse*; *Böses, Unheil.* – als elat. (§ 124.2) *schlechter, schlechtest.*

شَرِبَ (a) n. vb. شُرْبٌ *trinken*; bes.: *Wein trinken* (7,10) ‖ شَرَابٌ m. und f. *Wein.*

شَرَحَ (a) n. vb. شَرْحٌ *darlegen, darstellen*; *kommentieren* ‖ شَرْحٌ (als subst.) pl. شُرُوحٌ *Kommentar.*

شُرَحْبِيلُ 97,3 u. 13 (d.h. شُرَحْبِيلُ بْنُ السِّمْطِ) arab. Krieger u. Hordenführer. – شُرَحْبِيلُ بْنُ حَسَنَةَ arab. Heerführer.

شَرَطَ (i, u) n. vb. شَرْطٌ c. a. r. und عَلَى p. (et لِ p. alter.) *jmdm. etw. als Bedingung, Verpflichtung auferlegen* (*zugunsten eines anderen*); *jmd. verpflichten,* (*einem anderen*) *e. Betrag zu zahlen* (17,12 im Falle d. Auflösung d. Ehe) ‖ VIII id. ‖ شَرْطٌ (als subst.) pl. شُرُوطٌ *Bedingung* ‖ شُرْطَةٌ (Lw.?) *Leibgarde*; *Polizeigarde.* – صَاحِبُ الشُّرْطَةِ *d. Polizeipräfekt.*

شَرَعَ (a) c. فِي *hineingehen in*; *beginnen.*

شَرُفَ (u) *hochgestellt, adlig sein* ‖ IV c. عَلَى *emporragen über*; *herabschauen auf* ‖ شَرَفٌ *hoher Rang, Adel* ‖ شَرِيفٌ pl. أَشْرَافٌ *vornehm, adlig* ‖ شَارِفٌ pl. شَوَارِفُ *alt* (Kamelin).

شَرَقَ (u) *aufgehen* (Sonne) ‖ II *in Streifen schneiden u. in d. Sonne trocknen* (Fleisch, d. sich länger halten soll); davon wohl أَيَّامُ التَّشْرِيقِ d. alte Name der drei auf den Opfertag (10. Ḏū l-ḥiǧǧa) folgenden Tage der Ḥaǧǧ-Feier ‖ شَرْقِيٌّ *östlich* ‖ مَشْرِقٌ *Ort d. Sonnenaufgangs, Osten.* – الْمَشْرِقَانِ 128,9 = *d. Ort des Sommer- u. d. Ort des Winter-Sonnenaufgangs* (?) ‖ مُشَرَّقٌ Wādī bei Qādisīya.

شَرِكَ (a) c. a. p. und فِي r. *mit jmd. an etw. Anteil haben* ‖ III c. a. p. *Gefährte, Partner v. jmd. sein, sich jmdm. zugesellen* ‖ IV c. a. p. und بِاللّٰهِ *jmd. zum Gefährten, Partner Gottes* (in seiner Herrscherstellung) *machen*; ellipt. c. بِاللّٰهِ allein *Gott Gefährten geben, zuschreiben*, d.h. *Polytheist, Götzendiener sein* ‖ شِرْكٌ *Polytheismus, Götzendienerei* (vgl. IV). – أَهْلُ الشِّرْكِ *d. Polytheisten, Götzendiener* ‖ شَرِيكٌ pl. شُرَكَاءُ *Gefährte, Partner* (zu 3,3 vgl. IV). – شَرِيكُ بْنُ الأَعْوَرِ (الحَارِثِيُّ) arab. Krieger u. Staatsmann ‖ مُشْرِكٌ *Polytheist, Götzendiener* (vgl. IV).

شَرَى (i) *verkaufen* ‖ VIII *kaufen.*

شَطْرٌ *Hälfte*; *Richtung.*

شَعْبٌ pl. شُعُوبٌ *Stamm* (*tribus*); *Nation* ‖ شِعْبٌ pl. شِعَابٌ *Schlucht* ‖ شُعْبَةُ, genauer شُعْبَةُ بْنُ الحَجَّاجِ großer Traditionarier, gest. 160/777 ‖ الشَّعْبِيُّ bedeutender Traditionarier, gest. 103/721.

شَعِثٌ f. ة 166,12 *mit zottigem, ungepflegtem Haar.*

شَعَرَ (u) n. vb. شِعْرٌ c. بِ r. *wissen, Kenntnis haben von, erkennen* ‖ IV c. a. p. und بِ r. *jmd. etw. wissen lassen* ‖ شَعْرٌ, häufiger شَعَرٌ, coll. *Haar, Haare* ‖ شِعْرٌ (als subst.) pl. أَشْعَارٌ *Dichtung, Poesie, Gedichte*; *Gedicht* ‖ شَاعِرٌ pl. شُعَرَاءُ (eig. *Wissender*, dann) *Dichter* ‖ مَشْعَرٌ *Kultstätte*; المَشْعَرُ الحَرَامُ 145,4 nach musl. Auffassung d. Ḥaǧǧ-Station Muzdalifa östl. v. Mekka, mit d. Berg Quzaḥ.

شَغَفَ (a) c. a. p. (*d. Herz jmds. treffen* d.h.) *jmd. entflammen, in heftige Leidenschaft versetzen.*

شَغَلَ (a) c. a. p. *beschäftigen, zu schaffen machen.* – c. a. p. und عَنْ r. *jmd. ablenken von* ‖ VI c. بِ r. *sich beschäftigen mit, sich widmen* ‖ VIII c. فِي id.; *sich machen an.* – c. عَلَى p. *studieren bei* (116,12).

شَفَةٌ *Lippe* (§ 70b, 72d).

مِشْفَرٌ pl. مَشَافِرُ *Lefze*; *Rüssel* (d. Elefanten, 91,10 u. 13).

شَفَعَ (a) *Fürbitte einlegen* ‖ الشَّافِعِيُّ Begründer d. orthodoxen Gesetzesschule der Šāfiʿiten, gest. 204/819.

شَفَى (i) *heilen* ‖ VIII c. مِنْ *seinen Rachedurst kühlen an.*

شَقَّ (u) *spalten* ‖ VII *sich spalten, bersten.*

شَقِيٌّ *unglücklich*; = *ungläubig, verdammt* 157,6 u. 17.

شَكَّ (u) *zweifeln* ‖ شَكٌّ *Zweifel.*

شَكَرَ (u) n. vb. شُكْرٌ c. لِ od. a. p. *danken, dankbar sein* ‖ شُكْرِيٌّ *dankend, danksagend* 13,3.

شَكْلٌ *Figur, Gestalt.*

شَكَا (u) n. vb. شَكْوَى c. a. *klagen über.* – c. a. r. und إِلَى od. لِ p. *jmdm. etw. klagen*; *sich bei jmd. über etw. beklagen* ‖ VI c. a. r. *sich gegenseitig etw. klagen.*

شَمَّ (a; 1. p. sg. شَمِمْتُ) *riechen.* – c. النَّسِيمَ o.ä. *frische Luft schöpfen* (20,3).

شَمْسٌ f. *Sonne.*

شَمِلَ (a) c. a. p. *ganz einnehmen* (v. Affekten) ‖ VIII *umfassen, einschließen* (c. عَلَى *etw.*) ‖ أُمُّ شَمْلَةَ *d. Welt, d.*

weltlichen Freuden ‖ شِمَالٌ *linke Hand, linke Seite, links.*

شِهَابٌ *Feuerbrand.* – n. pr. v.; ابْنُ شِهَابٍ s. زهر .

شَهِدَ (a) 1) c. a. *Zeuge sein von*; *zugegen, anwesend sein bei.* – absolut *zu Hause, daheim sein* 142,15. – 2) absolut *zeugen, Zeugnis ablegen.* – c. بِ r. od. أَنْ , أَنَّ *bezeugen* ‖ شَهِيدٌ pl. شُهَدَاءُ *Zeuge*; *Blutzeuge, Märtyrer*, d.h. insbes.: *im Kampf gegen Ungläubige Gefallener* ‖ شَهَادَةٌ *Zeugnis*; *Glaubensbekenntnis*; *Blutzeugnis, Martyrium* (s. شَهِيدٌ) ‖ شَاهِدٌ pl. شُهُودٌ *anwesend*; *zu Hause, daheim befindlich* (nicht in die verhaßte Fremde verschlagen) 125,2.

شَهَرَ (a) *bekannt, berühmt machen, verbreiten* ‖ VIII *bekannt werden* ‖ شَهْرٌ pl. شُهُورٌ , أَشْهُرٌ *Monat* ‖ شَهِيرٌ *bekannt, berühmt* (c. بِ r. *unter e. Namen*) ‖ مَشْهُورٌ pl. مَشَاهِيرُ *bekannt, berühmt, verbreitet.*

شَهَقَ (a, i), شَهِقَ (a) *tief seufzen.*

أَشْهَلُ f. شَهْلَاءُ *mit blauschwarzen Augen.*

شهو VIII *begehren, wünschen* ‖ شَهْوَةٌ *Verlangen, Begierde.*

شَابَ (u) c. a. *sich vermischen mit.*

شور IV *e. Zeichen machen, e. Wink geben, winken, zuwinken, zublinken, durch e. Wink befehlen* (c. إِلَى p. *jmdm.*, c. بِأَنْ *daß*). – c. إِلَى r. *hinweisen auf, anspielen auf, andeuten.* – c. بِ p. und إِلَى r. *beordern zu, führen lassen zu* 1,5. – c. عَلَى p. und بِ r. od. أَنْ *anraten, raten* ‖ VI (c. فِى r.) *sich beraten, ratschlagen (über)* ‖ X c. a. p. *um Rat fragen* ‖ إِشَارَةٌ pl. reg. *Andeutung, symbolischer Ausdruck.*

شُوَاظٌ (*rauchlose*) *Flamme.*

شَوْكَةٌ (*Dorn*, metaphor.) *Kampfesmut, Tapferkeit.*

شول III c. a. p. *angreifen* 98,6 ‖ شَوَّالٌ Name d. 10. Monats d. musl. Jahres.

شَاهَ (u) *häßlich sein, werden.*

شَوَى (i) *braten.*

شَاءَ (a) *wollen* ‖ شَيْءٌ pl. أَشْيَاءُ (§ 100.2) *Sache, etwas*; c. neg. *nichts.*

شَيْبَانِيٌّ n. rel. zu شَيْبَانُ Stamm (NA.).

شَيْخٌ pl. أَشْيَاخٌ *Greis, Ältester, Professor.*

شِيرَازُ Stadt in Persien, Hauptstadt d. Provinz Fars.

شَيْزَرُ Stadt in Syrien am Orontes.

شَيْطَانٌ (cf. hebr. שטן) *Dämon*; *Satan, Teufel.*

شَاعَ (i) *sich verbreiten, bekannt, publik werden.* – c. فِى *allgemein zukommen, allgemein anwendbar sein auf* (177, ult.) ‖ II c. a. p. *d. Abschiedsgeleit geben* ‖ شِيعَةٌ *Anhängerschaft, Partei.*

شَانَ (i) *entstellen, verunzieren* ‖ شِينٌ Name d. Buchstaben ش .

ص

صَبَّ (u) *ausgießen, gießen* ‖ V *fließen, triefen* 180,17.

صبح IV *in den Morgen eintreten* (حَتَّى أَصْبَحُوا 54,8 nach deutscher Ausdrucksweise: *bis es Morgen war*, u. entsprechend an anderen Stellen. – أَصْبَحَ الصَّبَاحُ 16,7 *es wurde Morgen*); *am Morgen werden, sein*, dann überhaupt *werden, sein* (c. a. praed., vgl.

§ 382) ‖ VIII *e. Frühtrunk nehmen* ‖ صُبْحٌ *Morgendämmerung, Morgen*; (ellipt. statt صَلَاةُ الصُّبْحِ) *Frühgebet* (zur Zeit d. Morgendämmerung) 62,3. 63,7 ‖ صُبْحَةٌ *früher Morgen* 94,8 ‖ صَبَاحٌ *Morgen* ‖ صَبِيحَةٌ id. ‖ إِصْبَاحٌ id.

صَبَرَ (i) n. vb. صَبْرٌ (ellipt. statt صَبَرَ نَفْسَهُ *sich binden, fesseln* d.h.) *geduldig sein, ausharren*. – c. عَلَى *ertragen*. – c. لِ p. *jmdm. widerstehen, Stand halten* 79,17 ‖ أَصْبَرُ elat. *geduldiger, ausdauernder*.

صَبَا (u) c. إِلَى *sich neigen zu, sinnliches Verlangen haben nach* ‖ صَبِيٌّ pl. صِبْيَانٌ *Knabe, Junge*.

صَتِيتٌ *Kampfgetümmel* 83,9.

صَحَّ (i) *gesund, kräftig, richtig sein* ‖ صَحِيحٌ *gesund, richtig, wahr, authentisch*; t. gramm. *stark, fest* (Konsonanten etc.).

صَحِبَ (a) c. a. *Gefährte sein von, begleiten, umgehen mit* ‖ X *zu seinem Gefährten zu machen, auf seine Seite herüberzuziehen suchen* 32,13 ‖ صَاحِبٌ pl. أَصْحَابٌ *Gefährte, Freund, Anhänger, anderer* (*v. zweien*). – stets c. gen. (§ 391b) *Besitzer, Inhaber, Herr, Befehlshaber, Vertreter, Kenner, Verfasser* (107, 114 Überschrift) *von ..., betraut mit ...* (صَاحِبُ أَخْبَارٍ 83,1 *Kundschafter*), *einer Sache ergeben* (86,15); صَاحِبُ حَالٍ t. gramm. *Nomen, auf d. sich e. Zustandsausdruck bezieht* (§ 383). – الصَّاحِبُ 13,12 Titel = *Wesir*. – صَاحِبَةٌ *Gefährtin, Ehefrau* (123,9).

صَحْرَاءُ (urspr. f. zu أَصْحَرُ *rötlich-staubgrau*) *Wüste, Steppe*.

صَحْفَةٌ *Schüssel* ‖ صَحِيفَةٌ (ᖴ) pl. صُحُفٌ *beschriebenes Blatt, Register*.

صَحْنٌ *Napf*.

صَخْرٌ coll. *Steinblöcke, Steinmassen* (3,6).

صَدَّ (u) *abwenden*, c. عَنْ *von*.

صَدْرٌ pl. صُدُورٌ *Brust*: *Vorderteil*; *Beginn, erste Zeit* ‖ صَدْرِيَّةٌ *Behörde, der d. Eintreibung rückständiger Abgaben oblag* 117,2 ‖ مَصْدَرٌ t. gramm. *Verbalnomen*; *inneres Objekt* 179,1 (§§ 205-206; 225-231; 376-377).

صدع V c. عَنْ *sich trennen, scheiden von*.

صدف III *finden, antreffen*.

صَدَقَ (u) (c. a. p. *jmdm.*) *d. Wahrheit sagen* (c. عَنْ r. *betreffs*). – c. a. des Versprochenen *halten* ‖ II c. a. p. *jmd. für glaubwürdig halten, jmdm. Glauben schenken*. – c. a. r. *etw. für wahr, glaubwürdig, halten, erklären*. – c. بِ *glauben an* ‖ V *Almosen geben* (s. صَدَقَةٌ) ‖ صِدْقٌ *Wahrheit* ‖ صَدَقَةٌ (א) *Almosen* ‖ صَدَاقٌ *Brautgabe* ‖ صِدِّيقٌ *streng wahrheitsliebend*; cogn. des ʾAbū Bakr ‖ الصَّادِقُ وَالْمَصْدُوقُ 157,3 (vom Propheten) *d. wahrheitsgemäß Unterrichtende u.* (seitens Gottes) *Unterrichtete*.

صَرَّ (u) *schnüren, zusammenschnüren, binden*.

صِرَاطٌ (Lw. < lat. strata) m. und f. *Weg, Straße*.

مَصْرَعٌ pl. مَصَارِعُ *Untergang* 73,7 ‖ مِصْرَاعٌ pl. مَصَارِيعُ *Türflügel*.

صَرَفَ (i) *wenden.* – c. عَنْ *abwenden, fernhalten von* ‖ II t. gramm. (*innerlich*) *abwandeln, flektieren, durch Abwandlung u. Ableitung entwickeln* 179,15 ‖ V t. gramm.: pass. von II 176,18 ‖ VII *sich wegwenden, weggehen*; t. gramm. *voll*, d.h. *triptotisch flektiert werden* (ٱلَّذِى لَا يَنْصَرِفُ 173,8 = *diptotisch*) ‖ صَيْرَفِىٌّ *Geldwechsler* ‖ مُنْصَرِفٌ t. gramm. *voll flektiert* d.h. *triptotisch.*

صَرَمَ (i) *schneiden* ‖ صَارِمٌ *scharf.*

صَعِدَ (a) *hinaufsteigen.* – c. a. *steigen auf, ersteigen* ‖ IV *hinaufreisen, reisen* ‖ صَعُودٌ *steile Berghöhe*; (metaphor.) *Qual, Pein* 125,4 ‖ اِبْنُ صَاعِدٍ Traditionarier, gest. 318/930.

صَغُرَ (u) *klein, jung sein* ‖ صَغِرَ (a) *niedrig, verachtet sein* ‖ II *als klein u. unansehnlich hinstellen*; t. gramm. *in d. Diminutivform setzen* ‖ صَغِيرٌ *klein, jung.* – أَصْغَرُ elat. ‖ صَاغِرٌ *niedrig, verachtet.*

صَغَا (u) *sich neigen; sich unrechtem Tun zuwenden.*

صَفَّ (u) *in e. Reihe aufstellen.* – قَدَمَيْهِ *er stellte seine Füße parallel nebeneinander* ‖ صَفٌّ pl. صُفُوفٌ *Reihe* (gern v. aufgestellten Kriegern u. v. Betenden in e. Moschee) ‖ مَصَفٌّ pl. مَصَافٌّ *Stellung d. einzelnen Reihen e. Heeres in d. Schlacht* 90,1.

صِفْرٌ *Null* (davon deutsch *Ziffer*, etc.).

صفق II *Beifall klatschen.*

صَفَا (u) *klar, rein sein* ‖ الصَّفَا heiliger Hügel in Mekka.

صَلَّ (i) n. vb. صَلِيلٌ *klingen, klirren.*

صَلَبَ (א) (i) *kreuzigen* ‖ صَلِيبٌ (א) *Kreuz* ‖ بَنُو صَلُوبَا Stamm im ʿIrāq.

صَلَحَ (u, seltener a) n. vb. صَلَاحٌ *gut, richtig, in Ordnung, fromm sein, sich wohl befinden, gedeihen, brauchbar sein* (76,2). – c. مَعَ r. *passen auf, zulässig sein bei* (171,10. 178,1) ‖ III c. a. p. *Frieden schließen, sich versöhnen mit.* – absolut *kapitulieren* (70,8. 74,15) ‖ IV c. a. r. *in Ordnung bringen, wieder herstellen.* – c. a. p. *fördern, Gedeihen schenken.* – c. بَيْنَ *Frieden stiften, e. Verständigung herbeiführen zwischen.* – absolut *gut handeln* ‖ صُلْحٌ m. und f. *Frieden* ‖ صَالِحٌ *tugendhaft, fromm.* – صَالِحُ بْنُ كَيْسَانَ Traditionarier, gest. nach 140/757 ‖ مَصْلَحَةٌ pl. مَصَالِحُ *Angelegenheit, Erfordernis.*

صَلْصَالٌ *Tonerde.*

صلعم Abkürzung für d. Formel صَلَّى اللّٰهُ عَلَيْهِ وَسَلَّمَ (vgl. سلم II u. § 24).

صَلِفَ c. بِ r. *großtuerisch prahlend mit.* – أَصْلَفُ elat.

صلو II (א) *d.* صَلٰوة *verrichten*, ungenau: *beten.* – c. بِ pp. *vorbeten.* – c. عَلَى *beten für*; (v. Gott) *segnen* ‖ صَلٰوةٌ (صَلَاةٌ, § 9; < א) pl. صَلَوَاتٌ *Ṣalāh* (e. Komplex gottesdienstlicher Zeremonien), ungenau: *Gebet*; *Fürbitte, Segenswunsch* 154,1; *Segen, Segnung* (Gottes) ‖ مُصَلًّى *Gebetsplatz* (§ 78.3).

صَلِىَ (a) c. a. od. بِ r. *brennen* (intr.) *in, ausgesetzt sein d. Glut von* ‖ IV c. d. a. *brennen lassen in.*

صَمَّ (a, 1. p. sg. صَمِمْتُ) n. vb. صَمَمٌ *taub sein* ‖ IV c. a. p. *taub gegen jmd.*

machen, verhindern, daß jmd. gehört wird 84,16.

صَمْتٌ *Schweigen.*

صَمَدَ (u) c. لِ p. *sich direkt gegen jmd.* (e. Feind in d. Schlacht) *wenden* 94,13 ‖ صَمَدٌ *Fürst, Herr*; c. art. Beiname Gottes.

صُنَابِحِيٌّ n. rel. zu صُنَابِحُ Stamm (SA.).

صِنْدِيدٌ pl. صَنَادِيدُ *Vorsitzender, Vornehmer.*

صَنَعَ (a) *tun, machen.* – c. a. r. und بِ p. *jmdm. etw. antun* ‖ صَنْعَةٌ *Kunst, Kunstverfahren* ‖ صَنِيعٌ *Mahl, Bankett* ‖ صِنَاعَةٌ *Berufstätigkeit, Gewerbe.*

صنف II *verfassen* ‖ تَصْنِيفٌ pl. تَصَانِيفُ *literarisches Werk* ‖ مُصَنِّفٌ *Verfasser.*

صِنْهَاجِيٌّ n. rel. zu صِنْهَاجَةُ Stamm südarab. Herkunft im Maghreb.

صِهْرٌ *Verwandtschaft durch Heirat, Verschwägerung.*

صوب II c. a. p. *jmdm. Recht geben, zustimmen* ‖ IV *d. richtige Wort sprechen* 78,5. – c. a. p. *treffen, zustoßen.* – c. a. p. und بِ r. *jmdm. etw. zuteil werden lassen.* – c. a. r. *erlangen.* – c. مِنْ e. Feinds *Verluste zufügen.* – pass. *getötet werden* 72,12. 96,13 ‖ صَوَابٌ *Richtiges.*

صَوْتٌ pl. أَصْوَاتٌ *Laut, Lärm, Stimme, Melodie* (2,13) ‖ صِيتٌ *Ruf, Ruhm.*

صوخ IV *horchen.*

صور II *bildlich formen, darstellen* ‖ صُورَةٌ (א) pl. صُوَرٌ *Form, Gestalt; bildliche Darstellung, Bild, Statue.* ‖ تَصَاوِيرُ pl. *bildliche Darstellungen, Bildwerke* ‖ مُصَوِّرٌ *Verfertiger v. Bildern, Statuen* etc.

صَامَ (u; א) n. vb. صَوْمٌ , صِيَامٌ *fasten* (d.h. sich d. Essens u. d. Trinkens u. d. sexuellen Verkehrs enthalten).

صَاحَ (i) n. vb. صِيَاحٌ *schreien, laut rufen.* – c. بِ p. *jmdm. zurufen.*

صَادَ (i) *erjagen, fangen.*

صَارَ (i) *werden* (vgl. § 382b). n. vb. مَصِيرٌ , c. إِلَى od. عِنْدَ *sich begeben, kommen, gelangen zu* ‖ مَصِيرٌ (als. n. l.) *Ort, zu dem jmd. gelangt.*

ض

ضَبِّيٌّ n. rel. zu ضَبَّةُ n. pr. mehrerer Stämme (NA.).

ضَبَطَ (i, u) c. a. *d. Schreibart u. Aussprache e. Wortes feststellen.*

ضَجَعَ (a) *sich auf d. Seite legen, sich legen; liegen; schlafen* ‖ VIII id. ‖ مَضْجَعٌ *Lagerstatt, Bett*; أَخَذَ مَضْجَعَهُ *er legte sich (zum Schlafen) nieder* 14,11. 156,9.

ضَحِكَ (a) n. vb. ضَحِكٌ *lachen, fröhlich sein,* c. مِنْ *über.* – c. عَلَى *spöttisch lachen über* 20,4 ‖ IV *zum Lachen bringen, in Freude versetzen,* c. مِنْ *über.*

ضحو IV *(am Vormittag) sein, werden* ‖ ضُحًى m. und f. *Vormittag* ‖ ضَحَاءٌ *später Vormittag.*

ضِدٌّ *Gegenteil.*

ضَرَّ (u) c. a. *schaden* ‖ III c. a. *schaden, schädigen* ‖ VIII c. a. p. und إِلَى r. *nötigen, zwingen zu.* – pass. *sich in e. Not-, Zwangslage befinden* 169,10 ‖ ضَرَّاءُ *Not, Leid* ‖ ضِرَارُ بْنُ الخَطَّابِ tapferer Krieger u. Dichter, Qurayšit.

ضَرَبَ (i) n. vb. ضَرْبٌ *schlagen; aufschlagen* (Zelt, Lager). – *prägen, münzen* (Geld); (metaphor.) لَهُ مَثَلًا *er wandte auf ihn e. Sprichwort an.* – عُنُقَهُ *er schlug ihm d. Kopf ab, ließ ihm d. Kopf abschlagen.* – c. عَلَى und بِ *auf etw. schlagen mit* 23,9 ‖ VIII *in Unruhe, Aufregung geraten; hin- u. herschwanken; Gewinn, Erwerb suchen* 31,8 ‖ ضَرْبَةٌ n. vic. I.

مُضَارِعٌ (فِعْلٌ) t. gramm. *Imperfekt*; eig. *(dem (Verbal-)Nomen) ähnliches (Verb).*

ضرو II c. a. und بِ *hetzen gegen, reizen zum Kampf mit* 78,15.

ضَعُفَ (u) *schwach sein* ‖ ضَعْفٌ *Schwäche; geringe Glaubwürdigkeit* ‖ ضِعْفٌ pl. أَضْعَافٌ *d. Doppelte,* pl. *d. Mehrfache, Vielfache.* ‖ ضَعِيفٌ pl. ضُعَفَاءُ, ضَعَفَةٌ (66,6) *schwach, zart.*

ضِغْثٌ pl. أَضْغَاثٌ *Bündel; Gemisch, Gewirr.*

ضَلَّ (i) n. vb. ضَلَالٌ, ضَلَالَةٌ *sich verirren, in d. Irre gehen; irren* ‖ ضَلَالَةٌ (als subst.) *Irrtum* ‖ مَضَلَّةٌ *Anlaß, Möglichkeit sich zu verirren* 67,13.

ضلع V c. مِنْ *vollgepfropft sein mit* 109, 15 ‖ ضَلِيعٌ *tadellos gebaut* (Pferd).

ضَمَّ (u) n. vb. ضَمٌّ c. a. und إِلَى *hinzufügen zu.* – t. gramm. *(e. Konsonanten) mit d. Vokal "u" aussprechen* ‖ ضَمَّةٌ t. gramm. *d. Vokalzeichen* ـُ.

ضمخ II *reichlich parfümieren.*

ضَمِيرٌ, مُضْمَرٌ (auch اِسْمٌ مُضْمَرٌ) t. gramm. *(selbständiges* od. *suffigiertes) Personalpronomen* (ellipt. statt ضَمِيرٌ بِهِ, مُضْمَرٌ بِهِ, d.h. eig.: *etw., wodurch* d.h. *durch dessen Anwendung* [e. Substantiv] *in Gedanken behalten wird* d.h. *unausgesprochen bleibt*).– (اِسْمُ فَاعِلٍ) مُضْمَرٌ t. gramm. *pronominalisches* ("verborgenes") *Verbalsubjekt* 175, 7f. (opp. ظَاهِرٌ, q.v.).

مُضْنًى *abgemagert, hinsiechend* 33,12.

ضهى III c. بِ *nachahmen* 161,6.

ضِيَاءٌ, ضَوْءٌ *Licht.*

ضَاعَ (i) *zugrunde, verloren gehen* ‖ II *vernachlässigen, verwerfen* ‖ IV *zugrunde gehen lassen, zunichte machen, außer Acht lassen* ‖ ضَيْعَةٌ (ـه) pl. ضِيَاعٌ *Liegenschaft, Landgut, Domäne.*

ضيف IV 1) intr. c. إِلَى *sich schmiegen an* 42,11. – 2) tr. (c. a. p. *jmd.*) *gastlich aufnehmen.* – t. gramm. c. a. und إِلَى *e. Nomen* (d. erste Glied e. Genitivverbindung) *einem anderen* (d. zweiten Glied) *annektieren* ‖ ضَيْفٌ *Gast* ‖ ضِيَافَةٌ *Bewirtung* ‖ إِضَافَةٌ t. gramm. *Annexion* sc. d. ersten Gliedes e. Genitivverbindung an d. zweite (s. IV).

ضَاقَ (i) *eng sein* (zu 30,8 vgl. ذرع) ‖ ضَيِّقٌ *eng; eigensinnig* 79,10.

ط

طَائِيٌّ s. طيئ.

طَبِيبٌ *kundig, vertraut mit,* c. بِ r. (108, 10); *Arzt.*

طَبَرِيٌّ n. rel. zu طَبَرِسْتَانُ Landschaft im nördl. Persien. – اَلطَّبَرِيُّ berühmter Historiker, Jurist u. Theologe, gest. 310/ 923.

طَبَرْزِينٌ (گ) *Beil mit zwei Schneiden.*

طبق II *bedecken* ‖ III c. a. *entsprechen, übereinstimmen mit.*

طَرَحَ (a) *werfen, hinwerfen; entfernen, vertreiben* 132,16 (أَرْضًا *nach irgende. Land*).

طَرَدَ (u) n. vb. طَرْدٌ *wegtreiben; jagen, verfolgen* 23,5 ‖ III c. a. *e. (Reiter-)Angriff machen auf* 90,1 ‖ VIII c. a. r. und لِ p. *jmdm. etw.* (Vieh o.ä. als Beute) *wegtreiben.*

طَرْفٌ *Auge; Blick* ‖ طُرْفَةٌ pl. طُرَفٌ *Neuheit, Rarität; apartes Geschenk.*

طَرَقَ (u) c. a. *klopfen an* (يَطْرُقُ عَلَيْهَا بَابَهَا 32,15 *er klopft ihr an ihre Tür*). – *zur Nachtzeit kommen*; c. a. *zur Nachtzeit kommen zu, überfallen* ‖ IV رَأْسَهُ *er senkte sein Haupt* 5,12. – absolut *gesenkten Hauptes schweigen* ‖ X *seinen Weg nehmen* 15,2 ‖ طَرِيقٌ m. und f. *Weg; Überlieferungsweg, -form* 168,3.

طَعِمَ (a) (c. a. r.) *essen, speisen* ‖ IV (c. d. a. *jmdm. etw.*) *zu essen geben,* (*jmd. mit etw.*) *bewirten* ‖ طَعَامٌ pl. أَطْعِمَةٌ *Speise, Nahrungsmittel, Mahl.*

طَعَنَ (u, a) n. vb. طَعْنٌ *stoßen, stechen* (mit d. Speer o.ä.). – (metaphor.) c. فِي p. *schmähen, herabsetzen*; c. فِي des Orts od. der Zeit (92,7) *eindringen, eintreten in.*

طَغَى (a) *d. Maß überschreiten, übervorteilen.*

الطَّفُّ (eig. *d. Ufer* sc. des Euphrat) d. Wüstengrenzstrich westl. v. Kulturland des ʿIrāq.

طَفِئَ (a) *erlöschen* ‖ IV *auslöschen.*

طَفَحَ (a) c. بِ *überfließen lassen* 12,5.

طُفَيْلِيٌّ *Schmarotzer* 1,1. 4.

أَطْلَالُ n. pr. einer Stute.

طَلَبَ (u) n. vb. طَلَبٌ (§ 228.1) c. a. *suchen, aufsuchen, nachsuchen, erstreben, fordern, verlangen, verfolgen* (feindlich, 97,13ff.), *studieren* ‖ طَلِبَةٌ *Begehren* ‖ طَالِبٌ pl. طُلَّابٌ , طَلَبَةٌ *Petent, Bewerber* (12,6); *Studierender* ‖ مُطَّلِبِيٌّ n. rel. zu المُطَّلِبُ بْنُ عَبْدِ مَنَافٍ quraysit. Familienverband (s. 107,6).

طَلَعَ (u) *aufsteigen, heraufkommen, aufgehen* (Sternzeichen), *sichtbar werden.* – c. a. *ersteigen* ‖ IV c. a. p. und عَلَى r. *jmd. in Kenntnis setzen von* ‖ VIII *hinsehen; studieren, wissen* 115,2. – c. عَلَى *blicken auf, Kenntnis gewinnen von* ‖ طَلْعٌ sg. und coll. *Kolben* od. *Blütenstand d. Palme* ‖ مَطْلَعٌ n. vb. od. n. temp. I *Aufgang* od. *Zeit d. Aufgangs* (d. Sternzeichen etc.).

طلق II *freilassen*; c. a. der Frau *d. Scheidung geben* ‖ IV *freimachen, freilassen* ‖ VII *weggehen, gehen* (64,13 اِنْطَلِقْ بِنَا *laß uns gehen!* – 67,10) ‖ طَلَقٌ pl. أَطْلَاقٌ *Lauf* (beim Wettlaufen); *Laufart* 24,1. 9. ‖ طَلَاقٌ *Ehescheidung*; fungiert oft als n. vb. II (s. bes. 28,18) ‖ طَلِيقٌ pl. طُلَقَاءُ *freigelassen* (aus d. Sklaverei, der d. Kriegsgefangene verfällt, 58,17; الطُّلَقَاءُ später feste Bezeichnung für d. Mekkaner, die bis zur Kapitulation Mekkas Heiden geblieben sind, also nicht zu den مُهَاجِرُونَ gehören) ‖ مُطْلَقٌ *uneingeschränkt, absolut.* – مُطْلَقًا (zu verstehen nach §§ 376, 377) *schlechthin.* – المَفْعُولُ المُطْلَقُ s. فعل .

طمأن IV اِطْمَأَنَّ (§ 226) *zur Ruhe kommen, ruhig werden.*

طَمَثَ (i, u) *deflorieren.*

طِمْرٌ *altes, verschlissenes Kleidungsstück* 115,5.

طَمَسَ (i) *verwischen, vernichten.*

طَمِعَ (a) n. vb. طَمَعٌ c. فِى od. أَنْ *heftig begehren, trachten nach, wünschen; Lust haben sich an jmd. zu machen* (in feindlicher Absicht) 23,15.

طَهُرَ (u) *rein sein* (im Gegensatz zu *ihre Periode (Menstruation) haben* 147,3) ‖ II *reinigen* ‖ V *sich reinigen* (mittels einer Waschung nach d. Menstruation, 147,4) ‖ أَطْهَرُ elat. *reiner, rechtlicher.*

طوع III c. a. p. und عَلَى r. *zu Willen sein in* 100,15 ‖ IV c. a. *gehorchen* ‖ V c. a. *etw. freiwillig, als eine d. gesetzliche Vorschrift überbietende Leistung tun* ‖ X c. a. od. أَنْ *können, imstande sein zu, sich leisten können* (162,15) ‖ طَاعَةٌ *Gehorsam.*

طَافَ (u) n. vb. طَوَافٌ *herumgehen, umherschweifen.* – c. بِ *umkreisen* ‖ IV c. بِ *umgeben* ‖ طَوْفَةٌ pl. reg., n. vic. I ‖ الطَّائِفُ Stadt südöstl. v. Mekka.

طوق IV c. a. *können, vermögen, leisten können.*

طَالَ (u) n. vb. طُولٌ *lang sein, werden* ‖ II c. a. *lang machen.* – absolut *sehr ausführlich, sehr eingehend sein* 117,9 ‖ III c. a. *hinhalten* 81,13 ‖ IV c. a. *lang machen.* – absolut *es lang machen, kein Ende finden* 25,13 ‖ طُولٌ (als subst.) *Länge* ‖ طُوَالٌ *lang.* – طِوَالٌ pl. طَوِيلٌ ‖ الطُّوَالُ 101,12 cogn. v. *lang.* – الطَّوِيلُ poet. Metrum.

طَيِّئٌ (طَىٌّءٌ) Stamm (SA., später im nördl. Arabien, in d. Gegend d. beiden Berge ʾAǧaʾ u. Salmā). – n. rel. طَائِيٌّ.

طَابَ (i) *gut, angenehm sein.* – طَابَتْ نَفْسُهُ *er war fröhlich, guten Muts* ‖ طَيِّبٌ f. u. pl. reg. *gut, angenehm; fröhlich, beruhigt.* – الطَّيِّبَاتُ 154,2 (*d. guten Ausdrücke* d.h.) *die* (d. islam. Diktion eigentümlichen) *frommen Wunsch- u. Segensformeln* (wie أَكْرَمَهُ اللّٰهُ , سَقَاهُ اللّٰهُ etc. – التَّحِيَّاتُ لِلّٰهِ والصَّلَوَاتُ وَالطَّيِّبَاتُ 154,1f.: *d. Grüße, Fürbitten u. frommen Wunschformeln sind Gottes* d.h. von Gott hängt ihre Erfüllung ab).

طَارَ (i) *fliegen.* – c. بِ *wegreißen, entführen* ‖ X *zum Fliegen bringen; in d. größte Unruhe u. Aufregung versetzen* ‖ طَيْرٌ coll. *Vögel* (vgl. طَائِرٌ); *Augurium, Omen* 23,5 (man pflegte vorzugsweise aus d. Flug u. Geschrei d. Vögel zu weissagen) ‖ طَيَّارَةٌ *Thronhimmel, Baldachin* 95,9 ‖ طَائِرٌ *Vogel* (als pl. dazu dient طَيْرٌ).

ظ

ظَبْيٌ pl. ظِبَاءٌ *Gazelle (gazella dorcas).*

ظَرْفٌ *Gefäß*; t. gramm. *adverbielle Orts-* od. *Zeitbestimmung (im Akkus.).*

ظَفِرَ (a) n. vb. ظَفَرٌ *erfolgreich sein, siegen.*

ظَلَّ (a; 1. p. sg. ظَلِلْتُ) (*zur Tageszeit*) *sein, werden* ‖ IV *beschatten* ‖ X *sich gegen d. Sonne schützen,*

Schatten, Kühlung suchen ‖ ظِلٌّ *Schatten.*

ظَلَعَ (a) *hinken, lahmen.*

ظَلَمَ (i) *Unrecht, Übles tun.* – c. a. p. *Unrecht zufügen* ‖ IV *dunkel sein* ‖ ظُلْمَةٌ pl. ظُلُمَاتٌ *Dunkelheit, Finsternis* ‖ ظَلْمَاءُ *Dunkelheit.* – لَيْلَةٌ ظَلْمَاءُ *stockfinstere Nacht.*

ظَمِئَ (a) *Durst haben* ‖ II *dürsten lassen.*

ظَنَّ (u) *meinen, glauben, vermuten.* – c. d. a. *halten für* (zu Fällen wie ظَنَّهُمْ يُدْعَوْنَ 1,6 *er glaubte, daß sie eingeladen seien* vgl. auch § 431) ‖ ظَنِينٌ *verdächtig, unzuverlässig*, c. عَلَى *hinsichtlich*, 127,7.

ظَهَرَ (a) *sichtbar werden, erscheinen, sich zeigen; herauskommen* (c. لِ *zu*, 25,11). – c. عَلَى p. *d. Oberhand gewinnen über, siegen über*; c. عَلَى r. *in seine Gewalt bekommen; Kenntnis erlangen von, kennen* ‖ IV *sichtbar machen, zeigen, sehen lassen, bekannt geben* (74,17); *sich stellen, tun, als ob* (c. أَنَّ, 8,13. 14,11). – c. a. p. (et عَلَى alt.) *d. Sieg verleihen* (*über*); c. a. p. und عَلَى r. *bekannt machen mit, Kenntnis geben von* ‖ VI c. عَلَى *gemeinsame Sache machen gegen* (zu تَظَّاهَرَا 139,5 s. § 47) ‖ ظَهْرٌ pl. أَظْهُرٌ, ظُهُورٌ *Rücken; oberer Teil, Oberfläche; hinterer Teil, Hinterseite* (e. Hauses 143,12); *Außenblatt, Schutzblatt* (e. Handschrift 116,3). – بَيْنَ أَظْهُرِهِمْ *in ihrer Mitte, zwischen ihnen*; مِنْ بَيْنِ أَظْهُرِنَا 51,7f. *aus unserer Mitte* ‖ ظُهْرٌ *Mittag* ‖ ظَهِيرٌ sg. und coll. *Helfer* ‖ ظَهِيرَةٌ *Mittagszeit, -hitze* ‖ ظَاهِرٌ 152,16 (v. Gott) c. عَلَى r. *meisternd, kennend* (nach anderen Quellen: *sichtbar für*). – sonst *sichtbar, äußerer*; (substant.) *Außenseite; Gemarkung, Distrikt* (einer Stadt, 24,16). – ظَاهِرٌ (اِسْمُ فَاعِلٍ) t. gramm. *substantivisches* (eig. "offen geäußertes") *Verbalsubjekt* 175,7 f. (opp. مُضْمَرٌ, q.v.).

ع

عَبَثٌ *Spiel, angenehmer Zeitvertreib.*

عَبَدَ (u; א) c. a. *dienen, anbeten, göttliche Verehrung erweisen* ‖ عَبْدٌ pl. عَبِيدٌ *Sklave, Knecht, Diener*; pl. عِبَادٌ *Diener* (*Gottes*), *Mensch.* – عَبْدُ الرَّحْمٰنِ بْنُ عَوْفٍ hervorragender Gefährte des Propheten. – عَبْدُ اللّٰهِ 36,8ff. = عَبْدُ اللّٰهِ بْنُ عَبْدِ المُطَّلِبِ Vater d. Propheten; 153,15 u. 157,2 = عَبْدُ اللّٰهِ بْنُ مَسْعُودٍ (q.v.). – عَبْدُ اللّٰهِ بْنُ الزُّبَيْرِ (بْنِ العَوَّامِ) Gegenkalif in Mekka 61/680-73/692 (vgl. الزُّبَيْرُ). – عَبْدُ اللّٰهِ بْنُ طَاهِرٍ Staatsmann u. Feldherr unter d. Kalifen al-Maʾmūn u. seinen zwei Nachfolgern (erscheint 18,8ff. als Zeitgenosse des Ḥaǧǧāǧ!). – عَبْدُ اللّٰهِ بْنُ عَبَّاسٍ Vetter d. Propheten, kenntnisreicher, aber nicht sehr ehrlicher Traditionarier, Vater der islam. Koranexegese. – عَبْدُ اللّٰهِ بْنُ عُمَرَ ältester Sohn d. Kalifen ʿUmar I, hervorragender Traditionarier. – عَبْدُ اللّٰهِ بْنُ مَسْعُودٍ Gefährte des Propheten, bedeutender Korankenner. – عَبْدُ المُطَّلِبِ Großvater d. Propheten. – عَبْدُ المَلِكِ بْنُ هِشَامٍ s. u. هشم . عَبْدُ مَنَافٍ

Zweig der Qurayš, zu dem d. Familienverband d. Propheten gehört ‖ أَبُو عُبَيْدَةَ بْنُ الجَرَّاحِ Gefährte des Propheten, unter ʿUmar I oberster General d. in Syrien kämpfenden Armee.

عَبَرَ (u) n. vb. عُبُورٌ c. a. 1) *setzen über, durchschwimmen.* – 2) *deuten* (Traum; 137,3 unregelm. Weise c. لِ statt c. a.) ‖ عِبَارَةٌ *Ausdrucksweise, Diktion* 115,6.

عَبَسَ (i) *finster blicken, e. mürrisches Gesicht machen* ‖ العَبَّاسُ بْنُ عَبْدِ المُطَّلِبِ Onkel d. Propheten, Ahnherr d. ʿAbbāsiden. – عَبْدُ اللّٰهِ بْنُ = اِبْنُ عَبَّاسٍ عَبَّاسٍ (s. dort.).

عَبْقَرِيٌّ coll. *buntfarbige Teppiche.*

عبى II *ordnen, aufstellen* (Krieger).

عتب III c. a. p. und عَلَى r. *schelten, tadeln wegen.*

عتد IV *bereiten, herrichten.*

عتق IV *freilassen* (Sklaven) ‖ عِتْقٌ *Freiheit* (opp. Sklaverei) ‖ عَتِيقٌ *frei*; *edel*; *alt.* – العَتِيقُ Euphratkanal in d. Nähe d. späteren Kūfa. – اِبْنُ أَبِى عَتِيقٍ Urenkel d. ʾAbū Bakr.

عَتَمَةٌ *erstes Drittel d. Nacht.*

عَثَرَ (u, i) *straucheln, stolpern.* – c. بِ *umwerfen* 95,11.

عُثْمَانُ, genauer عُثْمَانُ بْنُ عَفَّانَ, d. dritte Kalif (23/644-35/656).

عُثْنُونٌ *Bart* 118,9.

عَجَّ (i) *schreien*; c. إِلَى p. *hilfeerbittend seine Stimme erheben zu* 77,2.

عَجِبَ (a) *sich wundern* ‖ IV c. a. p. *jmd. in Erstaunen setzen, jmdm. gefallen.* – pass. c. بِ *stolz, eitel sein auf* ‖ V c. مِنْ *sich wundern über* ‖ عُجْبٌ (gehört zu IV pass.) *Stolz, Eitelkeit*, c. بِ *auf.*

عَجَزَ (i) n. vb. عَجْزٌ *schwach, unfähig sein* ‖ IV c. a. p. *unfähig machen*; *unmöglich sein für* ‖ عَجُوزٌ *alte Frau* ‖ مُعْجِزٌ (sonst gew. مُعْجِزَةٌ ; *[für andere] unmöglich* d.h.) *Wunder* (eig. eines Propheten) 111,11 (s. أَحْمَدُ).

عِجَافٌ pl. (als sg. dazu dient أَعْجَفُ) *magere, abgemagerte.*

عَجِلَ (a) n. vb. عَجَلٌ , عَجَلَةٌ *eilen* ‖ II c. لِ p. und بِ r. *jmdm. rasch etw. bringen* ‖ IV *zur Eile veranlassen, antreiben* ‖ V *eilig vorwärts zu kommen suchen* 166,5 ‖ X *zu beschleunigen wünschen* ‖ عَجَلَةٌ (als subst.) *Eile* ‖ عَاجِلٌ *d. Diesseits angehörig, zeitlich* 155, 11 u. 15.

عجم IV t. gramm. *mit diakritischem Punkt (diakritischen Punkten) versehen* (Konsonanten) ‖ عَجَمٌ coll. *Nichtaraber*, bes. *Perser* ‖ أَعْجَمُ pl. أَعَاجِمُ *fehlerhaftes Arabisch sprechend*; *Perser.*

عَدَّ (u) *zählen* ‖ IV c. a. *vorbereiten, in Bereitschaft setzen.* – absolut *Vorkehrungen treffen*, c. لِ *für, gegen* (77,13) ‖ X *sich fertig machen, sich bereit halten* ‖ عُدَّةٌ *Ausrüstung*; *Gerät, Mobiliar* ‖ عِدَّةٌ *Anzahl*; attribut. *mehrere, viele* 33,2. – *Wartezeit* (einer Frau nach d. Tode ihres Mannes od. ihrer Scheidung, vor deren Ablauf sie keine neue Ehe eingehen darf; bei e. Witwe: 4 Monate 10 Tage, bei e. Geschiedenen: 3 "Reinheitsperioden" bzw. 3 Monate, bei e. Schwangeren:

Frist bis zur Geburt ihres Kindes + 40 Tage) ‖ عَدَدٌ *Zahl*; *Ziffer* 13,5 ‖ مَعَدُّ بْنُ عَدْنَانَ fiktiver Ahn der Maʿadd (d.h. der Hauptmasse d. nordarab.) Stämme. – n. rel. مَعَدِّىٌّ dazu dem. مُعَيْدِىٌّ (s. 120,5ff. u. 17ff.) ‖ مَعْدُودٌ f. ة (*zählbar* d.h.) *begrenzt an Zahl*, *wenig*.

عَدَلَ (i) 1) c. a. *gleichwertig*, *ebenbürtig sein*. – 2) *abweichen*, *sich seitlich wenden*, *abbiegen*, c. إِلَى *nach ... hin*, *nach*. – *sich d. Ende zuneigen* (Tag) 83,8 u. 90,15 ‖ II *ordnen*, *in Reih u. Glied aufstellen* (Krieger) 55,3ff. ‖ VIII *ebenmäßig sein*; *d. Gleichgewicht halten* (*Waage*) ‖ عَدْلٌ *Gerechtigkeit* ‖ عِدْلٌ *eine d. beiden einander d. Gleichgewicht haltenden Hälften einer Ladung auf d. Rücken e. Lasttiers*.

عدم IV c. d. a. *vermissen lassen*, *entbehren lassen*. – intr. *arm sein* ‖ عَدَمٌ *Nichtsein*; entspricht in Fällen wie عَدَمُ الذَّبْحِ 113,17 dem Präfix *Nicht*- o.ä. ‖ مُعْدِمٌ *arm*.

عَدْنَانُ fiktiver Ahn d. nordarab. Stämme; diese Stämme selbst ‖ عَيْدَانٌ s. عود .

عَدَا (u) n. vb. عَدْوٌ *laufen*, *rennen*. – *d. Maß überschreiten* 141,5. – n. vb. عُدْوَانٌ c. عَلَى *gewalttätig*, *feindselig vorgehen gegen*; *angreifen*, *überfallen* 60,9 ‖ V c. a. *überschreiten* ‖ VIII c. a. id. – absolut *d. richtige Maß überschreiten* 164,16; *gewalttätig*, *ungesetzlich handeln* 141,18. 148,12; *Exzesse verüben* 143,15. – c. عَلَى *feindselig vorgehen gegen* ‖ عَدَا (für مَا عَدَا) c. a. od. gen. *außer* ‖ عُدْوَةٌ *Seite*, *Böschung* (e. Tals, Flusses etc.) ‖ عَدُوٌّ (sg. und coll.) pl. أَعْدَاءٌ *Feind* ‖ عَدِىٌّ n. pr. v.; n. pr. trib. – n. rel. عَدَوِىٌّ ‖ أَعْدَى elat. *am schnellsten laufend* 66,7.

عذب II *peinigen*, *quälen* 112,7; *strafen* ‖ عَذَابٌ *Qual*; *Strafe* ‖ العُذَيْبُ e. Gewässer bei Qādisīya.

عذر VIII *sich entschuldigen*, c. إِلَى p. *gegenüber*, *bei*. – c. بِ r. und مِنْ r. *etw. als Entschuldigungsgrund für e. Sache geltend machen* 118,15 ‖ عُذْرَةُ Stamm (SA.). – n. rel. عُذْرِىٌّ ‖ عِذَارٌ *Wange*.

المَعَرَّةُ , genauer مَعَرَّةُ النُّعْمَانِ Ort in Syrien (vgl. 114,9ff.). – n. rel. مَعَرِّىٌّ .

عرب IV c. a. *klar machen*, *genau darlegen*. – t. gramm. *im Auslaut flektieren*, ungenau: *deklinieren* ‖ عَرَبٌ coll. (*echte*) *Araber*. – n. rel. عَرَبِىٌّ . – العَرَبِيَّةُ *d.* (*klassische*) *arabische Sprache* ‖ العَرَبَاتُ n. pr. l. ‖ إِعْرَابٌ t. gramm. *Flexion* (s. IV) ‖ مُعْرَبٌ pl. مُعْرَبَاتٌ t. gramm. *im Auslaut flektierbar* (s. IV).

المِعْرَاجُ *d. Himmelfahrt* (die Muḥammad d. islam. Glauben zufolge v. Jerusalem aus unternommen hat).

عُرْسٌ *Heirat*, *Hochzeit*.

عَرْشٌ *Thron* (gew. v. Thron Gottes; ذُو العَرْشِ 127,4 = Gott) ‖ عَرِيشٌ *Hütte* (aus Rohr o.ä., zum Schutze gegen d. Sonne).

عَرَضَ (i) c. لِ p. *sich jmdm. zeigen*; *jmdm. störend entgegentreten* 161,11; *sich jmdm. zuwenden*, *sich um jmd. kümmern* 89,5. – c. a. r. und عَلَى p. *jmdm.*

etw. zeigen, vorführen 165,18; *jmdm. etw. anbieten, antragen* ‖ II c. بِ *versteckt andeuten, anspielen auf* ‖ III c. a. p. *jmdm. gegenüber* (d.h. auf e. parallelen Weg) *dahineilen* (in d. Absicht, mit ihm schließlich zusammenzustoßen) ‖ IV c. عَنْ *sich abwenden von; schweigen von* 135,1 (?). 139,2 ‖ V c. لِ *ausgesetzt sein* 113,3 ‖ VIII c. a. p. *sich begeben zu, sich einstellen bei* 50,7. – c. a. r. *unterbrechen, fallen in* (d. Rede jmds.) 47,9 ‖ عَرْضٌ *Breite, Weite* ‖ عُرْضَةٌ *Zielscheibe. – Objekt, Gegenstand,* c. لِ *für,* 147,8. – c. gen. = *passend zu, geeignet für* 30,18.

عَرَفَ (i) n. vb. مَعْرِفَةٌ c. a. od. بِ *kennen, wissen, erkennen, erfahren;* (*als rechtmäßig*) *anerkennen.* – c. a. r. und مِنْ alt. *etw. unterscheiden von.* – عُرِفَ بِ *bekannt sein als ..., unter d. Namen ...* – مَا لَا يُعْرَفُ 57,3f. *ungeziemendes, Schändliches* ‖ II c. (a. p. et) a. r. (*jmdm.*) *etw. bekannt geben, mitteilen.* – t. gramm. c. a. des Worts *determinieren* ‖ VI *sich untereinander kennen* (zu لِتَعَارَفُوا 58,14 s. § 49a) ‖ VIII c. بِ *anerkennen, bekennen* ‖ عَرَفَاتٌ geweihte Örtlichkeit (Berg mit gleichnamiger Ebene) 6 Std. östl. v. Mekka, wo am 9. Ḏū l-Ḥiǧǧa die Mekka-Pilger verweilen ‖ عَرِيفٌ c. بِ *kennend* ‖ مَعْرِفَةٌ (als subst.) *Kenntnis.* – t. gramm. *determiniertes Nomen* ‖ مَعْرُوفٌ (eig. *als recht anerkannt*) *geziemend, anständig.* – (substantiv.) *Gutes, Geziemendes; Billigkeit, mit geziemendem Entgegenkommen.*

عَرْقٌ *Knochen mit Fleischresten* 170,14 ‖ عِرْقٌ pl. عُرُوقٌ *Wurzel* ‖ عَرَقٌ *Schweiß* ‖ العِرَاقُ d. Landschaft, die im Altertum Babylonien hieß.

مَعْرَكَةٌ *Schlachtfeld.*

عُرْوَةُ, genauer (بْنِ العَوَّامِ) عُرْوَةُ بْنُ الزُّبَيْرِ, hervorragender Traditionarier u. Rechtsgelehrter, gest. um 92/711 (vgl. الزُّبَيْرُ). – عُرْوَةُ بْنُ حِزَامٍ Dichter d. frühesten Omayyadenzeit.

عَرِيَ (a) *nackt sein.* – c. عَنْ *frei sein von* ‖ عُرْيٌ comm. (urspr. n. vb.) *ungesattelt* (Pferd).

عَزَّ (i) *mächtig, angesehen sein.* – c. عَلَى p. *jmdm. wert, teuer sein* ‖ IV *stärken, kräftigen; dem Sieg entgegenführen* ‖ عِزٌّ *Macht, Ansehen, Einfluß; Kraft, Stärke* 46,13. 18. ‖ عَزِيزٌ *mächtig, angesehen;* العَزِيزُ, *d. Mächtige,* Beiname Gottes. – c. عَلَى p. *jmdm. wert, teuer.* – أَعَزُّ elat. (هُوَ أَعَزُّ عَلَى صَاحِبِهِ مِنَ النَّاسِ 34,3f. *er ist dem anderen teurer als alle Menschen*). ‖ عَزِيزِيٌّ 111,3 n. rel. zu عَزِيزُ الدَّوْلَةِ (d. Kommentar war zunächst für ʿAzīz ad-dawla Ṯābit, den Sohn eines Fürsten v. Aleppo, bestimmt).

عُزُوبَةٌ *Ehelosigkeit.*

عَزَلَ (i) n. vb. عَزْلٌ *absetzen* ‖ VIII c. a. *sich fernhalten von* ‖ أَعْزَلُ *unbewaffnet; d. Lanze entbehrend.* – zu 112,14 s.u. سمك .

عَزَمَ (i) *beschließen; festsetzen, abmachen.* – c. عَلَى p. und بِ r. *jmdm. etw.*

streng befehlen ‖ عَزْمٌ *Entschluß* ‖ عَزْمَةٌ *strenger Befehl*, c. بِ r. *zu.*

عَزَى (i) c. a. und إِلَى *jmdm. etw. zuschreiben, beilegen* ‖ II c. a. p. und عَنْ od. فِي e. Toten *jmdm. zureden, d. Verlust eines Verstorbenen mit Fassung zu ertragen* ‖ عَزَاءٌ *Fassung, Gefaßtsein*, c. فِي e. Toten (s. II) 113,7.

عَوْسَجٌ *Bocksdorn* (*lycium europaeum L.* u. *lycium arabicum*).

عَسُرَ (u) *schwer, mißlich sein* ‖ عُسْرٌ *Schwierigkeit, mißliche Lage, Not* ‖ عَسِيرٌ *schwer, unheilvoll* ‖ أَعْسَرُ *linkshändig*. – أُعَيْسِرُ dim. 66,8 (d. Diminutiv drückt hier Verachtung aus).

عَسْعَسَ *dunkeln.*

عَسْكَرَ *lagern* (Heer). – c. عَلَى *bekriegen* 70,18 ‖ عَسْكَرٌ (Lw. < lat. exercitus) *Heer, Heerhaufen*; *Lager* 79,4.

عَسَى (stets mit Perfektform u. Imperfektbedeutung, persönlich u. unpersönlich gebraucht) c. أَنْ seq. subj. *es könnte sein, es wäre möglich, daß*, kürzer: *vielleicht.*

عَشْرٌ f. عَشَرَةٌ *zehn* (in Verbindung mit Einern عَشَرَ f. عَشْرَةَ, s. §§ 129, 130) ‖ عِشْرُونَ *zwanzig* ‖ عُشَرَاءُ pl. عِشَارٌ *Kamelin im letzten, mit d. Ende d. 10. Monats einsetzenden Abschnitt ihrer Trächtigkeit* (zu welcher Zeit sie als besonders wertvoll gilt) ‖ مَعْشَرٌ *Versammlung, Körperschaft, Verband* (in Genitivverbindungen wie يَا مَعْشَرَ الشَّبَابِ *o ihr jungen Männer* 163,9 u.ä. semantisch entleert).

عشو V *zu Abend essen* ‖ عَشَاءٌ *Abendessen* ‖ عِشَاءٌ *Abend* ‖ عَشِيَّةٌ (*Spät-*) *Abend.*

عَصَبَ (i) c. a. *mit e. Kopfbinde, e. Turban umwickeln* 63,7 ‖ V c. لِ *Partei nehmen für* ‖ عُصْبَةٌ *Verband* ‖ عِصَابَةٌ id.

عَصِيدَةٌ *dicker Brei aus Weizenmehl u. geklärter Butter* o.ä.

عَصَرَ (i) *auspressen* (Trauben, Oliven etc.; 135,17 c. خَمْرًا) ‖ عَصْرٌ *Zeit*; *Zeitperiode*; *Nachmittag*; *Nachmittagsgebet* (gegen 16 Uhr) ‖ مُعْصِرٌ od. مُعْصِرَةٌ, pl. مُعْصِرَاتٌ (70,2) *reif, physisch heiratsfähig* (Mädchen).

عَصَفَ (i) *heftig wehen* (Wind). – رِيحٌ عَاصِفٌ (95,8) ist häufiger als رِيحٌ عَاصِفَةٌ ‖ عَصْفٌ *Halm u. Blätter d. Getreides.*

عصم VIII c. بِ *sich halten an*; *Schutz suchen bei* ‖ X (*einer Versuchung*) *widerstehen* ‖ عَاصِمُ بْنُ عَمْرٍو Heerführer, v. Stamm Tamīm ‖ المُعْتَصِمُ (*Abkürzung für* المُعْتَصِمُ بِاللّٰهِ) ʿabbāsid. Kalif (218/833-227/842).

عَصًا f. *Stab, Stock.* – عَبْدُ العَصَا (eig. *Stock-*, d.h. *Prügelsklave*) *verachteter, übelbehandelter Mensch* 64,11.

عَصَى (i) c. a. p. od. r. *nicht gehorchen, d. Gehorsam verweigern* (لَكَ أَمْرًا 26,9 *einem Befehl von dir*). – c. d. a. *jmdm. in e. Sache d. Gehorsam verweigern* 139,11 ‖ مَعْصِيَةٌ pl. مَعَاصٍ *Sünde.*

عَضَدَ (i) *umhauen, fällen* (Bäume) ‖ عَضُدٌ m. und f. (§ 111d), pl. أَعْضَادٌ *Oberarm*; (trop.) *Mitglied* 10,17ff.

عَطَبٌ *Verderben* 20,11.

عَطِشَ (a) n. vb. عَطَشٌ *durstig sein.*

عَطَفَ (i) *biegen, neigen.* – t. gramm., n. vb. عَطْفٌ, *anlehnen, anreihen (ein Subst. an ein anderes, voraufgehendes, mittels einer koordin. Part.)*, c. عَلَى *an.*

عطل II *ohne Aufsicht u. Pflege lassen.*

عطو IV c. d. a. *jmdm. etw. geben.* – أَعْطَاهُ بِيَدِهِ *er ergab, unterwarf sich ihm* 77,9 ‖ عَطَاءٌ, genauer عَطَاءُ بْنُ أَبِى رَبَاحٍ, namhafter Rechtsgelehrter u. Traditionarier, gest. 114/732.

عَظُمَ (u) *groß, mächtig sein* od. *werden* ‖ IV *verherrlichen; hoch ehren* ‖ V c. بِ *stolz sein auf, prahlen mit* 58,11 ‖ عَظْمٌ pl. عِظَامٌ *Knochen* ‖ عَظَمَةٌ *Größe, Majestät* 156,1 ‖ عَظِيمٌ f. ة pl. comm. عِظَامٌ *groß, stark.*

عِفَّةٌ *Ehrbarkeit, Anstand.*

أَعْفَرُ f. عَفْرَاءُ *bodenfarben* (Gazelle). – عَفْرَاءُ auch n. pr. mul.

عَفَا (u) n. vb. عَفْوٌ *verzeihen,* c. عَنْ *jmdm.* od. *etw.* – *erlassen, nachlassen* (e. Rechtsanspruch), c. لِ *jmdm.* (141,16, wo شَىْءٌ zu denken ist als شَىْءٌ مِنَ العَفْوِ; 150,6f.) ‖ IV c. a. p. *absetzen, entlassen* 79,5 ‖ X c. a. p. *um Begnadigung bitten* 84,6 ‖ عَفْوٌ (als subst.) *was jmd. entbehren kann, Überschuß* 146,9.

عقب III *bestrafen* ‖ عَقَبَةٌ *steiler Berg mit Paßweg; Paßweg.* – العَقَبَةُ als n. pr. Berg mit Paßweg östl. v. Mekka; 43,10ff. auch = *Zusammenkunft auf d. ʿAqaba* ‖ عُقَابٌ gew. f. *Adler* ‖ عَاقِبَةٌ *Ende, Ausgang.*

عَقَدَ (i) *knüpfen; anberaumen, einberufen* (Versammlung, Sitzung) ‖ VIII c. a. r. *fest glauben.* – مِنْ فُلَانٍ الذِّمَّةَ *sich jmds. (politischen) Schutz erwerben;* مِنْ فُلَانٍ (unter Ellipse v. الذِّمَّةَ) c. عَلَى *jmds. Schutz erwerben für* ‖ عَقْدٌ *Vertrag; Ehevertrag* ‖ عُقْدَةٌ pl. عُقَدٌ *Knoten* (131,13 magischer Kn.); (metaphor.) *Bund, Verbindlichkeit, Vertrag.*

عَقَلَ (i) 1) c. a. des Getöteten und لِ p. *für e. Getöteten jmdm. d. Blutgeld, Wergeld zahlen.* – 2) *Einsicht, Verstand haben; bei Verstand, bei Besinnung sein.* – c. a. r. *einsehen* ‖ عَقْلٌ 1) *Blutgeld.* – 2) *Einsicht, Verstand* ‖ عَاقِلٌ *einsichtig, verständig.*

عَكَفَ (u, i) n. vb. عُكُوفٌ c. عَلَى *haften an, sich halten zu.* – c. فِى *ununterbrochen verweilen in.*

لَعَلَّ ... أَنْ, لَعَلَّ, عَلَّ part. *vielleicht* (§ 338).

عَلَّ 1) (u, i) c. a. p. *zum zweiten Mal zu trinken geben.* – 2) (i) *krank sein* ‖ II c. a. p. *von neuem zu trinken geben* ‖ VIII *krank sein, erkranken* ‖ عِلَّةٌ pl. عِلَلٌ *Krankheit* ‖ مُعْتَلٌّ t. gramm. *schwach* (Buchstabe, Wort).

علج III c. a. *sich befassen mit, arbeiten an, reparieren.*

عَلِقَ c. بِ *hängen an* ‖ V c. بِ id.; *sich halten zu, gehören zu* 11,13; *zusammenhängen mit, Bezug haben auf* 113,1 ‖ عَلَقٌ n. un. ة *Blut, geronnenes Blut, Blutklumpen.*

عَلِمَ (a) n. vb. عِلْمٌ c. a. od. بِ *wissen, kennen; erkennen, erfahren.* – c. a. und مِنْ *etw. von etw. anderem unterscheiden* ‖ II c. d. a. od. c. a. p. und بِ r.

lehren ‖ IV c. d. a. od. c. a. p. und بِ r. *wissen lassen, zu wissen tun, benachrichtigen, unterrichten von* ‖ عِلْمٌ (als subst.) pl. عُلُومٌ *Wissenschaft* ‖ عَلَمٌ pl. أَعْلَامٌ *Zeichen, Abzeichen, Kennzeichen*; *Wegzeichen*; *Berg* 68,10 u. 168,13; *vornehmer Mann*; t. gramm. (für bloßes عَلَمٌ auch اِسْمُ عَلَمٍ od. اِسْمُ عَلَمٍ) *Eigenname* ‖ عَلَامَةٌ pl. reg. *Kennzeichen* ‖ عَلِيمٌ *wissend*. – العَلِيمُ Beiname Gottes ‖ عُلَيْمِيٌّ n. rel. zu عُلَيْمٌ n. pr. zweier Stämme (SA.) ‖ عَلَّامٌ عَلَّامَةٌ c. gen. *genau kennend* ‖ (§ 73) *hochgelehrt* ‖ عَالَمٌ (א) *Welt*; pl. عَالَمُونَ *Weltbewohner*, spez. *Menschen* ‖ عَالِمٌ *wissend*; pl. عُلَمَاءُ *kenntnisreich, gelehrt*. – أَعْلَمُ elat.

علن IV *offenbaren, bekannt machen, enthüllen*.

عَلَا (u) *hoch sein*; *sich nach oben wenden* 97,3 u. 14 ‖ عَلِيَ (a) *hoch sein, hervorragen* ‖ VI *hoch, erhaben sein* (bes. v. Gott) ‖ X c. عَلَى *meistern, sich aneignen* ‖ عَلَى praep. (§ 302) *auf, über* (v. Ort u. Rang); *an, bei*; *mit, unter* (Befehlshabern, 73,11); *zu*; *zu - hinzu*; *gegen* (contra u. erga); *für*; *zu Ungunsten, zu Lasten*; *aufgrund von, wegen*; *unter d. Bedingung von*; *im Zustande von* (هُوَ عَلَى دِينِ قَوْمِهِ *er folgt der Religion seiner Stammesgefährten* 46,7; ähnlich 46,13 u.a. – هُوَ عَلَى قِسْمَيْنِ *es erscheint zweiteilig, in zwei Arten* 175,8 u. 17, u.a.), *in d. Weise von* (عَلَى ذٰلِكَ *auf diese Weise, dergestalt* 98,3); *gemäß*; *während* 22,9; *nach Verlauf von* 74,2. – عَلَيْكَ c. a. od. بِ *nimm*; *halte dich an, greif zu* ... (entsprechend عَلَيْهِ c. بِ 107,10; 163,11). – عَلَى يَدِ (يَدَىْ) s.u. يَدٌ ‖ عَلِيٌّ *hoch, erhaben*. – auch n. pr. v.; عَلِيُّ بْنُ أَبِى طَالِبٍ Vetter u. Schwiegersohn Muḥammads, vierter Kalif (35/656-40/661) ‖ أَعْلَى elat. *höher, höchst*; *überlegen* 93,14; *oberer, höchster Teil* ‖ يَعْلَى n. pr. v. – أَبُو يَعْلَى الخَلِيلِيُّ bedeutender Traditionsgelehrter, gest. 446/1054.

عم Abkürzung für d. Formel عَلَيْهِ السَّلَامُ (§ 24).

عَمَّ (u) *allgemein sein*; *umfassen* ‖ عَمٌّ *Onkel väterlicherseits*. – عَمَّةٌ pl. reg. *Tante väterlicherseits*. – اِبْنُ عَمٍّ *Vetter väterlicherseits* etc. ‖ عِمَامَةٌ *Turban* (als Würdeabzeichen 75,10) ‖ عَامَّةٌ (opp. خَاصَّةٌ) *Allgemeinheit, Menge, gemeines Volk*; *Mehrzahl, meisten* 83,13. – عَامَّةً (modaler acc.) *insgesamt*.

عَمَّا = عَنْ مَا (§ 45).

عَمَدَ (i) n. vb. عَمْدٌ c. لِ od. إِلَى od. a. *beabsichtigen*; *sich begeben nach, zu*. – c. إِلَى auch *sich machen an, hernehmen* (33,9; 68,1 u. 2; 103,10) ‖ VIII c. عَلَى *sich stützen auf* ‖ عَمْدٌ (eig. n. vb.) *Absicht, Vorsatz* (auch im jurist. Sinne) ‖ عِمَادٌ *Stütze, Träger, Pfosten*. – العِمَادُ , genauer عِمَادُ الدِّينِ الكَاتِبُ الإِصْفَهَانِيُّ , Verfasser der die Dichter d. 6. Jahrh. d. Hiğra behandelnden biographischen Anthologie الخَرِيدَةُ , gest. 597/1201 ‖ عَمِيدٌ *Stütze, Träger*. – عَمِيدُ الدَّوْلَةِ Ehrenname ‖ عَامِدًا 94,5

vorsätzlich, eifrig ‖ (الْمُعْتَمِدُ (عَلَى اللّٰهِ ʿabbāsid. Kalif (256/870-279/892).

عُمْرٌ *Leben, Lebensdauer* ‖ عَمْرٌو n. pr. v. (§ 11.1). – عَمْرُو بْنُ بَحْرٍ الجَاحِظُ s. الجَاحِظُ. – عَمْرُو بْنُ الزُّبَيْرِ Bruder d. berühmteren عَبْدُ اللّٰهِ بْنُ الزُّبَيْرِ (q.v.). – عَمْرُو بْنُ العَاصِ Qurayšit, Zeitgenosse des Propheten, Eroberer Ägyptens ‖ عُمْرَةٌ *Wallfahrt nach Mekka* (d. sogen. "kleinere Ḥağğ", nicht, wie d. eigentliche Ḥağğ, an eine bestimmte Zeit gebunden u. an Zeremonien ärmer als dieser) ‖ عُمَرُ بْنُ الخَطَّابِ Freund des Propheten u. zweiter Kalif (13/634-23/644) ‖ عَبْدُ اللّٰهِ بْنُ عُمَرَ = اِبْنُ عُمَرَ (q.v.) ‖ عِمْرَانُ n. pr. v. (cf. hebr. עמרם) ‖ عَمْرَوَيْهِ n. pr. v.

أَعْمَشُ *augenleidend, triefäugig*. – الأَعْمَشُ 157,1 cogn. v.

عَمِلَ (a) n. vb. عَمَلٌ *tun, handeln, wirken*. – c. بِ r. *etw. betätigen, sich e. Sache hingeben* 75,5; 157,7ff. – c. عَلَى r. *planen, zu bewerkstelligen suchen*. – t. gramm. c. فِي *Rektion ausüben auf* (einen Satzteil). – c. a. r. *machen, anfertigen, verfassen* ‖ III c. a. p. und بِ r. *jmdm. gegenüber etw. in Anwendung bringen* ‖ IV t. gramm. *Rektion ausüben lassen* (vgl. I) ‖ X *anwenden, gebrauchen*; c. مَاء = *auf die Toilette gehen*. – c. a. p. und عَلَى *setzen über, an die Spitze stellen von* ‖ عَمَلٌ (als subst.) pl. أَعْمَالٌ *Handlung*; *Handwerk*; *Befehlshaberposten, Statthalterschaft* ‖ عَامِلٌ pl. عَوَامِلُ t. gramm. *Wort, das auf e. anderes eine Rektion ausübt, Regens* (vgl. I u. IV).

عَمِيَ (a) *blind sein, erblinden*; *geistig blind sein, nicht d. richtige Urteil haben* 86,10 ‖ أَعْمَى *blind*.

عَنْ praep. *von, von ... weg*; *für, zur Verteidigung von*; *als Ersatz für* 36, ult.; *von, von ... her* (zur Bezeichnung d. Quelle); *nach, nach Aussage von, auf Autorität von* (4,3f. u. öfter; وَعَنْهُ أَنَّهُ قَالَ 105,5 *und es ist von ihm die Äußerung überliefert worden*: ...); *hinsichtlich, mit Bezug auf, betreffs*. – عَنْ يَسَارِ (يَمِينِ) *links* (*rechts*) *von*; *nach links (rechts) von* (40,1). – عَنْ أَمْرِ *auf Befehl, Betreiben, Initiative von*.

عِنَانٌ *Zügel* (d. Pferdes).

عِنَبٌ coll., pl. أَعْنَابٌ *Weintrauben*; *Weinstöcke* (so überall im Koran?).

عَنِتَ (a) n. vb. عَنَتٌ *e. Sünde begehen*, bes. *außerehelichen Sex haben* ‖ IV *hart behandeln*.

عِنْدَ praep. *bei*; *nach Ansicht, nach d. Meinung von*. – مِنْ عِنْدِ *von, aus d. Wohnung von*. – عِنْدَ ذٰلِكَ *da, hierauf*. – كَانَتْ عِنْدَ *sie war verheiratet mit* 75,13. – مَا عِنْدَكَ *was denkst, meinst du?* 68,9; 77, ult. ‖ عَنِيدٌ c. لِ *sich hartnäckig widersetzend*.

عَنَزَةٌ *kurzer Spieß mit eiserner Spitze am unteren Ende*.

عنق III *umarmen* ‖ VIII id. ‖ عُنْقٌ pl. أَعْنَاقٌ *Hals, Nacken*.

عَنَى (i) 1) *beunruhigen, ernstlich beschäftigen*; عُنِيَ c. بِ, n. vb. عِنَايَةٌ *besorgt sein um, interessiert sein für*. – 2) *meinen, im Sinn haben*; يَعْنِي oft = *d.h.* ‖ II *quälen, peinigen* ‖ VIII c. بِ *sich bemühen um* ‖ عَنَاءٌ *Mühe, Not* ‖

مَعْنًى pl. مَعَانٍ *Sinn, Bedeutung; Vorstellung, Begriff* (جَاءَ لِمَعْنًى 171,5 *die gesetzt wird, um e. [logisch-syntaktischen] Begriff auszudrücken*); *rhetorischer, figürlicher, allegorischer Ausdruck* 111,11. – n. rel. مَعْنَوِيٌّ *den Sinn betreffend, dem Sinn nach gebildet* ‖ المُعَنًّى arab. Unterfeldherr in den ʿIrāq-Feldzügen.

عَهِدَ (a) n. vb. عَهْدٌ c. a. od. بِ *etw. kennen, bekannt sein mit, Berührung haben mit* ‖ III (c. a.) *e. Vertrag e. Bund schließen (mit)* ‖ عَهْدٌ (als subst.) *Vepflichtung; Vertrag, Bund, Vereinbarung* (عَهْدُ الإِلٰهِ 33,7 = *d. unter Anrufung Gottes getroffene Vereinbarung*); *Schwur* 85,1. – c. بِ *Bekanntschaft, Berührung mit* (vgl. I; zu 166,9 s. حَدِيثٌ).

عِهْدٌ *(farbige) Wolle.*

عَادَ (u) *zurückkehren*; c. a. praed. *werden, sich verwandeln in* (§§ 190.1, 432c) ‖ IV *zurückkehren lassen, zurückbringen*; c. فِى *wieder hineinstecken in* 86,6. - *wiederholen*; c. a. des Gesagten und عَلَى p. *Worte, Äußerungen, Bitten* o.ä. *jmdm. wiederholen: ihm wiedersagen* 34,16, *von neuem an ihn richten* 79,11 (mit Ellipse des obj. 34,2). – *wiederherstellen, in Stand setzen* 90,9 ‖ عُودٌ *Holz; Gerte, Stock* 158,18; *Laute* (auf العُودُ gehen zurück span. *laud*, ital. *liuto*, franz. *luth*, deutsch *Laute* etc.) ‖ عَادَةٌ *Gewohnheit* ‖ عَيْدَانٌ coll. *hohe, alte Palmen* (mit hartem Holz) 58,1.

عَاذَ (u) n. vb. مَعَاذٌ c. بِ p. und مِنْ r. *seine Zuflucht zu jmdm. vor etw. nehmen.* – مَعَاذَ اللّٰهِ = *Gott behüte! Gott bewahre mich davor!* (vgl. § 375) ‖ IV c. a. p. und بِ alt. und مِنْ r. *jmd. durch Stellung unter den Schutz eines anderen gegen eine Sache schützen* 37,18 ‖ X c. بِ *sich schützen mittels* 156,6 ‖ مُعَاذٌ (d.h. مُعَاذُ بْنُ جَبَلٍ) Gefährte des Propheten, guter Korankenner.

عور II *eines Auges berauben* ‖ IV c. d. a. *jmdm. etw. leihen* ‖ VI c. a. r. *abwechselnd nehmen, erringen* ‖ أَعْوَرُ *einäugig.* – الأَعْوَرُ c. a. *fehlen, mangeln.* – c. a. und أَنْ *hindern* 9,15.

عَوْسَجٌ s.u. عسج.

عوض II c. d. a. (et مِنْ r.) *jmdm. etw. als Ersatz geben, als Preis zahlen (für)* ‖ عِوَضٌ *Ersatz.* – عِوَضَ praep. *an Stelle von, anstatt.*

عِيَالٌ *zu ernährende Familie.* – metaphor. c. عَلَى *lebend auf Kosten von, abhängig von* (sg. und coll.) 99,4; 107,12.

عَامَ (u) *schwimmen* ‖ عَامٌ pl. أَعْوَامٌ *Jahr.*

عون IV c. a. *helfen, unterstützen* ‖ X c. a. od. بِ p. (et عَلَى) *jmd. um Hilfe bitten, bei jmd. Hilfe suchen (gegen).*

عَوَى (i) *heulen* (Hund) ‖ III c. a. *anheulen* ‖ X c. a. *veranlassen zu heulen* ‖ مُعَاوِيَةٌ *(brünstige) Hündin, die die Hunde anheult.* – مُعَاوِيَةٌ (مُعٰوِيَةٌ, vgl. § 8) n. pr. v.; 3,1 = Muʿāwiya I, d. erste omayyad. Kalif (41/661-60/ 680).

عَيَّ, عَيِيَ (impf. يَعْيَا, يَعَيُّ, vgl. § 258) n. vb. عِيٌّ *d. richtigen Weg, d. richtige Verfahren nicht finden; sich nicht ausdrücken können* 118,15.

عِيدٌ (א) *Fest, Festtag* ‖ عَيْدَانٌ s.u. عود .

عَارٌ *Schande, Schmach.*

عِيسَى (א; angeglichen an den Namen مُوسَى , q.v.) *Jesus.* – auch häufig als n. pr. v. gebraucht; عِيسَى بْنُ عُمَرَ Philologe u. "Koran-Leser", gest. 149/766.

عَاشَ (i) *leben, am Leben sein, ein Leben führen* ‖ عِيشَةٌ n. spec. *Lebensart, Leben* ‖ عَائِشَةُ Lieblingsfrau Muḥammads, Tochter des ʾAbū Bakr ‖ مَعَاشٌ *Leben, Lebensführung* 155,12 u. 14, gew. *Lebensunterhalt.*

عَائِلٌ *arm, bedürftig* ‖ عِيَالٌ s.u. عول .

عين II *individualisieren, spezifizieren, genau bezeichnen* (117,17). – c. عَلَى *d. Augen richten auf, es absehen auf* 7,13 ‖ عَيْنٌ f., pl. عُيُونٌ , أَعْيَانٌ *Auge; Quelle.* – metaphor. *Späher, Kundschafter*; pl. أَعْيَانٌ *hervorragender, bedeutender Mann*; *Essenz, Substanz, Selbst* (178,10), *Individualität* (155, 11 يُسَمِّيهِ بِعَيْنِهِ *er nennt sie in ihrer Individualität* d.h. *er bezeichnet sie genau*). – Name d. Buchstaben ع. ‖ عَيْنُ التَّمْرِ Ortschaft westl. v. Euphrat am Rand d. syr. Wüste ‖ سُفْيَانُ = اِبْنُ عُيَيْنَةَ بْنُ عُيَيْنَةَ (q.v.) ‖ مُعَيَّنٌ *individuell bestimmt.*

غ

غُبَارٌ *Staub.*

غَتَّ (u) *pressen, würgen.*

غَدَرَ (i, u) n. vb. غَدْرٌ *treulos, verräterisch handeln.*

غَدَا (u) *am frühen Morgen gehen, kommen, tun, sein* ‖ غَدٌ *morgiger, folgender Tag, lendemain.* – غَدًا *morgen; künftig einmal* 45,13. – مِنْ غَدٍ , فِى غَدٍ *am folgenden Tage* 153,5; 33,1 ‖ غَدَاةٌ *früher Morgen.* – الغَدَاةَ *heute früh* 57,4 (§ 315b) ‖ غُدْوَةٌ *früher Morgen* (180,6: غُدْوَةً *eines frühen Morgens,* غُدْوَةَ *am frühen Morgen eines bestimmten, gegebenen Tages,* event. also auch *heute früh*).

غذّ IV *eilen, Eilmärsche zurücklegen.*

غَرَّ (u) *täuschen, verleiten* (zu falscher Sicherheit, unüberlegten Handlungen u.ä.) ‖ II *sein Leben aufs Spiel setzen* 67,12 (mit Ellipse von gew. dabeistehendem بِنَفْسِهِ) ‖ غِرَّةٌ *Unachtsamkeit, unbewachter Augenblick.*

غَرَبَ (u) *untergehen* (Sonne etc.) ‖ غَرُبَ *fremd sein* ‖ غَرِيبٌ f. ة pl. m. غُرَبَاءُ *fremd, Fremdling* ‖ مَغْرِبٌ (Ausnahme zu § 78a) *Ort d. Sonnenuntergangs, Westen*; المَغْرِبَانِ Sure 55,17 = *d. Ort des Sommer- u. d. Ort des Winter-Sonnenuntergangs* (?). – المَغْرِبُ als n. pr. l. *d. Länder d. Kalifats westl. v. Ägypten*; n. rel. مَغْرِبِىٌّ .

غرق X *in Bewußtlosigkeit versinken* 14,12.

غَرَامٌ *Liebesleidenschaft.*

غَزُرَ (u) n. vb. غَزَارَةٌ *viel, reichlich sein.*

غَزَالٌ *junge Gazelle* (häufig Bild für schöne Mädchen od. Jungen; auf غَزَال gehen zurück span. *gazela,* ital. *gazzella,* deutsch *Gazelle* etc.) ‖ مِغْزَلٌ *Spindel.*

غَزَا (u) c. a. *einen Kriegs-, Beutezug unternehmen gegen* ‖ غَزْوَةٌ (eig. n. vic.) *Kriegszug* (davon *Razzia*) ‖ مَغْزَاةٌ pl. مَغَازٍ id.; المَغَازِى par excellence: *die Kriegszüge des Propheten.*

غَسَّانُ Stamm (urspr. in SA., später in Syrien, das seine Fürsten als Vasallen Ostroms beherrschten).

غَاسِقٌ (*dunkel*, metonym.:) *Nacht.*

غَسَلَ (i) n. vb. غَسْلٌ *waschen* (auch v. bestimmten rituellen Waschungen) ‖ VIII *sich waschen*; *d. große rituelle Waschung* (d.h. eine allgemeine Waschung d. Körpers) *vornehmen* 105,4 ‖ غَسْلَةٌ pl. غَسَلَاتٌ n. vic. I.

غَشِىَ (a) c. a. *bedecken*; *kommen über, zu, nach, sich einlassen auf* (Freveltaten) 44,4. – غُشِىَ عَلَيْهِ n. vb. غُشِىَ *er wurde bewußtlos, ohnmächtig* (§ 199b) ‖ IV c. a. *eine Decke, Hülle breiten über* 53,14.

غصب VIII c. a. p. und أَنْ *zwingen, nötigen* 11,15.

غُصْنٌ pl. غُصُونٌ *Zweig.*

غَضَّ (u) c. a. *niederschlagen, senken* (das Auge, den Blick, aus Schamhaftigkeit u.ä.). – غَضَّ النَّظَرَ عَنْ *er sah hinweg über, ließ unberücksichtigt* 12,17 ‖ IV c. d. a. *veranlassen zu senken* (den Blick) ‖ أَغَضُّ 162,16 elat. zu مُغِضٌّ, falls die Glosse d. Kommentators أى التزوّج richtig ist, andernfalls zu غَاضٌّ .

غَضِبَ (a) n. vb. غَضَبٌ c. عَلَى *zürnen* ‖ III c. a. p. *im Streit sein mit* 87,7.

غطو , غطى II c. a. und بِ *etw. bedecken mit.*

غَفَرَ (i) n. vb. غُفْرَانٌ , مَغْفِرَةٌ c. لِ p. und a. r. *verzeihen, vergeben* ‖ X (c. a. p. et) لِ r. (*jmd.*) *um Verzeihung einer Schuld bitten* ‖ غَفُورٌ *gern verzeihend* (Gott).

غَفَلَ (u) c. عَنْ *vernachlässigen, nicht achten auf* ‖ غَافِلٌ *unachtsam.*

غَلَبَ (i) n. vb. غَلَبَةٌ c. عَلَى *überwinden, d. Oberhand gewinnen über, meistern, sich einer Sache bemächtigen.* – c. a. p. und عَلَى r. *jmdm. etw. entreißen* ‖ غَلَبَةٌ (als subst.) *Sieg* ‖ غَالِبًا *meistens.*

غَلِطَ (a) n. vb. غَلَطٌ *irren, einen Irrtum begehen* ‖ غَلَطٌ (als subst.) *Irrtum.*

غَلُظَ (u) *dick, groß, grob sein.* – c. عَلَى p. *hart, rücksichtslos behandeln* ‖ غَلِيظٌ pl. غِلَاظٌ *grob, rauh* (Stimme). – *streng, hartherzig* 139,11 ‖ مُغَلَّظَةٌ *verschärft* (Blutgeld).

غَلَقَ (i) I, II, am häufigsten IV *verschließen, verriegeln* (Tür u.ä.).

غُلَامٌ pl. غِلْمَانٌ *Junge, Bursche, Sklave.*

غَلَا (u) *hoch sein* (Preis), *teuer sein* (Ware).

غَمَسَ (i) n. vb. غَمْسٌ *eintauchen* (tr.). – غَمَسَ يَدَهُ فِى العَدُوِّ *er stürzte sich unter d. Feinde, in d. Kampf* 56,15.

غَمَضَ (u) *sich verbergen*; *sich schließen* (Auge, 14,5) ‖ II c. a. des Auges etc. (et عَنْ r.) *d. Auge* u.ä. *schließen, verschließen* (*vor*). – absolut (mit Ellipse v. عَيْنَيْهِ) *schlafen* 94,10.

غَمْغَمَةٌ pl. غَمَاغِمُ *Schrei, Kampfschrei* 92,9.

غمى IV أُغْمِىَ عَلَيْهِ *er fiel in Ohnmacht.*

غُنْمٌ *Gewinn* ‖ غَنِيمَةٌ *Kriegsbeute.*

غَنِىَ (a) *frei v. Not, reich sein.* – c. عَنْ *entbehren können* ‖ II *singen* ‖ IV c.

a. p. *frei v. Not, reich machen.* – c. عَنْ p. *jmdm. Genüge leisten, nützen, helfen*; c. عَنْ p. und a. r. *jmdm. helfen gegen, jmd. schützen, bewahren vor* (140,5, شَيْئًا sc. مِنَ العَذَابِ) ‖ غِنًى *Reichtum* ‖ غَنَاءٌ *Genüge, Zulänglichkeit, Können.* – c. عَنْ p. *nutzen für jmd.* 159,6 u. 16 ‖ غِنَاءٌ *Gesang* ‖ غَنِيٌّ pl. أَغْنِيَاءُ *reich* ‖ أُغْنِيَةٌ pl. أَغَانِيُّ, أَغَانٍ (§ 95.1) *Gesang, Melodie* ‖ مُغَنٍّ *Sänger.*

غوث X c. a. p. (et عَلَى) *jmd. um Hilfe bitten, zu Hilfe rufen (gegen)* ‖ غِيَاثٌ *Hilfe.*

غَارَ (u, a) *einfallen, einsinken* (Auge u.ä.) ‖ II id. 9,16 ‖ IV c. عَلَى *überfallen, e. Raubzug machen gegen* ‖ غَوْرٌ *Niederung, Senkung.* – غَوْرُ فِلَسْطِينَ d. Senkung d. Jordantals zwischen d. See Genezareth u. d. Toten Meer ‖ غَارَةٌ *Überfall, Raubzug* ‖ غَائِرٌ *eingefallen, eingesunken* (Auge, u.ä.).

غَوَّاصٌ *Taucher*, bes. *Perlentaucher.*

غُولٌ f. (22,13f.) e. Wüstendämon, d. unter immer wechselnder Gestalt erscheint.

غَايَةٌ *äußerste Grenze, äußerster Grad, d. Äußerste.*

غَابَ (i) n. vb. مَغِيبٌ (c. عَنْ) *abwesend, fern sein, sich entfernen* (*von*), *sich verbergen* (*vor*); *untergehen* (Sonne u.ä.) ‖ غَيْبٌ pl. غُيُوبٌ *Verborgenes, Unsichtbares*; *Übersinnliches, göttliches Geheimnis.* – بِالغَيْبِ 138,2 *hinter seinem Rücken.* – لَحْظُ الغَيْبِ 111,5f. *Blick in d. Zukunft* ‖ غَيَابَةٌ *Grund, Tiefe* (e. Brunnens) ‖ مُغِيبَةٌ *Frau, deren Ehemann abwesend ist* 166,12.

غَاثَ (i) c. a. *mit Regen tränken, mit Regen beschenken.*

غير II *ändern, verändern* ‖ غَيْرٌ (§ 325) *anderer, anderes, andere* (pl.) *als, verschieden von, kein, außer*, (privativ:) *nicht, un-, Un-.* – غَيْرَ (86,8: غَيْرَ فَخْرٍ *das sage ich ohne Prahlerei!*, 150,12), مِنْ غَيْرِ, بِغَيْرِ *ohne.* – لَا غَيْرَ *nicht anders, nichts anderes, nur.* – غَيْرَ أَنَّ *nur daß, jedoch, aber.*

غَاضَ (i) *abnehmen, weniger werden.*

ف

فَ conj. *und, und da, und so, und daher, dann, dann aber, denn* (§ 329 etc.). – nach أَمَّا (q.v.) *so.* – an d. Spitze gewisser Bedingungsnachsätze *so, dann* (§ 447a, 448). – c. subj. *so daß* (§ 410). – pleonast. nach أَ, nach nachdrücklich voraufgestellten Satzteilen (46,18; 57,4; 58,7f.; 124,12f.), gelegentlich in d. Verbindung فَلْ (43,4) ‖ فَإِنَّ gew. *denn*, vereinzelt *und wahrlich, so ... wahrlich, wahrlich* (z.B. 27,15f.).

فَاءٌ Name d. Buchstaben ف u. d. konj. فَ.

فَالُوذَقٌ (گ) süße Speise aus Weizen- od. Kraftmehl u. Honig u. Wasser.

فَإِنَّ s.u. فَ.

فَتِئَ (a) c. neg. seq. a. praed. *nicht aufhören zu sein ...*

فَتَحَ (a) n. vb. فَتْحٌ *öffnen*; *eröffnen, einleiten*; *erobern, einnehmen* (Stadt u.ä.). – c. a. und عَلَى p. *etw.* (e. belagerte

Stadt, e. Land u.ä.) *jmdm. in d. Gewalt geben, jmdm. d. Sieg verleihen über* (v. Gott) 118,1; 89,6. – t. gramm. (*e. Konsonanten*) *mit d. Vokal "a" aussprechen* ‖ VIII *erobern* ‖ X c. عَلَى (mit Ellipse v. اللّٰهَ) *Gott anrufen um Hilfe gegen, um Sieg über* 57,4 ‖ فَتْحٌ (als subst.) pl. فُتُوحٌ *Eroberung, Sieg* ‖ فَتْحَةٌ t. gramm. *d. Vokalzeichen* ـَ ‖ الفَاتِحَةُ (*die Eröffnende*) Name d. 1. Sure ‖ مِفْتَحٌ , مِفْتَاحٌ gew. m., 152,3 aber f., pl. مَفَاتِحُ , مَفَاتِيحُ *Schlüssel.*

فَتَكَ (u, i) c. بِ *ermorden* (*lassen*).

فَتَنَ (i) *Versuchungen, Anfechtungen aussetzen*; *peinigen, martern* ‖ VIII act. od. pass. *Versuchungen ausgesetzt, v. rechten Verhalten abgebracht werden* ‖ فِتْنَةٌ pl. فِتَنٌ *Versuchung, Anfechtung*; *Bürgerkrieg.*

فتو IV c. a. p. und فِي r. *jmdm. Aufschluß geben über* (über d. Bedeutung e. Traumes 137,2 u. 6, sonst gew. über e. Rechtsfrage) ‖ X c. a. p. und فِي r. *jmd. befragen über* (über d. Bedeutung e. Traumes 136,15, sonst gew. über e. Rechtsfrage) ‖ فَتًى pl. فِتْيَانٌ *junger Mann*; *Sklave* 135,17.

فَجْرٌ *Morgendämmerung, Frühlicht.*

فَحْشَاءُ *Schandtat*, bes. *außerehelicher Sex.*

فَحْلٌ *Hengst* (gew. v. Kamel; 18,4 v. Pferd).

فَخِذٌ f. *Oberschenkel.*

فَخَرَ (a) n. vb. فَخْرٌ *sich rühmen, prahlen* ‖ فَخْرٌ (als subst.) *Ruhm, Stolz* ‖ فَخَّارٌ (א) *Tonware.*

فَدَى (i) *loskaufen, auslösen* ‖ VIII c. بِ r. *sich mit etw.* (Vermögen u.ä.) *loskaufen.* – c. مِنْ p. *sich befreien von* 41,11 ‖ فِدًى *Lösegeld* (für e. Person). – جُعِلْتُ فِدَاكَ *möge ich zu deinem Lösegeld gemacht werden!* d.h. *ich möchte mich für dich aufopfern können!* (beliebte Bezeugung großer Ergebenheit) ‖ فِدْيَةٌ *Lösegeld* (für e. Person); *Loskaufen* (v. religiöser Verschuldung, durch e. Vermögens- od. e. rituelle Leistung) 113,15; 142,11; 144,12.

فِرَبْرِيٌّ n. rel. zu فِرَبْرٌ Ortschaft bei Buḫārā.

فُرَاتٌ الفُرَاتُ (Lw. < akk.) *d. Euphrat* ‖ بَادَقْلَى Bezirk d. ʿIrāq.

فَرَجَ (i) *öffnen* (Tür u.ä.) ‖ II *öffnen* (Kleidungsstück, 20,6) ‖ V *sich zerteilen* (Menge, um jmd. durchzulassen) 62,7. – c. فِي *sich erfreuen am Anblick von* ‖ VII *geöffnet, gespalten werden* (Schlachtreihe) 95,7 ‖ فَرْجٌ pl. فُرُوجٌ *Scheide, Vagina* ‖ فَرَجٌ *Leidlosigkeit, Freude.* – أَبُو الفَرَجِ الإِصْفَهَانِيُّ Verfasser d. *Kitāb al-ʾAġānī*, gest. 356/967.

فَرِحَ (a) n. vb. فَرَحٌ *sich freuen*, c. بِ *über.*

فرد V *allein sein*; *nicht seinesgleichen haben* ‖ VII *sich absondern, abseits gehen* ‖ فَرْدٌ *allein*; *einsam* ‖ مُفْرَدٌ t. gramm. *einfach, aus e. einzelnen Wort bestehend* (Ausdruck) 176,9f.; 182,3f. – *im Singular stehend* 172,4ff. ‖ (رَاكِبٌ) مُفْرَدٌ (*e. Kamelreiter,*) *der allein, ohne Gefährten reitet* 67,11.

فَرَسٌ comm., pl. أَفْرَاسٌ *Pferd* (Reitpferd, Schlachtroß; Hengst od. Stute, später gew. v. d. Stute) ‖ فَارِسٌ pl. فُرْسَانٌ *Reiter*, gew. *Reiter zu Pferd.* ‖ فَارِسُ (گ) *Persien; die Perser.* – n. rel. reg.

فَرَاشٌ coll. *Motten.* ‖ فِرَاشٌ pl. فُرُشٌ *Polster, Bett.*

فَرَضَ (i) c. a. r. *festsetzen, beschließen* 144,17. – c. a. r. und لِ p. *jmdm. etw. vorschreiben* 138,15; *jmdm. etw.* (Geld, o.ä.) *anweisen* 150,2 u. 5. – c. a. r. und عَلَى p. *jmdm. etw. auferlegen, zur Pflicht machen* ‖ VIII c. a. r. und عَلَى p. id. ‖ فَرِيضَةٌ *religiöse Pflicht; obligatorisches Gebet* 155,8. – *Vermögensanweisung = Ehegabe* 150,2.

فِرْعَوْنُ (cf. hebr. פרעה) *Pharao.*

فَرَغَ (u) *leer, vakant sein.* – c. مِنْ p. *jmdn. los sein* 51,10. – c. مِنْ r. *fertig sein mit, beendigt haben.* – c. لِ p. *sich jmdm. widmen, sich mit jmd. beschäftigen* (in drohendem Sinne 128,18) ‖ IV *entleeren, ausgießen* (trop. 93,9) ‖ X c. a. *etw.* (e. Schüssel o.ä.) *leeren, sich seinen Inhalt voll aneignen* (ohne anderen davon etw. abzugeben) 158,9 ‖ فَارِغٌ *leer, vakant.*

فرق II c. بَيْنَ *unterscheiden zwischen* ‖ III c. a. *sich trennen, entfernen von* ‖ IV c. مِنْ *sich (einigermaßen) erholen von* (e. Krankheitsanfall) ‖ V *sich verteilen, sich zerstreuen* ‖ فِرْقَةٌ *Teil, Abteilung, Verband; Partei* ‖ فُرْقَانٌ (א) *göttliche Erleuchtung, Offenbarung* ‖ فَرِيقٌ *Partei, Kampfpartei* 92,8 ‖ مُتَفَرِّقٌ *verschieden.*

فَرَّاءٌ *Kürschner.* – الفَرَّاءُ hervorragender kūfischer Philologe, Schüler v. al-Kisāʾī, gest. 207/822.

فرى VIII *erlügen, lügnerisch ersinnen.*

فَزِعَ (a) n. vb. فَزَعٌ *sich fürchten, erschrecken* ‖ IV *schrecken, in Angst versetzen* ‖ فَزِعٌ *erschrocken, bestürzt.*

فسد IV *schlecht handeln; Unheil anrichten.*

فَسَرَ (i), häufiger II (א) *deuten, erklären.*

فَسَقَ (u, i) n. vb. فُسُوقٌ *ungesetzlich, sündhaft, unmoralisch handeln* ‖ فَاسِقٌ pl. فُسَّاقٌ *ruchlos, Frevler.*

فَشَا (u) *sich verbreiten, sich ausbreiten.*

فَصِيحٌ *sprachrein; sprachbegabt* ‖ فَصَاحَةٌ *Sprachreinheit; Sprachgewandtheit.*

فَصَلَ (i) *trennen.* – n. vb. فِصَالٌ *entwöhnen* (e. Säugling) ‖ II *gliedern; geordnet darlegen, deutlich machen* (122,13 u. 15) ‖ VII *sich trennen, getrennt werden* ‖ فَصْلٌ *Abschnitt* ‖ مُنْفَصِلٌ t. gramm. *getrennt, separat* (pron. pers.).

فَضَّ (u) *zersprengen* (feindliches Heer) 81,9.

فَضْلٌ *Überschuß, Überfluß; Vorrang, Vortrefflichkeit* (12,7); *Gnade, Huld* (bes. auch Gottes), c. عَلَى *an, gegen; Güte, Entgegenkommen* 150,7; *Wohltat, Geschenk* 145,3 (d.h. Gewinn durch Handelsgeschäfte während d. Pilgerfahrt) ‖ فَضْلَةٌ *Überbleibsel, Rest* (28,2 مَا فِيَّ فَضْلَةٌ لِذٰلِكَ = *ich kann das nicht mehr leisten*) ‖ فَاضِلٌ *hervorragend.* – أَفْضَلُ elat. ‖ المُفَضَّلُ الضَّبِّىُّ bedeutender kūfischer Philologe, gest. ca. 170/786.

فضو IV c. إِلَى *gelangen zu.*

فَطَرَ (u) *spalten, brechen* ‖ IV *d. Fasten brechen,* d.h. *nach d. Fasten essen u. trinken* ‖ فِطْرٌ (subst. zu أَفْطَرَ) *d. Brechen d. Fastens.* – عِيدُ الفِطْرِ *Fest d. Brechens d. Ramaḍān-Fastens* (am. 1. Šawwāl).

فَطِنَ (a), فَطَنَ (u) *einsehen, merken* ‖ فِطْنَةٌ *Einsicht, Scharfsinn.*

فظّ VIII c. a. der Kamelin *einer Kamelin d. Magen aufschneiden, um d. darin enthaltene Wasser zu gewinnen* 68,5 ‖ فَظٌّ *ungebildet, grob* 11,14.

فَعَلَ (a) *tun, machen, handeln.* – c. بِ *an etw. e. Tätigkeit ausüben.* – c. a. r. und بِ p. *jmdm. etw. antun, erweisen.* – c. a. r. und فِى p. *mit jmd. etw. machen* 58,15; 149,12; 150,14 ‖ فِعْلٌ pl. أَفْعَالٌ *Tat, Handlung.* – t. gramm. *Verb*; *Verbalform* (174,4) ‖ فَاعِلٌ t. gramm. *Aktiv-Subjekt e. Verbalsatzes* ‖ مَفْعُولٌ بِهِ od. (daraus verkürzt) bloßes مَفْعُولٌ t. gramm. *Objekt.* – المَفْعُولُ الَّذِى لَمْ يُسَمَّ فَاعِلُهُ t. gramm. = *d. Passiv-Subjekt e. Verbalsatzes.* – مَفْعُولٌ مَعَهُ t. gramm. = *objektives Komplement d. Begleitung, d. Zusammenseins* (Wright II § 37 Rem. b. = S. 84; Reckendorf AS § 165.11). – مَفْعُولٌ مِنْ أَجْلِهِ t. gramm. *objektives Komplement d. Beweggrundes* (vgl. Wright II § 44d Rem. = S. 122). – المَفْعُولُ المُطْلَقُ t. gramm. "*unmarkiertes*" *Objekt* (d.h. ohne weitere Einschränkung durch بِهِ, مَعَهُ, etc.) = *Inneres Objekt* (§§ 376-377).

أَفْعَى f., pl. أَفَاعٍ *Viper.*

فَقَأَ (a) *ausschlagen* (e. Auge) ‖ V *bersten, platzen.*

فَقَدَ (i) *verloren haben, nicht haben.*

فَقَارٌ coll. *Rückenwirbel* ‖ فَقِيرٌ pl. فُقَرَاءُ *arm.*

فَقِهَ (a) *verstehen.* – فَقِهَ (a), فَقُهَ (u) *Kenntnis,* bes. *Rechtskenntnis haben* ‖ II c. a. p. und فِى r. *jmd. unterrichten in* 44,8 ‖ فَقِيهٌ pl. فُقَهَاءُ *Rechtsgelehrter* (*u. Theologe*).

فَكَّ (u) *brechen, lösen* ‖ VII c. neg., seq. a. praed. *nicht aufhören zu sein ...*

فَكَرَ (u, i) I, II, IV, V, VIII *nachdenken, nachsinnen, sich Gedanken machen,* c. فِى *über* ‖ فِكْرَةٌ pl. فِكَرٌ *Nachdenken, Gedanke, Versunkensein in Gedanken* 32,2 (c. فِى *an*), *Bedenken* 3,14.

فَاكِهَةٌ coll. *Früchte.*

فلت IV *entrinnen, entkommen.*

فلح IV *gedeihen, Glück haben, glücklich werden.*

فَالُوذَقْ s. Buchstabenfolge.

فِلَسْطِينُ *Palästina.*

فَلَقَ (i) *spalten*; *anbrechen lassen* (den Morgen) 122,10 ‖ فَلَقٌ *Tagesanbruch, Frühlicht.*

فُلَانٌ (א) *der u. der, N. N.* (vertritt wirklich genannte Namen).

فَلًا n. un. فَلَاةٌ *wasserlose Wüsten.*

فَمٌ, st. constr. dazu auch فُو (§ 72b), *Mund, Maul.*

فَنٌّ pl. فُنُونٌ, أَفْنَانٌ *Sorte, Art*; *wissenschaftliche Disziplin* ‖ فَنَنٌ pl. أَفْنَانٌ *Zweig* (so wohl 129,15).

فَنِيَ (a) n. vb. فَنَاءٌ *vergehen, e. Ende nehmen* ‖ فِنَاءٌ *Außenhof, freier Platz vor* od. *neben e. Haus.*

فَهِمَ (a) n. vb. فَهْمٌ c. a. r. *verstehen, begreifen, einsehen* ‖ II c. d. a. *verstehen lehren, unterrichten in* ‖ IV c. d. a. *erkennen lassen, zu verstehen geben* ‖ فَهْمٌ (als subst.) *Einsicht, Intelligenz.* ‖ فَهْمٌ = فَهْمُ بْنُ عَمْرٍو Stamm (NA.). – n. rel. reg. ‖ فَهِمٌ *rasch v. Verstand, v. Einsicht.*

فُو s. فَمٌ.

فَاتَ (u) n. vb. فَوَاتٌ c. a. p. *entgehen.* – c. مِنْ يَدِ seq. gen. *nicht in d. Besitz einer Sache gelangen* 11,11.

فوز II *durch d. Wüste, in der Wüste reisen* ‖ مَفَازَةٌ *Wüste.*

فوض II c. إِلَى p. und a. r. od. أَنْ *jmd. betrauen mit.*

فوق IV *sich erholen, zu sich kommen* 36,3 ‖ فَوْقَ praep. *oberhalb, über.* – مِنْ فَوْقِ id.; *von oberhalb.*

فِي praep. *in, an, auf, bei; unter, in Begleitung von, mit* (66,5; 80,4 u.ö.); *betreffs, mit Bezug auf, über; handelnd von,* auch *bestehend aus* (in Büchertiteln); *um ... willen, wegen* (28,16; 75,3 u.ö.); *gemäß* (75,3 فِيمَا = *à ce que*). – هَلْ لَكَ فِي *hast du Lust zu ...? möchtest du ...? willst du ...?* – الأَمْرُ مَا فِيهِ هٰذَا 92,15 *so geht d. Sache nicht.*

فَاءَ (i) *zurückkehren* (147,12 zum ehelichen Verkehr mit d. Ehefrau, trotz geschworenen Enthaltsamkeitsgelübdes). – *v. Westen nach Osten wechseln* (v. Schatten) 28,10 ‖ VI *v. einander ablassen* (Kämpfende) 83,17 ‖ فَيْءٌ *(Nachmittags-)Schatten.*

فيد IV *nützen.* – t. gramm. *e. vollständigen, abgeschlossenen Sinn geben.* – c. a. r. *lehren.*

فيض IV *sich ergießen; d. Laufprozession machen* 145,3.

فِيلٌ (گ) pl. فِيَلَةٌ *Elefant.* – عَامُ الفِيلِ d. Jahr, in dem Abraha, d. äthiopische Vasallenfürst v. Jemen, mit e. Heer, in dem sich e. Elefant befand, e. Kriegszug gegen Mekka unternahm (von d. musl. Tradition gew. mit d. Geburtsjahr Muḥammads – ca. 570 n. Chr. – identifiziert, in Wirklichkeit aber ca. 20 Jahre früher anzusetzen).

ق

قَاسَانِيٌّ (auch قَاشَانِيٌّ ausgesprochen) n. rel. zu قَاسَانُ (قَاشَانُ), pers. Stadt in d. Nähe v. Isfahan.

قَانُونٌ (Lw. < gr. κανών) pl. قَوَانِينُ *Kanon, Satzung.*

قَبُحَ (u) *häßlich sein* (physisch od. moralisch) ‖ قَبِيحٌ *häßlich; unmoralisch.*

قَبْرٌ pl. قُبُورٌ *Grab* ‖ مَقْبَرَةٌ pl. مَقَابِرُ *Grabstelle; Begräbnisplatz, Friedhof.* – das n. rel. مَقْبَرِيٌّ *(Friedhofswärter; Totengräber)* steht als cogn. v.

قبس VIII *Feuer entnehmen, zu entnehmen suchen* (v. Feuer eines anderen); trop. *Wissen erwerben, zu erwerben suchen* (v. Wissen eines anderen).

قَبَضَ (i) c. a. od. عَلَى *ergreifen, nehmen; festnehmen.* – قَبَضَهُ اللّٰهُ = *Gott ließ ihn sterben*; قُبِضَ = *er starb.*

القُبُقْلَارُ od. القُبِقْلَارُ (η) 71,3ff., Titel, mit dem wohl Sergius, Gouverneur v. Caesarea, gemeint ist.

قَبِلَ (a) n. vb. قَبُولٌ c. a. *annehmen, hinnehmen; günstig aufnehmen* 32,12. – c. a. p. und فِي *aufnehmen in, zulassen zu* 11,7. – c. مِنْ p. *sich jmds. Gebot unterwerfen* 77,15 ‖ II *küssen* ‖ III c. a. *e. Sache gerade gegenüber sein*; – c. a. (et بِ od. عَلَى) *kollationieren* (e. Buch *mit*) ‖ IV *sich nach vorne wenden* (opp. أَدْبَرَ, 56,8); *herankommen, näherkommen*. – c. إِلَى *gehen, kommen zu*. – c. عَلَى p. *sich jmdm. zuwenden, sich an ihn wenden*. – c. impf. *anfangen etw. zu tun* ‖ X c. a. *sich mit d. Gesicht nach etw. hinwenden* ‖ قَبْلُ adv. *vorher, früher*. – مِنْ قَبْلُ id. ‖ قَبْلَ praep. *vor* (zeitlich). – مِنْ قَبْلِ id. – قَبْلَ أَنْ conj. *bevor* ‖ قُبْلٌ *Vorderteil*; مِنْ قُبُلٍ *vorne* ‖ قِبَلَ praep. *in Gegenwart von, vor* (*coram*), *bei* (*apud, penes*); *in der Richtung von* (60,1 u. 2; قِبَلَ وَجْهِهِ = *geradeaus*), *nach ... hin*. – مِنْ قِبَلِ *von seiten, von ... her, von* ‖ قِبْلَةٌ *Gebetsrichtung d. Muslime* (stets nach d. Moschee v. Mekka hin) ‖ قُبَيْلَ dim. v. قَبْلَ (q.v.) *kurz vor* ‖ قَبِيلَةٌ pl. قَبَائِلُ *Stamm, Geschlecht* ‖ العَامُ المُقْبِلُ *d. nächste Jahr*.

قَبَاءٌ (گ) *Männerrock* (vorne offen od. zu öffnen) 20,6.

قَتَادَةُ (d.h. قَتَادَةُ بْنُ دِعَامَةَ bedeutender baṣrischer Überlieferer, gest. 117/735.)

قتر IV *sich in ärmlichen Verhältnissen befinden*.

قَتَلَ (u) n. vb. قَتْلٌ *töten, umbringen; hinrichten* (1,5 u.ö.). – قُتِلَ Verwünschungsformel; antiphrastisch: Ausruf d. Bewunderung, d. Erstaunens (125,5 eines ironischen Erstaunens) ‖ III c. a. *bekämpfen, kämpfen mit*. – قَاتَلَهُ اللّٰهُ (o.ä.) Verwünschungsformel; antiphrastisch: Ausruf d. Bewunderung, d. Erstaunens (4,12; 17,6) ‖ VIII *miteinander kämpfen* ‖ قَتِيلٌ pl. قَتْلَى *getötet* (قَتَلْتُمْ قَتِيلًا 61,3 paronomastisch statt قَتَلْتُمْ رَجُلًا) ‖ مُقَاتِلَةٌ coll. *Krieger, streitbare Mannschaft*.

قحم VIII c. a. *sich stürzen in, hinabspringen in*. – اِقْتَحَمَتْهُ عَيْنُهُ *er blickte ihn mit Verachtung an* 120,12.

قَدْ part. (§ 189). – steht gern auch vor d. pf., wenn dieses e. im gegenwärtigen Moment abgeschlossene Handlung ausdrückt (z.B. 76,11f.).

قَدَّ (u) *d. Länge nach zerschneiden, zerreißen*.

قِدْحٌ *Pfeilschaft* ‖ قَدَحٌ *Trinknapf, Trinkschale*.

قَدَرَ (u, i) *beschließen, bestimmen* (v. Gott) 155,13 u. 16; 158,6. ‖ قَدَرَ (i) *Kraft, Macht, Können besitzen* 155,9. – c. عَلَى *Macht haben über, e. Sache mächtig, ihr gewachsen sein*; c. عَلَى od. أَنْ *imstande sein zu, können, vermögen* ‖ II *nachdenken, überlegen*. – *bestimmen, anordnen, prädestinieren* (v. Gott). – t. gramm. c. a. und بِ, od. c. لِ und a. *zu e. Ausdruck* (a. od. لِ) *e. anderen* (بِ od. a.) *als implizit, virtuell vorhanden hinzudenken*; تَقْدِيرًا *implizit, virtuell* 171,12 ‖ X c. a.

Gottes *Gott um Kraft, Können bitten* od. vielleicht besser *Gott bitten, für ihn* (den Bittenden, *Gutes*) *zu bestimmen* 155,8 ‖ قَدْرٌ , قَدَرٌ , pl. أَقْدَارٌ *Quantität, Maß* 12,5; *Ansehen, Rang* 112,4; *göttlicher Beschluß* 124,6f. (als لَيْلَةُ القَدْرِ feiern d. Muslime eine v. d. fünf letzten Nächten d. Ramaḍān v. ungerader Zahl), *göttliche Vorherbestimmung, Prädestination* 156,17 (قَدَرٌ مَقْدُورٌ 158,6 *beschlossener* d.h. *unabänderlich feststehender Beschluß*). – عَلَى قَدْرِ *gemäß* ‖ قُدْرَةٌ *Macht, Kraft besitzend*. – c. عَلَى *e. Sache mächtig* ‖ قَادِرٌ id. ‖ مِقْدَارٌ *Maß*; *Raum-, u. Zeitbereich*; *Entfernung*.

قُدَيْسٌ Ortschaft bei Qādisīya ‖ قُدُّوسٌ (א) *hochheilig*. – القُدُّوسُ Beiname Gottes ‖ قَادِسٌ 86,11 poet. Lizenz für القَادِسِيَّةُ ‖ القَادِسِيَّةُ Ortschaft unweit Kūfa, berühmt durch d. Schlacht zwischen Arabern u. Persern 16/637.

قَدِمَ (a) n. vb. قُدُومٌ *ankommen* (bes. zu Hause nach e. Reise). – c. a. od. عَلَى od. إِلَى *gelangen, kommen zu, nach* u.ä. ‖ قَدُمَ (u) *alt sein* ‖ II 1) tr. *vor-, vorangehen lassen*; *vorschicken, schicken* 73,1; *vorausschicken*; *an d. Spitze stellen*; *früher tun* 154,14 (مَا قَدَّمْتُ وَمَا أَخَّرْتُ ist e. meristischer Ausdruck, mit d. Bedeutung: *was ich je begangen habe*). – c. a. und لِ *etw. vorbereiten, bereitstellen für* 137,11; c. لِ allein = *vorsorgen für* 147,6. – 2) intr. *voraufgehen* ‖ IV *vorgehen, vorrücken* (bes. gegen d. Feind) ‖ V *vor-, vorwärts gehen*; *vorauf-, vorangehen* (räumlich u. zeitlich); *e. früheren, älteren Zeit angehören* 99,1 (المُتَقَدِّمُونَ وَالمُتَأَخِّرُونَ Ausdruck per merismum = *alle*; vgl. II) ‖ قَدَمٌ gew. f., pl. أَقْدَامٌ *Fuß* (bes. d. vordere Teil desselben) ‖ قَدِيمٌ *alt* (*antiquus, vetus*); قَدِيمًا *in alter Zeit* 114,5. – أَقْدَمُ elat. 109,10 ‖ قُدَّامَ praep. *vor* (v. Ort) ‖ مُقَدَّمٌ *Präsident, Vorsteher*. – المُقَدَّمُ ذِكْرُهُ *d. Vorerwähnte* ‖ مُقَدِّمَةٌ pl. reg. *Avantgarde*.

قَذَفَ (i) *werfen, wegwerfen*.

قَرَّ (i, 1. p. sg. قَرَرْتُ ; seltener a, 1. p. sg. قَرِرْتُ) *sich niederlassen, sich festsetzen*; *ruhen, verharren* ‖ قَرَّ (a, seltener i) *kalt, kühl sein*. – قَرَّتْ عَيْنُهُ c. بِ = *er freute sich über* ‖ II *ausmachen, verabreden* 100,16 ‖ IV (c. بِ) *sich einverstanden erklären* (*mit*), *sich bekennen* (*zu*), *anerkennen*. – c. لِ p. und بِ r. *jmdm. e. großes Maß, e. hohen Grad v. etw.* (einer geistigen Begabung o.ä.) *zugestehen* 105,1f. ‖ X *verweilen, wohnen, seinen Aufenthaltsort nehmen* ‖ مُسْتَقَرٌّ n. l. *Aufenthaltsort, Ruheplatz* (sc. des Foetus im Mutterleib) 122,15.

قَرَأَ (a; א) n. vb. قِرَاءَةٌ , قُرْآنٌ *hersagen, deklamieren, rezitieren* (bes. mit halbsingender Stimme d. Koran); *lesen* (urspr. laut). – c. عَلَى p. et a. r. *jmdm. etw. rezitieren, vorlesen*; *bei, unter jmdm. etw. studieren* 5,10; 109,16 ‖ IV c. d. a. *rezitieren lehren, lesen lassen* ‖ قَرْءٌ pl. قُرُوءٌ (*Menstruations-*) *Periode* ‖ قِرَاءَةٌ (als subst.) *Lesung, Lesart* (bes. d. Korans) 6,2 ‖ قُرْآنٌ (als subst. (א) *Rezitationsstück*, dann:) *Stück d. Korans*; (*d. ganze*) *Koran* (c. art.).

قَرُبَ (u) *nahe sein, sich nähern*, c. مِنْ ‖ قَرِبَ (a) *sich nähern, sich befassen mit*, c. a. ‖ II c. a. *d. Verständnis e. Sache näher bringen, sie begrifflich erleichtern* 178,1 (تَقْرِيبُهُ hier etwa: *leichter faßlich ausgedrückt*: ...) ‖ III c. a. *nahe kommen an* ‖ قُرْبٌ *Nähe*. – بِالقُرْبِ مِنْ *in d. Nähe von* ‖ قُرْبَى *Verwandtschaft*. – ذُو القُرْبَى *d. Verwandte* ‖ قَرِيبٌ *nahe*, c. مِنْ od. إِلَى. – أَقْرَبُ elat., c. لِ 150,7 ‖ قَرَابَةٌ *Verwandtschaft*.

قرح VIII c. a. r. und عَلَى p. *v. jmd.* (*in unüberlegter, herrischer Weise*) *etw. fordern* 117,17; 118,4.

قُرَيْشٌ Stamm (NA., in Mekka). قُرَشِيٌّ n. rel. (§ 118).

قُرَظِيٌّ n. rel. zu قُرَيْظَةُ (§ 118) jüdischer, v. Muḥammad ausgerotteter Stamm bei Medina.

قَرَعَ (a) c. a. *pochen an, schlagen, stoßen an* ‖ III c. a. p. und عَنْ r. *jmdm. etw. mit Waffengewalt streitig machen* 81, 12 ‖ القَارِعَةُ (*das Anpochende, Erschütternde*?) eine d. rhetorischen Bezeichnungen d. Korans für d. Katastrophe d. jüngsten Gerichts.

قِرَامٌ (א) *Decke, Teppich, Vorhang* 161,4. 10.

قِرْمِزٌ (ind. Lw.) *Kermes* (d. als Farbstoff dienenden getrockneten Weibchen d. Kermesschildlaus, *coccus ilicis*). – n. rel. قِرْمِزِيٌّ *karmesinrot* 12,8.

قَرَنَ (i) *verbinden, zusammenkoppeln* ‖ VIII *sich zusammenketten* ‖ قَرْنٌ *Horn*; *d. zuerst sichtbar werdende Teil d. aufgehenden Sonne* ‖ قِرْنٌ pl. أَقْرَانٌ (*ebenbürtiger*) *Gegner im Kampf*; *Gefährte* 13,6.

قَرْيَةٌ pl. قُرًى *Provinzstadt, Marktflecken*; *Dorf* 107,16.

قِسْطٌ (א) *Richtigkeit, Angemessenheit*.

القُسْطَنْطِينِيَّةُ *Konstantinopel* (*Istanbul*).

قَسَمَ (i) *teilen, verteilen*. – c. لِ p. und فِي r. *jmdm. e. Anteil an etw. geben* 163,17 ‖ III c. d. a. *mit jmdm. etw. teilen* 75,10; 76,1 ‖ IV *schwören*, c. بِ *bei*. – c. عَلَى p. und إِلَّا seq. pf. *jmd. beschwören etw. zu tun* 26,15 ‖ X *bei d. Gottheit e. Orakel suchen, losen* ‖ قِسْمٌ pl. أَقْسَامٌ *Teil*; *Abteilung, Art* ‖ قَسَمٌ *Schwur* ‖ القَاسِمُ n. pr. v. – أَبُو القَاسِمِ Kunya (s. كُنْيَةٌ) Muḥammads.

قشع IV *sich zerstreuen* 101,16.

قَصَّ (u) n. vb. قَصَصٌ c. (a. r. et) عَلَى p. *jmdm.* (*etw.*) *erzählen, mitteilen* ‖ III c. a. p. *an jmd.* (*Wieder-*)*Vergeltung üben* ‖ قَصَصٌ (als subst.) coll. *Geschichten* 132,5 ‖ قِصَاصٌ (urspr. n. vb. III) (*genaue*) (*Wieder-*)*Vergeltung, talio* (قِصَاصٌ 144,4: ... *unterliegen der* (*Wieder-*)*Vergeltung*).

قَصَبٌ coll. *Rohre*. – n. un. ة *Rohr*; *Schacht* (e. Brunnens) 23,2.

قَصَدَ (i) c. a. *geradewegs losgehen auf, erstreben*; *aufsuchen, sich begeben zu*; *ins Auge fassen, meinen* ‖ قَصِيدَةٌ pl. قَصَائِدُ *Gedicht, d. arabische Gedichtform Qaṣīda*. ‖ مَقْصُودٌ *in seiner*

Besonderheit gemeint, ungefähr = *individuell bestimmt* 182,3-5.

قَصُرَ (u) *kurz sein* ‖ قَصَرَ (u, i) *kürzen*. – (u) *beschränken*; *zurückhalten* (schamhaft d. Blick 130,2); *zurück-, unter Aufsicht halten* (e. Mädchen 130,12) ‖ II *unzulänglich, minderwertig sein* 104,7 ‖ قَصْرٌ (Lw. < lat. castrum) pl. قُصُورٌ *Burg, Kastell* ‖ قَصِيرٌ *kurz, klein* ‖ مَقْصُورٌ pl. مَقَاصِيرُ *Zimmer, Kabinett* (bes. in e. Harem).

قَصَفَ (i) n. vb. قَصْفٌ c. a. p. *bedrängen, hart zusetzen* 85,13.

قَصَا (u) *entfernt sein* ‖ قُصَيُّ بْنُ كِلَابٍ altes Stammesoberhaupt d. Qurayš, angeblich einer d. Ahnen Muḥammads ‖ أَقْصَى elat. *entferntest*; (substantiv.) *entferntester Teil*.

قُضَاعَةُ Stamm (SA., später im südl. Palästina).

قَضَى (i) c. a. *abmachen, beendigen*; *ausführen*; *verrichten, erfüllen* (Anliegen, Bitte) 11,7; *festsetzen, beschließen, entscheiden* (49,15; قُضِيَ الأَمْرُ 136,15 *entschieden u. erledigt ist d. Sache*); *vorherbestimmen, prädestinieren* (v. Gott). – absolut *richten, als Richter fungieren*. – c. عَلَى p. und بِ r. *gegen jmd. erkennen auf, jmdm. etw.* (*Ungünstiges*) *beimessen* 104,7 ‖ VII *zu Ende gehen, ablaufen, aufhören* ‖ قَضَاءٌ (eig. n. vb.) *göttlicher Ratschluß, Verhängnis*. – قُضِيَ القَضَاءُ *d. göttliche Ratschluß gelangte zur Erfüllung*, d.h. *d. Tod stellte sich nach Gottes Ratschluß ein* ‖ قَاضٍ pl. قُضَاةٌ *Richter*. – قَاضِي القُضَاةِ *Oberrichter*. – القَاضِي الأَكْرَمُ 116,8 Titel.

قَطُّ (meist in negat. Vergangenheitssätzen) *jemals*, c. neg. *niemals, nie*.

قُطْرٌ pl. أَقْطَارٌ *Seite, Außenteil*.

قَطَعَ (a) *schneiden, abschneiden, abhauen, durchschneiden*; *aufgeben* (Hoffnung). – الرَّحِمَ *d. Bande d. Verwandtschaft zerschneiden, gegen d. Gesetze d. Blutsverwandtschaft verstoßen* ‖ II c. a. *sich sehr schneiden in* 135,7 ‖ VII *abgeschnitten, getrennt sein*; *aufhören* ‖ قِطَعٌ 63,15 Nebenform v. قِطْعٌ *Teil, Stück* (*der Nacht*); od. pl. v. قِطْعَةٌ *Stück*? ‖ قَطِيعَةٌ (für قَطِيعَةُ الرَّحِمِ, s. I) *Verfeindung zwischen Verwandten* 168,13 ‖ أَقْطَعُ 57,3 elat. zu قَاطِعٌ (wie die nachfolgende آتَى zu آتٍ).

قَطُوفٌ *kurz im Schritt, langsam*.

قُطُنٌ (Fremdwort) *Baumwolle* (auf قُطُن gehen zurück ital. *cotone*, franz. *coton*, engl. *cotton*, etc.) ‖ قَطَّانٌ *Baumwollfabrikant, -händler*. – القَطَّانُ cogn. v.

قَطًا coll., n. u. قَطَاةٌ *Flughühner* (*pterocles*).

قَعَدَ (u) n. vb. قُعُودٌ *sich setzen, sitzen* ‖ IV c. a. p. *sich setzen, sitzen, verweilen lassen* ‖ ذُو القَعْدَةِ Name d. 11. Monats d. musl. Jahres ‖ قِعْدَةٌ n. spec. – قِعْدَةُ الرَّجُلِ *d. Höhe e. sitzenden Mannes* 68,11 ‖ مَقْعَدٌ *Sitzplatz, Platz* 159,1.

القَعْقَاعُ Gruppenführer u. Dichter, v. Stamme Tamīm.

قَفْرَةٌ *Wüste, Einöde* 101,17.

قِفْطِىٌّ n. rel. zu قِفْط Stadt in Oberägypten (d. alte Koptos). – عَلِىُّ بْنُ يُوسُفَ القِفْطِىُّ 116,9 (oft kurz اِبْنُ القِفْطِىّ genannt) Staatsmann u. großer Gelehrter, gest. 646/1248.

قَفَلَ (u, i) *zurückkehren* (v. d. Reise) ‖ II (*mit e. Vorlegeschloß*) *verschließen* 8,3; 9,4 ‖ قُفْلٌ (א) (*Vorlege-*) *Schloß*; *Riegel*.

قَلَّ (i) *wenig, geringfügig sein* ‖ IV 1) c. مِنْ *wenig machen, es kurz machen mit* 23,4. – 2) c. a. *tragen können* ‖ VI *für geringfügig halten, verachten* 152,10 ‖ قِلَّةٌ *Wenigkeit* ‖ قَلِيلٌ pl. قَلَائِلُ (36,6) *wenig, geringfügig*. – قَلِيلًا قَلِيلًا *allmählich, nach u. nach, peu à peu*.

قَلَبَ (i) *umkehren, wenden*; *umstellen, vertauschen* ‖ V *sich hin- u. herwenden* ‖ VII *zurückkehren* ‖ قَلْبٌ pl. قُلُوبٌ *Herz*; *Kern, Mitte*; *Zentrum e. Heeres, e. Schlachtordnung*.

قَلَعَ (a) *ausreißen*; *aufreißen* (Tür 8,4).

قَلِقَ (a) n. vb. قَلَقٌ *wanken*; *unruhig, schlaflos sein* 15,12.

قَلَمٌ (Lw. < gr. κάλαμος) pl. أَقْلَامٌ *Schreibrohr* (بِالقَلَمِ 41,13 *den Gebrauch d. Schreibrohrs*).

قَلَا (u), قَلَى (i) 1) *rösten, braten*. – 2) *hassen* ‖ مِقْلًى *Pfanne*.

قَمَرٌ *Mond*.

قُمَاشٌ (türk?) *Sachen, Hausrat* 8,1.

قَمِيصٌ (Lw. < lat. *camisia*) e. Art *Hemd* (über d. Hosen getragen).

مِقْنَبٌ pl. مَقَانِبُ *Reiterverband*.

قَنَتَ (u) *gehorsam, unterwürfig sein*.

قَنْطَرَةٌ (Lw. < lat. od. aram.) *Gewölbebrücke, Brücke*.

اِبْنُ قَانِعٍ Traditionsgelehrter u. Annalenverfasser, gest. 351/962.

قِنْوٌ pl. قِنْوَانٌ *Fruchtbüschel* (spec. d. Dattelpalme) ‖ قَنًا coll., n. un. قَنَاةٌ *Rohre* (*arundines*); (*Rohr-*) *Lanzen*. – قَنَاةٌ auch *unterirdischer Kanal, Aquädukt*.

قَهَرَ (a) *bezwingen, überwinden*; *vergewaltigen, bedrücken* ‖ القَاهِرَةُ *Kairo* ‖ القَهَّارُ *d. Allbezwinger*, Beiname Gottes.

قَهْوَةٌ (d. Original v. engl. *coffee*, franz. *café*, deutsch. *Kaffee* etc.) *Wein* (später *Kaffee*).

قَادَ (u) *führen, leiten* (Tiere etc.) ‖ IV c. a. p. (*Wieder-*)*Vergeltung üben lassen, Genugtuung nach d. jus talionis geben* 55,10 ‖ VIII = I ‖ X (*Wieder-*)*Vergeltung üben* 55,11.

قَوْسٌ meist f., pl. قِسِىٌّ *Bogen*.

قَاعَةٌ (*größeres*) *Zimmer, Saal*.

قَالَ (u) *sagen, berichten, erzählen, angeben, dichten, vortragen* (69,9). oft = *ausrufen, fragen, antworten* etc., in Überliefererketten o.ä. oft = ":" (z.B. 40,6; 43,15; 7,8). – قَالُوا u. قِيلَ in Fällen wie 25,1; 28,17; 5,10; 10,10 u.a. *man hat gesagt, erzählt, überliefert*; وَقِيلَ in Fällen wie 21,9; 22,3; 29,3 etc. = *andere aber haben gesagt, erzählt* o.ä. ‖ قَالَ c. بِ r. *bekennen*. – c. لِ p. od. r. und nom. nominis (*inbezug auf jmd. od. etw. sagen ...*, d.h.) *jmd. od. etw. nennen ...* (يُقَالُ لَهُ o.ä. in dieser Anwendung = *namens ...*) ‖ قَوْلٌ (eig. n. vb.) *Rede, Wort, Worte, Ausspruch* (القَوْلُ 52,8 prägnant *d. rechte Wort*; <

gr. λόγος = Definition?) ‖ مَقَالٌ , مَقَالَةٌ id.

قَامَ (u) n. vb. قِيَامٌ *aufstehen, sich erheben, sich aufmachen; sich hinstellen, treten, stehen; eintreten, anheben* (d. Stunde d. Auferstehung 153,7). – قَامَتِ الحَرْبُ عَلَى سَاقٍ = *d. Kampf war heftig* 93,5. – قَامَ قَائِمُ الظَّهِيرَةِ = *d. Sonne stand hoch* 95,6 ‖ قَامَ c. إِلَى *treten, sich begeben zu.* – c. بِ *ausführen, verrichten* (12,2); *Sorge tragen für; führen* (d. Oberbefehl 73,1). – c. لِ *gegen jmd. aufkommen, ihm Widerstand leisten können* (لَمْ تَقُمْ لَهُ قَائِمَةٌ 22,8 *es konnte nichts gegen ihn aufkommen*); aber قُومُوا لِلّٰهِ 150,9: *stehet zu Ehren Gottes od. um. d. Gunst Gottes willen* (sc. im Gebet) ‖ IV 1) tr. *hin-, aufstellen; zurechtmachen, in d. richtige Verfassung bringen, einrichten.* – الحِجَّةَ لِلنَّاسِ = *d. Wallfahrt d. Leute leiten* 74,3. – الحُدُودَ *d. Verordnungen befolgen* 148,9. – الحَقَّ *d. Recht wahren, ihm Genüge tun* 71,16. – الصَّلوٰةَ *d. ṣalāt (das Gebet) nach Vorschrift verrichten* 141,11. – الوَزْنَ = *richtig wägen* 128,2. – 2) intr. *bleiben, verweilen, sich aufhalten* ‖ X *aufrecht stehen; gerade sein; in d. rechten (religiösen) Verfassung sein, das Rechte tun* 127,9 ‖ قَوْمٌ coll. (urspr. vielleicht *waffenfähige Mannschaft*, dann) *Volk, Stammesgefährten, Familienangehörige; Leute; Feinde* 54,12; 94,11 u.ö. ‖ قَامَةٌ *Statur, Wuchs* ‖ قِيمَةٌ *Preis, Wert* ‖ قِيَامَةٌ vgl. § 8) *Auferstehung* ‖ قَيِّمٌ *gerade; richtig; Lei-*

ter, Verwalter ‖ القَيُّومُ (koranisch, im Koran stets in d. Verbindung الحَيُّ القَيُّومُ) *d. Beständige, Ewige*, Beiname Gottes ‖ مَقَامٌ (als n. l.) *Platz, Stelle; Stand, Rang* 14,10, *Machtstellung* (möglicherweise unter Einfluß von südarab. *mqm Macht*) 129,14; *Zustand* 14,18. – (als n. vb.) *Auftreten* (als Redner, fast = *Rede*) 61,3 ‖ مَقَامَةٌ pl. reg. (eig. *Zusammenkunft, Sitzung,* bes. v. Gelehrten u. Literaten; dann darin gehaltener *Vortrag in künstlerischer Form* =) *Maqame* ‖ مُسْتَقِيمٌ *gerade.*

قَوِيَ (a) *stark sein* ‖ II *stärken, ermutigen* ‖ قُوَّةٌ *Stärke, Kraft*, c. عَلَى r. *zu.* – قَوِيٌّ = أَهْلُ القُوَّةِ *d. Kräftigen* 66,5 u. 9f. ‖ pl. أَقْوِيَاءُ *stark, kräftig.*

قيد II *in Fußfesseln legen* ‖ قَيْدٌ pl. قُيُودٌ *Fußfessel.*

قَيْسٌ n. pr. v. – قَيْسُ بْنُ ذَرِيحٍ Dichter d. frühesten Omayyadenzeit. – قَيْسُ بْنُ هُبَيْرَةَ بْنِ عَبْدِ يَغُوثَ d. "Ritter d. Stammes Madḥiǧ", einer d. Verschwörer, die d. jemenitischen Gegenpropheten al-ʾAswad al-ʿAnsī töteten.

قيل X c. a. p. *um Verzeihung bitten* 84,6.

قَيْنٌ pl. قُيُونٌ *Schmied.*

ك

كَ part. (§ 297) *wie, von d. Art von; etwas wie, e. Person wie* ‖ كَأَنَّ (s. § 344) u. كَأَنَّمَا (vor Nominalsätzen mit nom. des sbj. od. vor Verbalsätzen) conj. *als ob.* – كَأَنَّكُمْ بِالعَرَبِ قَدْ وَرَدُوا 81,11 *es ist, als sähet ihr d. Araber schon eingedrungen* ... ‖ كَمَا conj. (gew. mit Verbalsatz, s. § 344) *wie.*

كَئِبَ (a) n. vb. كَآبَةٌ *traurig, unglücklich sein*, c. عَلَى *über* 11,11.

كَابِيَانْ = pers. كَاوِيَانْ, e. Art Patronym. zu كَاوَه (vgl. دِرَفْش).

كَأْسٌ, zuweilen كَاسٌ (א) gew. f., pl. كَاسَاتٌ *(Wein) Becher.*

كَافٌ Name d. Buchstaben ك u. d. Vergleichungspart. ك.

كَأَنَّ u. كَأَنَّمَا s. كَ.

كَبَّ IV *sich herabbeugen.*

كَبِدٌ gew. f. *Leber; Mittelteil d. Kolbens am Bogen.*

كَبُرَ (u) *groß sein; angesehen sein* ‖ كَبِرَ (a) *bejahrt, alt sein* ‖ II n. vb. تَكْبِيرٌ c. a. *ehren, verherrlichen.* – absol. *ausrufen* اللّٰهُ أَكْبَرُ *(Gott ist (unvergleichlich) groß!* vgl. § 125c) ‖ IV *groß, ungewöhnlich, herrlich* od. *schrecklich finden* ‖ X *hochmütig sein, sich benehmen* ‖ كَبِيرٌ *groß, angesehen; schwerwiegend, schlimm.* – أَكْبَرُ elat. ‖ كَابِرٌ *hervorragend, angesehen* ‖ تَكْبِيرَةٌ, pl. reg., n. v. II.

كَبْشٌ *Widder*; trop. *Führer, Fürst.*

كَبَا (u) *vornüber fallen, straucheln.*

كَتَبَ (u) 1) *zusammenbringen, sammeln.* – 2) (א) n. vb. كِتَابٌ, كَتْبٌ *schreiben, nieder-, aufschreiben.* – c. إِلَى p. und بِ r. *jmdm. etw. schriftlich melden, mitteilen.* – c. عَلَى p. und a. r. *jmdm. etw. vorschreiben, auferlegen.* – c. لِ p. und a. r. *jmdm. etw. auf d. Weg e. Verordnung bewilligen* ‖ III c. a. p. *korrespondieren mit* ‖ V *sich sammeln, zusammenschließen* ‖ كِتَابٌ (als subst.; א) pl. كُتُبٌ *Schriftstück; Schrift, Aufschrift; Schreiben, Brief; Urkunde, Akte* 74,14; *Satzung, Vorschrift d. Korans* 149,17; *Buch; Offenbarungsschrift, -buch.* – الكِتَابُ *d. himmlische Buch; d. göttlichen Ratschlüsse* 157,8 u. 11. – أَهْلُ الكِتَابِ *(d. Besitzer d. Offenbarungsschrift,* d.h.) *d. Juden u. d. Christen;* أَهْلُ هٰذَيْنِ الكِتَابَيْنِ 39,4ff. id. ‖ كَتِيبَةٌ pl. كَتَائِبُ *Kriegerverband,* bes. *Reiterverband* ‖ كَاتِبٌ *Schreiber, Sekretär.*

أَكْتَعُ *ganz, all*, gew. assonierende Verstärkung zu أَجْمَعُ.

كَتَفَ (i) c. a. p. *jmdm. d. Hände auf d. Rücken* (eig. *hinter d. Schultern*) *binden* ‖ كَتِفٌ, كِتْفٌ (§ 77) f. *Schulter* ‖ كِتَافٌ *Fessel, mit der d. Hände auf d. Rücken gebunden werden.*

كَتَمَ (u) n. vb. كِتْمَانٌ c. a. r. (et a. p.) *etw. (vor jmd.) geheimhalten, verbergen.*

كَثُرَ (u) *viel sein* od. *werden* ‖ III c. a. *an Zahl wetteifern mit; zu überwinden suchen* 51,5 ‖ IV c. a. *viel machen, oft machen.* – absol. c. عَلَى p. *jmdm. immer wieder Vorwürfe machen* 76,9 ‖ X c. مِنْ r. *etw. in großer Menge beschaffen.* – absol. *nach Gewinn, e. größeren Gegengabe streben* 124,14 ‖ كَثْرَةٌ *Menge* ‖ كَثِيرٌ comm. od. f. ة (vgl. auch § 120.1) *viel, zahlreich, reichlich;* (substantiv.) *großer Teil.* – كَثِيرًا adv. *oft*, كَثِيرًا مَا (vgl. مَا) *gar oft, recht oft.* ‖ أَكْثَرُ elat. *mehr, meist;* (substantiv.) *größter Teil* 7,11.

كَثْفٌ *(starker) Verband* 73,4.

كَدِرَ (a), كَدُرَ (u) *trübe, unklar sein* (Wasser etc.) ‖ II *trüben* ‖ VII *herabschießen* (Vogel), *herunterstürzen* (Gestirne 126,10; od. *trübe, dunkel werden*?).

كَذَا s. ذَا .

كَذَبَ (i) *lügen*; c. a. p. *belügen* ‖ II c. a. p. *als Lügner erklären*. – c. بِ od. a. r. *leugnen, verwerfen* ‖ IV c. a. p. *d. Lüge bezichtigen* ‖ كَذِبٌ (eig. n. vb.) *Lüge* (=*falsch* 133,14).

كَرَّ (u) *zurückkehren; von neuem angreifen* ‖ II n. vb. تَكْرَارٌ *wiederholen*. – c. a. r. und عَلَى p. *jmdm. etw. wiederholt darreichen* 69,13 ‖ V *wiederholt werden*.

كُرْبَةٌ *Kummer, Sorge*.

كُرْسِيٌّ (א) *Sessel, Thronsessel*.

كَرِشٌ , كِرْشٌ f., pl. أَكْرَاشٌ *Magen* (zunächst d. Wiederkäuer).

كَرُمَ (u) n. vb. كَرَامَةٌ *edel, edelmütig sein* ‖ IV c. a. p. *ehren; ehrenvoll, gastfreundlich behandeln* 25,8. – c. a. p. und بِ r. *beehren, begnadigen, beschenken mit* 41,4 ‖ كَرْمٌ coll., n. un. ة *Weinstöcke* ‖ كَرِيمٌ pl. كِرَامٌ *edel, vornehm, großmütig*. – أَكْرَمُ elat. (zu 116,8 vgl. قَاضٍ). – كَرِيمَةٌ pl. كَرَائِمُ *d. beste, kostbarste Teil, d. Auslese* (151,14) ‖ كَرَامَةٌ auch (als quasi-n. vb. zu IV) *Ehrung, Gunstbezeigung* 39,7 u. 14 u.ö. ‖ إِكْرَامٌ 128,15 *Güte*.

كَرِهَ (a) n. vb. كَرَاهِيَةٌ , كُرْهٌ c. a. *nicht gern haben, nicht mögen, Widerwillen haben gegen*. – كُرْهًا (modaler Akk.) *ungern, zwangsweise* ‖ كُرْهٌ 145,13 *unangenehme Sache* ‖ مَكْرَهٌ *widerwärtige Sache, Lage* (s. مَنْشَطٌ).

كَسَبَ (i) c. a. *erwerben, gewinnen; sich befassen mit, tun* 147,10 ‖ VIII *erwerben* كَسْبٌ (eig. n. vb.) *Gewinn, Erwerb*.

كَسَرَ (i) n. vb. كَسْرٌ *brechen, zerbrechen*. t. gramm. (*e. Konsonanten*) *mit d. Vokal "i" aussprechen* ‖ II *brechen, zerbrechen* (intens.). – zu جَمْعُ التَّكْسِيرِ s. جَمْعٌ ‖ VII *zerbrechen* (intr.); *zusammenbrechen; mutlos, energielos werden* 81,2 ‖ كَسْرَةٌ t. gramm. *d. Vokalzeichen* ـِ .

كِسْرَى (گ) n. pr. zweier Sasaniden-Herrscher, d. Ḫusraw I. Anūširwān (531-79) u. d. Ḫusraw II. Aparwīz (590-628); in übertragener Anwendung Titel aller pers. Könige.

كَسَا (u) c. d. a. *jmd. mit etw. bekleiden*. – c. a. p. *mit Kleidern beschenken* 32,4 ‖ كِسْوَةٌ *Kleidung* (149,4); *Kleid* ‖ كِسَاءٌ pl. أَكْسِيَةٌ *Kleid*. – n. rel. كِسَائِيٌّ ; الكِسَائِيُّ berühmter Philologe u. "Koran-Leser", Begründer d. grammat. Schule v. Kūfa, gest. 189/804.

كَشَطَ (i) *wegnehmen, wegziehen, abstreifen* (Decke, Haut u.ä.).

كَشَفَ (i) c. a. *abdecken, wegnehmen; zurückschlagen* (Vorhang) 20,2f.; *in d. Flucht schlagen*. – c. عَنْ *entblößen* ‖ VII *in d. Flucht geschlagen werden, d. Feld räumen*. – c. عَنْ *abziehen von*.

كَعْبٌ m. *Knöchel*. ‖ كَعْبٌ n. pr. v. und n. pr. trib.; بَنُو كَعْبِ بْنِ خُزَاعَةَ Clan (s. خُزَاعَةُ). – n. rel. reg. ‖ الكَعْبَةُ (eig. *d. Würfel*) d. bekannte, schon aus d. vorislamischen Zeit stammende (kubische) Heiligtum in Mekka.

كَعَمَ (a) c. a. des Kamels *d. Maul e. Kamels zusammenschnüren.*

كفّ X c. لِ *umgeben, sich gruppieren um* 58,2 ‖ كَافَّةٌ *Gesamtheit.* – كَافَّةً (modaler Akk.) *insgesamt* 38,8.

كُفُوٌّ *gleich, ebenbürtig.*

كَفَرَ (u) n. vb. كُفْرٌ c. بِ *nicht glauben an.* – absol. *ungläubig sein* ‖ II *sühnen.* – c. a. des Vergehens und عَنْ p. *jmdm. e. Sünde vergeben* (Gott) ‖ كُفْرٌ (als subst.) *Unglauben* ‖ كَافِرٌ pl. كَافِرُونَ , كُفَّارٌ *ungläubig, Ungläubiger.*

كَفَى (i) *genügen; alles Erforderliche leisten, Hilfe gewähren* 78,17. – c. a. p. *jmdm. genügen; an jmds. Stelle e. Sache abmachen, jmdm. zu Gefallen e. Geschäft verrichten.* – كَفَى حَزَنًا أَنْ *Grund genug zur Trauer ist es, daß ...* (84,13).

كِلَا f. كِلْتَا (gew. c. gen. du.) *beide, jeder v. beiden.*

كُلٌّ (§ 136) *Gesamtheit, alle, alles, ganz.* – vor indeterm. Subst. *jeder; jede Art von* 169,17.‖ كُلَّمَا (§§ 344, 463) *jedesmal wenn, so oft als* ‖ كَلَالَةٌ *Seitenverwandtschaft, -verwandte.*

كَلَّا part. *mitnichten, nein!*

كَلْبٌ pl. كِلَابٌ *Hund* (dient bei d. Muslimen häufig als Schimpfwort, weil ihnen d. Hund als sehr unrein gilt). – n. pr. trib. (SA., später in Syrien u. d. syr. Wüste) ‖ كَلْبَةٌ *Hündin.*

كلم II c. a. p. *jmd. anreden, d. Wort an jmd. richten, mit jmd. reden* ‖ V *d. Wort nehmen, reden, sprechen.* – c. بِ od. a. r. *etw. reden, sagen.* – c. عَلَى r. *erörtern* 111,11. – c. فِي *reden über* ‖ كَلِمٌ coll., n. un. كَلِمَةٌ , pl. reg. *Worte*; t. gramm. *Wörter* ‖ كَلَامٌ *Rede, Worte; Redeweise, Sprache*; t. gramm. *Satz.*

كَمْ (< كَمَا , s. § 287) part. int. *wieviel?*

كِمٌّ pl. أَكْمَامٌ *Blütenhülle* (bes. d. Palme).

كَمَا s. كَ .

كَمْأَةٌ coll. *Trüffel.*

كُمَيْتٌ (Lw.?) comm. *braunrot, kastanienbraun* (bes. v. Pferd u. v. Wein).

كَمَلَ (u) n. vb. كَمَالٌ *vollkommen, vollständig sein* od. *werden, sich vollenden, seinen Abschluß finden* ‖ IV *vollenden, vollzählig, voll machen.* – الإِكْمَالُ 106,7 s.u. مَاكُولًا ‖ VI *zur Vollendung, Reife gelangen* ‖ كَامِلٌ *vollkommen, vollständig.* – الكَامِلُ poet. Metrum.

كَنَّ (u) c. a. *bedecken, Deckung gewähren* ‖ IV *verbergen, geheim halten* ‖ كِنَانَةُ Stamm (NA.). – n. rel. كِنَانِيٌّ .

كِنْدَةُ Stamm (SA.); 93,3 dafür الكُنُودُ .

كَنَسَ (i) *sein Versteck, sein Lager aufsuchen* (Wild); trop. *sich verbergen* d.h. *untergehen* (Gestirne 127,2; كُنَّسٌ ist pl. zu كَانِسٌ).

كنف VIII *auf beiden Seiten einschließen.*

كُنْيَةٌ (eig. *Metonymie*) *Ehrenname gebildet aus d. Namen d. Sohnes u. vorgesetzten* أَبُو od. أُمُّ (vgl. Wright I § 191 Rem. b. (6) = S. 107f.).

كَادَ (a; 1. p. sg. كِدْتُ) *nahe daran sein ...*; c. impf. *fast hätte er ...* (vgl. Wright II § 42g).

كور II *wickeln, zusammenwickeln; zusammenpacken.*

الكُوفَةُ bekannte Stadt im ʿIrāq.

كَوْكَبٌ pl. كَوَاكِبُ *Stern.*

كَانَ (u) n. vb. كَوْنٌ *sein, existieren, eintreten, geschehen, stattfinden.* – مَا يَكُونُ etc. nach Superlativen u. verwandten Ausdrücken (101,17; 114,1) hat steigernde Kraft. – c. pf. vgl. § 191. – c. impf. vgl. § 192. – c. a. praed. *etw. sein* (so auch 49,8. – vgl. § 382). – c. عَلَى p. und بِ r. *d. Verantwortung für d. Zustand, d. Tun jmds. übernehmen* 48,1. – c. لِ p. od. r. *gehören* (Ausdruck für d. deutsche *haben*); c. لِ r. 81,9 *d. rechte Mann für etw. sein* (كَانَ in dieser Anwendung häufig im präs. Sinne). – c. لِ p. und عَلَى alt. vgl. لِ 1). – c. مِنْ *gehören zu.* – مَا كَانَ od. لَمْ يَكُنْ seq. لِ c. subj. *er ist* od. *war nicht d. Mann dazu, er ist* od. *war unfähig, zu ...* – مَا كَانَ لَهُ seq. أَنْ c. subj. *es ist* od. *war ihm unmöglich, zu ..., er ist* od. *war außer Stande, zu ...* ‖ كَوْنٌ (als subst.) *Ereignis; schlimmes Ereignis* 81,9 ‖ مَكَانٌ pl. أَمْكِنَةٌ, أَمَاكِنُ *Ort, Stelle; Stelle in Büchern; Stellung; Rang; Lage, Verhältnisse, Umstände.* – مَكَانَهُ (a. loci) *sofort.*

كَيْ, لِكَيْ conj. *damit, auf daß* (§§ 196b, 345, 438).

كَادَ (i) n. vb. كَيْدٌ, مَكِيدَةٌ c. a. p. *täuschen, überlisten.* – c. لِ p. *jmdm. Nachstellungen bereiten, auf jmds. Verderben sinnen* ‖ كَيْدٌ (als subst.) *Täuschung, Betrug; Verschlagenheit; listiger Anschlag* ‖ أَكْيَدُ elat. *listiger, listigst* ‖ مَكِيدَةٌ (als subst.) *List, kluges Verhalten, Stratagem.*

كِيسٌ (Lw. < sum.) *Geldbeutel.*

كَاعَ (i, a) *ängstlich zurückweichen* 98,3.

كَيْفَ part. *wie* (fragend u. 125,5 – ausrufend). ‖ conj. *wie auch immer* (§§ 288, 289). – كَيْفَمَا id.

ل

لَ part. der Bekräftigung *wahrlich, gewiß.* Vgl. § 334; es leitet auch gern d. Nachsatz nach لَوْ (§ 447b) u. nach لَئِنْ ein.

لِ 1) praep. (den Dativ umschreibende Präposition, bes. gern in Verbindung mit Ausdrücken günstiger Bedeutung. – § 295c) *zu, gegen; für, zugunsten; wegen, um – willen, infolge von* (Zweck u. Grund; لَهُمَا 23,2 *um ihnen e. Hinterhalt zu legen* o.ä.); *von, mit Bezug auf* (nach d. Verben d. Sagens, 159,14 u. vgl. قَالَ); *unter Bezugnahme auf, gemäß* (لِلنَّسَبِ 34,10); in Zeitangaben: *zu d. Zeitpunkt von* (so bes. gern bei Monatsdaten, vgl. § 295.1); *nach* (d.h. *als um waren*); seltener *innerhalb* (105,6); bezeichnet d. Besitzer e. Sache, d. Verfasser e. Werkes, d. Erzeuger od. die Erzeugerin e. Person (37,5 u.ö.; أَخُوهُ لِأَبِيهِ وَأُمِّهِ 70,13f. *sein Bruder väterlicher- u. mütterlicherseits*); umschreibt in gewissen Fällen d. Genitiv (§ 295b) u. d. Akkusativ (§ 295a). – لِلّٰهِ شَيْءٌ s. إِلٰهٌ. – لِي أَنْ seq. subj. *ich habe d. Recht, zu ...* 168,16. – (كَانَ) لِي عَلَيْهِ مَالٌ *er schul-*

det(e) mir e. Betrag; لِلّٰهِ عَلَيَّ أَنْ *ich gelobe bei Gott, zu* ... 84,9. – هَلْ لَكَ فِي (84,8 إِلَى statt فِي) *möchtest du ...? willst du ...? hast du Lust zu ...?* – 2) conj. a) c. subj. *damit, auf, daß* (§ 345; = لَامُ كَيْ). – nach مَا كَانَ u. لَمْ يَكُنْ (= لَامُ الْجُحُودِ): s. كَانَ. ‖ b) c. apoc. (= لَامُ الْأَمْرِ وَالدُّعَاءِ) Exponent e. Befehls (e. Aufforderung) od. e. Bitte (§ 195; لْ statt dieses لِ gelegentlich auch nach ثُمَّ, 155,8). ‖ لِأَنْ conj. *damit*; لِئَلَّا (لِأَنْ + لَا) *damit nicht* (§ 438). ‖ لِأَنَّ conj. (§ 344) *weil*.

لَا part. *nicht*: c. impf.; c. pf.; c. apoc. (لَا فِي النَّهْيِ وَالدُّعَاءِ); c. energ. (§ 318a); c. acc. seines subj. (§ 318c). – *nein*. – لَا ... وَلَا , wenn damit zwei gleichartige Satzglieder negiert werden, oft = *weder ... noch*. – وَلَا verstärkt zuweilen eine voraufgehende Negation (لَا .. وَلَا نُقْطَةٌ وَاحِدَةٌ 12,15f. *auch nicht e. einziger Tropfen*). – لَا أَنْ c. subj. *es empfiehlt sich nicht, daß* 120,8. – "Redundant" in Koran-Stellen wie 127,2 vor أُقْسِمُ (s. Wright II 162 Rem. = S. 305 C) ‖ أَلَا (vgl. أَ) *nonne?* – ist oft zu e. bloßen Interjektion der Hervorhebung grammatikalisiert (58,6 u. 8), bes. gern vor إِنَّ (وَ) . – أَفَلَا (vgl. فَ) *nonne?* ‖ بِلَا praep. (c. gen.) *ohne*.

مَلْأَكٌ (daneben verkürzt مَلَكٌ ; א) pl. مَلَائِكَةٌ *Engel*.

لَاكِنْ , gew. لٰكِنْ (oft mit vorgesetztem وَ) part. *jedoch, aber, sondern*. – لَاكِنَّ , gew. لٰكِنَّ (oft mit vorges. وَ . – §§ 338, 340) id.

لِئَلَّا s. لِ .

لُؤْلُؤٌ coll. *Perlen*.

لَامٌ Name des Buchstabens ل u. d. Partikeln لَ u. لِ . – لَامُ الْأَمْرِ وَالدُّعَاءِ , لَامٌ الْأَلِفُ وَاللَّامُ – .(2 لِ u. لَامُ كَيْ s. u. الْجُحُودِ s. أَلِفٌ .

لِأَنْ s. لِ .

لَئِنْ = لَ + إِنْ 1).

لُبٌّ pl. أَلْبَابٌ *Kern, Mark; Verstand, Einsicht*; ذُو لُبٍّ pl. أُولُو أَلْبَابٍ *einsichtig*.

لَبِثَ (a) *zögern, verweilen*. – لَمْ يَلْبَثْ فُلَانٌ seq. أَنْ od. حَتَّى c. pf. *es dauerte nicht lange, so tat* od. *erlitt jmd. etw*.

لِبْدٌ *Filz* ‖ لِبْدَةٌ (eig. n. un.) pl. لِبَدٌ *Schabracke, Pferdedecke, aus Filz* 94,3.

لِبَاسٌ *Kleidung*; trop. 143,3 (im sexuellen Sinne).

لَبَنٌ *Milch* ‖ لُبْنَى n. pr. mul.

لَجَّ (a, i; 1. p. sg. لَجِجْتُ) *beharren; hartnäckig bleiben* ‖ لَجُوجٌ *eigensinnig*.

لَجَأَ (a) c. إِلَى *seine Zuflucht nehmen zu; Auskunft suchen bei* 108,2 ‖ IV c. a. p. und إِلَى r. *jmd. führen zu, jmdm. etw. eingeben* 17,9.

لحّ IV c. عَلَى p. und فِي r. *jmdm. mit etw. hart zusetzen, beständig in d. Ohren liegen*.

لَحْدٌ *Grab* (genauer *Nische für d. Leichnam in d. Seite d. Grabes*, im Gegensatz zu ضَرِيحٌ , dem einfach senkrechten Grabe).

لَحَظَ (a) n. vb. لَحْظٌ (*von d. Seite*) *ansehen* ‖ III id.; *anblicken, erblicken* 9,7; 89,7; *aufpassen auf* 6,12 ‖ لَحْظٌ 111,5 *Blick* ‖ لَحْظَةٌ (eig. n. vic.) *Augenblick* (= *instant*).

لَحِقَ (a) n. vb. لُحُوقٌ c. a. od. بِ *sich anhängen, anschließen an; einholen*. –

c. a. p. *überkommen, befallen* (Krankheit, Furcht u.ä.). – c. بِ *sich halten zu; sich begeben zu, nach, sich zurückziehen nach* (Heer), *sich vereinigen mit.*

لَحْمٌ pl. لُحُومٌ *Fleisch.*

لِحْيَةٌ *Bart* (auf Backen u. Kinn).

لذّ V *verwirrt hin- u. herlaufen* 91,13.

لدم VIII *ihre Brust schlagen* (Frau bei d. Totenklage).

لَدُنْ praep. *bei.* – conj. c. pf. *seitdem, von d. Augenblick an wo* 83,16.

لَدَى (لَدَا; c. suff. لَدَيَّ, لَدَيْكَ etc., vgl. § 292c) *bei* (*apud, ad*); مَا لَدَيْكَ *dein Zustand, deine geistige Verfassung* o.ä. (77,17).

لَزِمَ (a) n. vb. لُزُومٌ c. a. *hängen, haften bleiben an, anhangen;* (*dauernd*) *bleiben in; sich etw. als Pflicht auferlegen.* – intr. *notwendig sein.* – لُزُومُ مَا لَمْ يَلْزَمْ (so benannt wegen besonderer, an sich unnötiger Finessen d. gewählten Reime) berühmte Gedichtsammlung d. ʾAbū l-ʿAlāʾ al-Maʿarrī, gest. 449/1058 ‖ III c. a. p. *beständig bei jmd., in jmds. Nähe sein.*

لَسَعَ (a) n. vb. لَسْعٌ *stechen* (Skorpion, Hornisse etc.), *beißen* (Schlange).

لِسَانٌ comm. *Zunge; Sprache.*

لِصٌّ, seltener لُصٌّ (Lw. < gr. ληστής) pl. لُصُوصٌ *Dieb, Räuber.*

لَصِقَ (a) c. بِ *hängen an* ‖ III c. a. *angrenzen an, stoßen an.*

لَطَفَ (u) n. vb. لُطْفٌ c. بِ od. لِ *gütig handeln gegen* ‖ لَطُفَ (u) n. vb. لَطَافَةٌ *zierlich, fein sein* ‖ II القَوْلَ لِ *freundliche Worte gebrauchen gegen* 4,16f. ‖ IV c. a. p. *höflich entgegentreten, Aufmerksamkeiten erweisen* 31,9 ‖ V c. حَتَّى seq. pf. *durch geschicktes Verfahren erreichen, daß* 1,6 ‖ لُطْفٌ (als subst.) *Freundlichkeit, gutes Benehmen* ‖ لَطِيفٌ *zierlich; fein, ansprechend, geistreich; gütig.* – اللَّطِيفُ *d. Gütige*, Beiname Gottes. – أَلْطَفُ elat. ‖ لَطَافَةٌ (als subst.) *Feinheit d. Geistes* 15,10; *Gewandtheit* (d. Hand) 12,14.

لَعِبَ (a) n. vb. لَعِبٌ *spielen; scherzen* ‖ III c. a. p. *spielen, scherzen, tändeln mit.*

لَعَلَّ s. عَلَّ.

لَعَنَ (a) n. vb. لَعْنٌ *verfluchen.*

لغو IV *wirkungslos machen*; t. gramm. *ohne Rektion lassen* (einen Satzteil, vgl. عَمِلَ I u. IV) ‖ لَغْوٌ *unüberlegte Worte* 147,10 ‖ لُغَةٌ pl. لُغَاتٌ *Sprache, Dialekt; Redeweise* 114,16; *Lexikographie* (für عِلْمُ اللُّغَةِ) 100,1; 109,16. – n. rel. لُغَوِيٌّ *Lexikograph; Philologe* 109,15.

لَفَّ (u) c. a. und بِ *etw. umwickeln mit, einwickeln in* ‖ II *dicht, fest um-, einwickeln* ‖ لَفِيفٌ *Haufen, Verband* 1,7.

لفت VIII *sich wenden, sich umwenden.* – c. حَوْلَهُ *um sich blicken* 39,18.

لَفَظَ (i) c. بِ *aussprechen, äußern, sagen* ‖ لَفْظٌ pl. أَلْفَاظٌ *Zusammensetzung v. Sprachlauten* 171,4, *Lautgruppe, Lautkomplex; Ausdruck, Wort* (als Lautgruppe betrachtet). – لَفْظًا (modaler Akk.) *dem Lautkomplex, d. Wortlaut nach* ‖ n. rel. لَفْظِيٌّ *den*

(*Wort-)Laut betreffend, dem* (*Wort-*) *Laut nach ausgedrückt*.

لغو IV *finden, antreffen*.

لقب II c. d. a. od. c. a. p. und بِ r. *jmd. benennen, jmdm. e. Beinamen geben* ‖ لَقَبٌ *Beiname* (Unterscheidungs-, Ehren-, Spitzname).

لقط VIII *auflesen, aufheben*.

لَقِيَ (a) n. vb. لِقَاءٌ c. a. p. *begegnen, treffen*; *zusammenstoßen mit* (einem Feind) 80,12. – c. a. r. *erfahren, empfangen, erleiden* ‖ III c. a. p. *begegnen, entgegentreten*; *mit d. Feind zusammenstoßen* 160,10 ‖ IV *werfen, hinwerfen*. – c. a. r. und عَلَى p. *etw.* (e. wissenschaftliche Materie, Frage o.ä.) *jmdm. unterbreiten, vorlegen* 103,14ff. – بِيَدِهِ إِلَى *sich jmdm.* od. *einer Sache übergeben, überliefern* ‖ VIII *sich treffen*; *im Kampf zusammenstoßen* ‖ تِلْقَاءَ praep. *entgegen, gegenüber*.

لٰكِنْ , لٰكِنَّ s. لَاكِنْ , لَاكِنَّ .

لِكَيْ s. كَيْ .

لَمْ (< لَا + مَا) part. *nicht* (§ 319). أَلَمْ (vgl. أَ) *nonne?*

لِمَ für لِمَا s. مَا 1).

لمّ IV c. بِ (*heimlich*) *besuchen, betreten*.

لِمَا s. مَا 1).

لَمَّا conj. 1) c. pf. *nachdem, als*; *da*. – لَمَّا أَنْ c. pf. id. – 2) (< لَمْ + مَا) c. apoc. (§ 319) *nicht*, häufiger *noch nicht*. ‖ أَلَمَّا *nicht? nonne?* gew. *noch nicht?*

لَمَسَ (u, i) c. a. *betasten, tasten nach* ‖ VIII c. a. *suchen*; *bitten um*, c. لِ p. *für, zugunsten von* 6,6. – c. مِنْ p. und a. r. od. أَنْ *jmd. ersuchen um* od. *daß*.

لَمَعَ (a) *schimmern, glänzen, leuchten*. – اللَّامِعُ 111,3 Buchtitel (d. Kommentar hieß auch مُعْجِزُ أَحْمَدَ , s. 111,9-11).

لَنْ (< لَا + أَنْ) conj. (*gewiß*) *nicht* (§ 320).

لَهَبٌ *Flamme*. – أَبُو لَهَبٍ cogn. e. Onkels des Propheten.

لهم IV c. d. a. *inspirieren, eingeben* (v. Gott).

لَهَا (u) *sich vergnügen* ‖ لَهِيَ (a) c. عَنْ *ablenken, abhalten von*.

لَوْ conj. (§ 453ff.) *wenn*; als Wunschpartikel (§ 457) *wenn doch*. – لَوْ أَنَّ (vor Nominalsätzen) id. (156,13 ist es Wunschpart.) ‖ لَوْلَا *wenn nicht*. – لَوْلَا أَنْ (vor Verbalsätzen), لَوْلَا أَنَّ (vor Nominalsätzen) id. ‖ وَلَوْ auch *auch wenn, selbst wenn*.

لَاحَ (u) intr. *scheinen, glänzen*. – tr. *dörren, sengen* ‖ لَوَّاحٌ *dörrend, versengend* 125,9.

لُوطٌ (א) *Lot*.

لَوْلَا s. لَوْ .

لَامَ (u) *tadeln* ‖ لَوْمَةٌ *Tadel* 48,18.

لَوْنٌ pl. أَلْوَانٌ *Farbe*; *Art*.

لَيْتَ part. (§ 341) *o daß doch, möchte doch!*

لَيْثٌ *Löwe*. ‖ n. pr. trib. (NA.). – n. rel. reg.

لَيْسَ (cf. hebr. יֵשׁ u. aram. לֵית ; § 209) *nicht existieren, nicht geben*; *nicht sein*; (als bloßes verstärktes لَا) *nicht*. – c. لِ p. od. r. *nicht gehören* (Ausdruck für d. deutsche *nicht haben*; وَلَيْسَ لَنَا شَيْءٌ 164,11 *und wir hatten kein Vermögen* sc. um heiraten zu können).

لَاقَ (i) c. بِ *passen zu, sich schicken für.*

لَيْلٌ *Nacht* (als allgem. Zeitbegriff, opp. نَهَارٌ), *Nachtzeit.* – لَيْلًا *nachts* ‖ لَيْلَةٌ pl. لَيَالٍ (§ 93.3) (e. einzelne) *Nacht* (als Zeiteinheit, opp. يَوْمٌ); als geograph. Entfernungsmaß = *Nachtreise* (z.B. 67,8 u. 12). – لَيْلَةً *in e. Nacht*; اللَّيْلَةَ *heute Nacht* (§ 315b); لَيْلَتَئِذٍ (eig. *in d. Nacht v. damals*) *in jener Nacht.*

لَانَ (i) *weich, mild sein* ‖ II *weich machen, erweichen.*

م

مَا 1) pron. int. (nach Präpos. verkürzbar zu مَ u. مْ. – §§ 23, 285b) *was?* – مَا لِي (مَا لَكَ etc.) vor asyndet. folgendem Verbum *warum?* 37,9; 133,3. – لِمَ, لِمَا *warum?* – مَا ausrufend in d. Admirativform. مَا أَفْضَلَ زَيْدًا – b) pron. rel. (§ 289) *das, was*; *etwas, was*; *e. Sache, welche*; *solche, die* u.ä. – مَا شَاءَ اللّٰهُ an Stellen wie 17,16; 40,3 u. 17 bezeichnet e. unbestimmte, größere od. kleinere, Zeitdauer, Zahl o.ä. – erstarrt begegnet dieses مَا an d. Spitze vieler Substantiv- (Subjekts-, Objekts- u. Genitiv-)Sätze, bes. gern nach Präpositionen (so auch 132,5), die es in Konjunktionen verwandelt (sogen. Infinitiv-*mā*, § 344); ferner in Wendungen wie كَثِيرًا مَا *gar oft, sehr oft* (49,6; 102,10); s. auch hier c) u. 2) ‖ als pron. rel. indef. (§ 290) *was auch immer, alles was, wenn etwas.* – dafür gern (als Steigerung durch Doppelung) مَهْمَا (< **māmā*). – c) pron. indef. (§ 285c, 290) *irgend ein, ein gewisser*, gew. verstärkende Apposition zu emphatischen Indeterminationen (ist in dieser Anwendung wohl eig. auch erstarrtes Relativ); إِلَى يَوْمٍ مَا 80,17 = *auf absehbare Zeit.* – 2) conj. (eig. auch erstarrtes Relativ) *so lange als* (c. pf. – § 462.2; vgl. دَامَ). – negat.: مَا لَمْ (c. apoc.) *so lange nicht.* – 3) part. *nicht* (§ 321). – *ist nicht* (c. nom. od. بِ praed., im Ḥiğāz [مَا الحِجَازِيَّةُ] unter bestimmten Voraussetzungen c. a. praed. – § 367.1). – *es gibt nicht*; c. لِ Ausdruck für d. deutsche *nicht haben* (vgl. لَيْسَ) ‖ أَمَا (vgl. أَ), أَمْ (vgl. § 23) *nonne?* – wird nicht selten (namentlich vor Schwüren u. Beteuerungen) zur bloßen hervorhebenden Interjektion (163,8; 86,14. – vgl. أَلَا sub لَا).

مِائَةٌ (§ 15.4) *hundert.*

اِبْنُ مَاكُولَا Gelehrter, bes. bekannt als Verfasser d. إِكْمَال (*Vollendung*), e. Werkes über schwierige Eigennamen, gest. ca. 480/1087.

مَتَعَ (a) c. بِ *etw. genießen* ‖ II c. a. p. und بِ r. *jmd. etw. genießen lassen.* – 150,2 c. d. a. *e. Frau bei d. Auflösung der Ehe etw.* (gewissermaßen als Entschädigung u. Abfindung) *zum Geschenk machen* ‖ V c. بِ *genießen, Nießbrauch machen von.* – بِالعُمْرَةِ إِلَى الحَجِّ 144,13 *von der ʿUmra bis zur Verrichtung des Ḥağğ Gebrauch machen*, d.h. bei d. Mekka-Pilgerfahrt, statt sofort für d. ganzen Ḥağğ in den ʾiḥrām (s. حرم IV) mit seinen Entbehrungen einzutreten, zunächst erst noch d. ʿUmra verrichten, um auf diese Weise, nach Erledigung d. ʿUmra, vor d. eigentlichen Ḥağğ erst noch einmal aus d. ʾiḥrām austreten zu können ‖ مُتْعَةٌ *Genuß*; نِكَاحُ المُتْعَةِ od. bloßes المُتْعَةُ (169,15 u. 17) *Genuß-Ehe*, d.h. Ehe auf Zeit mit d. ausschließlichen Zweck d. sexuellen Genusses ‖ مَتَاعٌ *Gegenstand d. Nießbrauches*; *Lebensbedürfnisse*, *Alimentation* 150,3 u. 12 u. 15; *Gepäck*, *Gerät* 133,12; *Ware*.

مَتْنٌ pl. مُتُونٌ *Hälfte*, *Seite d. Rückens*; *Rücken* (bes. v. Tieren); literar. Terminus: *Text* (einer Tradition, im Gegensatz zu ihrer Überliefererkette; eines Buches, im Gegens. zu e. Kommentar od. Glossen dazu, u.ä.).

مَتَى part. int. *wann?* – conj. *wann auch immer*.

مثل VIII c. a. *befolgen* (e. Befehl u.ä.) ‖ مِثْلٌ pl. أَمْثَالٌ (eig. *Gleichheit*; stets c. gen. – §§ 146b, 297c) *gleich wie*; *einer*, *etwas wie*; *dasselbe wie*; *ebensoviel wie* (مِثْلُ ذٰلِكَ 157,4f. *ebenso lange*) ‖ مَثَلٌ pl. أَمْثَالٌ *Ähnlichkeit*; *Gleichnis*, *Parabel*, *Sprichwort*. – مَثَلُهُ كَمَثَلِ *er ist zu vergleichen ...*, *ist wie ...* 78,5f. (ähnlich ibid. 13) ‖ أَمْثَلُ elat. *vorzüglicher*, *besser* ‖ تِمْثَالٌ pl. تَمَاثِيلُ *Bild*, *bildliche Darstellung*.

المَجُوسُ (א) *die Magier*, *die Anhänger d. Mazda-Glaubens*. – n. rel. مَجُوسِيٌّ *ein Magier*. ‖ المَجُوسِيَّةُ *d. Religion d. Magier*; *d. Magiertum* (82,13).

محن VIII c. a. *versuchen*; *quälen*.

مَدَّ (u) *lang ziehen*, *lang strecken*, *ausstrecken*; *ausbreiten* (Schleier, Vorhang); *in d. Länge ziehen*, *dehnen* (Gebet o.ä.). – البَصَرَ c. إِلَى od. لِ *d. Blick richten auf* ‖ IV c. a. p. und بِ der Truppen *jmdm. Truppen zu Hilfe*, *zur Verstärkung schicken* ‖ مُدَّةٌ *Zeitdauer* ‖ مَدَدٌ *Hilfe*, *Verstärkung* (im Krieg), *Hilfstruppen*. – pl. أَمْدَادٌ *Hilfsquellen*, *-truppen* ‖ مَدِيدٌ f. ة *gedehnt*; *schlank*, *hoch* (bes. v. d. Statur u.ä.) ‖ مَادَّةٌ *Hilfsmittel*; (*Wissens-*)*Fonds* 115,3 ‖ مَمْدُودٌ *ausgedehnt*, *groß* (Vermögen).

مَدَحَ (a) *loben*, *preisen*; *in Gedichten feiern*.

مَدِينَةٌ (א) pl. مُدُنٌ , مَدَائِنُ *Stadt* ‖ المَدِينَةُ *Medina*. – n. rel. مَدَنِيٌّ (§ 118), مَدِينِيٌّ ‖ المَدَائِنُ (*d. Städte*) d. Komplex d. alten Residenzstädte zu beiden Seiten d. Tigris, deren wichtigste Ktesiphon u. Seleukia sind.

مُذْ s. مُنْذُ .

مَرَّ (u) c. بِ od. عَلَى *vorbeigehen*, *-kommen an* ‖ مَرَّةٌ (eig. n. vic.) pl. مِرَارٌ *Mal*. – مَرَّةً *einmal*; مِرَارًا *verschiedene Male*, *manchmal*.

اِمْرَأً , اِمْرُؤٌ , c. art. المَرْءُ (§§ 72, 151) *Mann* ‖ اِمْرَأَةٌ , c. art. المَرْأَةُ (§§ 72e, 151) *Frau*; *Ehefrau*.

مَرَجَ (u) *frei weiden lassen*; trop. *frei fließen lassen* 128,10 ‖ مَرْجٌ (א) pl. مُرُوجٌ *Wiesenland*, *Steppe mit Gras-*, *u. Kräuterwuchs*. – مَرْجُ رَاهِطٍ Steppe östl.

v. Damaskus ‖ مَرْجَانٌ (Lw. < gr. μαργαρίτης) *kleinere Perlen (im späteren Sprachgebrauch Korallen)* ‖ مَارِجٌ 128,7 (*eig. unruhig?*) *lodernde Flamme (auch gedeutet als rauchloses Feuer).*

مَرْزَبَانٌ (= pers. *marzbān, eig. Grenzherr*) *Markgraf, Satrap.* – in مَرْزَبَانُ البَابِ 81,8 ist البَابِ (Übersetzung v. pers. *där*) wohl als d. Hauptstadt (Seleukia-Ktesiphon) zu denken.

مَرِضَ (a) n. vb. مَرَضٌ *krank sein od. werden* ‖ مَرَضٌ (als subst.) pl. أَمْرَاضٌ *Krankheit* ‖ مَرِيضٌ pl. مَرْضَى *krank.*

مَرْيَمُ (אׁ) *Maria, d. Mutter Jesu.*

مَزَجَ (u) *mischen,* c. بِ *mit.*

مَسَّ (a; 1. p. sg. مَسِسْتُ) *berühren; schlafen mit (einer Frau).*

مَسَحَ (a) c. عَلَى *mit d. Hand streichen über.*

مَسَدٌ coll. *Fasern, Bast d. Palme.*

مسك IV c. a. *behalten.* – c. عَنْ *sich enthalten; ablassen von* 34,2 ‖ V c. عَلَى p. und بِ r. *jmdm. etw. vorwerfen können* 63,16 (zu d. Form تَمَسَّكُونَ vgl. § 49a) ‖ VI *bei Kräften sein, sich wohl befinden* 36,1 ‖ مِسْكٌ (ind. Lw.) comm. *Moschus.*

مسو IV *in d. Abend eintreten; am Abend werden, sein,* dann überhaupt *werden, sein* (c. a. praed., vgl. § 190.1) ‖ مَسَاءٌ *Abend.*

مشط VIII *sich kämmen, frisieren.*

المَشَانُ *Dorf bei Baṣra;* vgl. 120,1.

مَشَى (i) *gehen, schreiten* ‖ V id.; *langsam gehen.*

مِصْرٌ pl. أَمْصَارٌ *große Stadt, Provinzhauptstadt* 103,5 ‖ مِصْرُ (cf. hebr. מצרים) *Ägypten.*

مَضَغَ (u, a) *kauen* ‖ مُضْغَةٌ *Bissen; kleinere Fleischmasse (dritte Entwicklungsstufe d. Embryo)* 157,5 u. 16.

مَضَى (i) *weggehen, sich davonmachen; vorübergehen (Zeit);* (euphem.) *sterben, dahingehen* 51,1. – c. عَلَى r. *zu Ende führen* 6,2 ‖ IV *vorgehen lassen, vorschicken* 80,13 ‖ مَاضٍ (فِعْلُ) t. gramm. *Perfekt, Präteritum.*

مَطَرٌ *Regen.*

مَعَ praep. *mit, zusammen mit, in Begleitung von; bei, trotz* ‖ مَعًا adv. *zusammen; zugleich.*

مُعَيْدِيٌّ s. u. عَدَّ .

المَعَرَّةُ s. عَرَّ .

مُعْوِيَةُ s. u. عَوَى .

مَكَّةُ *Mekka.* – n. rel. مَكِّيٌّ .

مَكَثَ (u) *verweilen, bleiben.*

مَكْرٌ *List; Nachstellung; üble Nachrede* 135,5.

مَكُنَ (u) *Macht, Einfluß haben* ‖ II c. لِ p. *jmdm. e. feste Position verleihen* ‖ IV *möglich sein,* c. a. p. *jmdm.* – يُمْكِنُ أَنْ *es ist möglich, daß ..., möglicherweise ...* ‖ مَكِينٌ *mächtig, einflußreich, angesehen.*

مَلَّ (a; 1. p. sg. مَلِلْتُ) c. a. e. Sache *überdrüssig sein od. werden* ‖ IV (c. a. p. jmdm.) *Überdruß erregen, (jmdn.) langweilen* ‖ مِلَّةٌ (אׁ) pl. مِلَلٌ *Religion, Ritus.*

مَلَأَ (a) *füllen, anfüllen, ausfüllen, besetzen,* c. d. a. od. c. a. und مِنْ – später auch c. a. und بِ , 11,10 – *etw. mit* ‖

مَلِئَ (a) *voll sein*, c. a. *von* ‖ V *sich satt trinken* 68,2 ‖ VIII *sich füllen, anfüllen* ‖ مَلَأٌ *Ratsversammlung, Versammlung Vornehmer, Vornehme, Mächtige.*

مُلْحَةٌ pl. مُلَحٌ *schönes, reizvolles, Crème* 116,15; meist *witzige, geistreiche Erzählung, Anekdote, Bonmot* u.ä.

مَلَكَ (i) c. a. *in Besitz nehmen, erwerben* (مَا مَلَكَتْ يَمِينُهُ o.ä. = *seine Sklaven* od. *Sklavinnen*); *besitzen, herrschen, König sein über* ‖ IV c. d. a. *jmdm. e. Mädchen* etc. *zur Frau geben* ‖ مُلْكٌ *Herrschaft, Königtum* ‖ مِلْكٌ pl. أَمْلَاكٌ *Besitz* ‖ مَلَكٌ s. لأك ‖ مَلِكٌ pl. مُلُوكٌ *König, Fürst* ‖ مَالِكٌ *Herr, Herrscher* 121,4. – n. pr. v.; مَالِكُ بْنُ أَنَسٍ (dafür oft bloß مَالِكٌ) Begründer d. orthodoxen Gesetzesschule der Mālikiten, gest. 179/795.

ملو IV c. عَلَى p. und a. r. *jmdm. etw. diktieren.*

مِمَّا = مِنْ مَا (§ 45).

مِمَّنْ = مِنْ مَنْ (§ 45).

مَنْ 1) pron. int. (§ 285) *wer, welcher, welche?* – 2) pron. rel. (§ 289) *derjenige, welcher*; *diejenigen, welche*; *einer, welcher*; *e. solcher, welcher* u.ä. – als pron. rel. indef. (§ 425) *wer auch immer, jeder der, wenn einer.*

مِنْ praep. (§ 299). (In – noch mehr od. weniger durchsichtiger – partitiver Anwendung:) *von, gehörend zu, aus d. Zahl ...*; *aus* (Herkunft); *bestehend aus, aus, von* (Stoff, § 299a); *in, unter* (räumlich, 46,13 u. 18; ibid. 11f.: *nimmt unter uns d. euch bekannte Stellung ein*); *in, an, bei* (zeitlich, 154,8; 156,9; 143,7; 87,15; 92,7; 85,14. – *für, auf* 44,17; 45,6). – umschreibt d. Genitiv (z.B. 43,8). – entspricht d. franz. *de* des article partitif (z.B. 132,11; 134,3; 155,9. – s. § 299b); vor indeterm. subj. od. obj. negativer Sätze verstärkt es d. Verneinung (z.B. مَا لِلّٰهِ مِنْ شَرِيكٍ 3,3 *Gott hat keinerlei Gefährten*; مَا مِنْ شَخْصٍ 117,7 *es gibt* [*schlechterdings*] *niemanden* u.a. – s. Wright II § 48 = S. 135f.). – ist (als sogen. "مِنْ der Erklärung") Exponent d. Spezialisierung nach voraufgehenden allgemeineren Begriffen, = *an*; *als, nämlich.* – مِنْهُمْ مَنْ = *einige von ihnen ...*; – مِنْهُمْ مَنْ ... وَمِنْهُمْ مَنْ *d. einen ..., d. anderen ...* (117,9). – مَا هٰذَا الْمَيِّتُ مِنْكَ 2,8 *in welchem Verhältnis steht dieser Tote zu dir?* ‖ (zur Bezeichnung d. Abstandes, d. Trennung, d. räumlichen u. zeitlichen Ausgangspunktes:) *von ... weg, von, aus*; *von ... her, von ... aus*; *von ... an, seit.* – steht nicht nur nach d. Ausdrücken d. Fernseins, sondern durch konträre Analogie auch nach denen d. Naheseins. – nach d. Verben d. Schützens, Verteidigens, Rettens *gegen, vor, von.* – nach Komparativen u. verwandten Ausdrücken *als.* – *durch* (Durchgangspunkt) 14,13; 15,2-4 u.ö. ‖ (kausal:) *aus, infolge von* (1,2; 90,4 u.ö.), *wegen* (124,8) u.ä. ‖ Verbindungen v. مِنْ mit anderen Präpositionen s. unter diesen; zu مِنْ بَيْنِ vgl. auch ظَهْرٌ.

مَنَّ (u) c. عَلَى p. *gütig sein gegen*; *Gnade erweisen, d. Leben schenken* 24,5. – absol. *wohltätig sein.*

مُنْذُ (< مِنْ + ذُو) u. (daraus verkürzt) مُذْ praep. *seit.* – conj. *seit, seitdem.*

مَنَعَ (a) c. a. *abhalten, hindern, verbieten*; *verteidigen, schützen* 61,7f. – c. d. a. *jmdm. etw. verweigern, versagen* 64,17. – c. a. und عَنْ *hindern an, abhalten von.* – c. a. und مِنْ id.; *schützen vor, verteidigen gegen* ‖ VIII *sich abhalten lassen*, c. عَنْ od. مِنْ *von.* ‖ مَنْعَةٌ *Kraft zur Gegenwehr, Stärke.*

مَنَى V *wünschen* ‖ مِنًى m. (auch مِنَى f.) Tal im Osten v. Mekka (Schauplatz d. letzten, vom 10. bis 13. Ḏū l-ḥiǧǧa stattfindenen Zeremonien d. Mekka-Pilgerfahrt) ‖ مَنِيَّةٌ pl. مَنَايَا *Geschick*, bes. *Todesgeschick, Tod.*

مهد II c. a. *bahnen, zurechtmachen, ordnen.* – absol. c. لِ p. *jmdm. e. maßgebende Stellung, hohen Rang* o.ä. *verleihen.*

مَهْرٌ *Brautgeld* (d. alte Kaufpreis d. Braut, der später – allem Anschein nach noch in der vorislamischen Zeit – in e. Morgengabe für sie verwandelt wurde) ‖ مُهْرٌ f. ة *(Pferde-)Fohlen.*

مِهْرَانُ n. pr. pers. – مِهْرَانُ بْنُ بَهْرَامَ الرَّازِىُّ bedeutender Perser aus dem Arsakidengeschlecht, Angehöriger eines d. 7 vornehmsten pers. Familienverbände.

مهل IV c. a. p. *jmdm. e. Frist, e. Aufschub gewähren*; *jmd. in Ruhe lassen.* – intr. *sich Zeit lassen, warten* 166,11 ‖ مَهْلٌ *Gemächlichkeit.* – مَهْلًا (acc. des Ausrufs) *ruhig! sachte!*

مَهْمَا s. مَا 1) b).

مَاءٌ (§ 72a) *Wasser*; *Quelle, Brunnen.* – مَاءُ السَّمَاءِ (*Himmelswasser*) d. gew. Tradition nach Beiname, der die Schönheit d. Mutter Munḏirs III. veranschaulicht (sonst aber immer Bild d. Freigebigkeit u. männl. Beiname: vgl. sub نذر).

مَاتَ (u, dialekt. a; 1. p. sg. مِتُّ, seltener مُتُّ) n. vb. مَوْتٌ *sterben* ‖ IV *sterben lassen* ‖ مَوْتٌ (als subst.) *Tod* ‖ مَيِّتٌ, verkürzt مَيْتٌ, f. ة, pl. m. مَوْتَى, أَمْوَاتٌ *tot*; *im Sterben liegend, d. Tode nahe* 113,8. – مَيْتَةٌ (substantiv) *Aas, gefallene, nicht rituell geschlachtete Tiere* ‖ مَمَاتٌ *Sterbeort.*

مُوسَى (cf. hebr. משה) *Moses.*

مَالٌ pl. أَمْوَالٌ *Vieh-*, bes. *Kamelbesitz*; überhaupt *Besitz, Hab u. Gut, Vermögen.*

ميز II *unterscheiden.* – n. vb. تَمْيِيزٌ t. gramm. *Spezifikation* (§§ 384, 388).

ميط IV *entfernen*, c. عَنْ *von.*

مَالَ (i) *sich neigen, sich zuwenden* ‖ مِيلٌ (ŋ) pl. أَمْيَالٌ *Meile* (4000 Ellen à 24 Finger = 1917,6 m).

مِيمٌ Name d. Buchstaben م.

ن

نَاسٌ s. أنس.

نَأَى (a) *sich entfernen, fern sein.*

نبأ II c. d. a. od. c. a. p. und بِ r. *jmdm. etw. verkündigen, mitteilen, ihm von* etw. Nachricht geben ‖ IV id. ‖ V (neben تَنَبَّأً auch تَنَبَّى) sich für e. Propheten ausgeben ‖ نَبَأٌ pl. أَنْبَاءٌ Kunde, Nachricht ‖ نَبِيٌّ pl. أَنْبِيَاءُ, نَبِيُّونَ Prophet ‖ نُبُوَّةٌ Prophetie, Prophetentum ‖ الْمُتَنَبِّىُّ, daneben الْمُتَنَبِّى, cogn. des großen Dichters أَبُو الطَّيِّبِ أَحْمَدُ بْنُ الْحُسَيْنِ (gest. 354/965), der als junger Mann als Prophet aufgetreten war.

نَبَاتٌ coll. *Pflanzen.*

نُبْذَةٌ pl. نُبَذٌ *kleineres Stück, Spezimen.*

النَّابِغَة *großer vorislam. Dichter.*

نَبْلٌ coll. (*arabische*) *Pfeile.*

نبه VIII *erwachen, aufwachen.*

نَبِيٌّ u. نُبُوَّةٌ s. u. نبأ.

نَتَفَ (i) n. vb. نَتْفٌ *ausrupfen, -zupfen* (Haare u.ä.).

نتل X c. مِنْ *hervorragen aus* 55,6.

نَثَرَ (u, i) *streuen, ausstreuen.*

نَجْدٌ n. pr. *das arab. Hochland.* – n. rel. نَجْدِيٌّ ‖ نَجْدَةٌ pl. san. *Not, schwierige Lage, Unglück.* – أَهْلُ النَّجَدَاتِ = d. *Tapferen, Beherzten.*

نَجَّارٌ (**N**) *Tischler.* – النَّجَّارُ *Zweig d. Stammes* الْخَزْرَجُ (q.v.).

نجز IV c. a. r. *erfüllen* (e. Versprechen o.ä.) ‖ X c. a. r. und مِنْ p. *von jmd. d. Erfüllung* (e. Versprechens o.ä.) *verlangen.*

النَّجَفُ (eig. *d. Damm, d. Deich*) *Lokalität bei Kūfa.*

نَجْمٌ 1) pl. نُجُومٌ *Stern, Sternbild.* – نَجْمُ الدِّينِ *Ehrenname.* – 2) coll. *Pflanzen, Kräuter* 128,1 ‖ مُنَجِّمٌ *Astrologe, Astronom.*

نَجَا (u) *entrinnen, frei werden, sich retten* ‖ II *befreien, retten,* c. مِنْ *von, vor* ‖ IV id.

نَحَرَ (a) c. a. *des Tieres* e. *Tier* (bes. e. Kamel) *d. Kehle abschneiden, es schlachten.* – absol. *Kamele schlachten* (*lassen*), c. لِ *jmdm. zu Ehren* 25,8; 32,7 ‖ نَحْرٌ pl. نُحُورٌ *Kehle; oberer Teil d. Brust.*

نُحَاسٌ pl. نُحُوسٌ *Unglück, Unheil* ‖ *Kupfer* (129,5 *geschmolzenes*).

نَحِيفٌ *hager, mager.*

نَحْلٌ coll., n. un. ة *Bienen.*

نَحْنُ pron. *wir* (§ 264).

نحو V *auf die Seite gehen; sich entfernen, weichen,* c. مِنْ *von* ‖ نَحْوٌ 1) *Richtung; Art, Weise, Modell.* – c. gen. *entsprechend, ähnlich, wie, wie z.B.* نَحْوَ *an Stellen wie* 172,16; 176,4 etc. ("*z.B.:*"), *ungefähr.* – c. مِنْ *ungefähr dasselbe wie; ungefähr.* – نَحْوَ praep. *in der Richtung nach, nach ... hin.* – 2) t. gramm. *Syntax; Grammatik.* – n. rel. نَحْوِيٌّ pl. san., نُحَاةٌ (eig. pl. von نَاحٍ) *Grammatiker, Philologe* ‖ نَاحِيَةٌ pl. نَوَاحٍ *Seite, Richtung.*

نخب VIII *aussuchen, auswählen* ‖ نُخْبَةٌ *ausgewählter Teil, Auslese.*

نَخَسَ (u, a) *leicht stechen* (e. Tier, um es zu reizen od. anzuspornen).

النَّخَعُ *Stamm* (SA.).

نَخْلٌ coll., n. un. ة *Dattelpalmen* (*phoenix dactylifera* L.).

نَخْوَةٌ *Stolz, Hochmut* 58,11.

نَدَبَ (u) *beweinen, beklagen* (e. Toten) ‖ VIII c. إِلَى *sich jmd. präsentieren, sich wenden an.* – c. مَعَ *sich d.*

Truppen jmds. anschließen, sich unter jmds. Befehl stellen 89,17.

نَدَرَ (u) *herausfallen*; *heraustreten* (Auge) 111,2; *allein erscheinen* (vor d. Schlachtreihe); *ungewöhnlich sein* ‖ نَادِرَةٌ pl. نَوَادِرُ (eig. *Seltenheit*) *Spaß, Anekdote*.

نَدِمَ (a) *bereuen*, c. عَلَى *etw.* ‖ VI *zusammen zechen*.

نَدَا (u) c. a. p. *rufen*; *einladen* ‖ III absol. *rufen*; *ausrufen* 96,3. – c. a. p. *jmd. anrufen, jmdm. zurufen* ‖ VI *sich gegenseitig zurufen* ‖ نَدْوَةٌ *Ratsversammlung*. – دَارُ النَّدْوَةِ *Rat-, Gemeindehaus* ‖ مُنَادًى t. gramm. *Nomen im Vokativ*.

نَذَرَ (i, u) *geloben* ‖ نَذِرَ (a) c. بِ p. *vom Tun* (Anschlägen, Vergehen u.ä.) *jmds. Kenntnis erhalten* ‖ IV *warnen* ‖ الْمُنْذِرُ بْنُ مَاءِ السَّمَاءِ (so nach d. gew. Tradition, richtiger aber wohl bloßes الْمُنْذِرُ مَاءُ السَّمَاءِ ; s.v. مَاءٌ) al-Mundir III., Fürst v. al-Ḥīra aus d. Dynastie d. Laḫmiden (regierte etwa 505-554 n.Chr.).

نَزَعَ (i) c. a. *herausziehen* (90,5), *entfernen*; *wegnehmen, nehmen*, c. عَنْ od. مِنْ *von*; *abnehmen, ausziehen* (Panzer o.ä.); *absetzen* (jmd. v. e. Posten). – فِي الْقَوْسِ *d. Bogen spannen* ‖ III c. d. a. *jmdm. etw. zu entreißen suchen, streitig machen* ‖ VIII c. a. r. und مِنْ p. *jmdm. etw. entreißen*.

نزق II *antreiben, anfeuern* (Pferd).

نَزَلَ (i) n. vb. نُزُولٌ , مَنْزَلٌ (44,9) *absteigen*; *herab-, hinab-, hinuntersteigen*; *herabkommen* (v. Himmel) = *geoffenbart werden* (bes. vom Koran u. seinen Teilen); *sich niederlassen, lagern, Wohnung nehmen, wohnen*, c. a. od. بِ loci. – c. بِ p. *bei jmd. absteigen, rasten*. – c. عَلَى p. *bei jmd. Quartier nehmen*. – c. عَنْ der Frau und لِ des Mannes *jmdm. e. Frau abtreten* ‖ IV *ab-, herabsteigen lassen*; *herabsenden, offenbaren*, c. عَلَى od. إِلَى p. *jmdm.* (s. I; أُنْزِلَ عَلَيْهِ 170,14 = *er empfing e. Offenbarung*); *lagern, Quartier nehmen lassen*, c. a. des Orts ‖ V (*langsam*) *herabsteigen* (zu d. Form تَنَزَّلُ 124,8 s. § 49a) ‖ X *zur Übergabe zwingen* (Belagerte) ‖ مَنْزِلٌ pl. مَنَازِلُ *Absteigeort, Halteplatz, Station*; *Lagerplatz, Niederlassung*; *Wohnung, Haus*.

نَسَبَ (u) n. vb. نِسْبَةٌ c. a. und إِلَى *etw. beziehen auf, in Beziehung setzen zu*; *benennen* (mit d. betr. Nisba od. in anderer Weise) *nach*, c. بِ nominis ‖ VIII c. لِ p. *jmdm. seine Abstammung, seinen Stammbaum nennen* (34,10 mit innerem Objekt نَسَبًا). – c. لِ p. und فِي trib. *sich jmdm. gegenüber als zu e. bestimmten Stamm gehörig bezeichnen* 33,16 ‖ نَسَبٌ pl. أَنْسَابٌ *Beziehung*; *Genealogie, Stammbaum*; *Blutsverwandtschaft* 168,2 u. 6. – pl. أَنْسَابٌ (wohl statt ذَوُو أَنْسَابٍ) *Verwandte* 32,6 ‖ نِسْبَةٌ als t. gramm. *nomen* (*adject.*) *relativum* (Wright I § 249) ‖ نَسِيبٌ *aus angesehener Familie, vornehm* 52,3.

نُسْخَةٌ (א) pl. نُسَخٌ *Abschrift, Kopie, Exemplar e. Buches*.

نُسُكٌ *Opfer* ‖ مَنْسِكٌ pl. مَنَاسِكُ *Zeremonie* (bes. bei d. Mekka-Pilgerfahrt).

نَسِيمٌ *sanfter Wind, frische Luft.*

نَسِىَ (a) c. a. *vergessen* ‖ IV c. d. a. *vergessen lassen* ‖ نِسْوَةٌ pl. tantum *Frauen* (§ 72e) ‖ نِسَاءٌ id.

نَشَأَ (a) *sich erheben, emporsteigen; aufwachsen* ‖ IV *emporsteigen lassen, aufrichten* 128,13; *hervorbringen, erschaffen* (v. Gott); *abfassen, verfassen* (Schriftstücke u. literar. Werke) ‖ مُنْشِئٌ (رَجُلٌ) *mit d. Abfassung amtlicher Erlasse u. Schreiben betrauter Kanzleibeamter.*

نَشَبٌ *Eigentum, Besitz.*

نَشَجَ (i) n. vb. نَشِيجٌ *schluchzen.*

نَشَدَ (u) c. d. a. *jmd. beschwören bei* (Wendungen wie أَنْشُدُكَ اللّٰهَ وَرَحِمِى 31,5 bedeuten: *ich beschwöre dich bei Gott, an meine Verwandtschaft zu denken*) ‖ III c. d. a. *jmd. beschwören bei; jmd. beschwören etw.* (e. Versprechen u.ä.) *zu halten* (55,17) ‖ IV *rezitieren* (Poesie).

نَشَرَ (u) n. vb. نَشْرٌ *ausbreiten; entfalten, öffnen, aufschlagen* (Schriftstücke, Bücher). – n. vb. نُشُورٌ *wieder zum Leben erwachen, vom Tode auferstehen* 156,11 (= Sure 67,15).

نَشِطَ (a) n. vb. نَشَاطٌ *munter, frisch, tapfer, wohlgemut, glücklich sein* ‖ مَنْشَطٌ *angenehme Sache, Lage;* فِى مَنْشَطِنَا وَمَكْرَهِنَا *da, wo wir es gern, wie auch da, wo wir es ungern tun* 48,16.

نشو VIII *berauscht werden.*

نَصَبَ (i) n. vb. نَصْبٌ t. gramm. *den Endkonsonanten (e. Wortes) mit "a" aussprechen,* freier: (*e. Wort*) *in d. Akkusativ* bzw. *Subjunktiv setzen* ‖ نَاصِبٌ pl. نَوَاصِبُ *d. Subjunktiv regierender Ausdruck* (Konjunktion od. Partikel) ‖ مَنْصُوبٌ pl. مَنْصُوبَاتٌ *im Akkusativ* bzw. *Subjunktiv stehender Ausdruck.*

نَصَحَ (a) n. vb. نُصُوحٌ *aufrichtig sein.* – n. vb. نُصْحٌ c. لِ p. *jmdm. aufrichtig raten; ehrlich gegen jmd. handeln, Wohlwollen für ihn hegen* ‖ نَصُوحٌ *aufrichtig* (Reue).

نَصَرَ (u) n. vb. نَصْرٌ c. a. *helfen, beistehen* (bes. gegen e. Feind), c. عَلَى *gegen.* – *Sieg verleihen* (v. Gott); davon نُصِرَ *siegreich sein* ‖ V *Christ* (نَصْرَانِىٌّ) *werden* ‖ VI *sich gegenseitig helfen* ‖ VIII *sich verteidigen* 129,5. – c. لِ p. *jmd. verteidigen* 111,12 (gegen Kritiker) ‖ نَصْرٌ (als subst.) *Beistand* (bes. im Kampf); *Sieg* ‖ نَصْرَانِىٌّ (א) pl. نَصَارَى *Christ* (eig. *Nazaräer, von an-Nāṣira*) ‖ نَاصِرٌ , نَصِيرٌ , pl. أَنْصَارٌ *Helfer.* – الأَنْصَارُ (statt أَنْصَارُ النَّبِىِّ) zu e. Art "Stammesnamen" gewordene u. daher auch auf d. Nachkommen übertragene Bezeichnung der Medinenser, die sich Muḥammad angeschlossen hatten; n. rel. und sg. dazu أَنْصَارِىٌّ ‖ المَنْصُورُ (*d. Siegreiche*) cogn. des zweiten ʿabbāsid. Kalifen أَبُو مَنْصُورٍ (136/754-158/775).

نصف III c. d. a. *mit jmd. etw. zu gleichen Teilen teilen* ‖ VIII *sich in d. Mitte befinden.* – اِنْتَصَفَ النَّهَارُ (اللَّيْلُ) *es war Mittag (Mitternacht)* ‖ نِصْفٌ *Hälfte;* auch *Mitte* (d. Tages, d. Nacht).

نصل X c. مِنْ *hervorragen aus* 55,7.

نَاصِيَةٌ pl. نَوَاصٍ *Stirnhaar, -locke.*

نَضَحَ (i, a) *bespritzen, besprengen, bewässern.* – فُلَانًا بِالنَّبْلِ *jmd. mit Pfeilen beschießen,* c. عَنْ *um ihn abzuwehren von* (54,12).

نَضَخَ (a, i) *bespritzen, besprengen.* – intr. *sprudelnd hervorbrechen* (Wasser) ‖ نَضَّاخٌ f. ة *stark sprudelnd, wasserreich* (Quelle).

نَطَحَ (i, a) *mit d. Hörnern stoßen* (bes. v. Widder) ‖ نَطَّاحٌ *stößig*; trop. *standhaft widerstehend* o.ä. (Mann). – اِبْنُ النَّطَّاحِ Dichter.

نِطْعٌ, نِطَعٌ pl. أَنْطَاعٌ *(runde) Unterleger* o.ä. *aus Leder.*

نُطْفَةٌ *Tropfen* (d. männl. Samens 157,15).

نَطَقَ (i) *reden.* – c. بِ r. *etw. reden, sprechen, aussprechen, vortragen* ‖ IV *reden, sprechen machen* ‖ مَنْطِقٌ (eig. n. vb.) *Rede, Sprache.*

نَظَرَ (u) n. vb. نَظَرٌ c. إِلَى od. a. *ansehen, zusehen, sehen, erblicken.* – c. فِى *blicken in*; *überlegen, nachdenken über, ausfindig machen* ‖ III (c. a. p. *mit jmd.*) *disputieren* ‖ IV c. a. p. *e. Frist, e. Aufschub gewähren* ‖ VI *mit einander disputieren* ‖ VIII c. a. *erwarten, warten auf*; *erwartungsvoll zusehen* 90,4. – c. أَنْ *darauf warten, daß* ‖ نَظَرٌ (als subst.) *Blick*; *Erwägung*; *Möglichkeit* (61,4, vgl. خَيْرٌ) ‖ نَظِيرٌ f. ة pl. f. نَظَائِرُ *ähnlich, entsprechend* ‖ مَنْظَرٌ *Anblick, Aussehen*; *schönes, imponierendes Aussehen* 120,16.

نَظَمَ (i) c. a. *verknüpfen, aneinander reihen*; *in poetischer Form abfassen, dichten* ‖ نَظْمٌ *gebundene Rede, Poesie* ‖ مَنْظُومَةٌ *Abhandlung in Versen, Lehrgedicht.*

نَعَتَ (a) n. vb. نَعْتٌ *beschreiben, charakterisieren* ‖ نَعْتٌ (als subst.) pl. نُعُوتٌ t. gramm. *Qualifikativ, Attribut* ‖ مَنْعُوتٌ t. gramm. *Substantiv, das v. e. Attribut begleitet ist.*

نَعْجَةٌ *weibliches Schaf.*

نَعْشٌ *Totenbahre.*

نَعْلٌ f., pl. نِعَالٌ *Sandale, Schuh.*

نَعِمَ (a) *weich sein*; *angenehm sein* ‖ IV c. a. od. بِ r. und عَلَى p. *jmdm. etw. schenken.* – absol. c. عَلَى p. *jmdm. Wohltaten erweisen, gnädig sein* ‖ نَعَمْ part. (eig. *es ist gut*) *ja, gewiß* ‖ نَعَمٌ coll., pl. أَنْعَامٌ *Weidevieh, -tiere* (v. Kamelen allein od. in Verbindung mit Schafen, Ziegen od. Rindern) ‖ نِعْمَةٌ pl. نِعَمٌ *Wohltat, Huld* ‖ النَّعَائِمُ (wohl pl. zu نَعَامٌ coll., n. un. ة, *Strauße*) *verschiedene Sterne im Schützen* 81,18.

نَعَى (a) c. a. p. und إِلَى alt. *jmds. Tod e. anderen anzeigen.*

نَفَثَ (i, u) *spucken*; *halbspuckend hauchen.* – c. a. *ausspucken*; trop. *aussprechen* ‖ نَفَّاثَةٌ (فِى العُقَدِ) pl. san. *e. Frau, die* (bei Ausübung d. Knotenzaubers *auf die Knoten*) *halbspuckend haucht.*

نَفَحَ (a) intr. *Geruch verbreiten,* c. a. specific. (tamyīz, § 384) 95,16; *wehen* (Wind etc.). – c. a. p. und بِ r. *mit etw. nach jmd. werfen* 57,7.

نَفَخَ (a) *blasen, pusten, hauchen.* – c. a. r. und فِى *etw. hineinblasen, -hauchen in* 140,10; 162,7 u. 13.

نَفَذَ (u) c. a. od. مِنْ *durchdringen, hindurchgehen durch; entweichen* 169,2 ‖ IV *schicken* ‖ مَنْفَذٌ *Ausgang, Auslaß.*

نَفَرَ (i, u) *erschreckt fliehen, durchgehen* (Tier); *zurückweichen,* c. مِنْ *vor* ‖ IV *vertreiben, in die Flucht jagen.*

نفس II c. عَنْ *ablassen von, Luft geben* ‖ V *Atem holen; aufleuchten, anbrechen* (Morgendämmerung) ‖ VI c. فِى od. a. (95,2) *im Wettstreit mit e. anderen etw. zu erlangen suchen, in e. Sache wetteifern* ‖ نَفْسٌ f., pl. نُفُوسٌ, أَنْفُسٌ *Seele, Geist, Sinn; Leben; Selbst* (umschreibt auch d. pron. refl., s. § 273); *lebendes Wesen, Mensch* 153,6; *Individuum, Person* (in dieser Bedeutung gew. masc.). – بِنَفْسِى *ich selbst,* بِنَفْسِهِ *er selbst* etc.

نَفَشَ (u) *fachen* (Wolle).

نِفْطَوَيْهِ n. pr. v.

نَفَعَ (a) n. vb. نَفْعٌ (c. a. p. *jmdm.*) *nützen, helfen* ‖ أَنْفَعُ elat. *nützlicher* ‖ مَنْفَعَةٌ pl. مَنَافِعُ *Gewinn; Nutzen.*

نفق III (ـه) *zwiespältig sein, heucheln* ‖ IV *ausgeben* (Geld) ‖ نَفَقَةٌ *Ausgabe, Kosten; Geld* اَلْمُنَافِقُونَ (*die Zweifler, Heuchler*) feste Bezeichnung der Medinenser, die sich äußerlich zum Islam bekannten, in ihrem Inneren aber ungläubig und dem Propheten feindselig gesinnt waren.

نَفَى (i) *vertreiben; verwerfen; negieren* (auch t. gramm.) ‖ مَنْفِىٌّ t. gramm. *verneint, negativ.*

نَقْبٌ *Öffnung, Loch* ‖ نَقِيبٌ pl. نُقَبَاءُ *Sachwalter, Obmann.*

نَقَدَ (u) *genau prüfen* (Geldstücke). – c. عَلَى p. *kritisieren, Vorwürfe machen an* 111,13 ‖ نَقْدٌ *gutes Geld,* (dann:) *bares Geld* (Lw.?).

نَقَرَ (u) *picken; e. Ton hervorrufen; blasen* (auf d. Horn) 124,14 ‖ نَاقُورٌ *Horn, Trompete* ibid. ‖ مِنْقَرِىٌّ n. rel. zu مِنْقَرٌ n. pr. gentis (gehörig zu تَمِيمٌ, q.v.)

نَقَصَ (u) *abnehmen, sich vermindern; unvollständig sein* 181,9.

نَقَضَ (u) *brechen* (Vertrag u.ä.).

نُقْطَةٌ (א) *Punkt; Kleinigkeit, kleines Stück* (d. Schlachtfelds 90,17); *Tropfen* 12,16.

نَقْعٌ (*dicker aufgewirbelter*) *Staub.*

نَقَلَ (u) *v. e. Stelle zur anderen tragen; übertragen; überliefern, berichten,* c. عَنْ *von* (Quelle) od. *betreffs.*

نَقِىَ (a) *rein sein* ‖ VIII *auswählen* ‖ نَقِىٌّ f. ة *rein.*

نَكَتَ (u) c. فِى الأَرْضِ (mit e. Gerte o.ä.) *auf d. Boden schlagen* (wie Nachdenkende es zu tun pflegen) 158,18.

نَكَحَ (i) n. vb. نِكَاحٌ (c. a. *jmdn.*) *heiraten* (v. beiden Geschlechtern. – وَلْتَنْكِحْ 158,9 sc. ohne d. Verstoßung d. vorhandenen ersten Frau zu fordern. – بِالثَّوْبِ 164,13 *gegen d. Geschenk e. Stücks Stoff* [zur Kleidung]) ‖ IV c. a. v. *e. Mann e. Frau geben* 146,16. –

c. d. a. *verheiraten mit* ‖ نِكَاحٌ (als subst.) *Ehe.*

نَكِرَ c. a. *nicht wissen, nicht kennen* ‖ II t. gramm. c. a. vocis *indeterminiert gebrauchen* ‖ IV c. a. *nicht kennen; nicht anerkennen, nicht glauben, in Abrede stellen, ablehnen, leugnen; Mißtrauen fassen, Verdacht hegen gegen* 71,13. – c. a. r. und مِنْ p. *an jmd. etw. mißbilligen, tadeln.* – c. (a. r. et) عَلَى p. *jmdm. (etw.) übelnehmen (wegen etw.) e. Vorwurf machen* ‖ نَكِرَةٌ t. gramm. *indeterminiertes Nomen* ‖ مُنْكَرٌ *unbekannt; schlimm, schrecklich.*

نَكَسَ (u) *umkehren, umdrehen* (tr.). – نُكِسَ *e. Rückfall bekommen* (Kranker) 36,1.

نَكَصَ (i, u) *zurückweichen*, c. عَنْ *von.*

نَمَّ (u, i) c. عَلَى *verraten.*

نَمِرٌ *Panther, Leopard.* – النَّمِرُ Name verschiedener Stämme; n. rel. نَمَرِيٌّ .

نَامُوسٌ *Vertrauter.* – النَّامُوسُ الأَكْبَرُ (*d. größte Vertraute*) Bezeichnung für d. Erzengel Gabriel (wohl < gr. νόμος).

نَمَطٌ (گ) *Decke.*

نمى VIII *seine Familienverbands-, Stammesangehörigkeit* (prahlerisch im Kampf) *ausrufen* 83,16 u. 18.

نَهَرَ (a) *scheltend abweisen* ‖ نَهْرٌ pl. أَنْهَارٌ *Fluß, Bach, Kanal.* – النَّهْرُ *d. Oxus;* مَا وَرَاءَ النَّهْرِ *Transoxanien* ‖ نَهَارٌ *Tag, Tageszeit* (opp. لَيْلٌ).

نَهَضَ (a) *sich erheben, aufstehen; auffliegen* (Vogel). – c. إِلَى des Feindes *in Eilmärschen rücken gegen* 73,17.

نَهَى (a) c. a. p. und عَنْ r. *jmd. zurückhalten von; jmdm. etw. verbieten; jmdm. verbieten etw. zu nehmen* ‖ VIII *ablassen.* – c. إِلَى *gelangen zu, nach* ‖ نَهْيٌ (eig. n. vb.) *Verbot;* t. gramm. *Prohibitiv.*

نوب IV c. إِلَى اللّٰهِ *sich zu Gott bekehren, sich reuig zu Gott wenden.*

نُوحٌ (cf. hebr. נח) *Noah.*

نَارٌ gew. f., pl. نِيرَانٌ *Feuer; Höllenfeuer.* ‖ dim. نُوَيْرَةٌ . – اِبْنُ نُوَيْرَةَ , genauer مَالِكُ بْنُ نُوَيْرَةَ , Anführer d. Stammes Yarbūʿ (wurde widerrechtlich auf Ḫālids Befehl hingerichtet) ‖ نُورٌ pl. أَنْوَارٌ *Licht.*

نُوَاسٌ *Haarlocke, -strähne* (gew. v. d. Mitte d. Kopfes nach hinten hängend). – أَبُو نُوَاسٍ berühmter nachklassischer Dichter, gest. ca. 195/810.

نَوْعٌ pl. أَنْوَاعٌ *Art, Kategorie.*

نَيِّفٌ *Überschuß, Plus.* – نَيِّفٌ وَ bzw. وَنَيِّفٌ in Verbindung mit Zehnern, Hundertern u. Tausendern entspricht d. deutschen *gut* in Wendungen wie *gut zwanzig* (d.h. "einige über zwanzig") etc.

نَاقَةٌ pl. نُوقٌ *Kamelin.*

نول VI *(zu sich) nehmen, ergreifen.*

نَامَ (a; 1. p. sg. نِمْتُ) *schlafen; sich schlafen legen* 83,17: 8,3 ‖ نَوْمٌ (eig. n. vb.) *Schlaf* ‖ مَنَامٌ *Traum, Traumgesicht.*

نون II t. gramm. c. a. des Worts *ein Wort am Ende mit Nūn* (ن) *versehen.* – تَنْوِينٌ *Nunation* (§§ 11, 12) ‖ نُونٌ Name d. Buchstaben ن .

نَوًى coll., n. un. ة *Kerne*, gew. *Dattelkerne.*

نَيِّفٌ s. نوف .

ه

هَاءٌ Name d. Buchstaben ه .

هَاتِ (alter h-Kausativ), pl. هَاتُوا *gib her*, c. a. obj. (§ 349)

هَارُونُ (هٰرُونُ ; cf. hebr. אהרן) n. pr. v. – هٰرُونُ الرَّشِيدُ s. رشد .

هَاشِمٌ n. pr. v. – هَاشِمُ بْنُ عُتْبَةَ einer der arab. Heerführer in der Schlacht von Qādisīya.

هَاكَ interj. *da nimm*, c. a. obj., 59,4.

هٰؤُلَاءِ pl. von هٰذَا u. هٰذِهِ s. ذَا .

هَاهُنَا (هٰهُنَا) s. هُنَا .

هَبَّ (u) *sich in Bewegung setzen*; *erwachen*; *wehen* (Wind).

هَتَكَ (i) *zerreißen* (Vorhang u.ä.).

هَجَرَ (u) c. a. *sich lossagen, trennen, fernhalten von*; *aufgeben, vermeiden* ‖ III c. a. *sich fernhalten von* 170,4. – absol. *auswandern* ‖ هِجْرَةٌ *Auswanderung*. – الهِجْرَةُ par excellence: *d. Auswanderung Muḥammads v. Mekka nach Medina* ‖ المُهَاجِرُونَ (*d. Ausgewanderten, d. Emigranten*) feste Bezeichnung d. gläubigen Mekkaner, die ihres Glaubens wegen nach Medina auswanderten.

هَوْدَجٌ *Kamelsänfte für Frauen* (gew. baldachinförmig).

هَدَمٌ *ungerächt vergossenes Blut* (so nach der wahrscheinlichsten Deutung) 47,14 u. 16 (d. Formel الدَّمُ الدَّمُ وَالهَدَمُ الهَدَمُ , deren Sinn ist: *mein Blut wird gerächt od. bleibt ungerächt, genau so wie das eurige*, ist Ausdruck d. engsten Verbrüderung u. uneingeschränkter Solidarität).

هَدَى (i) *richtig, d. rechten Weg führen, leiten*, c. a. p. und des Wegs ‖ IV c. a. r. und لِ p. *jmdm. etw. als Geschenk reichen* ‖ VIII *sich zurecht finden, d. richtigen Weg finden* 69,3; 122,12 u.ö., c. a. des Wegs 67,8 ‖ هَدْىٌ coll. *Opfertiere* (die für Gott nach Mekka geführt werden, gew. v. Kamelen) ‖ هُدًى (eig. n. vb.) *richtige Leitung* (bes. im religiösen Sinn) ‖ الهَادِى ʿabbāsid. Kalif (169/785-170/786).

هٰذَا etc. s. ذَا .

هذب II *verbessern, berichtigen*.

هُذَيْلٌ Stamm in d. Nähe v. Mekka (NA.).

هَرَّ (i) n. vb. هَرِيرٌ *knurren* (eig. v. Hunden) ‖ هِرٌّ f. هِرَّةٌ , dim. هُرَيْرَةٌ , *Katze*. – أَبُو هُرَيْرَةَ Gefährte des Propheten, hervorragender Traditionarier.

هَرَبَ (u) n. vb. هَرَبٌ *fliehen*.

هِرَقْلُ *Heraklios*, Kaiser d. oström. Reiches (610-641).

الهُرْمُزَانُ pers. Markgraf u. Feldherr, wurde 642 nach tapferer Verteidigung in Shushtar v. d. Arabern gefangen genommen.

هٰرُونُ s. هَارُونُ .

هَزَأَ , هَزِئَ (a) c. بِ od. مِنْ od. عَلَى (20,1) *verspotten, sich lustig machen über* ‖ هُزُؤٌ (eig. n. vb.) *Gegenstand d. Spottes, Gespött* 148,13.

هَزَمَ (i) c. a. des Feindes *in d. Flucht schlagen, e. Niederlage beibringen* ‖ VII *in d. Flucht geschlagen werden, fliehen* ‖ هَزِيمَةٌ *Flucht, Niederlage*.

هِشَامٌ n. pr. v. – هِشَامُ بْنُ عُرْوَةَ بْنِ الزُّبَيْرِ Rechtsgelehrter u. Traditionarier, gest. ca. 146/763 (vgl. عُرْوَةُ). – اِبْنُ

هِشَامٌ , genauer عَبْدُ المَلِكِ بْنُ هِشَامٍ , Philologe u. Genealoge, am bekanntesten als Bearbeiter d. Prophetenbiographie des Ibn ʾIsḥāq (s. u. إِسْحَاقُ), gest. ca. 213/828.

هفت VI c. فِى *sich (einer nach d. anderen* od. *übereinander) stürzen in.*

هٰكَذَا s. ذَا .

هَلْ part. int. (bei direkten u. bei indirekten Fragen) *ne? num? nonne? ob.* – هَلْ لَكَ c. فِى (فِى أَنْ), seltener إِلَى (84,8) *hast du Lust zu ...? möchtest du ...? willst du ...? willst du ... tun, erweisen?* ‖ هَلْ – أَمْ *utrum – an? ob – oder.* ‖ هَلَّا (so gew. statt هَلْ لَا) *warum nicht ...?*

هلّ IV *jubeln, jauchzen* (beim Heiligtum). – c. لِ Gottes und بِ des Opfertiers *einer Gottheit zujubeln beim Schlachten e. Opfertiers*, freier: *einer Gottheit d. Opfertier darbringen* (مَا أُهِلَّ بِهِ لِغَيْرِ اللّٰهِ 141,5) ‖ هِلَالٌ pl. أَهِلَّةٌ *Neumond.* – n. pr. verschiedener Stämme; n. rel. reg.

هَلَّا s. هَلْ .

هَلَكَ (i) n. vb. هَلَاكٌ , تَهْلُكَةٌ *umkommen, zugrunde gehen; sterben* ‖ IV *zugrunde richten; töten* ‖ هَلَكَةٌ *Untergang* ‖ هَالِكٌ *d. Tode nahe* 33,12 ‖ مَهْلَكَةٌ pl. مَهَالِكُ *Ort d. Verderbens, gefahrvoller Ort.*

هُمْ pron. *sie* (3. m pl. – § 264).

هَمَّ (u) c. بِ *sich sorgen um; planen, vorhaben; sexuelle Lust haben* 134,9. – c. أَنْ , بِأَنْ *vorhaben, beabsichtigen zu* ‖ VIII *sich sorgen*, c. بِ *um* ‖ هَمٌّ (eig. n. vb.) pl. هُمُومٌ *Sorge* ‖ هَمَّامٌ *sorgenvoll* (117,3ff.). – n. pr. v.

هُمَا pron. *sie beide* (§ 264).

هَمَذَانُ *Hamadhan* (Stadt in Persien, d. alte Ekbatana).

هَمَزَ (i) n. vb. هَمْزٌ t. gramm. (*e. Konsonanten* od. *e. Wort) mit dem Kehlkopfverschluß* “ ʾ ” *aussprechen* ‖ هَمْزَةٌ t. gramm. *d. Zeichen* ء ; *d. Konsonant* ء (so 110,6, wo الهَمْزَة offenbar als Reimkonsonant zu verstehen ist).

همك VIII c. عَلَى od. فِى *sich hingeben, ergeben sein* (bes. Ausschweifungen u.ä.).

همل IV *vernachlässigen*; t. gramm. (*e. Konsonanten) nicht mit diakritischen Punkten versehen* ‖ مُهْمَلٌ f. ة t. gramm. *frei v. diakritischen Punkten* (Konsonant).

هُنَّ pron. *sie* (3. f. pl. – § 264).

هُنَا adv. *hier.* – مِنْ هُنَا *von hier; hier hindurch* 15,2. ‖ هَاهُنَا (هٰهُنَا) *hier* ‖ هُنَاكَ *dort* ‖ هُنَالِكَ id.

هُوَ pron. *er* (§ 264). – geht in Fällen wie 153,11ff. auf Gott.

هَوْدَجٌ s. هدج .

هَوَسٌ *Verrücktheit, närrisches Wesen.*

هَوَى (i) *fallen, herabstürzen; kinderlos werden* (Mutter) ‖ هَوِىَ (a) n. vb. هَوًى *lieben, liebgewinnen* ‖ هَوًى (als subst.) *Liebe, Liebesleidenschaft; Neigung, Begierde* 169,5 ‖ هَاوِيَةٌ *Abgrund; Höllengrund* (126,7; so nach d. vorherrschenden traditionellen Deutung dieser Koranstelle).

هِىَ pron. *sie* (3. f. sg. – § 264); Pausalform هِيَه (126,7).

هَيْئَةٌ (هَيْـئَةٌ) pl. هَيْئَاتٌ *Gestalt, Aussehen, Beschaffenheit, Zustand.*

هَابَ (a; 1. p. sg. هِبْتُ) n. vb. مَهَابَةٌ c. a. *fürchten, scheuen; Respekt haben vor* ‖ هَيْبَةٌ *Würde, ehrfurchtgebietendes Äußeres.*

هَيْتَ interj. *hierher, zur Stelle!* – هَيْتَ لَكَ 134,7 id.

هَاجَ (i) *erregt werden* ‖ II *antreiben*, c. عَلَى *zu.*

الهَيْفَاءُ n. pr. mul.

هِيَهْ s. هِيَ .

و

وَ conj. bzw. part. (§ 328) *und, auch; aber.* – an der Spitze von Zustandssätzen = *indem, während, obgleich, da doch* etc. (§ 407). – pleonastisch nach أَ , gelegentlich im Eingang direkter Rede (z.B. 27,15; 84,11) u., umgangssprachlich, vor adv. إِذَا (q.v.) nach vorhergehendem Nebensatz. – c. gen. 1) Schwurpart. *bei*; 2) (= وَاوُ رُبَّ vgl. § 337) *mancher.* – c. acc. (§ 328b) *mit, zusammen mit* (59,12, vgl. شَأْنٌ ; wohl auch 125,1; in Wendungen wie مَا أَنَا وَذَاكَ *was habe ich damit zu tun?* 84,11, wo auf مَا ein selbst. pron. pers. folgt, steht d. Ausdruck hinter وَ besser im nom. als im acc). – c. subj. (§ 410.1) *zusammen damit daß, während zugleich* o.ä. ‖ وَإِنْ *wenn auch* o.ä. s. إِنْ 1). – وَلَوْ *auch wenn* o.ä. s. لَوْ .

وَا part. des klagenden Ausrufs *ach, o* (vgl. – auch bezüglich d. Form des auf وَا folgenden Nomens – § 158).

وَأَدَ (i) *lebendig begraben* (neugeborene weibl. Kinder; einer d. von Muḥammad abgeschafften Mißstände der vorislamischen Zeit)

وَاوٌ Name d. Buchstaben و u. d. Konj. bzw. Part. وَ . – وَاوُ رُبَّ s. u. وَ .

وَثَبَ (i) n. vb. وَثْبٌ , وُثُوبٌ *springen, hüpfen; aufspringen* (21,14). – c. إِلَى *aufspringen u. zueilen auf.* – c. عَلَى *sich stürzen auf, herfallen über* ‖ IV *springen lassen* (e. Pferd), (ihm) *d. Sporen geben* 98,1.

وَثِقَ (i) n. vb. ثِقَةٌ c. بِ *Vertrauen setzen auf* ‖ II *für vertrauenswürdig, zuverlässig erklären* ‖ V c. لِ p. *sich Sicherheit, Garantien geben lassen für* 46,8 ‖ وِثَاقٌ *Fessel* ‖ مِيثَاقٌ *Abmachung, Vertrag.* – أَخَذَ المِيثَاقَ (c. عَلَى p. und بِ r. *jmd.*) *verpflichten* (*zu*).

وَجَأَ (a) *kastrieren durch Zerquetschen d. Hoden.* – n. vb. وِجَاءٌ 163,11 Tropus für *Unterdrückung d. Sexualtriebs.*

وَجَبَ (i) 1) n. vb. وُجُوبٌ *nötig sein.* – 2) n. vb. وَجِيبٌ *pochen, aufgeregt schlagen* ‖ IV *notwendig, verbindlich machen; erfordern* ‖ وَجَّابٌ *zu aufgeregtem Pochen neigend* (Herz) 23,9 ‖ مُوجِبٌ t. gramm. *bejaht, positiv.*

وَجَدَ (i) 1) n. vb. وُجُودٌ c. a. *finden*; c. d. a. *(er)finden als.* – وُجِدَ n. vb. وُجُودٌ *sich finden, existieren; da sein, anwesend sein* 9,12. – 2) n. vb. وَجْدٌ c. a. *empfinden, fühlen* (Affekte u. körperliche Übel), c. بِ *wegen, um – willen.* – mit bloßem بِ *lieben, Sehnsucht empfinden nach.* – وَجَدَ فِى نَفْسِهِ *er grämte, ärgerte sich* 27,3 ‖ IV *hervorbringen; zeugen* 113,2.

وَجِعَ (a) *Schmerz empfinden* ‖ IV c. a. *weh tun* ‖ وَجَعٌ (eig. n. vb.) *Krankheit.*

وجه II *schicken, ausschicken; e. Botschaft schicken, sagen lassen* 32,18; *nachweisen, feststellen* (literarische Fehler) 111,13 ‖ V *sich wenden, sich begeben* ‖ وَجْهٌ pl. وُجُوهٌ *Gesicht, Antlitz; Oberfläche, Spiegel* (d. Wassers) 12,15; *Richtung, Weg* 70,4; 80,8; *Gegend; Expedition, Kriegszug* 77,13; *Anfang, Anbruch* (e. Jahres- od. Tageszeit etc.); *Vornehmer, Anführer.*

وحد II *eins, zu einem machen, eins nehmen;* t. gramm. *mit nur 1 Punkt versehen, einfach punktieren* (d. Konson. ب). – اللّٰهَ *sich zum Glauben an d. Einheit Gottes bekennen, Monotheist sein* ‖ وَحْدٌ *Eins-* od. *Alleinsein.* – وَحْدَهُ, وَحْدَهَا etc. (modaler Akk.) *er, sie* etc. *allein, er, sie* etc. *für sich allein* ‖ وَحِيدٌ *allein* (125,1 = *ohne Vermögen u. Kinder*); *alleinig, einzig* ‖ وَاحِدٌ f. ة *einer; einzig.* – الوَاحِدُ Beiname Gottes ‖ التَّوْحِيدُ *d. Glaube an d. Einheit Gottes; d. Lehre von Gott.*

وَحْشٌ (adj.) *öde, verlassen; einsam; wild.* – (subst.) sg. und coll., pl. وُحُوشٌ *wildes Tier, Wild.* ‖ أَوْحَشُ elat. *einsamst, verlassenst* 101,17; *wilder* 90,14.

وَحِلَ (a) *im Schlamm, Morast versinken* ‖ وَحَلٌ *Schlamm, Morast.*

وحى IV c. إِلَى p. und a. r. *offenbaren.*

وَخَزَ (i) *stechen, durchbohren* (mit d. Lanze u.ä.).

وَخَمٌ *ungesundes Klima* 120,3.

وخى V c. a. *suchen, sein Augenmerk richten auf.*

وَدَّ (a; 1. p. sg. وَدِدْتُ) *lieben, gern haben; wünschen.*

وَدَعَ (impf. يَدَعُ, s. § 240.2; nur im impf. u. imp. gebräuchlich) *lassen; sein lassen, aufgeben.* – دَعْ عَنْكَ c. a. r. *laß, unterlaß!* ‖ وَدُعَ (u) n. vb. وَدَاعَةٌ *gesetzt, gelassen sein* ‖ II c. a. *Abschied nehmen von; sich lossagen von* 131,3 ‖ X c. d. a. *jmdm. etw. zur Aufbewahrung übergeben, bei jmd. etw. deponieren* ‖ مُسْتَوْدَعٌ n. l. *Ort, wo man etw. deponiert; Ort d. Aufbewahrung* (sc. der Toten im Grab) 122,15.

وَدَى (i) c. a. p. *d. Blutgeld für jmd.* (e. Ermordeten) *zahlen* ‖ دِيَةٌ (eig. n. vb.) *d. Blutgeld* ‖ وَادٍ pl. أَوْدِيَةٌ *langer Einschnitt der Erdoberfläche, Tal, Flußbett, Fluß.*

وذر (impf. يَذَرُ, s. § 240.2; nur im impf. u. imp. gebräuchlich) *lassen; sein lassen; hinterlassen.*

وَرِثَ (i) *erben, beerben* ‖ مِيرَاثٌ *Erbe, Hinterlassenschaft.*

وَرَدَ (i) c. a. *hinuntergehen, gehen, kommen, gelangen zu* (bes. zum Wasser, um zu trinken); *eindringen in.* – c. إِلَى *reisen, kommen nach* (e. Stadt u.ä.). – absol. *zur Tränke gehen* ‖ IV c. a. *zur Tränke, zum Wasser führen* ‖ وَرْدٌ coll., n. un. ة *Rosen.* – (adj.) f. ة *rosenfarbig, rot, rötlich* ‖ وَارِدٌ 133,16 *Wasserholer.*

ورط II c. a. und فِى *jmd. geraten lassen, stürzen in* 3,5 ‖ وَرْطَةٌ (eig. *Morast* o.ä., aus dem man sich, einmal hineingeraten, nicht wieder herausarbeiten kann; gew. trop.:) *böse, verzweifelte Lage* (ibid.).

وَرَقٌ coll., n. un. ة , pl. أَوْرَاقٌ *Blätter* (der Bäume u. d. Papiers etc.). – وَرَقَةُ بْنُ نَوْفَلٍ legendärer älterer Zeitgenosse u. engerer Landsmann Muḥammads.

ورى III *verbergen, verstecken* ‖ VI c. عَنْ p. *d. Blick jmds. entschwinden* ‖ وَرَاءَ praep. *hinter, nach*; *jenseits* 97,6; *über – hinaus, außer* 168,15. – رَجَعَ وَرَاءَهُ *er ging rückwärts* 42,7. – مَا وَرَاءَكَ *was hast du zu berichten?* ‖ مِنْ وَرَاءِ *hinter*; *jenseits*; *von hinten, from behind* 51,3 u. 4.

وَزِيرٌ (گ) pl. وُزَرَاءُ *Wesir, Minister.*

وَزَنَ (i) n. vb. وَزْنٌ *wägen, wiegen* ‖ وَزْنٌ (als subst.) *Gewicht* (e. Sache) ‖ مِيزَانٌ pl. مَوَازِينُ *Waage*; *Gewicht* (sc. der frommen Handlungen) 162,5 u. 6. – المِيزَانُ *d. Waage* (Libra, d. 7. Zeichen d. Tierkreises) 82,1.

وِسَادَةٌ *Kopfkissen.*

وَسَطَ (i) c. a. *sich in d. Mitte v. etw. befinden* ‖ V id. ‖ وَسْطٌ , viel häufiger وَسَطٌ *Mitte.* – وَسْطَ (so gew., nicht وَسَطَ) praep. *mitten in, inmitten.* فِى وَسَطٍ مِنْ *mitten in, mitten auf* ‖ وَسِيطٌ *in d. Mitte befindlich*; وَسِيطٌ فِى قَوْمِهِ = *einer d. edelsten, vornehmsten seines Stammes* ‖ وَاسِطٌ m. od. وَاسِطُ f. Stadt im ʿIrāq (so genannt wegen ihrer Lage in d. Mitte zwischen d. Städten Kūfa, Baṣra, Baghdad u. ʾAhwāz). – n. rel. reg. ‖ أَوْسَطُ elat. *mittelster, mittlerer.* – unter الصَّلٰوةُ الوُسْطَى (150,9 = Q 2: 238) ist wohl d. *Nachmittagsgebet* zu verstehen (s. عصر).

وَسِعَ (impf. يَسَعُ s. § 240) n. vb. سَعَةٌ *weit, geräumig sein.* – c. a. r. (*weit genug sein für* =) *umfassen, umspannen.* – c. a. p., n. vb. وُسْعٌ , *jmdm.* (rechtlich od. ethisch) *möglich sein* ‖ IV *wohlhabend sein* ‖ وُسْعٌ (als subst.) *Können, Vermögen, Leistungsfähigkeit* ‖ سَعَةٌ (als subst.) *Weite, Geräumigkeit*; *Fülle, Reichtum* (zu 34,13 s. رُحْبٌ).

مَوْسِمٌ *Festzeit*; (*periodisches*) *Fest, Messe.* – المَوْسِمُ par excellence d. Wallfahrtsfest v. Mekka.

وَسِنَ (a) *schlafen, schläfrig sein* ‖ سِنَةٌ (eig. n. vb.) *Schlaf, Schläfrigkeit.*

وسى III (Nebenform v. أسو III) c. a. p. und بِ r. *jmdm. helfen, beistehen mit.* – وَاسَانِى بِنَفْسِهِ *er teilte freiwillig mein Schicksal* 24,6.

وَشُكَ (u) *schnell sein* ‖ IV c. أَنْ seq. subj. *er ist nahe daran, zu ..., aller Erwartung nach wird er ...*

وَشَمَ (i) *tätowieren* ‖ X *sich tätowieren lassen.*

وَصَفَ (i) n. vb. وَصْفٌ , صِفَةٌ c. a. *beschreiben, schildern*; *loben, preisen* 111,5. – c. a. und بِ r. *einer Sache e. Eigenschaft zuschreiben, nachrühmen, nachsagen* ‖ صِفَةٌ (als subst.) *Eigenschaft, Attribut.*

وَصَلَ (i) n. vb. وَصْلٌ , صِلَةٌ c. a. *verbinden*; *Verbindung herstellen* od. *unterhalten mit*; *beschenken.* – c. رَحِمَهُ *seine Verwandtschaftsbande eng knüpfen*, d.h.

seinen Verwandten Wohlwollen u. Güte entgegenbringen (vgl. قَطَعَ). – n. vb. وُصُولٌ c. a. od. إِلَى *gelangen nach, eintreffen in, kommen zu*; c. إِلَى (bei geistigen Operationen) *kommen auf* 17,8 ‖ V c. إِلَى *sich d. Zugang bahnen zu; gelangen zu* 14,13 ‖ VIII *sich verbinden*, c. بِ *mit*. – absol. *e. ununterbrochene Kette bilden* 68,17 ‖ وُصْلٌ pl. أَوْصَالٌ *Glied* ‖ صِلَةٌ (als subst.) *Geschenk* ‖ مُتَّصِلٌ t. gramm. *verbunden* (pron. pers.).

وصى IV c. a. p. und بِ r. *jmd. mit etw. beauftragen, jmdm. etw. zur Pflicht machen*. – c. a. p. und بِ alt. *einen* (بِ) *der Fürsorge jmds.* (acc.) *anempfehlen*. – c. أَنْ *letztwillig verfügen*. – absol. *(s)ein Testament machen* ‖ وَصِيَّةٌ (als quasi-n. vb. zu IV) c. لِ p. *ein Testament machen zugunsten jmds.* 142,3; c. لِ p. und a. r. *testamentarische Anweisung einer Sache für jmd.* 150,12 (hier zu وَصِيَّةٌ zu ergänzen e. Ausdruck wie كُتِبَتْ عَلَيْهِمْ [vgl. 142,3] od. bloßes عَلَيْهِمْ).

وَضَعَ (impf. يَضَعُ, s. § 240) n. vb. وَضْعٌ c. a. *legen, ab-, hin-, niederlegen*; *gebären* (7,2 an 2. Stelle u. 6); *hinbreiten* (128,3), *hinstellen, aufrichten* (128,2); *abfassen* (e. Buch o.ä.). – absol. c. عَنْ نَفْسِهِ *seine Rüstung ablegen*, c. عَنْ des Pferdes *e. Pferd absatteln* 86,5f. ‖ VI *demütig sein, sich bescheiden zeigen* ‖ وَضْعٌ 171,4 *Übereinkunft* (opp. طَبْعٌ) ‖ مَوْضِعٌ pl. مَوَاضِعُ *Ort, Stelle; Stelle, Passus* (in Büchern); *Stellung, Rang; Gelegenheit* 27,5; *Fall* 172,4ff., *Anwendung* 178,4; *Veranlassung, Grund* 79,2 u. 5.

وَضِيعٌ pl. وُضُعٌ *Gurt* (e. Tieres).

وَطِئَ (impf. يَطَأُ, s. § 240) intr. *treten*. – c. a. *treten auf, mit Füßen treten*; (trop.) *niederwerfen, überwältigen* (e. Feind) ‖ II absol. c. لِ p. *für jmd. e. Sitz herrichten* 167,3.

وَعَدَ (i) n. vb. وَعْدٌ *versprechen, sein Wort geben*. – c. a. p. *jmdm. e. Zusammenkunft zusagen* 161,15. – c. d. a. od. c. a. p. und بِ r. *jmdm. etw. versprechen* ‖ III c. a. p. *e. Zusammentreffen, e. Stelldichein mit jmd. verabreden* 149,15, c. لِ temp. *auf einem bestimmten Zeitpunkt* 45,7f. – c. a. p. und a. loci od. temp. *mit jmdm. e. Zusammenkunft an e. bestimmten Ort* od. *zu e. bestimmten Zeit verabreden* ‖ VI c. عَلَى temp. *e. Zeit für e. Zusammenkunft miteinander verabreden* 14,9 ‖ VIII *untereinander verabreden*, c. أَنْ *daß*. – *e. Zusammenkunft miteinander verabreden* 50,10, c. لِ temp. *auf einen bestimmten Zeitpunkt* 50,6 ‖ وَعْدٌ (als subst.) *Versprechen* ‖ مَوْعِدٌ (als urspr. n. vb.) *Versprechen, Verabredung*; (als n. loc. od. temp.) *Ort* od. *Zeit e. Zusammenkunft*; *Stelldichein*. – أَخَذَ المَوْعِدَ لِ *er versprach, sich einzufinden zu* 103,14 ‖ مِيعَادٌ (eig. gleichfalls n. l. od. temp.) *verabredete Zusammenkunft, Rendez-vous*. – ist 45,14, c. a. p. und a. des Orts konstruiert, quasi-n. vb. zu III.

وَعَظَ (i) *ermahnen, warnen* ‖ VIII *sich ermahnen, warnen lassen, e. Mahnung gehorchen.*

وَعَى (i) *umfassen*; *im Gedächtnis bewahren, auswendig wissen* ‖ وِعَاءٌ *Beutel, Ranzen, Behälter* ‖ وَاعِيَةٌ (§ 73a) *sehr stark von Gedächtnis, sehr reich an präsentem Wissen.*

وَفَدَ (i) c. عَلَى od. إِلَى p. *kommen, reisen zu* (gew. als Gesandter zu e. Fürsten) ‖ وَفْدٌ coll., pl. وُفُودٌ *Gesandte(ntrupp), Deputation.*

وَفَرَ (i) *voll, viel, reichlich sein* ‖ وَفْرٌ (eig. n. vb.) *Fülle*; *Güterfülle, Reichtum* ‖ وَافِرٌ *voll, viel, reichlich.* – الوَافِرُ poet. Metrum.

وفق II c. a. p. *jmd. zum Wahren u. Rechten leiten, ihm seinen Beistand leihen* (v. Gott) ‖ III c. a. *übereinstimmen mit, entsprechen*; *begegnen, treffen, finden* ‖ VIII c. عَلَى *sich einigen über* ‖ المُوَفَّقُ (بِاللّٰهِ) ʿAbbāsid, Bruder u. rechte Hand d. Kalifen al-Muʿtamid.

وَفَى (i) *vollzählig, unverkürzt sein.* – n. vb. وَفَاءٌ c. بِ r. *etw.* (e. Versprechen, Abmachungen u.ä.) *halten, erfüllen* (44,3 mit Ellipse d. Objekts); c. لِ p. und فِى r. *jmdm. in e. Sache d. Treue halten* 46,15 ‖ III c. a. *kommen zu, sich einstellen auf, bei* ‖ IV c. بِ = I c. بِ. – c. عَلَى *sich aufhalten, sitzen* o.ä. *auf* (*etw. hohem*, e. Berg, Baum etc.) ‖ V c. a. *sich (voll) geben lassen, (voll) nehmen.* – تَوَفَّاهُ اللّٰهُ *Gott nahm ihn zu sich* d.h. *ließ ihn sterben*; تُوُفِّىَ = *er starb* ‖ وَفَاءٌ (als subst.) *Treue* ‖ وَفَاةٌ pl. وَفَيَاتٌ (vgl. V) *Hinscheiden, Tod* (d. Titel وَفَيَاتُ الأَعْيَان S. 98 erklärt sich so, daß Ibn Ḫallikān in sein Werk nur Biographien v. Männern aufgenommen hat, deren Todesjahr feststand).

وَقَبَ (i) (Grundbedeutung wohl: *in etw. Hohles hineingehen*; dann:) *sich verfinstern.*

وقت II, Nebenform أَقَّتَ, *zeitlich bestimmen*; *zeitlich festlegen, beschränken,* بِ *auf* ‖ وَقْتٌ pl. أَوْقَاتٌ *Zeit, Zeitpunkt* ‖ مِيقَاتٌ (n. temp.) pl. مَوَاقِيتُ *festgesetzte Zeit, Zeitnorm.*

وَقَدَ *brennen* (intr.) ‖ IV *anbrennen, anzünden* ‖ وُقُودٌ *Brennmaterial.*

وَقَارٌ *Ernst, Gelassenheit*; *Würde.*

وَقَعَ (impf. يَقَعُ, s. § 240) n. vb. وُقُوعٌ *fallen* (eig. u. uneig.), *stürzen*; *eintreten, sich ereignen*; *wohin geraten.* – c. إِلَى *gelangen zu, eintreffen bei* (Briefe u.ä.); *in jmds. Hände geraten* 117,15. – c. بِ p. *angreifen, herfallen über*; t. gramm. c. بِ des Worts *sich erstrecken, sich beziehen auf* 179,6. – c. عَلَى der Frau *schlafen mit*; c. عَلَى r. *kommen auf, finden* (e. Ansicht, e. Vorschlag). – c. فِى *begegnen* 20,3; *füllen, umfassen* 110,3. – إِلَى الأَرْضِ *geboren werden* 37,17. – وَقَعَ فِى نَفْسِهِ أَنْ *d. Gedanke kam ihm, es fiel ihm ein, zu* ... – وَقَعَتْ فِى نَفْسِهِ *sie machte tiefen Eindruck auf ihn, er verliebte sich in sie* ‖ V c. a. r. *erwarten*; *fürchten* ‖ وَقْعَةٌ n. vic. 75,5. – als subst. *Kampf, Treffen* ‖ وَاقِعَةٌ *Vorfall* 117,17 ‖ مَوْقِعٌ *Ort, wo* od. *wohin etw. fällt* etc. – وَقَعَ مِنْهُ الشَّىْءُ مَوْقِعًا جَمِيلًا *d.*

Gegenstand gefiel ihm sehr, wurde von ihm sehr geschätzt.

وَقَفَ (i) n. vb. وُقُوعٌ *stehen bleiben, Halt machen*, c. عَلَى *bei; still stehen; Stand halten; sich hinstellen*, c. عَلَى *an, bei; treten*, c. إِلَى *zu*. – trop. c. عَلَى *lesen; sehen* ‖ مَوْقِفٌ pl. مَوَاقِفُ *Halteplatz, Station; Platz, Stellung.*

وَقَى (i) c. a. *etw. behüten, in acht nehmen*; c. d. a. od. c. a. und مِنْ *etw. bewahren, retten vor* ‖ V c. a. *sich hüten vor; vermeiden* 151,14 ‖ VIII c. a. *auf d. Hut sein vor; fürchten*. – c. a. und بِ *sich vor etw. zu retten suchen durch, mittels, es abzuwehren suchen durch Einsetzung von* (79,10). – absol. *gottesfürchtig leben* (so auch 159,4).

وكأ VIII *sich lehnen, anlehnen; sich anlehnend* od. *aufstützend sitzen* od. *lagern*, c. عَلَى *auf* ‖ مُتَّكَأٌ (n. l., s. § 78.3) *Ort, wo man sich anlehnend sitzt* o.ä.; *Mahl* (bei dem man auf Polstern liegt) 135,6.

مَوْكِبٌ *Kavalkade, glänzendes Gefolge eines Vornehmen.*

وكد II, Nebenform أَكَّدَ, *festmachen; verstärken; bekräftigen, versichern* 177, 5; t. gramm. (*e. Nomen mittels gewisser Appositionen begrifflich*) *verstärken* ‖ وَكِيدٌ, Nebenform أَكِيدٌ, *fest, stark*. – آكَدُ elat. 23,12 ‖ تَوْكِيدٌ (eig. n. vb. II) *verstärkende Apposition* (s. II).

وَكْرٌ pl. أَوْكَارٌ *Nest.*

وكل II c. a. p. und بِ r. *jmdn. zum Aufseher, Verwalter von etw. machen, jmd. mit d. Beobachtung* od. *Bewachung von etw. beauftragen*. – c. a. r. und بِ alt. *e. Sache unauflöslich mit e. anderen verbinden* (3,10; d. betr. Satz: إِنَّ البَلَاءَ مُوَكَّلٌ بِالمَنْطِقِ *Ungemach ist unauflöslich verbunden mit dem Reden* d.h. *ist e. notwendige Folge d. Redens* ist e. zum Sprichwort gewordener Halbvers) ‖ V c. عَلَى *sich verlassen auf* ‖ VIII c. عَلَى id. – absol. *es in Ergebenheit bei Gottes Rat bewenden lassen* (159,2) ‖ وَكِيلٌ *Aufseher, Verwalter*, c. عَلَى *über* ‖ المُتَوَكِّلُ (عَلَى اللّٰهِ) ʿabbāsid. Kalif (232/847-247/861).

وَلَدَتْ bzw. وَلَدَ (i) *gebären* bzw. *zeugen* ‖ وَلَدٌ (sg. und coll., m. und f.) pl. أَوْلَادٌ *Kind* (gew. *Sohn*), *Junges* (v. Tieren) *Foetus; Kinder* etc. ‖ وَلُودٌ (f., s. § 113.1) *fruchtbar* (Frau, weibl. Tier) ‖ وَلِيدٌ *neugeborenes Kind; kleines Kind* (111,10, wo aber d. Sinnspiel zu beachten ist); *Bursche; Sklave*. – الوَلِيدُ auch n. pr. v. ‖ وِلَادَةٌ (eig. n. vb.) *Geburt* ‖ وَالِدٌ *Vater*. – وَالِدَةٌ *Mutter*. – الوَالِدَانِ *Eltern* ‖ مَوْلِدٌ *Geburtsort, -zeit.*

وَلِعَ (a) c. بِ *e. Sache sehr ergeben, auf sie erpicht sein* ‖ IV pass. c. بِ id. ‖ مُولَعٌ c. بِ *erpicht auf; d. schlechten Angewohnheit ergeben, zu ...*

وَلَغَ (impf. يَلَغُ, vgl. § 240) *lecken, labbern* (Hund).

وَلِيمَةٌ *Festmahl*, bes. *Hochzeitsmahl.*

وَلِيَ (impf. يَلِي) c. a. *nahe, benachbart sein, angrenzen an* (in dieser Bedeutung auch, obwohl seltener, d. Form وَلَى, impf. يَلِي). – c. a. od. عَلَى *vorstehen, verwalten*. – absol. *zur Herr-*

schaft, Regierung gelangen; regieren ‖ II c. d. a. *etw.* (d. Gesicht o.ä.) *wenden nach; jmd. in d. Stand setzen, sich zu wenden nach.* – absol. (mit Ellipse v. دُبُرَهُ القَوْمَ o.ä.) *kehrtmachen, sich zur Flucht wenden.* – c. a. p. und a. od. عَلَى r. *jmdn. betrauen mit, stellen an d. Spitze von* ‖ III c. a. *etw. ohne Unterbrechung* od. *d. Reihe nach tun, erledigen.* – عَلَى الوِلَاءِ *d. Reihe nach* ‖ IV c. d. a. *jmdm. etw. erweisen* (e. Wohltat, Gefälligkeit u.ä.), *antun* (Böses) ‖ V c. a. *bekleiden, verwalten* (e. Amt); *sich unterziehen, sich befassen mit* (einer Aufgabe) ‖ X c. عَلَى *sich bemächtigen* ‖ وَلَاءٌ *(Verwandtschaft*, bes.) *Klientel-Verwandtschaft, Patronat* (besteht zwischen e. Herrn u. seinem Freigelassenen u. geht auch auf d. beiderseitigen Nachkommen über), c. عَلَى des Klienten ‖ وِلَاءٌ n. vb. zu III q.v. ‖ وَالٍ pl. وُلَاةٌ gew. *Gouverneur, Statthalter*; 88,10 *Besorger* d.h. *Bestatter* (d. Gefallenen) ‖ مَوْلًى pl. مَوَالٍ *Herr; Schutzherr, Patron; Freigelassener, Klient.* – مَوْلَاةٌ *Herrin.*

وَهَبَ (impf. يَهَبُ, s. § 240) *geben, schenken*, gew. c. لِ p. und a. r.

وهم IV c. أَنَّ *glauben machen, daß ..., so tun, als ob ...* (4,8, wo يُوهِمُ zu lesen ist) ‖ VIII c. a. p. *jmd. im Verdacht d. Unwahrhaftigkeit, Unglaubwürdigkeit haben* 49,17; 50,3 u.ö., c. عَلَى alt. (*der Unwahrhaftigkeit*) *zuungunsten eines anderen* 63,4 ‖ وَهْمٌ pl. أَوْهَامٌ *Gedanke; Einbildung; Irrtum, Fehler* (beim Sprechen) 118,17.

وهن II *schwächen, mürbe, energielos machen.*

وَيْحَ (c. gen.) interj., drückt urspr. Bedauern aus (= *o, ach*), ist später aber häufig Ausdruck d. Mißbilligung u. Zurechtweisung od. d. Verwunderung u. steht nicht selten auch als bloßer Anruf.

ى

يـ Defektivschreibung für يَا (q.v. – 59,2; 64,8 u.ö.).

يَا part. des Anrufs (§ 157) *o(h).* – vgl. أَيُّهَا.

يَاءٌ Name d. Buchstaben ى.

يَئِسَ (a, i) n. vb. يَأْسٌ (c. مِنْ) *verzweifeln (an), die Hoffnung aufgeben (auf).*

يَاقُوتٌ (η) coll. *Hyazinth; Saphir.*

يَبِسَ (a) *trocken sein, trocknen.*

يَتِيمٌ pl. أَيْتَامٌ, يَتَامَى *vaterlose Waise.*

يَحْيَى (א) *Johannes* (d. Täufer). – يَحْيَى بْنُ سَعِيدٍ القَطَّانُ baṣrischer Traditionslehrer, gest. 198/813. – يَحْيَى بْنُ مَعِينٍ großer baghdadischer Traditionarier, gest. 233/847.

يَدٌ f. (§ 72 d), pl. أَيْدٍ *Hand* (zuweilen mit Vorderarm), (bei Tieren) *Vorderfuß, -bein*; trop. *Besitz; Macht, Gewalt; Wohltat, Gefälligkeit.* – يَدَا أَبِي لَهَبٍ 125,13 wohl für ʾAbū Lahab selbst (Synekdoche/pars pro toto). – s. مِنْ بَيْنِ يَدَيْ (أَيْدِي) u. بَيْنَ يَدَيْ (أَيْدِي) u. بَيْنَ; بَيْنَ أَيْدِينَا وَأَرْجُلِنَا 44,3 = *in unserem*

Inneren o.ä. – (يَدِ) عَلَى يَدَىْ *durch d. Tätigkeit ..., durch.*

اَلْيَرْمُوكُ d. größte, v. Osten her einmündende Nebenfluß d. Jordan, an dem die Muslime i. Jahre 15/636 den Byzantinern e. vernichtende Niederlage beibrachten.

يَزْدَجِرْدُ n. pr. pers. – يَزْدَجِرْدُ (بْنُ شَهْرِيَارَ) *Yazdagird* III., letzter Sasaniden-Herrscher (632/3-651/2).

يَزَنِىٌّ n. rel. zu يَزَنُ Stamm od. wohl richtiger Familienverband (SA.).

يَزِيدُ s. u. زيد .

يسٓ mystischer Anfang d. Sure 36 (vgl. الٓر); Name dieser Sure.

يَسِرَ (a) *leicht sein* ‖ يَسُرَ (u) *leicht sein* (opp. عَسُرَ); *wenig, unbeträchtlich sein* ‖ II c. a. *leicht, glatt machen.* – c. a. r. und لِ p. *jmdm. Gelegenheit u. Mittel zur Erlangung von etw. schenken* 155,13. – c. a. p. (et لِ r.) *jmdm. d. Weg ebnen (zu), ihn bereit, fertig machen (für)* 158,5; 159,3 ‖ IV *sich in guten Umständen befinden, reich sein* ‖ X *leicht sein* d.h. *leicht, ohne Vermögensschädigung entrichtet werden können* 144,9 ‖ يُسْرٌ *Leichtigkeit; bequeme, angenehme Lage, günstige Umstände, Wohlstand* ‖ يَسَارٌ *Wohlstand, Reichtum. – linke Hand; linke Seite* ‖ يَسِيرٌ *leicht,* c. عَلَى p. *für; wenig, unbeträchtlich,* (von d. Zeit) *kurz* ‖ أَيْسَرُ elat., f. يُسْرَى *leichter; linke Seite* (vgl. يَسَارٌ) ‖ مُوسِرٌ *wohlhabend, reich* ‖ مَيْسِرٌ altarab. Glücksspiel, e. Art Losspiel, bei dem mit Pfeilen ohne Spitze u. Befiederung um geschlachtete u. zerteilte Kamele gespielt wurde (im Koran verboten: Sure 5,92f. u. 2,216) ‖ مَيْسَرَةٌ *linke Seite; linker Flügel e. Heeres.*

يَعْقُوبُ (cf. hebr. יעקב) *Jakob.*

يَعْلَى s. u. علو .

يَاقُوتٌ s. Buchstabenfolge.

يَقِظَ (a) *wach sein* ‖ IV *wecken* ‖ X *er-, aufwachen.*

اَلْيَمَنُ (eig. *d. rechte Seite* d.h.) *d. Südgegend,* gew. *Südarabien,* genauer *Jemen* ‖ يَمِينٌ f. (§ 111d), pl. أَيْمَانٌ *rechte Hand; rechte Seite; Schwur, Eid* ‖ أَيْمَنُ (eig. elat.), f. يُمْنَى *rechts; rechte Seite.* – glücklich ‖ مَيْمَنَةٌ *rechte Seite; rechter Flügel e. Heeres.*

يَنَعَ (a, i) n. vb. يَنْعٌ *reifen* (Frucht, 123,5; d. hier stehende يَنْعٌ ist aber auch als pl. von يَانِعٌ *reif* gedeutet worden).

يَهُودُ, häufiger اَلْيَهُودُ *die Juden.* – n. rel. يَهُودِىٌّ *jüdisch; ein Jude.*

يُوسُفُ (cf. hebr. יוסף) *Joseph.*

يَوْمٌ pl. أَيَّامٌ (§ 33 c) *Tag* (als Zeiteinheit; bloß d. helle Tag, opp. لَيْلَةٌ, od. d. ganze Kalendertag); prägnant gebraucht: *Kampf-, Schlachttag; Todestag;* 64,2 *d. (für d. sexuellen Verkehr mit e. Frau) reservierte Tag;* als geograph. Entfernungsmaß = *Tagreise.* – pl. أَيَّامٌ auch allgem. Ausdruck für *längere Zeit* (33,11 u. 12 u. 17); oft = *Regierungszeit, Zeitalter* u.ä. – zu يَوْمُهُ u.ä. s. §§ 360.1, 386.2. – يَوْمَ *am Tage da ...* (§ 346). – يَوْمًا *eines Tages.* – اَلْيَوْمُ (§ 143b) *d. heutige Tag;* اَلْيَوْمَ *heute; heutzutage.* – يَوْمَئِذٍ (eig. *am*

Tage v. damals) *an jenem Tage*; *damals*; *dann* (129,8).

يُونُسُ (cf. hebr. יונה) *Jonas*. – يُونُسُ بْنُ حَبِيبٍ başrischer Grammatiker, gest. 182/798. – اِبْنُ يُونُسَ ägypt. Traditionarier u. Historiker, gest. 347/958.

PORTA LINGUARUM ORIENTALIUM

تَسْهِيل التَّحْصِيل

وهو

كتاب مدرسى يتألف من نخب مختارة من الكتب العربية

جمعه واعتنى بضبطه مع قاموس

رودولف إيرنست برونو وأوغوست فيشر

اعتنى بالطبعة الثامنة

مع مقدّمة وقاموس وملاحظات لغوية وثقافية

المدرّسان فى معهد الدراسات الثقافية واللغات الشرقية بجامعة أوسلو

لوتز إدزارد وأمين بيورشنوس

الناشر : هاراسوفيتس

فى فيسبادن

٢٠٠٨

فهرس الكتاب

صحيفة

١	مِنْ كِتَابِ تَسْلِيَةِ ٱلْخَوَاطِرِ فِى مُنْتَخَبَاتِ ٱلْمُلَحِ وٱلنَّوَادر لِشَاكِرٍ ٱلْبَتْلُونِىٍّ
١	(١)
١	(٢)
٢	(٣)
٢	(٤)
٣	(٥)
٣	(٦)
٤	(٧)
٤	(٨)
٥	(٩)
٦	(١٠)
٧	(١١)
١٠	(١٢)
١٣	(١٣)
١٥	(١٤)
١٧	(١٥)
٢١	مِنْ كِتَابِ الأَغانِىٍّ لِأَبِى الفَرَج الإِصْبَهانِىٍّ
٢١	تَأَبَّطَ شَرًّا
٢٤	قَيْس بن ذَريح
٢٩	عُرْوة بن حزام العُذْرىّ

صحيفة

٣٦ من كتاب سِيرة النَبِىّ صلّى اللّٰهُ عليه وسلّم لابن هِشام

٣٦ حَمْل آمِنةَ برَسُولِ الله صلّعم ووِلادته

٣٨ مَبْعَث النبىّ صلّعم

٤٣ أَمْر العَقَبة الأولى

٤٤ أمر العقبة الثانية

٤٩ هِجْرة رسول الله صلّعم إلى المدينة

٥٤ نُبْذة من الخبر عن غَزْوة بَدْرٍ الكُبْرَى

٥٧ نُخبة من الخبر عن فَتْح مكّة

٦٢ وَفاة رسول الله صلّعم

٦٦ من تأريخ الرُسُل والملوك للطَبَرىّ

٦٦ نُخْبة من الخبر عن فتوح الشأم و خالد بن الوَليد سيف الله

٧٧ نخبة من خبر القادِسيّة

٩٨ من كتاب وفيات الاعيان وأنباء ابناء الزمان لابن خَلِّكان

٩٨ سِيبَوَيْهِ

١٠٣ البُخَارىّ

١٠٧ ابن إسْحٰق صاحب المغازى والسير

١٠٩ أبو العَلاء المَعَرّىّ

١١٤ الحَرِيرىّ صاحب المقامات

١٢١ من القُرْآن

١٢١ سُورةُ ٱلفاتِحةُ (١)

١٢١ سُورةُ الإِخْلاصُ (١١٢)

١٢٢ سُورةُ الكافِرون (١٠٩)

١٢٢ من سورة الَانْعامُ (٦)

١٢٣ آيةُ الكُرْسِىِّ (٢: ٢٥٥)

صحيفة

١٢٤ سورة القَدْرُ (٩٧)
١٢٤ أوّل سورة المُدَّثِّرُ (٧٤)
١٢٥ سورة المَسَد (١١١)
١٢٦ سورة القارِعةُ (١٠١)
١٢٦ سورة التَكْوِير (٨١)
١٢٧ سورة الرَحْمنُ (٥٥)
١٣١ سورة الضُحَى (٩٣)
١٣١ سورة الفَلَقُ (١١٣)
١٣٢ النصف الأوّل من سورة يُوسُف (١٢)
١٣٨ سورة التَحْرِيمُ (٦٦)
١٤٠ نُبَذ مخترات من سورة البَقَرَةُ (٢)
١٥١ من كتاب الجامع الصَحيح للبُخاريّ
١٥١ من كتاب التوحيد
١٥٦ من كتاب القَدَر
١٦٠ من كتاب اللباس
١٦٢ من كتباب النكاح
١٧١ كتاب الآجُرُّومِيّة لمحمّد بن داوُد الصِنْهاجيّ الشهير بابن آجرّوم
١٨٣ من كتاب العين لابى عبد الرحمن الخليل بن أحمد الفراهيدى
١٨٣ من المقدّمة
١٨٨ من لسان العرب لابن منظور : قطرب
١٨٩ من تاج العروس للزبيدى : قطرب
١٩٢ من مروج الذهب ومعادن الجوهر للمسعودى
١٩٢ فى ذكر تنازع الناس فى المعنى الذى من أجله سمٍّى اليمن يمنا والعراق والشام والحجاز

صحيفة

* (مِنْ كِتَابِ

تَسْلِيَةِ ٱلْخَوَاطِرِ فِى مُنْتَخَبَاتِ ٱلْمُلَحِ وٱلنَّوَادر

لِشَاكِرٍ ٱلْبَتْلُونِىِّ) *

(١)

دَخَلَ طُفَيْلِىٌّ عَلَى قَوْمٍ يَأْكُلُونَ فَقَالَ لَهُمْ مَا تَأْكُلُونَ فَقَالُوا مِنْ بُغْضِهِ سَمًّا فَأَدْخَلَ يَدَهُ وَقَالَ ٱلْحَيَاةُ حَرَامٌ بَعْدَكُمْ

(٢)

نَظَرَ رَجُلٌ مِنَ ٱلطُّفَيْلِيِّينَ إِلَى قَوْمٍ مِنَ ٱلزَّنَادِقَةِ يُسَارُ بِهِمْ إِلَى ٱلْقَتْلِ فَرَأَى لَهُمْ هَيْئَةً حَسَنَةً وَثِيَابًا نَقِيَّةً فَظَنَّهُمْ يُدْعَوْنَ إِلَى وَلِيمَةٍ فَتَلَطَّفَ حَتَّى دَخَلَ فِى لَفِيفِهِمْ وَصَارَ وَاحِدًا مِنْهُمْ فَلَمَّا بَلَغَ صَاحِبَ ٱلشُّرْطَةِ قَالَ أَصْلَحَكَ ٱللّٰهُ لَسْتُ وَٱللّٰهِ مِنْهُمْ وَإِنَّمَا

Überschrift: zu al-Batlūnī vgl. *GAL* S II: 758. **Z. 1** قَوْمٍ يَأْكُلُونَ : *constructio ad sensum*; vgl. Fischer § 352 und Wright Bd. 2 §§ 141ff.; zu (prädikativen) Relativsätzen vgl. Fischer § 428 und Wright Bd. 2 §§ 172ff. **Z. 2** مِنْ بُغْضِهِ : zur Funktion von مِنْ in diesem Fall vgl. Fischer § 399. **Z. 3** ٱلْحَيَاةُ حَرَامٌ بَعْدَكُمْ : Adjektive des Typs *fa^cāl* haben keine Genusmarkierung, z.B. حَلال ، حَرام ; vgl. Fischer § 121 und Wright Bd. 1 § 297; بَعْدَكُمْ "nach eurem Tod". **Z. 5** يُسَارُ بِهِمْ : unpersönliches Passiv; vgl. Fischer § 199. **Z. 6** فَظَنَّهُمْ يُدْعَوْنَ : zu den semantischen Nuancen des asyndetischen Imperfekts in diesem Fall vgl. Fischer § 433 und generell Wright Bd. 2 §§ 8f. **Z. 7** وَصَارَ وَاحِدًا : zu "*kāna* und seinen Schwestern" (كان وأخواتها) vgl. Fischer § 382 und Wright Bd. 2 §§ 42ff. **Z. 8** أَصْلَحَكَ ٱللّٰهُ : zur Suffixkonjugation in solchen Fällen (der Begriff "Wunschperfekt" ist zu vermeiden) vgl. Fischer § 182 und Wright Bd. 2 § 1; vgl. hierzu auch die ältere Funktion der semitischen Suffixkonjugation, wie sie im akkadischen Stativ / Verbaladjektiv vorliegt. وَٱللّٰهِ : zu den Schwurpartikeln vgl. Fischer § 294 und Wright Bd. 1 § 255.

أَنَا طُفَيْلِيٌّ ظَنَنْتُهُمْ يُدْعَوْنَ إِلَى صَنِيعٍ فَدَخَلْتُ فِى جُمْلَتِهِمْ فَقَالَ لَيْسَ هٰذَا مِمَّا يُنْجِيكَ مِنِّى ٱضْرِبُوا عُنُقَهُ فَقَالَ أَصْلَحَكَ ٱللّٰهُ إِنْ كُنْتَ وَلَا بُدَّ فَاعِلًا فَمُرِ ٱلسَّيَّافَ أَنْ يَضْرِبَ بَطْنِى بِٱلسَّيْفِ فَإِنَّهُ هُوَ ٱلَّذِى وَرَّطَنِى فِى هٰذِهِ ٱلْوَرْطَةِ فَضَحِكَ صَاحِبُ ٱلشُّرْطَةِ وَسَأَلَ عَنْهُ فَأَخْبَرُوهُ أَنَّهُ طُفَيْلِيٌّ مَعْرُوفٌ فَخَلَّى سَبِيلَهُ

(٣)

مَرَّ بَعْضُهُمْ بِٱمْرَأَةٍ قَاعِدَةٍ عَلَى قَبْرٍ وَهِىَ تَبْكِى فَقَالَ لَهَا مَا هٰذَا ٱلْمَيِّتُ مِنْكِ قَالَتْ زَوْجِى فَقَالَ لَهَا وَمَا كَانَ عَمَلُهُ قَالَتْ كَانَ يَحْفِرُ ٱلْقُبُورَ قَالَ أَبْعَدَهُ ٱللّٰهُ وَلَا رَحِمَهُ أَمَا عَلِمَ أَنَّهُ مَنْ حَفَرَ حُفْرَةً وَقَعَ فِيهَا

(٤)

دَعَا مُغَنٍّ مَرَّةً أَخًا لَهُ فَأَقْعَدَهُ إِلَى ٱلْعَصْرِ فَلَمْ يُطْعِمْهُ شَيْئًا فَٱشْتَدَّ جُوعُهُ فَأَخَذَهُ مِثْلُ ٱلْجُنُونِ فَأَخَذَ صَاحِبُ ٱلْبَيْتِ ٱلْعُودَ وَقَالَ لَهُ بِحَيَاتِى أَىَّ صَوْتٍ تَشْتَهِى أَنْ أُسْمِعَكَ قَالَ صَوْتَ ٱلْمِقْلَى فَخَجِلَ أَخُوهُ وَعَجَّلَ لَهُ بِطَعَامٍ

Z. 2 مِمَّا يُنْجِيكَ : vgl. Fischer § 425. **Z. 3** إِنْ كُنْتَ وَلَا بُدَّ فَاعِلًا : "wenn du es unbedingt tun mußt ..."; zur "absoluten Verneinung" vgl. Fischer § 318c und Wright Bd. 1 § 364; zu Bedingungssätzen im allgemeinen vgl. Fischer §§ 445ff. und Wright Bd. 2 §§ 187ff. **Z. 7** وَهِىَ تَبْكِى : zu koordinierten *ḥāl*-Sätzen im allgemeinen vgl. Fischer §§ 407–409; zum *wāw al-ḥāl* Wright Bd. 2 § 183. **Z. 10** عَلِمَ أَنَّهُ : zum "Pronomen des Sachverhalts" (*ḍamīr aš-šaʾn*) vgl. Fischer § 338 und Wright Bd. 1 §§ 362, 367 und Bd. 2 §§ 36, 152. **Z. 11** مُغَنٍّ : Partizip, Wurzel *ġ–n–y*, II. أَخًا لَهُ : "einen seiner Brüder/Kollegen"; zu den Determinationsregeln, auch mit Bezug auf die Annexion/Constructusverbindung (إضافة) vgl. Fischer §§ 140–146 und Wright Bd. 2 §§ 92ff. **Z. 13** بِحَيَاتِى : zu Schwurpartikeln und Schwurformeln vgl. wiederum Fischer § 294 Anm. 2 und Wright Bd. 1 § 255.

(٥)

دَخَلَ شَرِيكُ بْنُ ٱلأَعْوَرِ عَلَى مُعْوِيَةَ وَكَانَ دَمِيمًا فَقَالَ لَهُ مُعْوِيَةُ إِنَّكَ لَدَمِيمٌ وٱلْجَمِيلُ خَيْرٌ مِنَ ٱلدَّمِيمِ وإِنَّكَ لَشَرِيكٌ وَمَا لِلّٰهِ مِنْ شَرِيكٍ وَإِنَّ أَبَاكَ ٱلْأَعْوَرُ وَٱلصَّحِيحُ خَيْرٌ مِنَ ٱلْأَعْوَرِ فَكَيْفَ سُدْتَ قَوْمَكَ قَالَ إِنَّكَ لَمُعْوِيَةُ وَمَا مُعْوِيَةُ إِلَّا كَلْبَةٌ عَوَتْ فَٱسْتَعْوَتِ ٱلْكِلَابَ وَإِنَّكَ ٱبْنُ صَخْرٍ وَٱلسَّهْلُ خَيْرٌ مِنَ ٱلصَّخْرِ وَإِنَّكَ لَٱبْنُ حَرْبٍ وَٱلسِّلْمُ خَيْرٌ مِنَ ٱلْحَرْبِ وَإِنَّكَ لَٱبْنُ أُمَيَّةَ وَمَا أُمَيَّةُ إِلَّا أَمَةٌ صُغِّرَتْ فَكَيْفَ صِرْتَ أَمِيرَ ٱلْمُؤْمِنِينَ فَخَجِلَ مُعْوِيَةُ وَقَالَ إِنَّ ٱلْبَلَاءَ مُوَكَّلٌ بِٱلْمَنْطِقِ

(٦)

اِجْتَمَعَ مُحَدِّثٌ وَنَصْرَانِىٌّ فِى سَفِينَةٍ فَأَخْرَجَ ٱلنَّصْرَانِىُّ زُكْرَةً مِنْ خَمْرٍ كَانَتْ مَعَهُ وَصَبَّ مِنْهَا فِى كَأْسٍ وَشَرِبَ ثُمَّ صَبَّ ثَانِيًا وَعَرَضَ عَلَى ٱلْمُحَدِّثِ فَتَنَاوَلَهُ مِنْ غَيْرِ فِكْرَةٍ وَلَا مُبَالَاةٍ فَقَالَ ٱلنَّصْرَانِىُّ جُعِلْتُ فِدَاكَ إِنَّهَا خَمْرَةٌ فَقَالَ ٱلْمُحَدِّثُ مِنْ أَيْنَ عَلِمْتَ ذٰلِكَ قَالَ ٱشْتَرَاهَا غُلَامِى مِنْ يَهُودِىٍّ فَشَرِبَهَا

Z. 1 شَرِيكُ بْنُ ٱلأَعْوَرِ : in genealogischen Sequenzen verliert ein vor بن stehender Name die Nunation; vgl. Fischer § 141, Anm. 2. مُعْوِيَةَ : zur Diptosie/Triptosie bei Eigennamen vgl. Wright Bd. 1 §§ 234ff. **Z. 3** وَمَا لِلّٰهِ مِنْ شَرِيكٍ : zum partitiven Gebrauch von مِنْ vgl. Fischer § 299b. **Z. 8** صُغِّرَتْ : hier in grammatischer Bedeutung: "wurde in den Diminutiv gesetzt". **Z. 9** إِنَّ ٱلْبَلَاءَ مُوَكَّلٌ بِٱلْمَنْطِقِ : zu diesem Sprichwort vgl. Rosenthal 1989. مَنْطِق – formal ein *maṣdar mīmī* (vgl. Fischer § 230) – bedeutet hier einfach "Sprechen"; in der Bedeutung "Logik" ist es eine *calque* (Lehnübersetzung) aus dem Griechischen. **Z. 14** مِنْ غَيْرِ فِكْرَةٍ : "ohne ..."; vgl. Fischer § 299, Anm 3. **Z. 15** إِنَّهَا خَمْرَةٌ : zur Kongruenz in diesem Fall vgl. Fischer § 364.

ٱلْمُحَدِّثُ سَرِيعًا وَقَالَ لِلنَّصْرَانِىِّ مَا رَأَيْتُ أَحْمَقَ مِنْكَ نَحْنُ أَصْحَابَ ٱلْحَدِيثِ نَتَكَلَّمُ فِى مِثْلِ سُفْيَانَ ٱبْنِ عُيَيْنَةَ وَيَزِيدَ بْنِ هَارُونَ أَفَنُصَدِّقُ نَصْرَانِيًّا عَنْ غُلَامِهِ عَنْ يَهُودِىٍّ وَٱللّٰهِ مَا شَرِبْتُهَا إِلَّا لِضَعْفِ ٱلْإِسْنَادِ

(٧)

أَمَرَ عُمَرُ بْنُ ٱلْخَطَّابِ بِقَتْلِ ٱلْهُرْمُزَانِ فَشَكَا ٱلْعَطَشَ فَأُتِىَ بِإِنَاءٍ فِيهِ مَاءٌ فَلَمَّا تَنَاوَلَهُ أَظْهَرَ رِعْشَةً فِى يَدِهِ يُوهِمُ أَنَّهَا مِنْ خَوْفٍ فَقَالَ عُمَرُ لَا بَأْسَ عَلَيْكَ حَتَّى تَشْرَبَ فَرَمَى ٱلْإِنَاءَ مِنْ يَدِهِ فَكَسَرَهُ فَأَمَرَ عُمَرُ بِقَتْلِهِ فَقَالَ ٱلْهُرْمُزَانُ أَوَلَيْسَ قَدْ أَعْطَيْتَنِى ٱلْأَمَانَ قَالَ مَتَى فَقَالَ أَلَسْتَ قُلْتَ لَا بَأْسَ عَلَيْكَ حَتَّى تَشْرَبَ وَلَمْ أَشْرَبْ قَالَ عُمَرُ قَاتَلَهُ ٱللّٰهُ أَخَذَ مِنَّا ٱلْأَمَانَ وَلَمْ نَشْعُرْ

(٨)

وَمِنْ دَقِيقِ ٱلْإِشَارَاتِ أَنَّ ٱلْمُتَنَبِّئَ ٱلشَّاعِرَ ٱلْمَشْهُورَ مَدَحَ بَعْضَ أَعْدَاءِ مَلِكِهِ فَغَضِبَ وَهَمَّ أَنْ يَفْتُكَ بِهِ فَهَرَبَ فَأَمَرَ ٱلْمَلِكُ بَعْدَ مُدَّةٍ كَاتِبَهُ أَنْ يَلْطُفَ لَهُ

Z. 2 نَحْنُ أَصْحَابَ ٱلْحَدِيثِ : nach einem Pronomen in der ersten oder zweiten Person folgt die Apposition im abhängigen Kasus (*naṣb*); vgl. Fischer §§ 383b und 393 Anm. 2; der Begriff "Akkusativ" greift hier nicht, ebensowenig wie bei der absoluten Verneinung, dem Vokativ innerhalb einer *ʾiḍāfa*, dem prädikativen Partizip (*ḥāl*), dem Prädikat von *kāna* und seinen Schwestern und dem Subjekt nach *ʾinna* (vgl. auch Lipiński 2001: 259–267); vielmehr liegen hier Spuren eines alten afroasiatischen "prädikativen" Falls mit einer *a*-Endung vor; zu Bildungen wie *ṣāḥib x*, *ʾahl* x, oder *ḏū x* vgl. Fischer § 391 und Wright Bd. 2 § 81. نَتَكَلَّمُ : die Quellen dieses Texts weisen نُضعِّف "wir schwächen" ("falsifizieren") auf. **Z. 3** أَفَنُصَدِّقُ : zur Reihenfolge der Partikeln أ und ف in diesem Fall vgl. Fischer § 335. **Z. 4** مَا شَرِبْتُهَا إِلَّا : zur doppelten Verneinung im Sinne von "nur" vgl. Fischer § 310c; zu verneinten Sätzen im allgemeinen vgl. Wright Bd. 2 §§ 153ff. **Z. 8–9** لَا بَأْسَ : zur "absoluten Verneinung" vgl. Fischer § 318c und Wright Bd. 2 § 39.

كِتَاب تَسْلِيَةِ ٱلْخَوَاطِرِ فِى مُنْتَخَبَاتِ ٱلْمُلَحِ وَٱلنَّوَادِرِ ٥

ٱلْقَوْلَ لِيَأْتِىَ فَيَخْدَعَهُ وَيَقْتُلَهُ وَكَانَ ٱلْكَاتِبُ يُحِبُّ ٱلْمُتَنَبِّئَ وَلَمْ تَسَعْهُ ٱلْمُخَالَفَةُ فَكَتَبَ فِى آخِرِ ٱلْكِتَابِ قَدْ عَفَوْنَا إِنْ شَاءَ ٱللَّهُ وَشَدَّدَ ٱلنُّونَ فَلَمَّا وَقَفَ ٱلْمُتَنَبِّئُ عَلَيْهِ رَحَلَ وَأَرْسَلَ إِلَى ٱلْكَاتِبِ ٱلْكِتَابَ وَقَدْ زَادَ أَلِفًا بَعْدَ ٱلنُّونِ ٱلْمُشَدَّدَةِ وَهٰذِهِ مِنْ أَلْطَفِ ٥ ٱلْإِشَارَاتِ فَإِنَّ ٱلْكَاتِبَ أَرَادَ بِإِنَّ قَوْلَهُ تَعَالَى إِنَّ ٱلْمَلَأَ يَأْتَمِرُنَ بِكَ لِيَقْتُلُوكَ فَٱخْرُجْ إِنِّى لَكَ مِنَ ٱلنَّاصِحِينَ وَأَرَادَ ٱلْمُتَنَبِّئُ بِزِيَادَةِ ٱلْأَلِفِ قَوْلَهُ تَعَالَى إِنَّا لَنْ نَدْخُلَهَا أَبَدًا مَا دَامُوا فِيهَا

(٩)

قِيلَ كَانَ ٱلْمَأْمُونُ يَقْرَأُ ٱلْقُرْآنَ عَلَى ٱلْكِسَائِىِّ ١٠ وَٱلْمَأْمُونُ إِذْ ذَاكَ صَغِيرٌ وَكَانَ مِنْ عَادَةِ ٱلْكِسَائِىِّ إِذَا قَرَأَ عَلَيْهِ ٱلْمَأْمُونُ يُطْرِقُ رَأْسَهُ فَإِذَا غَلِطَ ٱلْمَأْمُونُ رَفَعَ ٱلْكِسَائِىُّ رَأْسَهُ وَنَظَرَ إِلَيْهِ فَيَرْجِعُ ٱلْمَأْمُونُ إِلَى ٱلصَّوَابِ فَقَرَأَ ٱلْمَأْمُونُ يَوْمًا سُورَةَ ٱلصَّفِّ فَلَمَّا قَرَأَ يَا أَيُّهَا ٱلَّذِينَ آمَنُوا لِمَ تَقُولُونَ ١٥

Z. 1 فَيَخْدَعَهُ وَيَقْتُلَهُ: zu ف mit dem Subjunktiv (abhängigen Modus im Sinne der einheimischen arabischen Grammatik) vgl. Fischer § 410 und Wright Bd. 2 § 15 (d, e). وَكَانَ … يُحِبُّ: zur Semantik von *kāna yafʿalu* vgl. Fischer § 192 und Wright Bd. 2 § 9; vgl. auch Nebes 1982. **Z. 6** أَرَادَ بِإِنَّ قَوْلَهُ تَعَالَى: mit إِنَّ wollte er [sich auf Gottes Ausspruch (Q 28: 20) beziehen]; تَعَالَى: Wurzel ʿ-l-y, VI. **Z. 9**: vgl. Q 5: 24. **Z. 9** مَا دَامُوا: zu ما im Sinne von "so lange wie" vgl. Fischer § 462 und Wright Bd. 2 § 7. **Z. 11–12** وَكَانَ … إِذَا قَرَأَ: zur Protasis im Präteritum vgl. Reckendorf *AS* § 235, 3. **Z. 14–15** سُورَةَ ٱلصَّفِّ: d.h. Q 61. **Z. 15** ٱلَّذِينَ آمَنُوا: zu nominalisierten Relativsätzen vgl. Fischer § 421 und Wright Bd. 2 § 174; zum Zitat vgl. Q 61: 2.

مَا لَا تَفْعَلُونَ رَفَعَ ٱلْكِسَائِىُّ رَأْسَهُ وَنَظَرَ ٱلْمَأْمُونُ إِلَيْهِ فَكَرَّرَ ٱلْآيَةَ فَوَجَدَ ٱلْقِرَاءَةَ صَحِيحَةً فَمَضَى عَلَى قِرَاءَتِهِ وَٱنْصَرَفَ ٱلْكِسَائِىُّ فَدَخَلَ ٱلْمَأْمُونُ عَلَى أَبِيهِ ٱلرَّشِيدِ فَقَالَ يَا أَمِيرَ ٱلْمُؤْمِنِينَ إِنْ كُنْتَ وَعَدْتَ ٱلْكِسَائِىَّ وَعْدًا فَإِنَّهُ يَسْتَنْجِزُهُ مِنْكَ قَالَ إِنَّهُ كَانَ ٱلْتَمَسَ لِلْفَرَّاءِ شَيْئًا وَوَعَدْتُهُ بِهِ فَهَلْ قَالَ لَكَ شَيْئًا قَالَ لَا قَالَ فَمَا أَطْلَعَكَ عَلَى هٰذَا فَأَخْبَرَهُ بِٱلْأَمْرِ فَسَرَّهُ ذٰلِكَ مِنْ فِطْنَتِهِ وَحِدَّةِ ذَكَائِهِ

(١٠)

حُكِىَ أَنَّ ٱمْرَأَةً تَخَاصَمَتْ مَعَ زَوْجِهَا فِى وَلَدٍ عِنْدَ بَعْضِ ٱلْحُكَّامِ فَقَالَتِ ٱلْمَرْأَةُ أَيَّدَكَ ٱللّٰهُ تَعَالَى هٰذَا وَلَدِى كَانَ بَطْنِى لَهُ وِعَاءً وَحِجْرِى لَهُ فِنَاءً وَثَدْيِى لَهُ سِقَاءً أُلَاحِظُهُ إِذَا قَامَ وَأَحْفَظُهُ إِذَا نَامَ فَلَمْ أَزَلْ كَذَا مُدَّةَ أَعْوَامٍ فَلَمَّا كَمَلَ فِصَالُهُ وَٱشْتَدَّتْ أَوْصَالُهُ وَحَسُنَتْ خِصَالُهُ أَرَادَ أَبُوهُ أَخْذَهُ مِنِّى وَإِبْعَادَهُ عَنِّى فَقَالَ ٱلْحَاكِمُ لِلرَّجُلِ قَدْ سَمِعْتَ مَقَالَ

Z. 4 يَا أَمِيرَ ٱلْمُؤْمِنِينَ : zum Vokativ innerhalb einer Annexion/Constructusverbindung (إضافة) im abhängigen Kasus vgl. Fischer § 157 und Wright Bd. 2 § 38. **Z. 4–5** إِنْ كُنْتَ … فَإِنَّهُ يَسْتَنْجِزُهُ : zu Bedingungssätzen im allgemeinen vgl. Fischer §§ 445–455 und Wright Bd. 2 §§ 4–6, 187–190. وَعَدْتَ … وَعْدًا : zum "inneren Objekt" (Paronomasie, *figura etymologica* oder *mafʿūl muṭlaq* in der einheimischen arabischen grammatischen Terminologie vgl. Fischer § 376 und Wright Bd. 2 § 26; vgl. auch Diem 2007. **Z. 10** بَعْضِ ٱلْحُكَّامِ : zum Quantor بَعْض vgl. Fischer § 139 und Wright Bd. 2 § 82 (c).

زَوْجَتِكَ فَمَا عِنْدَكَ مِنَ ٱلْجَوَابِ قَالَ صَدَقَتْ وَلٰكِنِّى حَمَلْتُهُ قَبْلَ أَنْ تَحْمِلَهُ وَوَضَعْتُهُ قَبْلَ أَنْ تَضَعَهُ وَأُرِيدُ أَنْ أُعَلِّمَهُ ٱلْعِلْمَ وَأُفَهِّمَهُ ٱلْحُكْمَ فَقَالَ ٱلْحَاكِمُ مَا تَقُولِينَ فِى جَوَابِ كَلَامِهِ أَيَّتُهَا ٱلْمَرْأَةُ فَقَالَتْ صَدَقَ فِى مَقَالِهِ وَلٰكِنَّهُ حَمَلَهُ خَفِيفًا وَحَمَلْتُهُ ثَقِيلًا وَوَضَعَهُ شَهْوَةً وَوَضَعْتُهُ كُرْهًا فَتَعَجَّبَ ٱلْحَاكِمُ مِنْ كَلَامِهَا وَقَالَ لِلرَّجُلِ ٱدْفَعْ لَهَا وَلَدَهَا فَهِىَ أَحَقُّ بِهِ مِنْكَ

(١١)

حَكَى أَبُو جَعْفَرٍ مُحَمَّدُ بْنُ ٱلْفَضْلِ ٱلصَّيْمَرِىُّ قَالَ كَانَ فِى بَلَدِنَا عَجُوزٌ صَالِحَةٌ كَثِيرَةُ ٱلصِّيَامِ وٱلصَّلَاةِ وَكَانَ لَهَا ٱبْنٌ صَيْرَفِىٌّ مُنْهَمِكٌ عَلَى ٱلشُّرْبِ وٱللَّعِبِ وَكَانَ يَتَشَاغَلُ بِدُكَّانِهِ أَكْثَرَ نَهَارِهِ ثُمَّ يَعُودُ إِلَى مَنْزِلِهِ فَيُخَبِّئُ كِيسَهُ عِنْدَ وَالِدَتِهِ وَيَمْضِى فَيَبِيتُ فِى مَوَاضِعَ يُشْرَبُ فِيهَا فَعَيَّنَ بَعْضُ ٱللُّصُوصِ عَلَى كِيسِهِ لِيَأْخُذَهُ فَجَاءَ وَرَاءَهُ فَدَخَلَ إِلَى ٱلدَّارِ وَهْوَ لَا يَعْلَمُ فَٱخْتَبَأَ فِيهَا وَسَلَّمَ هُوَ كِيسَهُ إِلَى أُمِّهِ وَخَرَجَ وَبَقِيَتْ هِىَ وَحْدَهَا فِى ٱلدَّارِ وَكَانَ لَهَا فِى دَارِهَا بَيْتٌ مُؤَزَّرٌ

Z. 9 عَجُوزٌ صَالِحَةٌ : zu den Kongruenzverhältnissen vgl. Fischer § 121 und Wright Bd. 1 § 297. كَثِيرَةُ ٱلصِّيَامِ وٱلصَّلَاةِ : zur "uneigentlichen" Annexion/Constructusverbindung (إضافة غير حقيقية) vgl. Fischer § 146 und Wright Bd. 2 § 75. **Z. 13** يُشْرَبُ : oder يَشْرَبُ . **Z. 14** وَهْوَ : vgl. Fischer § 264 Anm. 3.

بِٱلسَّاجِ عَلَيْهِ بَابٌ مِنْ حَدِيدٍ تَجْعَلُ قُمَاشَهَا فِيهِ وَٱلْكِيسَ فَخَبَّأَتِ ٱلْكِيسَ فِيهِ خَلْفَ ٱلْبَابِ وَجَلَسَتْ فَأَفْطَرَتْ بَيْنَ يَدَيْهِ فَقَالَ ٱللِّصُّ ٱلسَّاعَةَ تُقَفِّلُهُ وَتَنَامُ وَأَنْزِلُ وَأَقْلَعُ ٱلْبَابَ وَآخُذُ ٱلْكِيسَ فَلَمَّا أَفْطَرَتْ قَامَتْ تُصَلِّى وَمَدَّتِ ٱلصَّلَاةَ وَمَضَى نِصْفُ ٱللَّيْلِ وَتَحَيَّرَ ٱللِّصُّ وَخَافَ أَنْ يُدْرِكَهُ ٱلصُّبْحُ فَطَافَ فِى ٱلدَّارِ فَوَجَدَ إِزَارًا جَدِيدًا وَبَخُورًا فَٱتَّزَرَ بِٱلإِزَارِ وَأَوْقَدَ ٱلْبَخُورَ وَأَقْبَلَ يَنْزِلُ عَلَى ٱلدَّرَجَةِ وَيَصِيحُ بِصَوْتٍ غَلِيظٍ لِيُفْزِعَ ٱلْعَجُوزَ وَكَانَتْ جَلْدَةً لَا تَخَافُ فَفَطِنَتْ أَنَّهُ لِصٌّ فَقَالَتْ مَنْ هٰذَا بِٱرْتِعَادٍ وَفَزَعٍ فَقَالَ أَنَا جَبْرَئِيلُ رَسُولُ رَبِّ ٱلْعَالَمِينَ أَرْسَلَنِى إِلَى ٱبْنِكِ هٰذَا ٱلْفَاسِقِ لِأَعِظَهُ وَأُعَامِلَهُ بِمَا يَمْنَعُهُ عَنِ ٱرْتِكَابِ ٱلْمَعَاصِى فَأَظْهَرَتْ أَنَّهَا قَدْ غُشِىَ عَلَيْهَا مِنَ ٱلْفَزَعِ وَأَقْبَلَتْ تَقُولُ يَا جَبْرَئِيلُ أَسْأَلُكَ إِلَّا رَفَقْتَ بِهِ فَإِنَّهُ وَحِيدٌ لِى فَقَالَ ٱللِّصُّ مَا أُرْسِلْتُ لِقَتْلِهِ قَالَتْ فَبِمَا أُرْسِلْتَ قَالَ لِآخُذَ كِيسَهُ وَأُحْرِقَ قَلْبَهُ بِذٰلِكَ فَإِذَا تَابَ رَدَدْتُهُ عَلَيْهِ فَقَالَتْ يَا جَبْرَئِيلُ شَأْنَكَ وَمَا أُمِرْتَ بِهِ مِنْ رَبِّ ٱلْعَالَمِينَ فَقَالَ تَنَحَّىْ مِنْ بَابِ ٱلْبَيْتِ

Z. 7 فَٱتَّزَرَ : zu Assimilationsphänomenen bei Verben im VIII. Stamm vgl. Fischer § 46 und Wright Bd. 1 § 117. **Z. 14** أَسْأَلُكَ إِلَّا : zu negativen Schwursätzen vgl. Fischer § 456 und Wright Bd. 2 § 186 (S. 339f.). Die als Apodosis hinzuzudenkende negative Konsequenz der Protasis (إِلَّا رَفَقْتَ بِهِ) ist nur impliziert. Eine geeignete Übersetzung ist "ich beschwöre dich, freundlich zu ihm zu sein". **Z. 18** مِنْ رَبِّ ٱلْعَالَمِينَ : kann auch gestrichen werden. تَنَحَّىْ : Imperativ, fem. sg., Wurzel *n–ḥ–w*, V.

فَتَنَحَّتْ وَفَتَحَ هُوَ ٱلْبَابَ وَدَخَلَ لِيَأْخُذَ ٱلْكِيسَ وَٱلْقُمَاشَ وَٱشْتَغَلَ فِى تَكْوِيرِهِ فَمَشَتِ ٱلْعَجُوزُ قَلِيلًا قَلِيلًا وَجَذَبَتِ ٱلْبَابَ وَجَعَلَتِ ٱلْحَلْقَةَ فِى ٱلرَّزَّةِ وَجَاءَتْ بِقُفْلٍ فَقَفَّلَتْهُ فَنَظَرَ ٱللِّصُّ إِلَى ٱلْمَوْتِ وَرَامَ حِيلَةً فِى نَقْبٍ أَوْ مَنْفَذٍ فَلَمْ يَجِدْ فَقَالَ ٱفْتَحِى لِأَخْرُجَ فَقَدِ ٱتَّعَظَ ٱبْنُكِ فَقَالَتْ يَا جِبْرَئِيلُ أَخَافُ أَنْ أَفْتَحَ ٱلْبَابَ فَتَذْهَبَ عَيْنِى مِنْ مُلَاحَظَةِ نُورِكَ ٱلْبَاهِرِ فَقَالَ إِنِّى أُطْفِئُ نُورِى حَتَّى لَا يَذْهَبَ بِعَيْنَيْكِ فَقَالَتْ يَا جِبْرَئِيلُ أَنْتَ رَسُولُ رَبِّ ٱلْعَالَمِينَ فَأَهْلًا وَمَرْحَبًا بِكَ وَأُرِيدُ أَنْ تَبْقَى عِنْدِى إِلَى ٱلصَّبَاحِ لِتُبَارِكَ مَنْزِلِى فَقَالَ لَهَا أَمَا قُلْتُ لَكِ إِنَّ ٱبْنَكِ قَدِ ٱتَّعَظَ فَلَا حَاجَةَ لِوُجُودِى عِنْدَكِ إِلَى ٱلصَّبَاحِ وَٱلْحَقُّ يَحْتَاجُنِى فَرُبَّمَا أَرَادَ أَنْ يُرْسِلَنِى لِأَعِظَ أَوْلَادَ غَيْرِكِ فَلَا يَجِدُنِى فَقَالَتْ لَا بَأْسَ يَا جِبْرَئِيلُ مَا يُعْوِزُكَ أَنْ تَخْرُجَ مِنَ ٱلسَّقْفِ أَوْ تَخْرِقَ ٱلْحَائِطَ بِرِيشَةٍ مِنْ جَنَاحِكَ وَلَا تُكَلِّفَنِى ٱلتَّغْرِيرَ بِبَصَرِى فَأَحَسَّ ٱللِّصُّ بِأَنَّهَا جَلْدَةٌ وَأَنَّهَا قَدْ عَرَفَتِ ٱلْمَسْئَلَةَ فَأَخَذَ يَرْفُقُ بِهَا وَيُدَارِيهَا وَيَبْذُلُ ٱلتَّوْبَةَ

Z. 16–17 وَلَا تُكَلِّفَنِى ٱلتَّغْرِيرَ بِبَصَرِى : "und du zwingst mich nicht, mein Augenlicht aufs Spiel zu setzen"; dabei ist ٱلتَّغْرِيرَ textkritisch ٱلتَّغْوِيرَ (oder auch ٱلتَّعْوِيرَ) vorzuziehen. **Z. 18** ٱلْمَسْئَلَةَ : zur *hamza*-Orthographie vgl. Fischer § 14 und Wright Bd. 1 §§ 15–17. فَأَخَذَ يَرْفُقُ : ingressives Verb mit asyndetischem Imperfekt.

فَقَالَتْ دَعْ عَنْكَ هٰذَا لَا سَبِيلَ إِلَى ٱلْخُرُوجِ إِلَّا بِٱلنَّهَارِ فَمَا زَالَ يَسْأَلُهَا ٱلْخُرُوجَ وَتَمْنَعُهُ حَتَّى طَلَعَتِ ٱلشَّمْسُ وَجَاءَ ٱبْنُهَا وَعَرَفَ خَبَرَهَا وَحَدَّثَتْهُ ٱلْحَدِيثَ فَأَحْضَرَ صَاحِبَ ٱلشُّرْطَةِ وَفَتَحَ ٱلْبَابَ وَقَبَضَ عَلَى ٱللِّصِّ وَقَالَ لَهُ يُوجَدُ عِنْدَنَا فِى ٱلسِّجْنِ كَثِيرُونَ مِنَ ٱلْفُسَّاقِ وَٱلْمُنْهَمِكِينَ فِى ٱلشُّرْبِ وَٱللَّعْبِ فَأُرِيدُ أَنْ أُدْخِلَكَ عَلَيْهِمْ إِلَى ٱلسِّجْنِ يَا جَبْرَئِيلُ لَعَلَّهُمْ يَتَّعِظُونَ مِنْكَ كَمَا ٱتَّعَظَ ٱبْنُ ٱلْعَجُوزِ قَالَ فَأَدْخَلَهُ إِلَى ٱلسِّجْنِ وَمَا زَالَ بِهِ حَتَّى مَاتَ

(١٢)

قِيلَ كَانَ فِى مَدِينَةِ هَمَذَانَ مِنْ بِلَادِ فَارِسَ ٱلْمَعْرُوفَةِ ٱلْآنَ بِبِلَادِ ٱلْعَجَمِ جَمْعِيَّةٌ مِنْ مَشَاهِيرِ ٱلْعُلَمَاءِ وَكَانَ أَوَّلُ قَانُونٍ مِنْ قَوَانِينِهَا مَحْصُورًا فِى هٰذِهِ ٱلْكَلِمَاتِ وَهِىَ إِنَّ عُلَمَاءَ هٰذِهِ ٱلْجَمْعِيَّةِ يَفْتَكِرُونَ كَثِيرًا وَيَتَكَلَّمُونَ قَلِيلًا وَيَكْتُبُونَ أَقَلَّ مَا يَكُونُ وَكَانَتْ تُسَمَّى جَمْعِيَّةَ ذَوِى ٱلصَّمْتِ وَلَمْ يَكُنْ حِينَئِذٍ عَالِمٌ فِى ٱلْعَالَمِ إِلَّا وَتَمَنَّى أَنْ يَكُونَ مِنْ أَعْضَائِهَا فَبَلَغَ ٱلْعَلَّامَةَ زَابَ ٱلْمُؤَلِّفَ ٱلشَّهِيرَ ٱلَّذِى

Z. 10 مَدِينَةِ هَمَذَانَ : zum epexegetischen ("erklärenden") Genitiv vgl. Fischer § 392. **Z. 11** ٱلْعَجَمِ : bis heute bezieht sich der Begriff عَجَم auf "Perser" / "Iraner" (d.h. auf Nicht-Araber *par excellence* – aus einer arabischen Perspektive), vgl. *EI*², s.v. **Z. 14–15** أَقَلَّ مَا يَكُونُ : "Das Wenigste, was sein kann", d.h. "das Minimum". أَقَلّ und der Relativsatz مَا يَكُونُ bilden eine Annexion (إضافة). **Z. 15** وَكَانَتْ تُسَمَّى جَمْعِيَّةَ ذَوِى ٱلصَّمْتِ : zur Passivkonstruktion von (doppelt) transitiven Verben – das zweite Objekt verbleibt im Akkusativ – vgl. Fischer § 200 und Wright Bd. 2 § 25. **Z. 17** ٱلْعَلَّامَةَ : zum "intensivierenden" Gebrauch der Femininendung vgl. Fischer § 73.

كِتَابُ تَسْلِيَةِ ٱلْخَوَاطِرِ فِى مُنْتَخَبَاتِ ٱلْمُلَحِ وَٱلنَّوَادِرِ

كَانَ سَاكِنًا فِى أَقْصَى ٱلْبِلَادِ ٱلْمَذْكُورَةِ أَنَّ جَمْعِيَّةَ
ذَوِى ٱلصَّمْتِ قَدْ فَرَغَ فِيهَا مَكَانُ عُضْوٍ وَاحِدٍ فَقَامَ
فِى ٱلْحَالِ وَقَدِمَ إِلَى هَمَذَانَ حَتَّى أَتَى وَوَقَفَ عَلَى
بَابِ ٱلْمَجْلِسِ ٱلَّذِى كَانَ ٱلْعُلَمَاءُ ٱلْمَذْكُورُونَ
مُجْتَمِعِينَ فِيهِ وَسَأَلَ ٱلْحَاجِبَ أَنْ يَذْهَبَ إِلَى ٱلْمُقَدَّمِ 5
بِرُقْعَةٍ قَدْ كَتَبَ فِيهَا أَنَّ ٱلْعَلَّامَةَ زَابَ يَطْلُبُ
بِتَذَلُّلٍ قَبُولَهُ فِى ٱلْمَكَانِ ٱلْفَارِغِ فَقَضَى ٱلْحَاجِبُ
ٱلْحَاجَةَ فِى ٱلْحَالِ وَلٰكِنَّ ٱلْعَلَّامَةَ زَابَ وَتَذْكِرَتَهُ كَانَا
قَدْ أَبْطَآ عَنِ ٱلْمَجِىءِ لِأَنَّ ٱلْمَكَانَ ٱلْفَارِغَ كَانَ قَدْ
مُلِئَ بِآخَرَ قَبْلَ ذٰلِكَ بِمُدَّةٍ قَصِيرَةٍ فَشَمِلَ أَعْضَاءَ تِلْكَ 10
ٱلْجَمْعِيَّةِ أَسَفٌ وَكَآبَةٌ عَلَى فَوَاتِ ٱلشَّهِيرِ مِنْ يَدِ
سَعَادَتِهِمْ وَحَظِّهِمْ وَذٰلِكَ أَنَّهُمْ كَانُوا قَدْ قَبِلُوا بِغَيْرِ
رِضًى وَاحِدًا مِنَ ٱلْمُتَعَلِّقِينَ بِدَائِرَةِ ٱلْمَلِكِ وَكَانَ هٰذَا
فَظَّ ٱلْفَصَاحَةِ قَلِيلَ ٱلْعِلْمِ بِحَيْثُ يُدْهِشُ أَهْلَ ٱلْأَزِقَّةِ
فَحَزِنُوا لِأَنَّهُمْ رَأَوْا أَنْفُسَهُمْ مُغْتَصَبِينَ أَنْ يَرْفِضُوا 15
ٱلْعَلَّامَةَ زَابَ ٱلَّذِى كَانَ بَلْوَى أَهْلِ ٱلسَّفْسَطَةِ وَكَانَ
ذَا عَقْلٍ كَبِيرٍ وَصَدْرٍ مَذْخُورَةٍ فِيهِ خَزَائِنُ ٱلْعِلْمِ
فَرَئِيسُ ٱلْجَمْعِيَّةِ ٱلَّذِى قَدْ فُوِّضَ إِلَيْهِ أَنْ يُخْبِرَ

Z. 1 ... أَنَّ جَمْعِيَّةَ : *casus-pendens*-Konstruktion ("hanging topic"): das logische Subjekt des Satzes ist مَكَانُ عُضْوٍ وَاحِدٍ , während die Phrase جَمْعِيَّةَ ذَوِى ٱلصَّمْتِ im Sinne der Hervorhebung an die Stelle des grammatischen Subjekts rückt; vgl. auch Wright Bd. 2 § 36. Z. 17 وَصَدْرٍ مَذْخُورَةٍ فِيهِ خَزَائِنُ ٱلْعِلْمِ : zum adjektivischen (Relativ-)Satz (*naʿt sababī*) vgl. Fischer § 430 und Wright Bd. 2 § 139 Rem. b; eine eingehende Monographie zu diesem Thema ist Diem 1998.

ٱلْعَلَّامَةَ زَابَ ٱلْمَذْكُورَ بِهٰذَا ٱلْخَبَرِ ٱلْمَكْرُوهِ لَمْ يَقْدِرْ أَنْ يَقُومَ بِذٰلِكَ فَأَخَذَتْهُ ٱلْحَيْرَةُ فِى تَدْبِيرِ هٰذَا ٱلْأَمْرِ وَبَعْدَ أَنْ أَطَالَ فِكْرَتَهُ قَلِيلًا بِهٰذَا ٱلشَّأْنِ أَخَذَ قَدَحًا كَبِيرًا وَصَبَّ فِيهِ مَاءً حَتَّى مَلَأَهُ دِهَاقًا بِحَيْثُ لَوْ زِيدَ عَلَيْهِ لَطَفَحَ بِقَدْرِهَا ثُمَّ أَشَارَ بِأَنْ يَدْخُلَ ٱلطَّالِبُ فَدَخَلَ وَظَهَرَتْ عَلَى وَجْهِهِ سِيمَاءُ ٱلْوَدَاعَةِ وَٱلِاحْتِشَامِ ٱلَّتِى هِىَ غَالِبًا دَلِيلٌ عَلَى فَضْلٍ حَقِيقِىٍّ فَنَهَضَ ٱلرَّئِيسُ وَبِوَجْهٍ حَزِينٍ آرَاهُ ٱلْقَدَحَ ٱلْقِرْمِزِىَّ أَيْ ذٰلِكَ ٱلْقَدَحُ مَمْلُوءٌ ٱمْتِلَاءً تَامًّا بِدُونِ أَنْ يَلْفِظَ بِكَلِمَةٍ فَفَهِمَ ٱلْعَلَّامَةُ زَابُ حَقِيقَةَ ذٰلِكَ ٱلرَّمْزِ أَيْ أَنَّهُ لَمْ يَبْقَ مَحَلٌّ فَارِغٌ فِى ٱلْجَمْعِيَّةِ غَيْرَ أَنَّهُ لَمْ يَقْطَعْ رَجَاءَهُ فَأَرَادَ أَنْ يُفْهِمَهُمْ أَنَّهُ إِنْ زِيدَ وَاحِدٌ عَلَى عُلَمَاءِ ٱلْجَمْعِيَّةِ لَمْ يَكُنْ بَأْسٌ فِى ذٰلِكَ فَوَقَعَ بَصَرُهُ عَلَى وَرَقَةٍ كَانَتْ بَيْنَ رِجْلَيْهِ فَتَنَاوَلَهَا وَوَضَعَهَا بِلَطَافَةٍ عَلَى وَجْهِ ٱلْمَاءِ وَضْعًا مُحْكَمًا بِحَيْثُ لَا يَنْدَفِقُ مِنْهُ وَلَا نُقْطَةٌ وَاحِدَةٌ فَصَفَّقُوا كُلُّهُمْ بِأَيْدِيهِمْ عِنْدَ مَا رَأَوْا جَوَابَهُ ٱلْبَدِيعَ وَغَضُّوا ٱلنَّظَرَ ذٰلِكَ ٱلْيَوْمَ عَنِ ٱلْقَوَانِينِ وَبِثَنَاءٍ قَبِلُوا ٱلْعَلَّامَةَ زَابَ وَفِى ٱلْحَالِ

Z. 11 غَيْرَ أَنَّهُ : vgl. Fischer § 310d und Wright, Bd. 2, § 186 (a) Rem. (g) (S. 340).

أَحْضَرُوا إِلَيْهِ دَفْتَرَ ٱلْجَمْعِيَّةِ ٱلَّذِى كَانَتْ تُكْتَبُ فِيهِ أَسْمَاءُ ٱلدَّاخِلِينَ فَكَتَبَ ٱسْمَهُ فِيهِ وَلَمْ يَبْقَ عَلَيْهِ إِلَّا أَنْ يُخَاطِبَهُمْ حَسَبَ ٱلْعَادَةِ بِكَلِمَاتٍ شُكْرِيَّةٍ وَلٰكِنَّهُ ظَهَرَ عَالِمًا سُكُوتِيًّا بِٱلْحَقِيقَةِ لِأَنَّهُ شَكَرَهُمْ بِدونِ أن يَلْفِظَ بِكَلِمَةٍ وَذٰلِكَ أَنَّهُ كَتَبَ فِى ٱلْحَاشِيَةِ عَدَدَ (١٠٠) وَكَانَ ذٰلِكَ عَدَدَ أَهْلِ ٱلْجَمْعِيَّةِ أَقْرَانِهِ ثُمَّ وَضَعَ صِفْرًا عَنْ يَسَارِ ٱلرَّقْمِ فَصَارَ (٠١٠٠) وَكَتَبَ تَحْتَهُ لَا يَزِيدُونَ وَلَا يَنْقُصُونَ فَأَرَادَ ٱلرَّئِيسُ أَنْ يُجَاوِبَ ٱلْعَلَّامَةَ زَابَ ٱلْمُتَوَاضِعَ بِلُطْفٍ وَحَذَاقَةٍ فَجَعَلَ ذٰلِكَ ٱلصِّفْرَ رَقْمَ وَاحِدٍ فَصَارَ (١١٠٠) وَكَتَبَ بَلْ يَزِيدُونَ أَضْعَافَ مَا كَانُوا

(١٣)

وَمِنْ أَلْطَفِ مَا حُكِىَ أَنَّ ٱلصَّاحِبَ بَدْرَ ٱلدِّينِ وَزِيرَ ٱلْيَمَنِ كَانَ لَهُ أَخٌ بَدِيعُ ٱلْجَمَالِ وَكَانَ شَدِيدَ ٱلْحِرْصِ عَلَيْهِ فَأَتَى لَهُ بِشَيْخٍ ذِى هَيْبَةٍ وَوقَارٍ وَدِينٍ وَعِفَّةٍ لِيُعَلِّمَهُ وَأَسْكَنَهُ بِمَنْزِلٍ قَرِيبٍ مِنْهُ فَأَقَامَ عَلَى ذٰلِكَ مُدَّةً يَأْتِى كُلَّ يَوْمٍ إِلَى بَيْتِ ٱلصَّاحِبِ بَدْرِ ٱلدِّينِ يُعَلِّمُ أَخَاهُ وَيَنْصَرِفُ إِلَى مَنْزِلِهِ ثُمَّ إِنَّ ٱلشَّيْخَ ٱمْتُحِنَ

Z. 10–11 أَضْعَافَ مَا كَانُوا : "das Vielfache von dem, was sie gewesen waren"; vgl. auch Fischer § 425. **Z. 17** يُعَلِّمُ أَخَاهُ : finaler Sinn des asyndetischen Imperfekts.

بِمَحَبَّةِ ذٰلِكَ ٱلشَّابِّ وَقَوِىَ غَرَامُهُ فِيهِ فَشَكَا لَهُ يَوْمًا حَالَهُ فَقَالَ لَهُ ٱلشَّابُّ مَا حِيلَتِى وَأَنَا لَا أَسْتَطِيعُ مُفَارَقَةَ أَخِى لَيْلًا وَنَهَارًا أَمَّا ٱلنَّهَارُ فَكَمَا تَرَى مُلَازِمًا لَنَا وَأَمَّا ٱللَّيْلُ فَإِنَّ سَرِيرِى مُقَابِلُ لِسَرِيرِهِ فَقَالَ لَهُ ٱلشَّيْخُ إِنَّ مَنْزِلِى مُلَاصِقٌ لِدَارِكُم فَيُمْكِنُ إِذَا غَمَضَتْ عَيْنُ أَخِيكَ وَأَخَذَهُ ٱلنَّوْمُ إِنْ تَقُومُ لِتَسْتَعْمِلَ مَاءً فَتَأْتِى إِلَى ٱلْحَائِطِ وَأَنَا أَتَنَاوَلُكَ مِنْ وَرَاءِ ٱلْجِدَارِ فَتَجْلِسُ عِنْدِى لَحْظَةً ثُمَّ تَعُودُ مِنْ غَيْرِ أَنْ يَشْعُرَ أَخُوكَ بِشَىْءٍ فَقَالَ ٱلشَّابُّ سَمْعًا وَطَاعَةً وَتَوَاعَدَا عَلَى لَيْلَةٍ فَجَهَّزَ لَهُ ٱلشَّيْخُ مِنَ ٱلتُّحَفِ وَٱلطُّرَفِ مَا يَلِيقُ بِمَقَامِهِ وَأَمَّا ٱلشَّابُّ فَإِنَّهُ أَخَذَ مَضْجَعَهُ لِلنَّوْمِ وَأَظْهَرَ أَنَّهُ نَائِمٌ فَلَمَّا نَامَ ٱلصَّاحِبُ بَدْرُ ٱلدِّينِ وَٱسْتَغْرَقَ وَأُمِنَ مِنِ ٱنْتِبَاهِهِ قَامَ ٱلشَّابُّ وَتَمَشَّى خَطَوَاتٍ وَفَتَحَ بَابًا يُتَوَصَّلُ مِنْهُ إِلَى ٱلْحَائِطِ فَوَجَدَ شَيْخَهُ وَاقِفًا يَنْتَظِرُهُ فَتَنَاوَلَهُ وَصَارَ عِنْدَهُ فِى ٱلْمَنْزِلِ وَكَانَتْ لَيْلَةَ ٱلْبَدْرِ فَجَلَسَا وَتَنَادَمَا وَدَارَتْ بَيْنَهُمَا كَاسَاتُ ٱلشَّرَابِ مَمْزُوجَةٌ بِبَرْدِ ٱلرُّضَابِ وَٱنْتَشَى ٱلشَّيْخُ وَأَخَذَ فِى ٱلْغِنَاءِ وَقَدْ رَمَى ٱلْبَدْرُ جِرْمَهُ عَلَيْهِمَا وَهُمَا فِى مَقَامٍ يَجِلُّ عَنِ ٱلْوَصْفِ إِذِ ٱنْتَبَهَ

Z. 6 إِنْ تَقُومُ : vgl. Fischer § 456. **Z. 9** سَمْعًا وَطَاعَةً : zu dieser Konstruktion vgl. Wright Bd. 2 § 35.
Z. 12 وَأُمِنَ مِنِ ٱنْتِبَاهِهِ : alternativ kann man وَأُمِنَ ٱنْتِبَاهُهُ lesen.

ٱلصَّاحِبُ بَدْرُ ٱلدِّينِ فَلَمْ يَجِدْ أَخَاهُ فَقَامَ فَزِعًا وَوَجَدَ ٱلْبَابَ ٱلَّذِى ٱسْتَطْرَقَ مِنْهُ مَفْتُوحًا فَقَالَ مِنْ هُنَا جَاءَ ٱلشَّرُّ فَدَخَلَ مِنْهُ وَصَعِدَ ٱلْحَائِطَ فَوَجَدَ نُورًا سَاطِعًا مِنَ ٱلْبَيْتِ فَٱرْتَقَى إِلَى ٱلسَّطْحِ وَنَظَرَ مِنْ كُوَّةِ ٱلْقَاعَةِ فَرَآهُمَا عَلَى تِلْكَ ٱلْحَالَةِ وَٱلْكَأْسُ فِى يَدِ ٱلشَّيْخِ وَهُوَ يَنْشِدُ بِأَحْسَنِ صَوْتٍ (مِنَ ٱلْوَافِرِ)

سَقَانِى خَمْرَةً مِّن رِّيقِ فِيهِ وَحَيَّا بِٱلْعِذَارِ وَمَا يَلِيهِ
وَبَاتَ مُعَانِقِى خَدًّا بِخَدٍّ غَزَالٌ فِى ٱلْأَنَامِ بِلَا شَبِيهِ
وَبَاتَ ٱلْبَدْرُ مُطَّلِعًا عَلَيْنَا سَلُوهُ لَا يَنُمَّ عَلَى أَخِيهِ

فَكَانَ مِنْ لَطَافَةِ ٱلصَّاحِبِ بَدْرِ ٱلدِّينِ أَنْ قَالَ وَٱللّٰهِ لَا أَنُمُّ عَلَيْكُمَا وَتَرَكَهُمَا وَٱنْصَرَفَ

(١٤)

وَيُحْكَى أَنَّ ٱلرَّشِيدَ حَصَلَ لَهُ قَلَقٌ فِى بَعْضِ ٱللَّيَالِى فَوَقَعَ فِى نَفْسِهِ أَنْ يَفْتَحَ حُجَرَ ٱلْجَوَارِى وَيَتَفَرَّجَ فِيهِنَّ ثُمَّ قَامَ إِلَى مَقْصُورَةٍ مِنْ بَعْضِ ٱلْمَقَاصِيرِ فَفَتَحَهَا فَوَقَعَ نَظَرُهُ عَلَى جَارِيَةٍ حَسَنَةِ ٱلْوَجْهِ بَدِيعَةِ ٱلشَّكْلِ فَأَعْجَبَتْهُ فَوَجَدَهَا نَائِمَةً مُغَطَّاةً بِشَعَرِهَا فَأَيْقَظَهَا فَلَمَّا ٱنْتَبَهَتْ عَلِمَتْ أَنَّهُ ٱلرَّشِيدُ وَأَنْشَدَتْ (مِنَ ٱلرَّمَلِ)

Z. 6 (مِنَ ٱلْوَافِرِ): eine umfassende Einführung in die arabische Metrik bietet Wright Bd. 2 §§ 200ff.
Z. 7 خَمْرَةً مِّن رِّيقِ : die Setzung der beiden *šadda*s deutet die regressive Assimilation (*n* > *m* und *n* > *r*) in der Rezitation an, wie sie auch aus der qurʾānischen Orthographie bekannt ist; zu den "poetischen Lizenzen" im allgemeinen vgl. auch Wright Bd. 2 §§ 223ff. und das Lemma "Poetic license" (G. van Gelder), in: *EALL*, Bd. 3, s.v.

يَا أَمِينَ ٱللّٰهِ مَا هٰذَا ٱلْخَبَرْ
فَأَجَابَهَا مُسْرِعًا
هُوَ ضَيْفٌ طَارِقٌ فِى أَرْضِكُمْ
هَلْ تُضِيفِينَ إِلَى وَقْتِ ٱلسَّحَرْ
فَأَجَابَتْهُ مُسْرِعَةً
بِسُرُورٍ سَيِّدِى أَخْدُمُهُ   إِن رَّضِى بِى وَبِسَمْعِى وَٱلْبَصَرْ
فَنَامَ عِنْدَهَا تِلْكَ ٱللَّيْلَةَ فَلَمَّا أَصْبَحَ ٱلصَّبَاحُ قَالَ
مَنْ بِٱلْبَابِ مِنَ ٱلشُّعَرَاءِ فَدَخَلَ أَبُو نُوَاسٍ فَقَالَ لَهُ
ٱلرَّشِيدُ أَجِزْ يَا أَمِينَ ٱللّٰهِ مَا هٰذَا ٱلْخَبَرْ فَأَطْرَقَ
أَبُو نُوَاسٍ سَاعَةً وَقَالَ
طَالَ لَيْلِى حِينَ وَافَانِى ٱلسَّهَرْ
فَتَفَكَّرْتُ فَأَحْسَنْتُ ٱلْفِكَرْ
قُمْتُ أَمْشِى فِى مَجَالِى سَاعَةً
ثُمَّ أُخْرَى فِى مَقَاصِيرِ ٱلْحُجَرْ
وَإِذَا وَجْهٌ جَمِيلٌ حَسَنٌ
زَانَهُ ٱلرَّحْمٰنُ مِنْ بَيْنِ ٱلْبَشَرْ
فَلَمَسْتُ ٱلرِّجْلَ مِنْهَا مُوقِظًا
فَرَنَتْ نَحْوِى وَمَدَّتْ لِى ٱلْبَصَرْ

Z. 1 يَا أَمِينَ ٱللّٰهِ مَا هٰذَا ٱلْخَبَرْ : hier liegt die katalektische Trimetervariante des Versmaßes *ramal* vor (ebenso wie in den folgenden Verszeilen); vgl. Wright Bd. 2 § 219.

وَأَشَارَتْ وَهْىَ لِى قَائِلَةٌ يَا أَمِينَ ٱللّٰهِ مَا هٰذَا ٱلْخَبَرْ
قُلْت ضَيْفٌ طَارِقٌ فِى أَرْضِكُمْ
هَلْ تُضِيفِينَ إِلَى وَقْتِ ٱلسَّحَرْ
فَأَجَابَتْ بِسُرُورٍ سَيِّدِى
أَخْدُمُ ٱلضَّيْفَ بِسَمْعِى وَٱلْبَصَرْ

قَالَ فَنَظَرَ إِلَيْهِ أَمِيرُ ٱلْمُؤْمِنِينَ وَقَالَ لَهُ قَاتَلَكَ ٱللّٰهُ هَلْ كُنْتَ مَعَنَا قَالَ لَا وَحَيَاتِكَ يَا أَمِيرَ ٱلْمُؤْمِنِينَ وَمِنْ أَيْنَ لِى وُصُولٌ إِلَى ذٰلِكَ وَإِنَّمَا صِنَاعَةُ ٱلشِّعْرِ ٱلْجَأَتْنِى إِلَى ذٰلِكَ فَتَعَجَّبَ مِنْهُ وَأَحْسَنَ صِلَتَهُ

(١٥)

حُكِىَ أَنَّ هِنْدَ بِنْتَ ٱلنُّعْمَانِ كَانَتْ أَحْسَنَ نِسَاءِ زَمَانِهَا فَوُصِفَ لِلْحَجَّاجِ حُسْنُهَا فَخَطَبَهَا وَبَذَلَ لَهَا مَالًا جَزِيلًا وَتَزَوَّجَ بِهَا وَشَرَطَ لَهَا عَلَيْهِ بَعْدَ ٱلصَّدَاقِ مِائَتَىْ أَلْفِ دِرْهَمٍ وَدَخَلَ بِهَا ثُمَّ إِنَّهَا ٱنْحَدَرَتْ مَعَهُ إِلَى بَلَدِ أَبِيهَا ٱلْمَعَرَّةِ وَكَانَتْ هِنْدُ فَصِيحَةً أَدِيبَةً فَأَقَامَ بِهَا ٱلْحَجَّاجُ بِٱلْمَعَرَّةِ مُدَّةً طَوِيلَةً ثُمَّ إِنَّهُ رَحَلَ بِهَا إِلَى ٱلْعِرَاقِ فَأَقَامَتْ مَعَهُ مَا شَاءَ ٱللّٰهُ ثُمَّ دَخَلَ

Z. 12 وَشَرَطَ لَهَا عَلَيْهِ : typisches Beispiel dafür, daß ل den "Begünstigten" (z.B. Gläubiger) und على den "Beungünstigten" (z.B. Schuldner) eines Verhältnisses anzeigt. **Z. 16** مَا شَاءَ ٱللّٰهُ : "so lange es Gott [in ihrem Sinne] gerne wollte".

عَلَيْهَا فِى بَعْضِ ٱلْأَيَّامِ وَهْىَ تَنْظُرُ فِى ٱلْمِرْآةِ وَتَقُولُ

(مِنَ ٱلطَّوِيلِ)

وَمَا هِنْدُ إِلَّا مُهْرَةٌ عَرَبِيَّةٌ سَلَالَةُ أَفْرَاسٍ تَجَلَّلَهَا بَغْلُ
فَإِن وَّلَدَتْ فَحْلًا فَلِلّٰهِ دَرُّهَا
وَإِن وَّلَدَتْ بَغْلًا فَجَاءَ بِهِ ٱلْبَغْلُ

فَلَمَّا سَمِعَ ٱلْحَجَّاجُ كَلَامَهَا ٱنْصَرَفَ رَاجِعًا وَلَمْ يَدْخُلْ عَلَيْهَا وَلَمْ تَكُنْ عَلِمَتْ بِهِ فَأَرَادَ ٱلْحَجَّاجُ طَلَاقَهَا فَأَنْفَذَ إِلَيْهَا عَبْدَ ٱللّٰهِ بْنَ طَاهِرٍ وَأَنْفَذَ لَهَا مَعَهُ مِائَتَيْ أَلْفِ دِرْهَمٍ وَهْىَ ٱلَّتِى كَانَتْ لَهَا عَلَيْهِ وَقَالَ يَا ٱبْنَ طَاهِرٍ طَلِّقْهَا بِكَلِمَتَيْنِ وَلَا تَزِدْ عَلَيْهِمَا فَدَخَلَ عَبْدُ ٱللّٰهِ بْنُ طَاهِرٍ عَلَيْهَا فَقَالَ لَهَا يَقُولُ لَكِ أَبُو مُحَمَّدٍ ٱلْحَجَّاجُ كُنْتِ فَبِنْتِ وَهٰذِهِ ٱلْمِائَتَا أَلْفِ دِرْهَمٍ ٱلَّتِى كَانَتْ لَكِ قِبَلَهُ فَقَالَتِ ٱعْلَمْ يَا ٱبْنَ طَاهِرٍ أَنَّا وَٱللّٰهِ كُنَّا فَمَا حَمِدْنَا وَبِنَّا فَمَا نَدِمْنَا وَهٰذِهِ ٱلْمِائَتَا أَلْفِ دِرْهَمٍ هِىَ لَكَ بِشَارَةٌ بِخَلَاصِى مِنْ كَلْبِ ثَقِيفٍ ثُمَّ بَعْدَ ذٰلِكَ بَلَغَ أَمِيرَ ٱلْمُؤْمِنِينَ عَبْدَ ٱلْمَلِكِ بْنَ مَرْوَانَ خَبَرُهَا وَوُصِفَ لَهُ جَمَالُهَا فَأَرْسَلَ إِلَيْهَا يَخْطُبُهَا لِنَفْسِهِ فَأَرْسَلَتْ إِلَيْهِ كِتَابًا تَقُولُ فِيهِ

Z. 10 طَلِّقْهَا بِكَلِمَتَيْنِ : d.h. die zwei Verbformen كُنْتِ فَبِنْتِ in Z. 12. **Z. 16** كَلْبِ ثَقِيفٍ : "der 'Hund' vom Stamm Ṯaqīf".

بَعْدَ ٱلثَّنَاءِ عَلَيْهِ ٱعْلَمْ يَا أَمِيرَ ٱلْمُؤْمِنِينَ أَنَّ ٱلْكَلْبَ قَدْ وَلَغَ فِى ٱلْإِنَاءِ فَلَمَّا قَرَأَ عَبْدُ ٱلْمَلِكِ بْنُ مَرْوَانَ ٱلْكِتَابَ ضَحِكَ مِنْ قَوْلِهَا وَكَتَبَ إِلَيْهَا يَقُولُ إِذَا وَلَغَ ٱلْكَلْبُ فِى إِنَاءِ أَحَدِكُمْ فَلْيَغْسِلْهُ سَبْعًا إِحْدَاهُنَّ بِٱلتُّرَابِ فَغَسْلُ ٱلْإِنَاءِ يَحِلُّ ٱلْاِسْتِعْمَالَ فَلَمَّا قَرَأَتْ كِتَابَ أَمِيرِ ٱلْمُؤْمِنِينَ لَمْ يُمْكِنْهَا ٱلْمُخَالَفَةُ فَكَتَبَتْ إِلَيْهِ تَقُولُ بَعْدَ ٱلثَّنَاءِ عَلَيْهِ ٱعْلَمْ يَا أَمِيرَ ٱلْمُؤْمِنِينَ أَنِّى لَا أُجْرِى ٱلْعَقْدَ إِلَّا بِشَرْطٍ فَإِنْ قُلْتَ مَا ٱلشَّرْطُ أَقُولُ أَنْ يَقُودَ ٱلْحَجَّاجُ مَحْمِلِى مِنَ ٱلْمَعَرَّةِ إِلَى بَلَدِكَ ٱلَّتِى أَنْتَ فِيهَا وَيَكُونَ مَاشِيًا حَافِيًا بِحِلْيَتِهِ ٱلَّتِى كَانَ فِيهَا أَوَّلًا فَلَمَّا قَرَأَ ذٰلِكَ ٱلْكِتَابَ عَبْدُ ٱلْمَلِكِ ضَحِكَ ضَحِكًا شَدِيدًا وَأَرْسَلَ إِلَى ٱلْحَجَّاجِ يَأْمُرُهُ بِذٰلِكَ فَلَمَّا قَرَأَ ٱلْحَجَّاجُ رِسَالَةَ أَمِيرِ ٱلْمُؤْمِنِينَ أَجَابَ وَلَمْ يُخَالِفْ وَٱمْتَثَلَ ٱلْأَمْرَ وَأَرْسَلَ إِلَى هِنْدَ يَأْمُرُهَا بِٱلتَّجَهُّزِ فَتَجَهَّزَتْ وَسَارَ ٱلْحَجَّاجُ فِى مَوْكِبِهِ حَتَّى وَصَلَ ٱلْمَعَرَّةَ بَلَدَ هِنْدَ فَرَكِبَتْ هِنْدُ فِى مَحْمِلٍ وَرَكِبَ حَوْلَهَا جَوَارِيهَا وَخَدَمُهَا فَتَرَجَّلَ ٱلْحَجَّاجُ وَهْوَ حَافٍ وَأَخَذَ بِزِمَامِ ٱلْبَعِيرِ يَقُودُهُ وَيَسِيرُ بِهَا فَأَخَذَتْ هِنْدُ

Z. 4 إِحْدَاهُنَّ : die Femininform bezieht sich auf ein implizites Antezedent *marrātin* im Ausdruck "die Schale sieben [mal] waschen". **Z. 9** أَقُولُ أَنْ : syntaktisch hier ist der Nebensatz أَنْ يَقُودَ das Objekt von أَقُولُ . **Z. 16–17** وَرَكِبَ حَوْلَهَا جَوَارِيهَا وَخَدَمُهَا : vgl. Fischer § 356 und Wright Bd. 2 §§ 141ff.; zu den möglichen Kongruenzverhältnissen zwischen dem Agens (Subjekt) und dem ihm vorangehenden Verb (Prädikat) vgl. Reckendorf *AS* § 15, 2.

كِتَابُ تَسْلِيَةِ ٱلْخَوَاطِرِ فِى مُنْتَخَبَاتِ ٱلْمُلَحِ وَٱلنَّوَادِرِ

تَهَزَّأُ عَلَيْهِ وَتَضْحَكُ مَعَ ٱلْهَيْفَاءِ دَايَتِهَا ثُمَّ إِنَّهَا
قَالَتْ لِدَايَتِهَا يَا دَايَتِى ٱكْشِفِى لِى سِتَارَةَ ٱلْمَحْمِلِ
لِنَشَمَّ رَائِحَةَ ٱلنَّسِيمِ فَكَشَفَتْهَا فَوَقَعَ وَجْهُهَا فِى وَجْهِهِ
فَضَحِكَتْ عَلَيْهِ فَأَنْشَدَ يَقُولُ (مِنَ ٱلطَّوِيلِ)

5   فَإِنْ تَضْحَكِى يَا هِنْدُ يَا طُولَ لَيْلَةٍ
تَرَكْتُكِ فِيهَا كَٱلْقَبَاءِ ٱلْمُفَرَّجِ
فَأَجَابَتْهُ تَقُولُ (مِنَ ٱلْبَسِيطِ)
وَمَا نُبَالِى إِذَا أَرْوَاحُنَا سَلِمَتْ
بِمَا فَقَدْنَاهُ مِنْ مَالٍ وَمِن نَشَبِ

10 فَٱلْمَالُ مُكْتَسَبٌ وَٱلْعِزُّ مُرْتَجَعٌ
إِذَا ٱلنُّفُوسُ وَقَاهَا ٱللَّهُ مِنْ عَطَبِ
وَلَمْ تَزَلْ تَلْعَبُ وَتَضْحَكُ إِلَى أَنْ قَرُبَتْ مِنْ بَلَدِ
ٱلْخَلِيفَةِ فَلَمَّا قَرُبَتْ مِنَ ٱلْبَلَدِ رَمَتْ مِنْ يَدِهَا دِينَارًا
عَلَى ٱلْأَرْضِ وَقَالَتْ يَا جَمَّالُ إِنَّهُ سَقَطَ مِنَّا دِرْهَمٌ

15 فَٱدْفَعْهُ إِلَيْنَا فَنَظَرَ ٱلْحَجَّاجُ إِلَى ٱلْأَرْضِ فَلَمْ يَرَ إِلَّا
دِينَارًا فَقَالَ إِنَّمَا هُوَ دِينَارٌ فَقَالَتْ بَلْ دِرْهَمٌ قَالَ بَلْ
دِينَارٌ فَقَالَتِ ٱلْحَمْدُ لِلَّهِ ٱلَّذِى سَقَطَ مِنَّا دِرْهَمٌ فَعَوَّضَنَا

Z. 5 يَا طُولَ لَيْلَةٍ : Vokativ im exklamatorischen Sinn (vgl. Ausdrücke wie يَا سَلَام). Verfasser des Verses (Z. 5f.) ist Suḥaym ʿAbd Banī l-Ḥashās; vgl. Fischer 1940: 329. **Z. 8** وَمَا نُبَالِى : Verben im Imperfekt können in emotional geladenen Aussagen durch ما negiert werden; vgl. Wright Bd. 2 §§ 8 (e) und 157. **Z. 13ff.** ein *dīnār* entsprach etwa 15–16 *dirham*. **Z. 17** ٱلْحَمْدُ لِلَّهِ ٱلَّذِى : "Gott sei Dank dafür, daß ..."; zu dieser Konstruktion vgl. Spitaler 1962.

ٱللّٰهُ دِينَارًا فَخَجِلَ ٱلْحَجَّاجُ وَسَكَتَ وَلَمْ يَرُدَّ جَوَابًا ثُمَّ دَخَلَ بِهَا عَلَى عَبْدِ ٱلْمَلِكِ بْنِ مَرْوَانَ فَتَزَوَّجَ بِهَا وَكَانَ مِنْ أَمْرِهَا مَا كَانَ

* (مِنْ كِتَابِ الأَغانِىِّ لِأبِى الفَرَج الإِصْبَهانِىِّ) *

* (تَأَبَّطَ شَرًّا) *

هو ثابِتُ بنُ جابِرٍ [..] الفَهمىُّ وتَأَبَّطَ شَرًّا لَقَبٌ لُقِّبَ به ذكَر الرُّواةُ أنّه كان رأى كبشًا فى الصَحْراء فاحتمله تَحْتَ إِبْطِه فجعَل يَبُول عليهِ طُولَ طَريقِه فلمّا قرُب مِن الحَىّ ثقُل عليه الكبشُ ، فلَمْ يُقِلّهِ فرَمَى به فإذَا هو الغُولُ فقال لَهُ قَوْمُه ما تأَبَّطْتَ يا ثابتُ قال الغول قالُوا لَقَدْ تأبّطتَ شَرًّا فسُمِّىَ بِذلك ، وقِيلَ بَلْ قالتْ له أُمُّه كُلُّ إِخْوتك يأْتِينى بِشَىْءٍ إذا راحَ غَيْرَك ، فقالَ لها سَآتِيكِ اللَيْلَةَ بشىء ومضَى فصادَ أفاعِىَ كَثيرةً مِن أَكْبَرِ ما قدَر عليه فلمّا راحَ أَتَى بهِنّ فى جِراب متأبِّطًا به فألْقاهُ بَيْنَ يَدَيْها ففتَحتْه فتَساعَيْنَ فى بَيْتها فوثَبتْ وخرَجت فقال لها نِساءُ الحىّ ما ذا

Z. 1 يَرُدَّ : der Schlußvokal von Verben *mediae geminatae* lautet gewöhnlich *-a* wie hier, kann nach Fischer § 235 aber auch *-i* oder *-u* sein. **Überschrift** الأغانِىّ : zu dieser Pluralform mit *šadda* sowie zur Deklination von Nomina *tertiae infirmae* generell vgl. Fischer § 93 Anm. 2, § 95 Anm. 1 und § 156. تَأَبَّطَ شَرًّا : zu "Satznamen" vgl. Wild 1982: 158, 162; zum Dichter vgl. *GAS* II: 137–139. **Z. 5** الرُّواةُ : *fu*^{c}*ala*-Plural vom Singular راوٍ ; vgl. Fischer § 69 Anm. 3 und § 90. **Z. 6** فجعَل يَبُول : zu ingressiven Verben und anderen Verbtypen mit asyndetischem Imperfekt vgl. Fischer § 432. **Z. 7–8** فإذَا هو الغُولُ : "und (siehe), da war der/die *ġūl*"; vgl. Fischer § 280. **Z. 12** بهِنّ : im Gegensatz zu den Regeln im modernen Arabisch können Pronomina und Verben im Plural ein nicht-menschliches Bezugswort haben; vgl. Reckendorf *AS* § 41. **Z. 13** متأبِّطًا : zum "Zustandsakkusativ" vgl. Fischer § 380. فتَساعَيْنَ : Wurzel *s–*^{c}*–y*, VI; vgl. Fischer §§ 251ff.

أَتـاكِ بـه ثـابـتٌ فـقـالـت أَتـانِـى بـأَفـاعٍ فـى جراب وقُـلْـن وكَـيْـفَ حـمَـلـهـا قـالـت تـأبّـطـهـا قـلـن لـقـد تـأبّـط شـرّا فـلَـزِمَـه تـأبّـط شـرّا ، وقـيـل إنّ أُمَّـه قـالـت لـه فـى زَمَـنِ الـكَـمْـأة أَلَا تَـرَى غِـلْـمانَ الـحىّ يَـجْـتَـنُـون لأَهْـلِـيهـم الـكـمـأةَ فـيَـروحـون بـهـا فـقـال أَعْـطِـيـنـى جـرابـكِ حـتّـى أَجـتـنـىَ لـك فـيـه فـأعـطـتْـه فـمـلأَه لـهـا أَفـاعِـىَ [. .] وكـان تـأبّـط شـرّا أَعْـدَى ذى رِجْـلَـيْـنِ وذى سـاقـيـن وذى عَـيْـنـيـن وكـان إذا جـاعَ لـم تَـقُـمْ لـه قـائـمـةٌ فـكـان يَـنْـظُـر إلـى الـظِـبـاء فـيَـنـتـقـى عـلـى نَـظَـره أَسْـمَـنَـهـا ثُـمّ يَـجرى خَـلْـفَـه فـلا يَـفـوتـه حـتّـى يَـأْخُـذَه فـيَـذْبَـحـه بـسَـيْـفـه ثـمّ يَـشـويـه فـيـأكـلـه ، وإنّـمـا سُـمّـى تـأبّـط شـرا لِأنّـه فِـيـمـا حُـكِـىَ لـنـا لَـقِـىَ الـغُـولَ فـى لـيـلـةٍ ظَـلْـمـاءَ فـى مَـوْضِـعٍ يُـقـال لـه رَحَـى بِـطـانٍ فـى بِـلاد هُـذَيْـلٍ فـأخَـذت عـلـيـه الـطَـريـقَ فـلـم يَـزَلْ بـهـا حـتّـى قـتـلـهـا وبـاتَ عـلـيـهـا فـلـمّـا أَصْـبَـحَ حـمَـلـهـا تـحـت إبْـطـه وجـاءَ بـهـا إلـى أصـحـابـه فـقـالـوا لـه لـقـد تـأبّـطـتَ شـرّا [. . .] وأغـارَ تـأبّـط شـرًا [.] ومَـعَـهُ ابـنُ بَـرّاقٍ الـفَـهْـمـىّ عـلـى بَـجِـيـلـةَ فـاطَّـرَدَا لـهـم نَـعَـمًـا ونـذِرت بـهـمـا بـجـيـلـةُ فـخـرجـت فـى آثـارهـمـا ومَـضَـيَـا هـاربَـيْـنِ فـى جِـبـال الـسَـراة وركِـبـا الـحَـزْن وعـارَضـتـهـمـا بـجـيـلـةُ فـى

Z. 4 يَـجْـتَـنُـون : asyndetisches Imperfekt: "wie sie sammeln". Z. 7 أَعْـدَى ذى رِجْـلَـيْـنِ وذى سـاقـيـن : "der am schnellsten rennende Zweifüßler ..."; zum arabischen Elativ im allgemeinen vgl. Wehr 1952a, das Lemma *Tafḍīl* in der *EI*[2] (M. Carter) und das Lemma "Elative" (A. Girod), in: *EALL*, Bd. 2, s.v. **Z. 7–8** وكـان إذا جـاعَ : an dieser Stelle drückt وكـان einen Umstand aus, nicht die Fortsetzung der Erzählung; vgl. Fischer § 464 b. **Z. 9** فـيَـنـتـقـى : diese und die folgenden Imperfektformen spielen sich auf derselben zeitlichen Ebene ab wie فكان يَنْظُر .

السهْل فسبَقوهما إلى الوَهْط وهو ماءٌ لعَمرِو بن العاصِ بالطائف فدخَلوا لهما فى قَصَبة العَيْن وجاءا وقدْ بلَغ العَطَشُ منهما إلى العين فلمّا وقَفا عليها قال تأبط شرا لِابن برّاق أَقِلّ من الشُرْب فإنّها ليلةُ طَرْد قال وما يُدْريك قال والّذى أَعْدُو بطَيْره إنّى لَأَسْمع وَجِيبَ قُلوب الرِجال تحت قَدَمىَّ وكان مِن أَسْمَعِ العَرَب وأَكْيَدِهم فقال له ابنُ برّاق ذلك وجيبُ قلبِك فقال له تأبط شرا والّلهِ ما وجَب قَطُّ ولا كانَ وجّابًا وضرَب بيَدِه عليه وأصاخَ نَحْوَ الأرض يَستمع فقال والّذى أعدو بطيره إنّى لأسمع وجيب قلوب الرجال فقال له ابنُ برّاق فأَنا أَنْزِل قبلك فنزَل فبرَك وشرِب وكان آكَدَ القومِ عند بجيلة شَوْكةً فترَكوه وهُمْ فى الظُلْمةِ ونزل ثابتٌ فلمّا توسَّط الماءَ وثَبوا عليه فأخذوه وأخرجوه من العين مكتوفًا وابنُ برّاق قَريبٌ منهم لا يَطْمَعون فيه لِما يَعْلَمون من عدْوه فقال لهم ثابت إنّه من أصْلَفِ الناس وأَشَدِّهم عُجْبًا بعَدْوه وسأَقُول له استأْسِرْ مَعِى فسيَدْعوه عُجْبُه بعَدْوهِ إلى أن يَعْدُوَ مِن بَيْنِ أَيْدِيكم وله ثلاثةُ

Z. 1 فسبَقوهما : synchronisch zur Wurzel *s–b–q*; diachronisch liegt die Spur eines *s*-Kausativs (zur Wurzel *b–q–y*) vor, wie noch regelmäßig im X. Stamm, *i-s-ta-fᶜala*; vgl. Wright Bd. 1 § 65 und Mez 1906. عَمرِو بن العاصِ : zum *wāw ᶜamr* vgl. Diem 1973; zur Kontextform العاصِ "der Widerstrebende" vgl. Fischer § 56 Note 2. **Z. 5** والّذى أَعْدُو بطَيْره : zu nominalisierten Relativsätzen vgl. wiederum Fischer § 421. **Z. 6–7** مِن أَسْمَعِ العَرَب وأَكْيَدِهم : zur Annexion mit zwei *regentia* vgl. Fischer § 145c und Wright Bd. 2 § 98. **Z. 10** إنّى لأسمع : vgl. Fischer §§ 334 und 339b. **Z. 12** آكَدَ القومِ … شَوْكةً : zum *tamyīz* (spezifizierender abhängiger Kasus) vgl. Fischer § 384 und Wright Bd. 2 § 44e.

أَطْلاق أَوَّلُها كَالرِيح الهابَّة والثانى كالفَرَس الجَواد والثالث يَكْبو فيه ويَعْثُر فإذا رَأَيْتم منه ذلك فخُذوه فإنّى أُحِبُّ أن يَصير فى أيديكم كَما صِرتُ إذ خالَفَنى [.] قالوا فافْعَلْ فصاحَ به تَأَبَّط شرا أنت أخى فى الشِدَّة

٥ والرَخاء وقد وعدنى القومُ أن يَمُنُّوا عليك وعلىَّ فاسْتَأْسِرْ وواسِنى بنَفْسِك فى الشِدَّة كما كنتَ أخى فى الرخاء فضحِكَ ابنُ برَّاق وعلِم أنَّه قد كادَهم وقال مَهْلًا يا ثابتُ أَيَسْتَأْسِرُ مَنْ عنده هذا العَدُوُّ ثُمَّ عَدَا فعدا أَوَّلَ طَلَقٍ مِثْلَ الريح [.] كما وصف لهم

١٠ والثانِىَ كالفرس الجواد والثالث جعَل يكبو ويعثر ويَقَعُ على وجْهه فقال ثابت خذوه فَعَدَوْا بأُجْمَعِهِم فلمّا أن نفَّسوا عنه شَيْئًا عَدا تأَبَّط شرا فى كِتافه وعارَضَه ابنُ برَّاق فقطَع كتافَه وأَفْلَتا جميعًا

* (قيس بن ذريح) *

كان قَيْسُ بن ذَريحٍ الكِنانىُّ رَضيعَ الحُسَيْن بن
١٥ علىِّ بن أبى طالبٍ رضى الله عنهما أَرْضَعَتْه أُمُّ قَيْسٍ [..] وكان مَنْزِلُ قومه فى ظاهر المَدينة وكان هو

Z. 6 وواسِنى : Imperativ, Wurzel w–s–y, III. **Überschrift** قيس بن ذريح : zum Dichter vgl. *GAS* II: 411–412. **Z. 15–16** أَرْضَعَتْه أُمُّ قَيْسٍ : ergänzende Information in einem asyndetischen Nebensatz; vgl. Fischer § 405 und Brockelmann *GvG* II: 471.

وأبوه من حاضرة المدينة [.] قالوا فمَرَّ قيس لبعض حاجته بخِيام بَنِى كَعْب بن خُزاعة فوقَف على خَيْمة منها والحىُّ خُلوفٌ والخيمةُ خيمةُ لُبْنَى بنت الحُباب الكَعْبيّة فاستسقى ماءً فسَقَتْه وخرَجت إليه به وكانت امرأةً مَديدةَ القامةِ شَهْلاءَ حُلْوةَ المَنْظَرِ والكلام فلمّا رآها وقَعت فى نفسه وشرِب الماء فقالت له أَتَنْزِلُ فتتبرَّدَ عندنا قال نَعَمْ فنزل بهم وجاء أبوها فنحَر له وأكرمه فانصرف قيس وفى قَلْبه من لُبْنَى حَرٌّ لا يَطْفأ فجعل يَنْطِق بالشِعْر فيها حتّى شاعَ ورُوِىَ ثمّ أَتاها يومًا آخَرَ وقدِ اشتدّ وَجْدُه بها فسلّم فظهَرت له ورَدّت سلامَه وتحفَّت به فشَكا إليها ما يَجِدُ بها وما يَلْقَى مِن حُبّها وشَكَتْ إليه مثلَ ذلك فأطالت وعرَف كُلُ واحد منهما ما له عند صاحِبه فانصرف إلى أبيه وأعلمه حالَه وسأله أن يُزوّجه إيّاها فأَبَى عليه وقال يا بُنَىَّ عليك بإحْدَى بَناتِ عمّك فهُنّ أَحَقُّ بك وكان ذريحٌ كثيرَ المال مُوسِرا فأحبّ أن لا يَخرج ابنُه إلى غَريبة فانصرف قيس وقدْ ساءَه ما خاطَبَه أَبوه به

Z. 7 فتتبرَّدَ : vgl. Fischer § 410; man kann hier auch den unabhängigen Modus (Indikativ) vertreten. **Z. 15** يا بُنَىَّ : auch يا بُنَىِّ mit *kasra* ist vertretbar; vgl. Wright Bd. 1 § 317. **Z. 15–16** عليك بإحْدَى بَناتِ عمّك : "eine deiner Cousinen ist angemessen für dich"; zum Pronomen vgl. Fischer § 302b Anm. 3.

فأَتَى أُمَّه فشَكا ذلك إليها واسْتَعانَ بها على أبيه فلم يَجِدْ عندها ما يُحبّ فأتى الحُسَيْنَ بن عَليّ بن أبى طالب وابن أبى عَتيق فشكا إليهما ما به وما رَدَّ عليه أبوه فقال له الحسينُ أنا أَكْفيك فمَشَى معه إلى أبى لبنى فلمّا بصُر به أَعْظَمَه ووثَب إليه وقال له يا ابنَ رسول الله ما جاءَ بك أَلّا بعثتَ إلىَّ فأَتَيْتُك قال إنّ الذى جِئْتُ فيه يوجِب قَصْدَك وقدْ جئتُك خاطبًا ابنتَك لبنى لقيس بن ذريح فقال يا ابنَ رسول الله ما كُنّا لِنَعْصِىَ لك أَمْرًا وما بِنا عن الفَتَى رَغْبةٌ ولكنّ أَحَبَّ الأمرِ إلينا أن يَخطبَها ذريحُ أبوه علينا وأن يكونَ ذلك عن أمره فإنّا نَخافُ إن لم يَسْعَ أبوه فى هذا أن يكون عارًا وسُبّةً علينا فأتى الحسينُ رضِى اللهُ عنه ذريحًا وقومَه وهُمْ مجتمعون فقاموا إليه إعْظامًا له وقالوا له مثلَ قَوْل الخُزاعيّين فقال لذريح أقسمتُ عليك إلّا خطبتَ لبنى لأبنك قيس قال السَمْعُ والطاعةُ لِأَمْرك فخرج معه فى وجوهٍ من قومه حتّى أَتَوْا لبنى فخطبها ذريحُ على ابنه إلى أبيها فزوَّجه إياها وزُفَّتْ إليه بعد ذلك

Z. 6–7 ما جاءَ بك أَلّا بعثتَ إلىَّ فأَتَيْتُك : "was hat dich [hierher] gebracht, so daß du nicht nach mir gesandt hast, worauf ich zu dir gekommen wäre". **Z. 9** ما كُنّا لِ : "wir können nicht ...". **Z. 14** إعْظامًا له : Umschreibung des Akkusativobjekts; vgl. Fischer § 295. **Z. 15** أقسمتُ عليك إلّا : "hiermit (resultative Koinzidenz) beschwöre ich dich ..."; zum resultativen "Perfekt" vgl. Fischer § 45 und Wright Bd. 2 § 186 (a) Rem. c; zu negativen Schwursätzen vgl. wiederum Fischer § 456 und Wright Bd. 2 § 186 (S. 339f.)

فأقامت معه مُدّةً لا يُنْكِرُ أَحَدٌ من صاحبه شيئًا وكان أَبَرَّ الناس بأُمِّه فأَلْهَتْه لبنى وعُكوفُه عليها عن بعضِ ذلك فوجدت أُمُّه فى نفسها وقالت لقدْ شغلت هذه المَرْأَةُ ابْنى عن بِرّى ولم تَرَ للكلام فى ذلك مَوْضِعًا حتّى مرِض مَرَضًا شديدا فلمّا برأ من عِلّته قالت أُمُّه لِأَبيه لقد خشِيتُ أن يَموتَ قيس وما يَتْرُكُ خَلَفًا وقدْ حُرِمَ الوَلَدَ من هذه المرأة وأنت ذو مالٍ فيَصيرُ مالُك إلى الكَلالة فزَوِّجْه بغَيْرها لَعَلَّ اللهَ أن يَرْزُقَه ولدًا وأَلَحَّت عليه فى ذلك فأَمهل قيسا حتّى إذا اجتمع قومُه دَعاه فقال يا قيسُ إنّك اعتللتَ هذه العلّةَ فخِفْتُ عليك ولا ولدَ لك ولا لى سِواكَ وهذه المرأة لَيْسَت بوَلُود فتَزَوَّجْ إحدى بنات عمّك لعلّ الله أن يَهَبَ لك ولدا تَقَرّ به عَيْنُك وأَعْيُننا فقال قيس لَسْتُ متزوّجا غَيْرها أَبَدًا فقال له أبوه فإنّ فى مالى سَعةً فتَسَرَّ بالإماء قال ولا أَسُوءها بشىء أبدا واللهِ قال أبوه فإنّى أُقْسِم عليك إلّا طلّقتها فأَبَى وقال الموتُ واللهِ علىَّ أسهلُ من ذلك ولكنّى أُخيِّرك خَصْلةً من ثلاث خِصال قال وما هى

Z. 4 بِرّى : *genitivus objectivus*: "Ehrfurcht gegenüber mir"; vgl. Fischer § 386b. **Z. 7** وقدْ حُرِمَ الوَلَدَ من هذه المرأة : Umstandssatz (*ḥāl*) in der Vergangenheit: "und ein Kind von dieser Frau war ihm vorenthalten worden [von Gott]". لَعَلَّ اللهَ أن يَرْزُقَه : vgl. Fischer § 342. **Z. 10** حتّى إذا : vgl. Fischer § 440 und Wright Bd. 2 § 5 Rem. c (S. 12–13). **Z. 11** ولا ولدَ : alternativ: ولا ولدٌ . **Z. 12** لَيْسَت بوَلُود : vgl. Fischer § 113 Anm. 1. **Z. 14** لَسْتُ متزوّجا : "ich heirate auf keinen Fall"; zur verstärkenden Funktion von ليس vgl. Wright Bd. 2 § 159. **Z. 15** فتَسَرَّ : Imperativ, Wurzel *s–r–w*, V; siehe auch Glossar.

قال تتزوّج أنت فلعلّ اللهَ أن يرزقك ولدا غيرِى قال فما فِىَّ فَضْلة لذلك قال فدَعْنى أَرْتَحِلُ عنك بأَهْلى واْصْنَعْ ما كنتَ صانِعا لو مِتُّ فى عِلّتى هذه قال ولا هذه قال فأَدَعُ لُبْنَى عندك وأرتحل عنك فلعلّى أَسْلوها فإنّى ما أُحبّ بعدَ أن تكونَ نفسى طيّبةً أنّها فى خَيالى قال لا أَرْضَى أو تُطلِّقَها وحلف لا يَكُنُّه سَقْفُ بيت أبدا حتّى يطلِّق لبنى فكان يَخرج فيَقِف فى حَرّ الشمس ويَجِىء قيس فيَقِف إلى جانبه فيُظِلُّه بردائه ويَصْلَى هو بحرّ الشمس حتّى يَفِىءُ الفَىْءُ فينصرف عنه ويدخل إلى لبنى فيعانِقها وتعانِقه ويَبْكى وتبكى معه وتقول له يا قيس لا تُطِعْ أباك فتَهْلِكَ وتُهْلَكَنى فيقول ما كنتُ لِأُطيعَ أحدًا فيكِ أبدا فيقال إنّه مكُث كذلك سنةً [.] وقيل إنّه أقام على ذلك أربعين يومًا ثمّ طلّقها وهذا ليس بصحيح [.] وقال بعضهم أنّه سمِع قيسَ بن ذريح يقول لِزَيْد بن سُلَيْمان هجَرنى أَبَوایَ فى لبنى عشرَ سِنين أستأذن عليهما فيَرُدّانى حتّى طلّقتُها [..] قالوا فلمّا بانَتْ لبنى بطَلاقه إيّاها وفرغ من الكلام لم يَلْبَث حتّى استُطير

Z. 2 أَرْتَحِلُ : oder: أَرْتَحِلْ . **Z. 6** لا أَرْضَى أو تُطلِّقَها : "ich möchte nichts, als daß du dich von ihr scheiden läßt"; zu أو und dem abhängigen Modus (Subjunktiv) vgl. Fischer § 411 und Wright Bd. 2 § 15 (f). **Z. 7–13** فكان يَخرج : in einer iterierten *kāna yafʿalu*-Konstruktion erscheint كان nur einmal; vgl. Fischer § 192 Anm. 4 und Wright Bd. 2 § 9. **Z. 9–10** حتّى يَفِىءُ : zu حتّى mit dem unabhängigen Modus (Indikativ) vgl. Fischer § 196b Anm. 1, Wright Bd. 2 § 15 (c) und Wild 1980. **Z. 15** وقال بعضهم أنّه : zu قال + أنّ vgl. Wright Bd. 2 § 23 Rem. c. **Z. 17** فيَرُدّانى : haplologische Silbenellipse (< فيَرُدّانِنى); vgl. Fischer § 49a. **Z. 18** وفرغ من الكلام : hier: "und [als] er die Scheidungsformel zu Ende gesprochen hatte".

عَـقْـلُـه وذُهـب بـه ولَـحِـقَـه مِـثْـلُ الـجُـنـون وتـذكّـر لـبـنـى وحالَـهـا معـه فـأسِـف وجعـل يـبـكـى ويَـنْـشِـج أَحَـرَّ نَـشـيـجٍ وبـلغـهـا الـخـبرُ فـأَرسـلت إلى أبـيـهـا لـيحـتـمـلـهـا وقـيـل بَـلْ أقـامـت حـتّـى انْـقَـضَـتْ عِـدّتُـهـا وقـيـسٌ يَـدخـل عـلـيـهـا فـأقـبـل أبـوهـا بـهَـوْدَج عـلـى نـاقـة وبـإِبِـل تَـحْـمِـلُ أَثـاثَـهـا فـلـمّـا رأَى ذلـك قـيـس أقـبـل عـلـى جـارِيـتـهـا فـقـال وَيْـحَـكِ مـا دَهـانـى فـيـكـم فـقـالـت لا تـسـأَلْـنـى وسَـلْ لـبـنـى فـذهـب لِـيُـلِـمّ بـخِـبـائـهـا فـيـسـألـهـا فـمـنـعـه قـومُـهـا فـأقـبـلـت عـلـيـه امـرأةٌ مـن قـومـه فـقـالـت لـه مـا لـك وَيْـحَـك تـسـأل كـأنّـك جـاهـلٌ أو تـتـجـاهـل هـذه لـبـنـى تـرتـحـل الـلـيـلـة أو غـدًا فسقط مَغْشيًّا عليه لا يَعقل

* (عُرْوة بن حزام العُذْرىّ) *

هـو شـاعـرٌ إسْلامـىّ أحـدُ الـمـتـيَّـمـيـن الـذيـن قـتَـلـهـم الـهَـوَى لا يُـعْـرَف لـه شِـعْـر إلّا فـى عَـفْـراء بـنـت عـمّـه عِـقـال ابن مُهاصر وتشبيبِه بها [..] وكان من حديث عروة [.] وعفراء [.] أنّ حزامًا هلَك وترك ابنَه عروة صغيرًا فى حَجْر

Z. 1 وذُهب به : vgl. Glossar. **Z. 7** وسَلْ : zu dieser Imperativform vgl. Fischer § 239a und Wright Bd. 1 § 140. **Überschrift** عُـرْوة بـن حـزام الـعُـذْرىّ : zum Dichter vgl. *GAS* II: 64–265. **Z. 14** ابـن مُـهـاصـر : am Zeilenanfang fällt *hamzat al-waṣl* innerhalb einer genealogischen Kette nicht weg; vgl. Fischer § 22 und Wright Bd. 1 § 21. **Z. 15** حَجْر : hier ist besser so zu vokalisieren; vgl. Lane s.v.

عمّه عقال بن مهاصر وكانت عفراءُ تِرْبًا لعروة يَلعبان جميعًا ويكونان معًا حتّى تألّف كلٌّ واحدٍ منهما صاحبَه إلفًا شديدا وكان عقال يقول لعروة لِما يَرى من إلْفهما أَبْشِرْ فإنّ عفراء أَمتُك إن شاء الله فكانا كذلك حتّى لحِقت عفراء بالنساء ولحِق عروة بالرجال فأتى عروةُ عمّةً له يقال لها هِنْدُ بنت مهاصر [.] وقال لها فى بعض ما يقول يا عمّةُ إنّى لَمكلِّمُكِ وإنّى منك لَمُسْتَحٍ ولكن لم أفعل هذا حتّى ضِقْتُ ذَرْعًا بما أنا فيه فذهبت عمّتُه إلى أخيها فقالت له يا أخِى قد أتيتُك فى حاجة أُحِبُّ أن تُحْسِنَ فيها الرَدَّ فإنّ الله يأجرك لِصِلة رَحِمك فى ما أَسْأَلُك فقال لها قُولى فلَنْ تسألى حاجةً إلّا رددتُك بها قالت تُزَوِّجُ عروةَ ابنَ أخيك بٱبنتك عفراء فقال ما عنه مَذْهَب ولا هو دُونَ رَجُل يُرْغَب فيه ولا بِنا عنه رَغْبة ولكنّه ليس بذى مال وليست عليه عَجلة فطابت نفسُ عروة وسكَن بعض السكون وكانت أُمّها سيّئة الرأى فيه تريد لٱبنتها ذا مال ووَفْر وكانت عُرْضةَ ذلك كَمالا وجَمالا فلمّا تكاملت

Z. 7 يا عمّةُ : alternativ: يا عمّةِ ; vgl. Fischer § 157 Anm. 3. لَمكلِّمُكِ : "ich spreche zu dir"; *genitivus objectivus*. **Z. 8** لَمُسْتَحٍ : Wurzel *ḥ–y–y*, X; vgl. Glossar und Wright Bd. 1 § 179. **Z. 13** عروةَ ابنَ أخيك : hier ist ابنَ nicht Teil der Filiation, weswegen das ا nicht wegfällt.

سِنُّه وبلغ أَشُدَّه عرف أنّ رجلا من قومه ذا يَسار ومال كثير يَخطبها فأتى عمَّه فقال يا عمُّ قد عرفْت حقّى وقَرابتى وإنّى ولدُك ورَبِيتُ فى حجرك وقد بلغنى أنّ رجلا خطب عفراءَ فإن أسعفتَهُ بطَلِبته قتلتَنى وسفكتَ دمى فأَنْشُدُك اللهَ ورَحِمى وحقّى فرَقَّ له وقال له يا بُنَىَّ أنت مُعْدِم وحالُنا قريبة من حالك ولستُ مُخْرِجَها إلى سِواك وأمّها قد أَبَتْ أن تزوِّجها إلّا بمهر غالٍ فاضطرب واسترزق اللهَ تعالى فجاء إلى أمّها فألطفها وداراها فأَبت أن تُجيبه إلّا بما تحتكمه من المهر وبعد أن يَسوق شطرَه إليها فوعدها بذلك وعلم أنّه لا يَنفعه قرابة ولا غيرها إلّا المالُ الذى يَطلبونه فعمِل على قَصْد ابن عمّ له موسرٍ كان مُقيما بالرَىّ فجاء إلى عمّه وامرأته فأخبرهما بعَزْمه فصوّباه ووعداه أن لا يُحدثا حَدَثًا حتّى يَعود وصار فى ليلة رحيله إلى عفراء فجلس عندها ليلةً هو وجوارى الحى يتحدّثون حتّى أصبحوا ثمّ ودّعها وودّع الحىَّ وشدَّ على راحلته وصحِبه فى طريقه فَتَيانِ من بنى هُلَيْل بن عامر

Z. 8 فاضطرب واسترزق : sowohl Perfekt (Suffixkonjugation) als auch Imperativ können hier gelesen werden; im letzteren Fall muß اضطرب als "geh und schaff Unterhalt" interpretiert werden; vgl. Lane s.v. – تعالى : Wurzel *ᶜ–l–y*, VI (Eulogie). **Z. 9–10** فأَبت ... وبعد أن يَسوق = : فأَبت ... وإلّا بعد أن يَسوق .

كانا يألفانهِ وكان حَيّاهم متجاوِرَيْنِ وكان فى طُول سفَره ساهِيًا يكلّمانه فلا يَفهم فِكْرةً فى عفراء حتّى يُرَدّ القولُ عليه مِرارًا حتّى قدِم على ابن عمّه فلقِيه وعرّفه حالَه وما قدِم له فوصَله وكَساه وأعطاه مائة من الإبل فانصرف بها إلى أهله وقد كان رجل من أهل الشأم من أسباب بنى أُمَيّة نزل فى حىّ عفراء فنحَر ووهَب وأطعم وكان ذا مال [.] فرأى عفراء وكان منزله قريبا من منزلهم فأعجبته وخطبها إلى أبيها فاعتذر إليه وقال قد سمّيتُها إلى ابن أخ لى يَعْدِلها عندى وما إليها لغيره سَبيلٌ فقال له إنّى أرغِّبك فى المهر قال لا حاجةَ لى بذلك فعدَل إلى أمّها فوافق عندها قَبولًا لبَذْله ورَغْبةً فى ماله فأجابته ووعدته وجاءت إلى عِقال فآذنته واستصحبته وقالت أىُّ خيرٍ فى عروة حتّى تَحبس ابنتى عليه وقد جاءها الغِنَى يَطرق عليها بابها واللهِ ما تَدْرِى أَعروةُ حىٌّ أم مَيِّت وهل ينقلب إليك بخير أم لا فتكون قد حرمتَ ابنتَك خيرًا حاضرا ورزقا سنيّا فلم تَزَلْ به حتّى قال لها فإنْ عاد لى خاطِبًا أجبتُه فوجّهَتْ

Z. 1 حَيّاهم : in diesem Kontext sollte besser ein Dualobjekt gelesen werden. **Z. 2** فِكْرةً : bessere Lesart: فكرَهُ . **Z. 13** فآذنته واستصحبته : bessere Lesart: فآذته وصخبته "sie schalt ihn und schrie ihn an". **Z. 15** الغِنَى : bessere Lesart: الغَنِى .

إليه أنْ عُدْ إليه خاطبا فلمّا كان من غدٍ نحر جُزُرًا عِدّةً وأطعم ووهب وجمع الحيَّ معه على طَعامه وفيهم ابو عفراء فلمّا طعِموا أعاد القول فى الخِطْبة فأجابه وزوّجه وساقَ إليه المهر وحُوِّلَتْ إليه عفراءُ وقالت قبل أن يَدخل بها (من الكامل)

يا عُرْوَ إنّ الحيَّ قدْ نقَضوا
عَهْدَ الإلٰهِ وحاوَلوا الغَدْرَا

فى أبيات طويلة فلمّا كان الليلُ دخَل بها زَوْجُها وأقام فيهم ثلاثًا ثمّ ارتحل بها إلى الشَأْم وعمَد أبوها إلى قَبْر عَتيق فجدّد وسَوّاه وسأل الحَيَّ كِتْمانَ أَمْرِها وقدِم عروةُ بعدَ أيّام فنَعَاها أبوها إليه وذهب به إلى ذلك القبر فمكُث يَختلف إليه أيّاما وهو مُضْنًى هالكٌ حتّى جاءته جاريةٌ من الحيّ فأخبرته الخبرَ فتركهم وركِب بعضَ إبله وأخذ معه زادًا ونَفَقةً ورحل إلى الشأم فقدِمها وسأل عن الرجل فأُخبر به ودُلَّ عليه فقصَده وانتسب له إلى عَدْنان فأكرمه وأحسن ضيافتَه فمكث أيّاما حتّى أنِسوا به ثمّ قال لجارية لهم هل لك فى يد تُولينيها قالت نعم قال تَدفعين

Z. 1 أنْ عُدْ إليه : zur direkten Rede nach أنْ vgl. Fischer § 414 Anm. 1. **Z. 9** ثلاثًا : elliptisch für ثلاث ليال . **Z. 18** تُولينيها : vgl. Fischer § 49c.

خاتَمى هذا إلى مَوْلاتكِ فقالت سَوْأةً لك أما تَسْتَحِى لهذا القول فأمسك عنها ثمّ أعاد عليها وقال لها وَيْحَك هى واللّه بنتُ عمّى وما أَحَدٌ منّا إلّا وهو أَعَزُّ على صاحبه من الناس فاْطرحى هذا الخاتم في صَحْنها فإن أنكرت عليك فقُولى لها اصطبح ضيفُك قبلك ولعلّه سقط منه فرَقّت الأمةُ وفعلت ما أَمَرَها به فلمّا شربت عفراءُ اللبن رأت الخاتم فعرفته فشهِقت ثمّ قالت اُصْدُقينى عن الخبر فصدقتها فلمّا جاء زوجُها قالت له أَتَدْرى مَن ضيفك هذا قال نعم فلان بن فلان للنسب الذى انتسب له عروةُ فقالت كَلّا واللّهِ [.] بل هو عروة بن حزام ابن عمّى وقد كتمك نفسَه حَياءً منك [. .] ثمّ بعث إليه فدعاه وعاتبه على كتمانه نفسَه إيّاه وقال له بالرُحْب والسَعَةِ نشدتُك اللهَ إن رِمْتَ هذا المكانَ أَبَدًا وخرج وتركه مع عفراء يتحدّثان وأَوْصَى خادما له بالاستماع عليهما وإعادة ما تَسْمعه منهما عليه فلمّا خَلَوَا تشاكيا ما وجَدا بعد الفِراق فطالت الشَكْوَى وهو يبكى أحرَّ بكاءٍ ثمّ أتته بشراب وسألته أن يشربه فقال والله

Z. 3–4 وما أَحَدٌ منّا إلّا وهو أَعَزُّ على صاحبه من الناس : vgl. Fischer §§ 310d und 409c Anm. 2. **Z. 5** صَحْنها : alternativ: صَباحها "Morgentrunk". **Z. 13** كتمانه نفسَه إيّاه : vgl. Fischer § 272 und Wright Bd. 1 § 188. **Z. 15** خادما : sowohl maskulin als auch feminin ("communis"); vgl. Fischer § 113.

ما دخل جوفى حرامٌ قطّ ولا ارتكبتُه منذ كنتُ ولو استحللتُ حراما لَكُنْتُ قد استحللتُه منك فأنتِ حظّى من الدنيا وقد ذهبتِ منّى وذهبتُ بعدك فما أَعِيشُ وقد أَجْمَلَ هذا الرجلُ الكريم وأحسن وأنا مُسْتَحٍ منه ووالله لا أُقِيمُ بعد عِلْمِه مكانى وإنّى عالمٌ أنّى أرحل إلى منيّتى فبكت وبكى وانصرف فلما جاء زوجُها أخبرته الخادمُ بما دار بينهما فقال يا عفراء امنعى ابن عمّك من الخروج فقالت لا يمتنع هو واللهِ أَكْرَمُ وأشدُّ حياءً من أن يقيم بعد ما جرى بينكما فدعاه وقال له يا أخى اتّقِ الله فى نفسك فقد عرفتُ خبرك وأنّك إن رحلتَ تَلِفْتَ ووالله لا امنعك من الاجتماع معها أبدا ولَئِنْ شئت لأفارقنّها ولأنزلنّ عنها لك فجَزَاه خيرًا وأَثْنَى عليه وقال إنّما كان الطَمَعُ فيها آفتى والآن قد يئستُ وحملتُ نفسى على اليأس والصبر فإنّ اليأس يسلّى ولى أمورٌ ولا بُدَّ لى من رجوعى إليها فإن وجدتُ بى قوة على ذلك والّا عُدْتُ إليكم وزُرْتُكم حتّى يَقْضِيَ اللهُ مِن أمرى ما يشاء فزوّدوه وأكرموه وشيّعوه فانصرف فلمّا رحل عنهم

Z. 12 لأفارقنّها : zum Energicus vgl. Fischer §§ 198 und 215 sowie Wright Bd. 2 § 19. **Z. 14** آفتى : Wurzel ʾ–*w*–*f*. **Z. 16–17** فإن وجدتُ ... والّا عُدْتُ إليكم : fehlende Apodosis ("Bedingungssatz mit Verschiebung": "wenn ich die Kraft dazu finde [ist alles in Ordnung]; sonst komme ich wieder zu dir ..."; vgl. Fischer § 452b.

نُكِس بعد صَلاحه وتماسُكه وأصابه غُشْى وخَفَقان فكان كُلَّما أُغْمِىَ عليه أُلْقِىَ على وجهه خِمار لعفراء زودته إيّاه فيُفيق [...] فلم يَزَلْ فى طريقه حتّى مات قبل أن يَصِلَ إلى حيّه بثلاث ليالٍ وبلغ عفراءَ خبرُ وفاته فجزِعت جزعا شديدا [..] ولم تزل [.] تَنْدبه بها حتّى ماتت بعد أيّام قلائل بعده

۞ (من كتاب
سِيرة النَبِىّ صلّى اللّٰهُ عليه وسلّم
لابن هِشام) ۞

۞ (حَمْل آمِنةَ بِرَسُولِ الله صلّعم ووِلادته) ۞

قال ابن إسْحق ثمّ انصرف عبد المُطَّلِب آخِذًا بيَد عبد الله فمرّ به فيما يزعمون على امرأة من بنى أَسد بن عبد العُزَّى وهى أُخْت وَرَقة بن نَوْفَل ابن أسد بن عبد العُزَّى وهى عند الكَعْبة فقالت له حين نظرت إلى وجهه أين تَذهب يا عبد الله قال مع أبى قالت لك مثلُ الإبل التى نُحرت عنك

Z. 6 أيّام قلائل : vgl. Reckendorf *AS* § 41. **Z. 8** المُطَّلِب : Partizip VIII; vgl. Fischer § 46 und Wright Bd. 1 § 117. **Z. 11** ابن أسد : am Zeilenanfang fällt *hamzat al-waṣl* innerhalb einer genealogischen Kette nicht weg; vgl. Fischer § 22 und Wright Bd. 1 § 21. وهى عند الكَعْبة : zu *ḥāl*-Sätzen generell vgl. Fischer §§ 407–409; zum *wāw al-ḥāl* vgl. Wright Bd. 2 § 183. **Z. 10** عند الكَعْبة : "vor/bei der Kaaba". **Z. 12** لك مثلُ الإبل : "dein wird soviel sein, wie die Kamele wert waren, die anstelle deiner geschlachtet wurden"; vgl. auch Glossar s.v. عن .

وقَعْ علىَّ الآنَ فقال أنا مع أبى ولا أستطيع خِلافَه ولا فِراقَه فخرج به عبد المطّلب حتّى أتى به وَهْبَ ابن عبد مَناف بن زُهْرة [.] وهو يَوْمَئذٍ سيّدُ بنى زُهْرة سِنًّا وشَرَفًا فزوَّجه ابنتَه آمِنةَ بنت وهب وهى يومئذ أفضلُ امرأة فى قُرَيْش نسبًا وموضعًا وهى لِبَرّة بنت عبد العزّى بن عُثْمان بن عبد الدار [..] فزعموا أنّه دخل عليها حين أُمْلِكَها مكانَه فوقَع عليها فحمَلت برَسُول الله صلّعم ثمّ خرج من عندِها فأتى المرأةَ التى عرَضتْ عليه ما عرضتْ فقال لها ما لك لا تَعرضين علىَّ اليومَ ما كنتِ عرضتِ علىَّ بالأمسِ قالت له فارقك النورُ الذى كان معك بالأمس فليس لى بك اليوم حاجةٌ وقد كانت تَسمع من أخيها ورقة بن نوفل وكان قد تنصَّر واتَّبع الكُتُبَ أنّه كائنٌ فى هذه الأُمّة نَبِىّ [...] ويزعمون فيما يتحدّث الناسُ واللهُ أَعْلَمُ أنّ آمنة بنت وهب أُمَّ رسول الله صلّعم كانت تحدِّث أنّها أُتِيَتْ حين حملت برسول الله صلّعم فقيل لها إنّكِ قد حملت بسيّد هذه الأمّة فإذا وقع إلى الأرض فقولى * أُعِيذُهُ بالواحدْ * مِن شَرِّ كُلّ حاسدْ * ثمّ

Z. 2 أتى به وَهْبَ : zu Bewegungsverben mit direktionalem abhängigem Kasus ("Akkusativ") vgl. Fischer § 373 und Wright Bd. 2 § 23. **Z. 4–5** سِنًّا وشَرَفًا ، نسبًا وموضعًا : adverbielle Konstruktion mit *tamyīz* (spezifizierender abhängiger Kasus); vgl. Fischer § 384 und Wright Bd. 2 § 44. **Z. 5** وهى لِبَرّة : "und sie war Tochter von Barra". **Z. 7** مكانَه : vgl. Glossar. **Z. 8** من عندِها : das im Genitiv stehende عند reflektiert den ursprünglich nominalen Status der meisten Präpositionen. **Z. 9** عرَضتْ عليه ما عرضتْ : zu nominalisierten Relativsätzen mit ما vgl. Fischer §§ 424–425 und Wright Bd. 2 § 175. **Z. 13** تنصَّر : zum V. Stamm in der Bedeutung "jemand / etwas werden" vgl. Wright Bd. 1 § 47. أنّه كائنٌ : zum Pronomen des Sachverhalts (*ḍamīr aš-šaʾn*) vgl. Fischer § 338 sowie Wright Bd. 1 §§ 362, 367 und Bd. 2 §§ 36, 152; zur imperfektiven Semantik von كائنٌ vgl. Fischer § 202b. **Z. 14** واللهُ أَعْلَمُ : die Unentscheidbarkeit einer Frage. **Z. 16** أُتِيَتْ : hier: "sie hatte eine Offenbarung". **Z. 17** إنّكِ قد حملت : hier direkte Rede nach فقيل لها . **Z. 18** "*" : vgl. Wüstenfeld, Bd. 1: 102.

سَمِّيه مُحَمَّدًا ورأتْ حين حملت به أنّه خرج منها نورٌ رأت به قصور بُصْرَى من أرض الشأم ثمّ لم يلبث عبدُ الله بن عبد المطلب أبو رسول الله صلّعم أن هلك وامُّ رسول الله صلّعم حاملٌ به [..] قال ابن اسحاق ووُلد رسول الله صلّعم يوم الاثنين لثِنْتى عشرة ليلة خلت من شهر رَبيعِ الأوّل عام الفيل

۞ (مَبْعَث النبىّ صلّعم) ۞

قال ابن اسحاق فلمّا بلغ محمّدٌ رسول الله صلّعم أربعين سنة بعثه اللهُ تعالى رحمةً للعالمين وكَافّةً للناس بَشيرا وكان الله قد أخذ له الميثاقَ على كلّ نبىّ بعثه قبله بالإيمان به والتصديق له والنصر له على مَن خالفه وأخذ عليهم أن يُؤدّوا ذلك إلى كلّ من آمَنَ بهم وصدَّقهم فأَدَّوْا من ذلك ما كان عليهم الحقُّ فيه يقول الله لمحمد صلّعم ﴿ وإذ أخذ اللهُ ميثاق النبيّين لَمَا آتَيْتُكم من كتاب وحكمة ثمّ جاءكم رسولٌ مصدِّق لِما معكم لَتُؤْمِنُنّ به ولَتَنْصُرُنّه قال أأقررتم وأخذتم على ذٰلِكُمْ إصْرِى ﴾ أى

Z. 2 نورٌ رأت به : asyndetischer Relativsatz; قصور بُصْرَى من أرض الشأم : geographische Angabe (vgl. Glossar). **Z. 2–4** لم يلبث ... أن هلك : "er zögerte nicht zu sterben", d.h. "er starb alsbald". **Z. 6** عام الفيل : d.h. ungefähr 570 AD; "das Jahr des Elefanten"bezieht sich auf den Marsch des christlichen jemenitischen Königs Abraha mit Elefanten auf die Kaaba in diesem Jahr; vgl. auch Q 105 (*sūrat al-fīl*); خلت : alternative Lesart : مضت . **Z. 8** رحمةً للعالمين : vgl. Q 21: 107. **Z. 8–9** كَافّةً للناس بَشيرا : vgl. Q 34: 28. **Z. 9** أخذ له : das ه in له bezieht sich wahrscheinlich auf Muḥammad (Guillaume, S. 194, Weil, Bd. 1: 112, und Rotter, S. 42, gehen darüber hinweg). **Z. 10–11** und folgende Seite, Z. 3 بالإيمان به والتصديق له والنصر له : die pronominalen Suffixes beziehen sich auf Gott. **Z. 14** وإذ أخذ : vgl. Fischer § 442 Anm. 1 und Wright Bd. 1 § 362 (b). **Z. 14** لَمَا : "solange wie" (= "immer wenn"). **Z. 15–17** und **S. 39, Z. 1–2**: vgl. Q 3: 81.

ثِقْلَ ما حمّلتُكم من عَهْدى ﴾ قالوا أقررنا قال فاْشهدوا وأنا معكم من الشاهدين ﴾ فأخذ الله ميثاقَ النبيّين جميعا بالتصديق له والنصر له ممن خالفه وأدّوا ذلك إلى من آمن بهم وصدّقهم من أهل هذَيْن الكتابين ، قال ابن اسحاق فذكر الزُهْرىّ عن عُرْوة ابن الزُبَيْر عن عائشة أنّها حدّثتْه أنّ أوّل ما ابتُدئ به رسولُ الله صلّعم من النُبُوّة حين أراد اللهُ كرامتَه ورحمة العِباد به الرُؤْيَا الصادقة لا يَرَى رسولُ الله صلّعم رُؤْيَا فى منامه إلّا جاءت كفَلَق الصبح قالت وحبَّب الله إليه الخَلْوة فلم يك شىءٌ أحبَّ إليه من أن يخلو وحده ، قال ابن اسحاق وحدثنى عبدُ المَلِك بن عبيد الله بن أبى سُفْيان بن العَلاء بن جارِية الثَقَفِى وكان واعيةً عن بعض أهل العلم أنّ رسول الله صلّعم حين أراده الله بكرامته وابتدأه بالنبوّة كان إذا خرج لحاجته أَبْعَدَ حتّى تَحْسُرَ عنه البيوتُ ويُفضى إلى شعاب مكّة وبطون أوديتها فلا يمرّ رسول الله صلّعم بحَجَر ولا شجر إلّا قال السلام عليك يا رسول الله قال فيلتفت رسول الله صلّعم

Z. 8 يَرَى : alternative Lesart (Passiv, IV) : يُرَى . **Z. 9** جاءت كفَلَق الصبح : "der Traum kam wie das Frühlicht, d.h. mit größter Klarheit". **Z. 10** فلم يك : vgl. Fischer § 244 Anm. 1 und Wright Bd. 1 § 151. **Z. 13** وكان واعيةً : vgl. Fischer § 73a. **Z. 15** إذا خرج لحاجته : "wenn er seine Besorgungen machte" (oder auch: "sein Geschäft verrichtete"). **Z. 16 – S. 40, Z. 1** ويُفضى ... فلا يرى : zum Tempusgebrauch (Imperfekt für wiederholte Handlungen in der Vergangenheit) vgl. Fischer § 186 und Wright Bd. 2 § 8. **Z. 18** قال : قال des Erzählers, das das Ende eines Zitats markiert.

حوله وعن يمينه وشماله وخلفه فلا يرى إلّا الشجر والحجارة فمكُث رسول الله صلّعم كذلك يَرى ويسمع ما شاء الله أن يَمكثَ ثمّ جاءه جِبْرِيلُ بما جاءه من كرامة الله وهو بحِراء فى شهر رمضان ، قال ابن اسحاق وحدّثنى وَهْب بن كَيْسان مولى آل الزُبير قال سمعتُ عبد الله بن الزبير وهو يقول لعُبَيْد بن عُمَيْر بن قَتادة اللَيْثِى حدّثْنا يا عبيد كيف كان بدءُ ما ابتُدئ به رسول الله صلّعم من النبوّة حين جاءه جبريل قال فقال عُبيدٌ وأنا حاضرٌ يحدّث عبدَ الله بن الزبير ومَن عنده من الناس كان رسول الله صلّعم يجاوِر فى حِراء من كلّ سنة شهرًا وكان ذلك ممّا تحنَّثُ به قُرَيْشٌ فى الجاهليّة والتحنُّث التبرّر [. .] فكان رسول الله صلّعم يجاور ذلك الشهرَ من كل سنة يُطعم من جاءه من المساكين فإذا قضى رسولُ الله صلّعم جِوارَه من شهره ذلك كان أوّلُ ما يَبدأ به إذا انصرف من جواره الكعبةَ قبل أن يدخل بيتَه فيطوفُ بها سبعًا أو ما شاء الله من ذلك ثمّ يرجع إلى بيته حتى إذا كان الشهرُ الذى أراد الله

Z. 6, 9 قال : wiederum قال des Erzählers, zur Angabe von Beginn und Ende eines Zitats (von Wahb ibn Kaysān). **Z. 9** وأنا حاضرٌ : das Pronomen أنا bezieht sich hier auf وَهْب بن كَيْسان (vgl. Z. 5). **Z. 12** تحنَّثُ : haplologische Silbenellipse; vgl. Fischer § 49a. **Z. 15–16** أوّلُ ... الكعبةَ : man kann hier أوّلُ als Subjekt und الكعبةَ als Prädikat verstehen, oder auch umgekehrt (mit jeweils vertauschter Kasusmarkierung). **Z. 18** und **S. 41, Z. 3** حتى إذا : vgl. Fischer § 440 und Wright Bd. 2 § 5c.

به فيه ما أراد من كرامته من السنة التى بعَثه فيها وذلك الشهرُ شهر رمضان خرج رسول الله صلّعم إلى حراء كما كان يخرج لجِواره ومعه أهله حتى إذا كانت الليلة التى أكرمه اللهُ فيها برِسالته ورحِم العبادَ بها جاءه جبريلُ بأمر الله قال رسول الله صلّعم فجاءَنى وأنا نائمٌ بنَمَط من ديباج فيه كتابٌ فقال اقرأْ قال قلت ما أَقْرَأُ قال فغَتَّنى به حتى ظننتُ أنّه الموت ثم أرسلنى فقال اقرأْ قال قلت ما أَقرأ قال فغتّنى به حتى ظننت أنّه الموت ثمّ أرسلنى فقال اقرأْ قال قلتُ ما ذا أَقرأ ما أقول ذلك إلّا افتداءً منه أن يَعودَ لى بمثل ما صنع بى فقال ﴿ اقرأْ باْسم رَبّك الذى خَلَقَ خَلَقَ الإنسانَ مِن عَلَق اقرأْ وربُّك الأكرمُ الذى علّم بالقَلَم علَّم الإنسانَ ما لم يَعلم ﴾ قال فقرأتُها ثمّ انتهى فانصرف عنّى وهببتُ من نَوْمى فكأنّما كُتِبْتُ فى قلبى كتابًا قال فخرجتُ حتى إذا كنت فى وَسَط من الجبل سمعتُ صوتًا من السماء يقول يا محمّد أنت رسول

Z. 1 به فيه : "mit ihm / für ihn (Muḥammad) in ihm (dem Monat)". **Z. 7, 9** ما أَقْرَأُ : dem Ḥadīṯ zufolge: "ich kann/werde nicht lesen/rezitieren"; so auch Weil (Bd. 1: 114) und Rotter (S. 44); Guillaume (S. 106) übersetzt: "What shall I read?". **Z. 12–14**: vgl. Q 96: 1–5.

الله وأنا جبريل قال فرفعت رأسى إلى السماء أنظر فإذا جبريل فى صورة رجل صافٍّ قدمَيْه فى أُفُق السماء يقول يا محمّد انت رسول الله وأنا جبريل فوقفتُ أنظر إليه فما أتقدّم وما أتأخّر وجعلتُ أَصرف وَجْهى عنه فى آفاق السماء قال فلا أنظر فى ناحية منها إلّا رأيتُه كذلك فما زلتُ واقفًا ما أتقدّم أمامى وما أرجع ورائى حتى بعثت خَدِيجةُ رسلها فى طلبى فبلغوا أَعْلَى مكّة ورجعوا إليها وأنا واقف فى مكانى ذلك ثم انصرف عنّى وانصرفتُ عنه راجعا إلى أهلى حتى أتيتُ خديجةَ فجلستُ إلى فَخِذها مُضيفًا إليها فقالت يا أبا القاسِم أين كنت فوالله لقد بعثتُ رسلى فى طلبك حتى بلغوا أعلى مكّة ورجعوا إلىّ ثم حدّثتُها بالذى رأيت فقالت أَبْشِرْ يَٰٓابْنَ عَمٍّ واثبُتْ فوالذى نفسُ خديجة بيَدِه إنّى لَأَرجو أن تكون نبىّ هذه الأمة ثم قامت فجمعتْ عليها ثيابها ثم انطلقتْ إلى ورقة بن نوفل [.] وهو ابن عَمِّها وكان ورقة قد تنصَّر وقرأ الكُتُب وسمع من أهل التَوْراة والإنْجِيل فأخبرتْه بما أخبرها به

Z. 14 يَٰٓابْنَ عَمٍّ : vgl. Fischer §§ 157, 158. **Z. 18** التَوْراة : zur historischen Orthographie dieses Worts (تورٰىة) vgl. Diem 1979: 248–250.

رسولُ الله صلّعم أنّه رأى وسمع فقال ورقة قُدُّوسٌ قُدُّوسٌ والذى نفسُ ورقة بيَده لَئنْ كُنْتِ صدقتينى يا خديجة لقد جاءه النامُوسُ الأكبر الذى كان يأتى مُوسَى وإنّه لنبيّ هذه الأمّة فقولى له فَلْيَثبتْ

۞ (أَمْر العَقَبة الأولى) ۞

فلمّا قدم الخَزْرَجيّون الستة الذين آمنوا المدِينةَ إلى قومهم ذكروا لهم رسول الله صلّعم ودعوهم إلى الإسلام حتى فشا فيهم فلم تَبْق دار مِن دور الأنصار الّا وفيها ذكرٌ من رسول الله صلّعم ، [.] حتى إذا كان العامُ المقبل وَافَى الموسمَ من الأنصار اثنا عشر رجلا فلَقُوه بالعَقَبة وهى العقبة الأولى فبايعوا رسول الله صلّعم على بَيْعة النساء وذلك قبل أن تُفترض عليهم الحرب [...] قال ابن اسحاق وحدّثنى يزيد بن أبى حَبيب عن أبى مَرْثَد ابن عبد الله اليَزَنى عن عبد الرحمن بن عُسَيْلة الصُنابِحىّ عن عُبادة بن الصامت قال كنت فيمن حضر العقبة الأولى وكنّا اثنى عشر رجلا فبايعنا رسولَ الله صلّعم على بيعة النساء وذلك قبل أن

Z. 2 صدقتينى : zur Vokallängung vgl. Fischer § 270 Anm. 2. **Z. 4** فَلْيَثبتْ : vgl. Fischer § 195 Anm. 1 und Wright Bd. 2 § 17 (a). **Z. 5** فلمّا قدم الخَزْرَجيّون الستة الذين آمنوا المدِينةَ ... : Brünnow und Fischer haben hier in den Text eingegriffen, um das Vorhergehende zu résumieren; Wüstenfeld Bd. 1: 287 hat ... فلمّا قدموا المدِينةَ . **Z. 11** العقبة الأولى : zu dieser Art von elliptischen Konstruktionen vgl. Reckendorf *AS* § 175, 6 (S. 352) und Brockelmann *GvG* II § 279b (S. 453). **Z. 11–12** بَيْعة النساء : vgl. Q 60: 12 (s. unten).

تفترض الحرب على أن لا نُشرك بالله شيئًا ولا نسرق ولا نزنى ولا نقتل أولادنا ولا نأتى ببُهْتان نفتريه بين أيدينا وأرجلنا ولا نعصيه فى معروف فإن وفيتُمْ فلكم الجنّةُ وإن غشيتم من ذلك شيئًا فأَمْركم الى الله ان شاء عذّب وان شاء غفر [..] قال ابن اسحاق فلمّا انصرف عنه القوم بعث رسول الله صلّعم معهم مُصْعَبَ بن عُمير بن هاشم [.] وأمره أن يُقرئهم القرآنَ ويعلّمهم الإسلام ويفقّههم فى الدين فكان يسمَّى المُقْرِئَ بالمدينة مصعب وكان منزَله على أَسْعَد بن زُرارة [..] ، فحدثنى عاصم بن عُمَر بن قَتادة أنه كان يصلّى بهم وذلك أن الأَوْس والخزرج كرِه بعضُهم أن يَؤمّه بعضٌ

۞ (أمر العقبة الثانية) ۞

قال ابن اسحاق ثم إنّ مصعب بن عمير رجع إلى مكة وخرج من خرج من الانصار من المسلمين الى الموسم مع حُجّاج قومهم من أهل الشِرْك حتى قدموا مكة فواعدوا رسول الله صلّعم العقبةَ من أَوْسَط أَيّامِ التشريق حين أراد الله بهم

Z. 1–5 أن لا نُشرك ... غفر : vgl. Q 60: 12.

ما أراد من كرامته والنصر لنبيّه وإعزاز الاسلام وأهله وإذلال الشِرْك واهله ، قال ابن اسحاق حدثنى مَعْبَد بن كَعْب بن مالك [.] أخو بنى سَلِمة ان أخاه عبد الله بن كعب [.] حدثه ان أباه كعب بن مالك حدثه قال كعب ثم خرجنا إلى الحَجّ وواعدْنا رسول الله صلّعم العقبة من أوسط ايّام التشريق قال فلمّا فرغنا من الحجّ وكانت الليلة التى واعدْنا رسول الله صلّعم لها ومعنا عبدُ الله بن عمرو بن حَرام أبو جابر سيّد من ساداتنا أخذناه معنا وكنّا نَكتم مَنْ معنا من قومنا من المُشْرِكين أَمْرَنا فكلّمناه وقلنا له يا أَبا جابر انّك سيّد من ساداتنا وشريف من أشرافنا وانّا نَرغب بك عمًّا أنت فيه أن تكون حطبا للنار غدًا ثم دعوناه إلى الاسلام واخبرناه بميعاد رسول الله صلّعم إيّانا العقبة قال فأسلم وشهد معنا العقبة وكان نقيبًا ، قال فنِمنا تلك الليلة مع قومنا فى رحالنا حتى إذا مضى ثُلُث الليل خرجنا من رحالنا لميعاد رسول الله صلّعم نتسلّل تسلّل القطا مستخفين حتى اجتمعنا

Z. 12 عمًّا : assimiliert aus عن ما . **Z. 13** أن تكون : hier: "so daß du *nicht* ...". **Z. 14, 17** ميعاد : hier Quasi-Infinitiv des III. Stamms; vgl. Glossar.

فى الشعب عند العقبة ونحن ثلاثة وسبعون رجلا ومعنا امرأتان من نسائنا نَسيبة بنت كعب أمّ عُمارة احدى نساء بنى مازن بن النَجّار وأَسْماء بنت عمرو ابن عَدىّ بن نابِى احدى نساء بنى سَلِمة وهى أمّ مَنيع قال فاجتمعنا فى الشعب ننتظر رسول الله صلّعم حتى جاءنا ومعه عمُّه العَبّاس بن عبد المطّلِب وهو يومئذ على دِين قومه إلّا أنه احبّ ان يَحضر امرَ ابن اخيه ويتوثّق له ، فلمّا جلس كان اوّلَ متكلّم العبّاسُ بن عبد المطلب فقال يا معشر الخَزْرَج قال وكانت العرب انّما يسمّون هذا الحىَّ من الانصار الخزرجَ خزرجَها وأَوْسَها إن محمّدا منّا حيث قد علمتم وقد منعْناه من قومنا ممّن هو على مثل رأْينا فيه فهو فى عِزّ من قومه ومَنَعةٍ فى بلده وانه قد أبى إلّا الانحيازَ اليكم واللحوق بكم فإن كنتم تَرون انكم وافون له فيما دعوتموه اليه ومانِعوه ممّن خالفه فانتم وما تحمّلتم من ذلك وان كنتم ترون انكم مُسْلِموه وخاذلوه بعد الخروج به اليكم فمِن الآنَ فدَعُوه فانه فى عزّ ومنعة من قومه

Z. 10 قال : in diesem Fall beendet قال die direkte Rede vor der folgenden Information (die "in Parenthese" zu denken ist). **Z. 11–12** إن محمّدا منّا حيث قد علمتم : "Muḥammad hat unter uns den euch bekannten Rang". **Z. 12–13** ممّن هو على مثل رأْينا فيه : "die eine ähnliche Meinung über ihn haben wie wir", d.h. die ihm auch nicht glauben. مَنَعةٍ : oder: مَنْعةٍ . **Z. 15** دعوتموه : vgl. Fischer § 270. **Z. 16** مانِعوه : Partizip im status constructus mit *genitivus objectivus;* فانتم وما تحمّلتم : "ihr [seid] es und was ihr auf euch genommen habt", d.h. "ihr müßt eure übernommene Verpflichtung einhalten". **Z. 17** مُسْلِموه : vgl. Z. 16; hier: "aufgeben" im Sinne von "verraten". **Z. 18** مِن الآنَ : das Zeitadverb الآنَ ist indeklinabel; vgl. Lane s.v. (Wurzel ʾ–*y*–*n*).

وبلده قال فقلنا له قد سمعنا ما قلت فتكلّمْ يا رسول الله فخُذْ لنفسك ولربّك ما احببتَ ، قال فتكلّمَ رسول الله صلّعم فتَلَا القران ودعا الى الله ورغّب فى الاسلام ثم قال أُبايعكم على أن تمنعونى ممّا تمنعون منه نساءكم وأبناءكم قال فأخذ البَراءُ بن معرور بيده ثم قال نَعَمْ والذى بعثك بالحق نبيّا لَنمنعنّكَ ممّا نمنع منه أُزُرَنا فبايِعْنا يا رسول الله فنحن والله ابناء الحروب وأهل الحَلْقة ورثناها كابرا عن كابر قال فاعترض القولَ والبراءُ يكلّم رسولَ الله صلّعم ابو الهَيْثَم بن التَيَّهان فقال يا رسولَ الله ان بيننا وبين الرجال حِبالا وانا قاطعوها يَعْنى اليهود فهل عَسَيْتَ إن نَحْنُ فعلنا ذلك ثم اظهرك اللهُ أن ترجعَ إلى قومك وتَدَعَنا قال ، فتبسّم رسول الله صلّعم ثم قال بل الدمُ الدمُ والهَدْمُ الهَدْمُ انتم منّى وانا منكم أُحارب من حاربتم وأسالم من سالمتم ، قال ابن هِشام ويقال الهَدَمُ الهَدَمُ يعنى الحُرْمةَ أى دمى دمكم وحُرمتى حرمتكم ، قال كَعْب بن مالك وقد كان قال رسول الله صلّعم أَخْرِجوا إلىّ

Z. 7 فبايِعْنا : dieser Vokalisierung zufolge "schließ einen Vertrag mit uns ab!"; alternativ: فبايَعْنا : "hiermit (resultativ) schließen wir einen Vertrag ab". Z. 8 ورثناها : asyndetischer Relativsatz. Z. 12–13 عَسَيْتَ ... أن ترجعَ : vgl. Wright Bd. 2 § 42 Rem. e und § 187b; vgl. auch Ullmann 1984. Z. 17 دمى دمكم : andere Lesart: ذِمَّتى ذِمَّتكم (vgl. Wüstenfeld, Bd. 2: 92).

منكم اثنى عشر نقيبا يكونون على قومهم بما فيهم فاخرجوا منهم اثنى عشر نقيبا تسعةً من الخزرج وثلاثة من الأوس [...] قال ابن اسحاق وكانت بيعةُ الحرب حين أذن الله لرسوله صلّعم فى القتال شُروطا سِوى شَرْطه عليهم فى العقبة الأولى كانت الأولى على بيعة النساء وذلك أنّ الله عزّ و جلّ لم يكن اذن لرسوله صلّعم فى الحرب فلمّا اذن له فيها وبايعهم رسول الله صلّعم فى العقبة الأخيرة على حرب الأسود والأحمر اخذ لنفسه واشترط على القوم لربّه وجعل لهم على الوفاء بذلك الجنّةَ ، فحدثنى عُبادة بن الوَليد بن عبادة بن الصامت عن ابيه الوليد عن جدّه عبادة بن الصامت وكان احد النقباء قال بايعْنا رسول الله صلّعم بيعةَ الحرب وكان عبادة من الاثنى عشر الذين بايعوه فى العقبة الاولى على بيعة النساء على السمع والطاعة فى عُسْرنا ويُسْرنا ومَنْشَطنا ومَكْرَهنا وأَثَرةٍ علينا وأن لا ننازِع الامرَ اهلَه وأن نقول بالحقّ أينما كنّا لا نخافُ فى الله لومةَ لائم

Z. 1 يكونون على قومهم بما فيهم : asyndetischer Finalsatz: "so daß sie sich um ihre Leute in deren Angelegenheiten kümmern". **Z. 7** فيها : d.h. فى الحرب . **Z. 8–9** الأسود والأحمر : meristische Konstruktion, in der Bedeutung "alle"/"jeder". **Z. 18** لومةَ لائم : zu paronomastischen Fügungen (Wurzelrepitition) vgl. wiederum Diem 2007.

۞ (هِجْرة رسول الله صلّعم إلى المدينة) ۞

واقام رسول الله صلّعم بمكة بعد أصحابه من المهاجِرين ينتظر أن يؤذَن له فى الهجرة ولم يتخلف معه بمكة احد من المهاجرين الّا من حُبس او فُتن الّا علىٌّ بن ابى طالب وابو بكر بن ابى قُحافة الصِدِّيق رضوان الله عليهما وكان ابو بكر كثيرًا ما يستأذن رسول الله صلّعم فى الهجرة فيقول له رسول الله صلّعم لا تَعْجل لعلَّ الله يجعل لك صاحبا فيطمع ابو بكر ان يكونه ، قال ابن اسحاق ولما رأت قريش أن رسول الله صلّعم قد صارت له شيعة واصحاب من غيرهم بغير بلدهم ورأوا خروج اصحابه من المهاجرين اليهم عرفوا انهم قد نزلوا دارًا واصابوا منهم مَنَعة فحذروا خروج رسول الله صلّعم اليهم وعرفوا انه قد اجمع لحربهم فاجتمعوا له فى دار النَدْوة وهى دار قُصَىّ بن كلاب التى كانت قريش لا تَقضى امرًا الا فيها يتشاورون فيها ما يصنعون فى امر رسول الله صلّعم حين خافوه ، قال ابن اسحاق فحدثنى من لا أتّهم من

Z. 6 كثيرًا ما يستأذن : "er fragte oft um Erlaubnis"; vgl. Fischer § 285c. **Z. 8** ان يكونه : "daß er [Muḥammad selbst] es sei". **Z. 9** رأت قريش : zu den möglichen Kongruenzverhältnissen (Prädikat vor Subjekt) vgl. Reckendorf *AS* § 15, 1. **Z. 14** فاجتمعوا له : "sie kamen in seiner Angelegenheit [d.h. um eine Strategie gegen ihn zu besprechen] zusammen". **Z. 17** أتّهم : Wurzel *w–h–m*, VIII.

اصحابنا عن عبد الله بن ابى نَجيح عن مُجاهِد بن جُبير أبى الحَجّاج عن عبد الله بن عَبّاس وغيره ممن لا اتهم عن عبد الله بن عَبّاس قال لمّا اجمعوا لذلك واتّعدوا أن يدخلوا دار الندوة ليتشاوروا فيها فى أمر رسول الله صلّعم غَدَوْا فى اليوم الذى اتّعدوا له وكان ذلك اليوم يسمّى يوم الزَحْمة فاعترضهم ابليسُ فى هيئة شيخ جليل عليه بتٌّ له فوقف على باب الدار فلما رأوه واقفا على بابها قالوا مَن الشيخ قال شيخ من أهل نَجْد سمع بالذى اتّعدتم له فحضر معكم ليسمع ما تقولون وعسى ان لا يُعدمكم منه رأيًا ونُصْحًا قالوا أَجَلْ فٱدخل فدخل معهم وقد اجتمع فيها اشراف قريش [..] فقال بعضهم لبعض إن هذا الرجل قد كان من امره ما قد رأيتم فإنّا والله ما نأمنه على الوثوب علينا بمن قد اتّبعه من غيرنا فأَجْمِعوا فيه رأيا قال فتشاوروا ثم قال قائل منهم ٱحبسوه فى الحديد وأغلقوا عليه بابًا ثم تربّصوا به ما اصاب اشباهَه من الشعراء الذين كانوا قبله زُهَيْرا والنابغةَ ومن

Z. 8 لـه : "der ihm gehörte". **Z. 11** مـنـه : "von seiner (des Scheichs) Seite". **Z. 18 – S. 51, Z. 1** زُهَـيْـرا والنابغةَ ومن مضَى منهم : in Apposition zu اشباهَه .

مضَى منهم من هذا الموت حتى يصيبه ما أصابهم فقال الشيخ النَجْدىّ لا والله ما هذا لكم برأى والله لئِن حبستموه كما تقولون ليخرجنّ أمرُه من وراء الباب الذى اغلقتم دونه الى اصحابه فلأوشكوا ان يثبوا عليكم فينتزعوه من أيديكم ثم يكاثروكم به حتى يغلبوكم على امركم ما هذا لكم برأى فانظروا فى غيره فتشاوروا ثم قال قائل منهم نخرجه من بين اظهُرنا فنَنفيه من بلادنا فاذا خرج عنّا فوالله ما نُبالى اين ذهب ولا حيث وقع اذا غاب عنا وفرغنا منه فأصلحنا امرَنا وأُلْفتَنا كما كانت فقال الشيخ النجدىّ لا والله ما هذا لكم برأى أَلَمْ تروا حسنَ حديثِه وحلاوةَ منطقه وغلبتَه على قلوب الرجال بما يأتى به والله لو فعلتم ذلك ما أمِنْتُ ان يحُلّ على حىّ من العرب فيغلبَ عليهم بذلك من قوله وحديثه حتى يتابعوه عليه ثم يسيرَ بهم اليكم حتى يَطَأكم بهم فيأخذَ امركم من ايديكم ثم يفعلَ بكم ما اراد أَديروا فيه رأيا غير هذا قال فقال ابو جَهْل بن هِشام والله إنّ لى فيه لرأيا

Z. 3 لئِن حبستموه كما تقولون ليخرجنّ : vgl. Fischer § 447b. **Z. 4** فلأوشكوا : das Verb أوشك illustriert die auch morphologisch reflektierte semantische Nähe einiger Verben im IV. Stamm zum Elativ (im Gegensatz zum Kausativ, wie ansonsten). **Z. 5** فينتزعوه : vgl. auch Reckendorf *AS* § 230 (S. 461f.). **Z. 8** فاذا خرج عنّا : vgl. Fischer § 464. **Z. 9** ما نُبالى : vgl. Fischer § 321 und Wright Bd. 2 § 7 (e) Rem. a.

ما أَراكم وقعتم عليه بعدُ قالوا وما هو يٰأبا الحَكَم قال أَرى ان ناخذ من كلّ قبيلة فتى شابّا جليدا نسيبا وسيطا فينا ثم نعطى كل فتى منهم سيفا صارما ثم يعمدوا اليه فيضربوه بها ضَرْبة رجل واحد فيقتلوه فنستريحَ منه فانهم اذا فعلوا ذلك تفرّق دمُه فى القبائل جميعا فلم يقدر بنو عبد مَناف على حرب قومهم جميعا فرضوا منّا بالعقل فعقلْناه لهم قال فقال الشيخ النجدىّ القول ما قال الرجل هذا الرأىُ الذى لا رأْىَ غيرَه فتفرّق القوم على ذلك وهم مجمِعون له ، قال فأتى جبريلُ رسولَ الله صلّعم فقال لا تَبِتْ هذه الليلةَ على فراشك الذى كنتَ تبيت عليه قال فلما كانت عَتَمة من الليل اجتمعوا على بابه يرصدونه متى ينام فيثبون عليه فلما راى رسول الله صلّعم مكانهم قال لعلىّ ابن ابى طالب رضوان الله عليه نم على فراشى وتسجّ بُرْدى هذا الحضرمىّ الاخضر فنم فيه فانه لن يخلص إليك شىءٌ تكرهه منهم وكان رسول الله صلّعم ينام فى برده ذلك إذا نام ، قال ابن اسحاق

Z. 1 يٰأبا الحَكَم : die *kunya* des ᵓAbū Ǧahl. **Z. 9** غيرَه : oder auch: غيرُه . **Z. 16** وتسجّ : Imperativ, Wurzel *s–ǧ–w*, V.

فحدثني يَزيد بن زِياد عن محمد بن كَعْب القُرَظيّ قال لما اجتمعوا له وفيهم أبو جَهْل بن هِشام فقال وهم على بابه ان محمّدا يزعم انكم ان تابعتموه على امره كنتم ملوك العَرَب والعَجَم ثم بُعثتم مِن بعد موتكم فجُعلت لكم جنانٌ كجنان الأُرْدُنّ وان لم تفعلوا كان له فيكم ذبحٌ ثم بُعثتم من بعد موتكم فجُعلت لكم نارٌ تحرقون فيها ، قال وخرج رسول الله صلّعم عليهم فأخذ حَفْنة من تُراب فى يده ثم قال نعم انا اقول ذلك انت احدهم واخذ الله على أبصارهم عنه فلا يرونه فجعل ينثر ذلك التراب على رؤوسهم وهو يَتْلو هذه الآيات من يسّ ﴿ يسّ والقرانِ الحكيم انك لَمِن المرسَلين على صِراط مستقيم ﴾ الى قوله ﴿ وجعلْنا مِن بين ايديهم سَدًّا ومِن خلفهم سدّا فأغشيناهم فهم لا يُبْصِرون ﴾ حتى فرغ رسول الله صلّعم من هؤلاء الايات ولم يبق منهم رجل الّا وقد وضع على راسه ترابا ثم انصرف الى حيث اراد أن يذهب ، فأتاهم آتٍ ممّن لم يكن

Z. 6 كان له فيكم ذبحٌ : "[dann] wird es für ihn (Muḥammad) ein Schlachten unter euch sein", d.h. "er (Muḥammad) wird euch abschlachten". **Z. 11–14**: vgl. Q 36: 1–9. **Z. 15** هؤلاء الايات : vgl. wiederum Reckendorf *AS* § 41.

معهم فقال ما تنتظرون هاهنا قالوا محمدا قال خيَّبكم اللّهُ قد والله خرج عليكم محمد ثم ما ترك منكم رجلا الا وقد وضع على راسه ترابا وانطلق لحاجته أَفَما ترون ما بكم قال فوضع كلُّ رجل منهم يده على راسه فاذا عليه تراب ثم جعلوا يطّلعون فيرون عليّا على الفراش متسجّيا ببرد رسول الله صلّعم فيقولون والله ان هذا لَمحمد نائما عليه برده فلم يبرحوا كذلك حتى اصبحوا فقام علىّ عن الفراش فقالوا والله لقد كان صدقَنا الذى حدّثنا

۞ (نُبْذة من الخبر عن غَزْوة بَدْرٍ الكُبْرَى) ۞

قال ابن اسحاق ثم تزاحف الناسُ ودنا بعضهم من بعض وقد امر رسول الله صلّعم اصحابه ان لا يحملوا حتى يامرهم وقال ان اكتنفكم القوم فأنْضحوهم عنكم بالنبل ورسول الله صلّعم فى العريش معه ابو بكر الصِدّيق وكانت وَقْعة بَدْر يومَ الجمعة صبيحةَ سبع عشرة من شهر رمضان ، قال ابن اسحاق كما

Z. 13 عنكم : "weg von euch (zu eurer Verteidigung)"; vgl. Fischer § 301b.

حدثنى ابو جَعْفَر محمد بن علىّ بن الحُسين ، وقال ابن اسحاق وحدثنى حَبّان بن واسع بن حَبّانَ عن اشياخ من قومه ان رسول الله صلّعم عدَّل صفوف اصحابه يوم بدر وفى يده قِدْح يعدِّل به القوم فمرّ بسَواد بن غَزيّة حليف بنى عَدىّ بن النَجّار { قال ابن هشام ويقال سَوّاد بن غَزيّة } وهو مستنتِل من الصفّ { قال ابن هشام ويقال مستنصِل من الصفّ } فطعَن فى بطنه بالقدح وقال اُستوِ يا سواد فقال يا رسول الله أوجعتنى وقد بعثك الله بالحقّ والعدل فأَقِدْنى قال فكشف رسول الله صلّعم عن بطنه وقال استقدْ قال فاعتنقه فقبّل بطنه فقال ما حملك على هذا يا سواد قال يا رسول الله حضر ما ترى فأردتُ ان يكون آخرَ العهد بك ان يمسَّ جلدى جلدَك فدعا له رسول الله صلّعم بخَيْر وقاله له ، قال ابن اسحاق ثم عدّل رسول الله صلّعم الصفوف ورجع الى العريش فدخله ومعه فيه ابو بكر ليس معه فيه غيره ورسول الله صلّعم يناشد ربَّه ما وعده من النصر ويقول فيما يقول اللهُمَّ ان تهلكْ هذه العِصابةُ

Z. 5–7 { … } : Beispiele für "textkritische", in den Text eingebettete Anmerkungen des Autors der *Sīra;* vgl. Wüstenfeld, Bd. 2, S. 118. **Z. 8** اُستوِ : Imperativ, Wurzel *s–w–y*, VIII: "steh gerade ausgerichtet!". **Z. 10** فأَقِدْنى : Imperativ, Wurzel *q–w–d*, IV: "laß mich Rache nehmen!". **Z. 11** استقدْ : Imperativ, Wurzel *q–w–d*, X. **Z. 13** آخرَ العهد بك : "das Letzte/Höchste meiner Verpflichtung dir gegenüber". **Z. 18** اللهُمَّ : vgl. Fischer § 349 Anm. 1 und Wright Bd. 2 § 38 (a) Rem. (d).

اليوم لا تُعْبَدْ وابو بكر يقول يا نبىّ الله بعضَ مناشدتك ربَّك فانّ الله منجز لك ما وعدك ، وقد خفَق رسول الله صلّعم خَفْقة وهو فى العريش ثم انتبه فقال أبْشِرْ يأبا بكر أتاك نصرُ الله هذا جِبْرِيل آخذٌ بعِنان فرس يقوده على ثناياه النَقْعُ [..] قال ثم خرج رسول الله صلّعم الى الناس فحرّضهم وقال والذى نفسُ محمد بِيده لا يقاتلهم اليوم رجلٌ فيُقتلَ صابرا محتسِبا مُقبلا غير مُدبر إلّا ادخله اللهُ الجنّة فقال عُميرُ بن الحُمام اخو بنى سَلِمة وفى يده تمراتٌ ياكلهنّ بَخْ بَخْ افما بينى وبين ان ادخلَ الجنّة إلّا ان يقتلنى هؤلاء ثم قذف التمرات من يده وأخذ سيفه فقاتل القومَ حتى قُتل ، قال ابن اسحاق وحدثنى عاصم بن عمر بن قَتادة ان عَوْف ابن الحارث وهو ابن عَفْراء قال يا رسول الله ما يُضحك الربَّ مِن عبده قال غَمْسُه يده فى العدوّ حاسرا فنزع درعا كانت عليه فقذفها ثم اخذ سيفه فقاتل القومَ حتى قتل ، قال ابن اسحاق وحدثنى محمد بن مُسْلِم بن شِهاب الزُهْرىّ عن عبد الله

Z. 1 بعضَ : vor dem Akkusativobjekt ist eine Verbform hinzuzudenken, z.B., دَعْ "hör auf, deinen Gott [ständig] anzuflehen!"; vgl. Fischer § 139 Anm. 1. **Z. 2–3** وقد خفَق : hier kein *ḥāl*-Satz. **Z. 4–5**: vgl. Q 100: 4. **Z. 7** فيُقتلَ : vgl. Fischer § 410. **Z. 9** اخو : status constructus: "das/ein Mitglied des Stammes Banū Salima"; vgl. Wright Bd. 1 § 315 Rem. a.

ابن ثَعْلَبة بن صُعَيْر العُذْرىّ حليف بنى زُهْرة انه حدّثه انه لما التقى الناسُ ودنا بعضهم من بعض قال ابو جَهْل اللهمّ أَقْطَعُنا للرَحِم وآتانا بما لا يُعْرَف فأَحِنْه الغداة فكان هو المستفتِحَ على نفسه ، قال ابن اسحاق ثم ان رسول الله صلّعم اخذ حفْنة من الحَصْباء فاستقبل بها قريشا ثم قال شاهت الوجوهُ ثم نفحهم بها ثم امر اصحابه فقال شُدّوا فكانت الهزيمةُ فقتل اللهُ من قتل من صناديد قريش وأُسر من اسر من اشرافهم

۞ (نُخبة من الخبر عن فَتْح مكّة) ۞

قال ابن اسحاق وحدثنى محمد بن جعفر بن الزُبَيْر عن عُبيد الله بن عبد الله بن ابى ثَوْر عن صَفيّة بنت شَيْبة ان رسول الله صلّعم لما نزل مكةَ واطْمَأَنّ الناسُ خرج حتى جاء البيتَ فطافَ به سبعا على راحلته يستلم الرُكْنَ بمِحْجَن فى يده فلما قضى طَوافَه دعا عُثْمانَ بن طَلْحة فاخذ منه مفتاحَ الكعبة ففُتحت له فدخلها فوجد فيها

Z. 2 انه : *ḍamīr aš-šaʾn;* vgl. Fischer § 338 sowie Wright Bd. 1 §§ 362 (m) und 367 (g). **Z. 3** آتانا ب : Elativ: ″derjenige, der uns am meisten bringt″. **Z. 3–4** أَقْطَعُنا ... فأَحِنْه : Pendenskonstruktion (hanging topic) : ″vernichte denjenigen von uns, der am meisten schneidet ... !″. **Z. 8** الهزيمةُ : alternativ kann الهزيمةُ auch als Prädikat von كانت konstruiert werden. **Z. 13** اطْمَأَنّ : vgl. Fischer § 177 und Wright Bd. 1 § 72. **Z. 14** الرُكْنَ : die östliche Ecke der Kaaba (der ″Schwarze Stein″ – *al-ḥağar al-ʾaswad*).

حَمامة من عَيْدانٍ فكسرها بيده ثم طرحها ثم وقف على باب الكعبة وقد استكفّ له الناسُ فى المسجد ، قال ابن اسحاق فحدثنى بعض اهل العلم ان رسول الله صلّعم قام على باب الكعبة فقال لا الهَ الّا اللهُ وَحْدَه لا شريك له صدق وَعْدَه ونصَر عبده وهزم الأحزاب وحْده أَلَا كلّ مَأْثُرة او دم او مال يُدّعى فهو تحت قدمىَّ هاتين الّا سِدانةَ البيت وسِقاية الحاجّ أَلَا وقتيلُ الخطإِ شبهِ العَمْدِ بالسوْطِ والعصا ففيه الدِيةُ مغلّظةٌ مائةٌ من الإبل اربعون منها فى بطونها أولادُها يا معشرَ قريش ان الله قد أذهب عنكم نَخْوةَ الجاهليّة وتعظّمَها بالآباء الناسُ من آدَم وآدم من تراب ثم تلا هذه الآية ﴿ يا ايّها الناس إنا خلقناكم مِن ذَكَر وأُنْثَى وجعلناكم شعوبا وقبائل لِتَعارَفوا إنّ أكرمكم عند الله أتقاكم ﴾ الآيةَ كُلّها ثم قال يا معشر قريش ما تُرَوْن أنّى فاعلٌ فيكم قالوا خيرًا أخٌ كريمٌ وابنُ اخ كريم قال اُذهبوا فانتم الطلقاءُ ، ثم جلس رسول الله صلّعم فى المسجد

Z. 6, 8 أَلَا : fungiert hier als Interjektion ("nicht wahr"). **Z. 6–7** يُدّعى فهو تحت قدمىَّ هاتين : "es wurde abgeschafft, und ist [nun] unter diesen meinen Füßen" (d.h. "unter meiner Kontrolle"); Stefan Wild (persönliche Mitteilung) interpretiert diesen Ausdruck als "nichts mehr wert, nichtig". **Z. 8** شبهِ العَمْدِ : das Nomen شبهِ fungiert hier als eine Art Präfix: "quasi-intentional"; vgl. Wright Bd. 2 § 82 (f) Rem. b (S. 211). السوْطُ in Wüstenfeld, Bd. 1: 820, und السوْطِ in der alten Brünnow-Fischer-Ausgabe ist syntaktisch schwer zu konstruieren. **Z. 9** مغلّظةٌ : so die plausible Vokalisierung in Wüstenfeld, Bd. 1: 820 (مغلّظةً in der alten Brünnow-Fischer-Ausgabe). **Z. 9–10** اربعون منها فى بطونها أولادُها : asyndetischer Anschluß: "von denen 40 trächtig sind". **Z. 12–14**: vgl. Q 49: 13. **Z. 14** تَعارَفوا : haplologische Silbenellipse. أتقاكم : *t–q–y* ist eine sekundäre Wurzel, abgeleitet vom VIII. Stamm von *w–q–y*; vgl. Wright Bd. 1 § 148.

فقام اليه عَليٌّ بن ابى طالب ومفتاح الكعبة فى يده فقال يٰرسول الله اجمعْ لنا الحِجابة مع السقاية صلّى الله عليك فقال رسول الله صلّعم اين عثمان بن طلحة فدُعى له فقال هاكَ مفتاحَك يا عثمان اليومُ يوم بِرّ ووفاء ، قال ابن هشام وذكر سُفْيان ابن عُيَيْنة ان رسول الله صلّعم قال لعلىّ بن ابى طالب إنّما أُعْطيكم ما تُرْزءُون لا ما تَرْزءُون ، قال ابن هشام وحدثنى بعض اهل العلم ان رسول الله صلّعم دخل البيت يوم الفتح فرأى فيه صورَ الملائكة وغيرهم فراى ابراهيم عليه السلام مصوّرا فى يده الازلامُ يَستقسم بها فقال قاتَلَهم اللهُ جعلوا شيخَنا يستقسم بالازلام ما شأنُ ابراهيم والازلامَ ﴿ ما كان ابراهيم يَهُوديّا ولا نصْرانيّا ولكن كان حنيفا مُسْلِما وما كان من المشركين ﴾ ثم امر بتلك الصور كلّها فطُمست ، قال ابن هشام وحدثنى ان رسول الله صلّعم دخل الكعبة ومعه بِلالٌ ثم خرج رسول الله صلّعم وتخلّف بلال فدخل عبدُ الله بن عمر على بلال فسأله اين صلّى رسول الله صلّعم ولم يسأله

Z. 4 هاكَ مفتاحَك : vgl. Fischer § 349. **Z. 12** والازلامَ : "in Verbindung mit den Orakelpfeilen"; zum *wāw al-maʿīya,* das den abhängigen Kasus ("Akkusativ") regiert, vgl. Fischer § 328b sowie Wright Bd. 2 §§ 37 und 177. **Z. 12–14**: vgl. Q 3: 67. **Z. 13** حنيفا : vgl. EI^2 s.v. **Z. 16:** بِلال : cf. EI^2, s.v. Bilāl b. Rabāḥ.

كم صلّى فكان ابن عمر اذا دخل البيت مشى قِبَلَ وجهِه وجعل الباب قِبَلَ ظهره حتى يكون بينه وبين الجدار ثلاث اذرع ثم يصلّى يتوخّى الموضع الذى قال له بلال [..] قال ابن اسحاق وحدثنى سَعيد بن ابى سَعيد المَقْبُرىّ عن ابى شُرَيْح الخُزاعىّ قال لما قدِم عمرو بن الزُبير مكة لقتال اخيه عبد الله بن الزبير جئتُه فقلت له يا هذا إنا كنّا مع رسول الله صلّعم حين فتح مكة فلما كان الغَدُ من يوم الفتح عَدَتْ خزاعة على رجل من هُذَيْل فقتلوه وهو مشرك فقام رسول الله صلّعم فينا خطيبا فقال يا أيّها الناس ان الله حرّم مكة يومَ خلَق السمٰوات والارض فهى حَرام من حرامٍ الى يوم القِيٰمة فلا يَحلُّ لأمرئ يؤمن بالله واليومِ الآخر ان يسفك فيها دما ولا يعضدَ فيها شجرا لم تَحلل لأحد كان قبلى ولا تَحلّ لاحد يكون بعدى ولم تحلل لى الا هذه الساعةَ غضبًا على اهلها ألَا ثُم قد رجعت كحُرْمتها بالأَمْس فليُبلغ الشاهدُ منكم الغائب فمن قال لكم إن رسول الله قد قاتل فيها فقولوا إن

Z. 7 يا هذا : Interjektion. **Z. 11** يومَ خلَق : der asyndetische Relativsatz … خلَق determiniert يومَ : "am Tag, als er schuf" (vgl. Reckendorf *AS* § 190, S. 389ff.). **Z. 12** حَرام من حرامٍ : "das Allerheiligste"; zu dieser Art von paronomastischem "Superlativ" (z.B. auch im Hebräischen *šīr haš-šīrīm* "das Hohelied [Salomos]") vgl. Brockelmann *GvG* II: 256, Reckendorf 1909 und Diem 2007. **Z. 14–15** لم تَحلل … : jeweils dreimal Aktiv vom I. Stamm (*lam taḥlil, lā taḥillu*) oder aber Passiv vom IV. Stamm (*lam tuḥlal, lā tuḥallu*).

الله قد أحلّها لرسوله ولم يحللها لكم يا معشر خزاعة ارفعوا ايديكم عن القتل فلقد كثُر إن نفَع لقد قتلتم قتيلا لَأَدِيَنّه فمن قُتل بعد مَقامى هذا فأَهْلُه بخَيْر النَظَرَيْن إن شاءوا فدمُ قاتِله وان شاءوا فعَقْلُه ثم وَدَى رسول الله صلّعم ذلك الرجل الذى قتلتْه خزاعة فقال عمرو لابى شريح انصرفْ ايها الشيخ فنحن أعلم بحُرْمتها منك انها لا تَمنع سافِكَ دم ولا خالِعَ طاعة ولا مانعَ خُرْبة فقال ابو شريح إنّى كنت شاهدا وكنتَ غائبا ولقد امرنا رسولُ الله صلّعم ان يُبلغ شاهدُنا غائبَنا وقد أبلغتُك فانت وشأنَك [...] قال ابن هشام وبلغنى عن يَحْيَى بن سَعيد ان النبىّ صلّعم حين افتتح مكة ودخلها قام على الصَفَا يدعو الله وقد احدقتْ به الانصار فقالوا فيما بينهم أتُرَوْن رسولَ الله صلّعم اذ فتح اللهُ عليه أرضَه وبلدَه يقيم بها فلما فرغ من دُعاءه قال ماذا قلتم قالوا لا شىءَ يرسول الله فلم يَزل بهم حتى اخبروه فقال النبىّ صلّعم معاذَ الله المَحْيا مَحْياكم والمَماتُ مماتكم

Z. 2 إن نفَع : "(selbst) wenn es nützlich wäre". **Z. 3** أدِينّه : Wurzel *w–d–y*. **Z. 4** بخَيْر النَظَرَيْن : "habt zwei Alternativen". **Z. 8** خُرْبة : Wüstenfeld (Bd. 1: 824; vgl. auch Bd. 2: 49) ediert stattdessen جِزية "Steuer". **Z. 10–11** فانت وشأنَك : *wāw al-maʿīya*. **Z. 11** يَحْيَى : die entsprechende Verbform ("er lebt/lebe") wird mit *ʾalif mamdūda* geschrieben. **Z. 14** اذ فتح : vgl. Fischer §§ 442 und 444 sowie Wright Bd. 1 §§ 362 und 367.

(وَفاة رسول الله صلّعم)

قال ابن اسحاق وقال الزُهْرىّ حدثنى أَنَس بن مالك انه لما كان يومُ الاثنين الذى قبض الله فيه رسوله صلّعم خرج الى الناس وهم يصلّون الصُبْحَ فرُفع السِتْرُ وفُتح الباب فخرج رسول الله صلّعم فقام على باب عائشة فكاد المسلمون يفتتنون فى صلاتهم برسول الله صلّعم حين رأوه فرحًا به وتفرجوا فأشار اليهم أن اُثبتوا على صلاتكم قال فتبسّم رسول الله صلّعم سرورا لِما راى من هيئتهم فى صلاتهم وما رايتُ رسول الله صلّعم احسنَ هيئةً منه تلك الساعة قال ثم رجع وانصرف الناس وهم يُرَوْن ان رسول الله صلّعم قد أفرق من وجعه فرجع ابو بكر الى اهله بالسُنْح ، قال ابن اسحاق وحدثنى محمد بن ابراهيم بن الحارث عن القاسم ابن محمد ان رسول الله صلّعم قال حين سمع تكبيرَ عمر فى الصلاة اين ابو بكر يأْبَى اللهُ ذاك والمسلمون فلولا مقالةٌ قالها عمر عند وفاته لم يشكّ المسلمون ان رسول الله صلّعم قد استخلف

Z. 4 الصُبْحَ : elliptisch für صلاةَ الصُبح; zu dieser Art von Konstruktionen vgl. Reckendorf *AS* § 175, 6 (S. 352) und Brockelmann *GvG* II § 279b (S. 453). **Z. 7** أن اُثبتوا : zu أن mit direkter Rede (hier: Imperativ) vgl. Fischer § 414 Anm. 1. **Z. 10** منه : ه bezieht sich auf Muḥammad selbst; die Konstruktion ist unter dem Namen *masʾalat al-kuḥl* bekannt; vgl. *EI*^{2}, s.v. *Tafḍīl* (M. Carter) sowie Fischer § 125b Anm. 1 und § 299d. **Z. 16** عند وفاته : d.h. bei ʿUmars Tod.

ابا بكر ولكنه قال عند وفاته إن أَسْتخلفْ فقد استخلَف من هو خير منّى وإن أتركهم فقد تركهم من هو خير منّى فعرف الناسُ ان رسول الله صلّعم لم يستخلف احدا وكان عمر غيرَ متّهَم على ابى بكر ، قال ابن اسحاق وحدثنى ابو بكر بن عبد الله بن ابى مُلَيْكة قال لما كان يوم الاثنين خرج رسول الله صلّعم عاصبا راسه الى الصبح وابو بكر يصلّى بالناس فلما خرج رسول الله صلّعم تفرّج الناسُ فعرف ابو بكر ان الناس لم يصنعوا ذلك الا لرسول الله صلّعم فنكص عن مصلّاه فدفع رسول الله صلّعم فى ظهره وقال صلّ بالناس وجلس رسول الله صلّعم الى جنبه فصلّى قاعدا عن يمين ابى بكر فلما فرغ من الصلاة اقبل على الناس فكلّمهم رافعا صوته حتى خرج صوته من باب المسجد يقول ايها الناس سُعّرت النارُ واقبلت الفتنُ كقِطَع الليل المظْلم وإنّى والله ما تمسّكون علىّ بشىء انّى لم أحلّ الا ما أحلّ القرانُ ولم احرّم الا ما حرم القران فلما فرغ رسول الله صلّعم من

Z. 1–3: die Bedeutung dieses Konditionalgefüges ("Bedingungssätze mit Verschiebung"; vgl. Fischer § 449) ist nicht gänzlich sicher; aus der Ḥadīṯ-Literatur (z.B. Buḫārī, *Ṣaḥīḥ*, ʾAḥkām, Bāb 51) ergibt sich, daß ʿUmar der Sprecher dieser Passage ist; من هو خير منّى fungiert in beiden Fällen als Subjekt (einmal mit Bezug auf ʾAbū Bakr und einmal mit Bezug auf Muḥammad): *ʾin ʾastaḫlif fa-qadi staḫlafa man huwa ḫayrun minn-ī wa-ʾin ʾatruk-hum fa-qad taraka-hum man huwa ḫayrun minn-ī*. Zur *consecutio temporum* vgl. auch Fischer § 450.

كلامه قال له ابو بكر يا نبيّ الله انى أراك قد اصبحت بنعمة من الله وفَضْل كما نُحبّ واليومُ يومُ بنتِ خارجةَ افآتيها قال نعم ثم دخل رسول الله صلّعم وخرج ابو بكر الى اهله بالسُنْح ، قال ابن اسحاق قال الزُهْرىّ وحدثنى عبد الله بن كعب بن مالك عن عبد الله بن عَبّاس قال خرج يومئذ علىُّ بن ابى طالب رضّه على الناس من عند رسول الله صلّعم فقال له الناس يٰأبا حَسَن كيف اصبح رسول الله صلّعم قال اصبح بحَمْد الله بارئًا قال فاخذ العبّاسُ بيده ثم قال يا علىّ انت والله عبدُ العصا بعد ثلاث أحلف بالله لقد عرفتُ الموت فى وجه رسول الله صلّعم كما كنت اعرفه فى وجوه بنى عبد المُطَّلِب فانطلقْ بنا الى رسول الله صلّعم فان كان هذا الامرُ فينا عَرفْناه وان كان فى غيرنا أمرْناه فأوْصَى بنا الناسَ قال فقال له علىّ بن ابى طالب انى والله لا افعل والله لئن منعَناه لا يُؤتيناه احدُ بعده ، فتوفّى رسول الله صلّعم حين اشتدّ الضَحاء من ذلك اليوم ، قال

Z. 2 واليومُ : oder: واليومَ . **Z. 2–3** يومُ بنتِ خارجةَ : "der Tag, an dem Bint Ḫāriǧa im 'polygamischen Turnus' an der Reihe ist" (d.h. die ihr reservierte Nacht). **Z. 11** ثلاث : sc. ليال . **Z. 14** الامرُ : hier: "Autorität". **Z. 16–17** لئن منعَناه لا يُؤتيناه : zu Verben mit zwei Objektsuffixen vgl. Retsö 1987 und Gensler 2003.

ابن اسحاق وحدثنى يعقوب بن عُتْبة عن الزهرىّ عن عُرْوة عن عائشة قال قالت رجع الىّ رسول الله صلّعم فى ذلك اليوم حين دخل من المسجد فاضطجع فى حِجْرى فدخل علىَّ رجل من آل ابى بكر وفى يده سواكٌ اخضر قالت فنظر رسول الله صلّعم اليه فى يده نظرا عرفتُ انه يريده قالت فقلت يرسول الله اتُحبّ ان أعطيك هذا السواك قال نعم قالت فاخذتُه فمضغته له حتى ليّنته ثم اعطيته اياه قالت فاستنّ به كأشدِّ ما رايتُه استنّ بسواك قطّ ثم وضعه ووجدتُ رسول الله صلّعم يَثقل فى حجرى فذهبت انظر فى وجهه فاذا بصرُه قد شخَص وهو يقول بل الرفيقَ الأعلى من الجنّة قالت فقلت خُيّرتَ فاخترتَ والذى بعثك بالحقّ قالت وقُبض رسول الله صلّعم ، قال ابن اسحاق وحدثنى يَحْيَى بن عَبّاد بن عبد الله بن الزُبير عن ابيه عباد قال سمعت عائشة تقول مات رسول الله صلّعم بين سَحْرى ونَحْرى وفى دَوْلتى لم أَظْلم فيه احدا فمن سفهى وحداثة سنّى أنّ رسول

Z. 11 فاذا : "siehe da!". **Z. 12** بل الرفيقَ الأعلى : zu dieser Passage vgl. Wehr 1952b.

الله صلّعم قبض وهو فى حجرى ثم وضعتُ راسه على وسادة وقمت ألتدم مع النساء وأضرب وجهى

* (من تأريخ الرُسُل والملوك للطَبَرىّ) *

* (نُخْبة من الخبر عن فتوح الشأم وخالد بن الوَليد سيف الله) *

رجع الحديث الى حديث ابن اسحاق ، وكتب ابو بكر الى خالد بن الوَليد وهو بالحِيرة يامره ان يُمدّ اهل الشأم بمن معه من اهل القوّة ويخرج فيهم ويستخلف على ضعفة الناس رجلا منهم فلما اتى خالدا كتاب ابى بكر بذلك قال خالد هذا عمل الأُعَيْسِر ابن امّ شَمْلَةَ يعنى عمر بن الخطّاب حسدني ان يكون فتح العراق على يدى فسار خالد بأهل القوّة من الناس وردّ الضعفاء والنساء الى المدينة مدينة رسول الله صلّعم وامّر عليهم عُمير بن سعد الانصارى واستخلف خالد على من اسلم بالعراق من رَبيعة وغيرهم المثنّى بن حارثة الشَيْبانى ثم سار

Z. 4 وهو بالحِيرة يامره : der *ḥāl*-Satz und der asyndetisch mit يامره angeschlossene Satz haben verschiedene Subjekte. **Z. 6** ضعفة : pl. von ضعيف . **Z. 8** ابن امّ شَمْلَةَ : der Sohn von ʾUmm Šamla (vgl. Blankinship 1993: 112, fn. 656). **Z. 9** على يدى : *ʿalā yaday-ya*.

حتى نزل على عَيْن التَمْر فاغار على اهلها فاصاب منهم ورابط حصنا بها فيه مقاتِلة كان كِسْرَى وضعهم فيه حتى استنزلهم فضرب اعناقهم وسبى من عين التمر ومن ابناء تلك المقاتلة سبايا كثيرة فبعث بها الى ابى بكر [..] وقتل خالد بن الوليد هِلال بن عَقّة بن بِشْر النَمَرى وصلبه بعين التمر ثم اراد السير مفوّزا من قُراقِر وهو ماء لكلب الى سُوًى وهو ماء لبَهْراء بينهما خمس ليال فلم يهتد خالد الطريقَ فالتمس دليلا فدُلّ على رافع بن عَميرة الطائىّ فقال له خالد انطلق بالناس فقال له رافع انك لن تطيق ذلك بالخيل والاثقال والله ان الراكب المفرد ليخافها على نفسه وما يسلكها الا مغررا انها لخمس ليال جياد لا يصاب فيها ماء مع مضلّتها فقال له خالد وَيْحك انه والله إنْ لى بدٌّ من ذلك انه قد اتتنى من الامير عزمة بذلك فمر بأمرك قال استكثروا من الماء من استطاع منكم ان يصرّ أُذن ناقته على ماء فليفعل فانها المهالك الّا ما دفع الله ابغِنى عشرين جزورا عظاما سمانا مسانًّ فأتاه بهنّ خالد

Z. 2 رابط : der Begriff *Almoravid* ist vom Partizip dieses Verbs abgeleitet. بها فيه : asyndetischer Relativsatz nach بها ; die verschiedenen Bezugspunkte der Suffixpronomina sind zu beachten. **Z. 4** المقاتلة : de Goeje (S. 2122) hat المرابطة an dieser Stelle. سبايا كثيرة : "viele Kriegsgefangene" (kollektiv); vgl. Reckendorf *AS* § 41 (S. 59). **Z. 8** يهتد : Wurzel *h–d–y*, VIII. **Z. 9** الطائىّ : vgl. Fischer § 118 Anm. 1. **Z. 10–11** ان الراكب المفرد ليخافها : zum sogenannten *lām al-muzaḥlafa* vgl. Fischer § 339 und Wright Bd. 1 § 362 (m). **Z. 14** إنْ لى بدٌّ : vgl. Fischer §§ 322 und 367a. **Z. 16** يصرّ أُذن ناقته على ماء : vgl. *Lisān al-^{c}Arab* und Lane s.v. صرّ; Sinn: "erschöpfe die Kamele soweit, bis sie dringend Wasser brauchen". **Z. 17** فليفعل : vgl. Fischer § 195 Anm. 1.

فعمد اليهن رافع فظمّأهن حتى اذا اجهدهن عطشا اوردهن فشربن حتى اذا تملّأن عمد اليهن فقطع مشافرهن ثم كعمهن لئلا يجتررن ثم اخلى ادبارهن ثم قال لخالد سر فسار خالد معه مغذّا بالخيول والاثقال فكلّما نزل منزلا افتظّ اربعا من تلك الشوارف فاخذ ما فى اكراشها فسقاه الخيل ثم شرب الناس مما حملوا معهم من الماء فلما خشى خالد على اصحابه فى آخر يوم من المفازة قال لرافع بن عَميرة وهو ارمد ويحك يا رافع ما عندك قال ادركتَ الرىّ ان شاء الله فلما دنا من العَلَمَيْن قال للناس انظروا هل ترون شجيرة من عوسج كقِعدة الرجل قالوا ما نراها قال انّا لله وانّا اليه راجعون هلكتم والله اذًا وهلكتُ لا ابا لكم انظروا فطلبوا فوجدوها قد قُطعت وبقيت منها بقيّة فلما رآها المسلمون كبّروا وكبّر رافع بن عميرة ثم قال احفروا فى اصلها فحفروا فاستخرجوا عينا فشربوا حتى روِى الناس فاتّصلت بعد ذلك لخالد المنازل فقال رافع والله ما وردتُ هذا الماء قطّ الا مرة

Z. 1, 2 حتّى اذا : vgl. Fischer § 440 und Wright Bd. 2 § 5 Rem. c (S. 12–13). **Z. 8** المفازة : "Wüste"; ursprünglich "sicherer Ort" als euphemistischer Begriff für einen Wüstenabschnitt, während dessen Durchquerung mindestens zwei Tage lang keine Wasserquelle zu finden ist; vgl. Lane s.v. **Z. 12**: vgl. Q 2: 156. **Z. 13** لا ابا لكم : Verwünschung: "ihr habt keinen (legitimen) Vater".

واحدة وردتُه مع ابى وانا غلام فقال شاعر من المسلمين (من الرجز)

للّه عَيْنا رافع أَنَّى اهتَدَى

فوَّز من قُراقِرٍ الى سُوَى

خِمْسا اذا ما سارها الجيشُ بكى

ما سارها قبلك إنْسىٌّ يُرَى

فلما انتهى خالد الى سوى اغار على اهله وهم بَهْراء قُبيل الصبح وناس منهم يشربون خمرا لهم فى جفنة قد اجتمعوا عليها ومغنّيهم يقول (من الطويل)

ألا علِّلانى قبل جيش ابى بكرِ

لعلّ منايانا قريب وما ندرِى

ألا علّلانى بالزُجاج وكرِّرا

علىَّ كُميتَ اللونِ صافيةً تَجْرِى

ألا علّلانى من سُلافة قهوة

تسلّى همومَ النفس من جيّد الخمر

أظنُّ خيول المسلمين وخالدا

ستطرُقكم قبل الصباح من البِشْر

Z. 5 خِمْسا : "fünftägige Wüstenreise ohne erreichbare Wasserquelle"; vgl. Glossar und Lane s.v.
Z. 11, 13, 15 ألا علِّلانى : "gebt (Dual) mir doch zu trinken!".

فهل لكمُ فى السير قبل قتالهم
وقبل خروج المعصرات من الخدر

فيزعمون ان مغنيهم ذلك قتل تحت الغارة فسال دمه فى تلك الجفنة ، ثم سار خالد على وجهه ذلك حتى اغار على غَسّان بمَرْج راهِط ثم سار حتى نزل على قناة بُصْرَى وعليها ابو عُبيدة بن الجَرّاح وشُرَحْبِيل ابن حَسَنة ويَزيد بن ابى سُفْيان فاجتمعوا عليها فرابطوها حتى صالحت بصرى على الجزية وفتحها الله على المسلمين فكانت اول مدينة من مدائن الشأم فتحت فى خلافة ابى بكر ثم ساروا جميعا الى فِلَسْطِين مددًا لعمرو بن العاص وعمرو مقيم بالعَرَبات من غَوْر فلسطين وسمعت الروم بهم فانكشفوا عن جِلِّقَ الى أَجْنادَيْن وعليهم تَذارِق اخو هِرَقْل لابيه وامه واجنادين بلد بين الرَمْلة وبَيْت جِبْرِين من ارض فلسطين وسار عمرو بن العاص حين سمع بأبي عبيدة بن الجرّاح وشرحبيل بن حسنة ويزيد بن ابى سفيان حتى لقيهم فاجتمعوا باجنادين حتى عسكروا عليهم ، حدثنا ابن حُميد قال ںآ سَلَمة

Z. 9 علی : hier: "zugunsten von". مدائن : *mafā*ᶜ*il*-Pluralform (im Gegensatz zu مُدُن , Pluralform *fu*ᶜ*ul*, in der das *m*-Präfix als Teil der Wurzel reanalysiert ist). **Z. 11** عمرو بن العاص : Pausalform von عمرو بن العاصى ; vgl. Fischer § 56 Anm. 2. **Z. 13** تذارِق اخو هِرَقْل : zur arabischen Adaption griechischer Terminologie im allgemeinen und byzantinischer Namen im besonderen vgl. Endress 1992. **Z. 18** ںآ : Abkürzung von حدثنا ; vgl. das Lemma "Abbreviations" (A. Gacek), in: *EALL*, Bd. 1, s.v., und *EI*², Supplement, s.v. "Abbreviations".

عن محمد بن اسحاق عن محمد بن جعفر بن الزُبير عن عُرْوة بن الزُبير انه قال كان على الروم رجل منهم يقال له القُبُقْلار وكان هرقل استخلفه على امراء الشأم حين سار الى القسطنطينيّة واليه انصرف تَذارِق بمن معه من الروم فامّا علماء الشأم فيزعمون إنّما كان على الروم تذارق والله اعلم ، حدثنا ابن حُميد قال ثنآ سَلَمة عن محمد بن اسحاق عن محمد بن جعفر بن الزبير عن عروة قال لما تدانى العسكران بعث القبقلار رجلا عربيّا قال فحدّثتُ ان ذلك الرجل رجل من قُضاعة من تَزيد بن حَيْدان يقال له ابن هُزارِف فقال ٱدخل فى هؤلاء القوم فأقم فيهم يوما وليلة ثم ائتِنى بخبرهم ، قال فدخل فى الناس رجل عربىّ لا يُنْكَر فاقام فيهم يوما وليلة ثم اتاه فقال له ما وراءك قال بالليل رُهبان وبالنهار فُرسان ولو سرق ابن مِلكهم قطعوا يده ولو زنى رُجم لإقامة الحقّ فيهم فقال له القبقلار لئن كنت صدقتنى لبطنُ الارض خير من لقاء هؤلاء على ظهرها ولوددتُ ان حظّى من الله

Z. 3 القُبُقْلار : eigentlich ein griechischer Titel, κουβικουλάριος, etwa "Schatzmeister". **Z. 12** ائتِنى : vgl. Fischer § 137.

ان يخلّى بينى وبينهم فلا ينصرنى عليهم ولا ينصرهم علىّ ، قال ثم تزاحف الناس فاقتتلوا فلما راى القبقلار ما راى من قتال المسلمين قال للروم لفّوا رأسى بثوب قالوا له لِمَ قال يوم البئيس لا احبّ ان اراه ما رايت فى الدنيا يوما اشدّ من هذا ، قال فاحتزّ المسلمون رأسه وانه لملفّف وكانت اجنادين فى سنة ١٣ لليلتين بَقِيَتا من جمادى الاولى وقُتل يومئذ من المسلمين جماعة منهم سَلَمة بن هِشام بن المُغِيرة وهَبّار بن الأَسْوَد بن عبد الأَسَد ونُعيم بن عبد الله النحّام وهِشام بن العاص بن وائل وجماعةٌ أُخَر من قريش ، قال ولم يسمَّ لنا من الانصار احد اصيب بها [...]

ثنآ عُمَر قال حدثنى عَلىّ عن عِيسَى بن يزيد عن صالح بن كَيْسان قال كان اول كتاب كتبه عمر حين وَلِىَ الى ابى عُبيدة يولّيه على جند خالد أُوصيك بتقوى الله الذى يبقى ويفنى ما سواه الذى هدانا من الضلالة واخرجنا من الظلمات الى النور وقد استعملتك على جند خالد بن الوليد

Z. 4 لِمَ : vgl. Fischer § 285b. **Z. 6** اجنادين : eine Textvariante ist وقعة اجنادين (vgl. de Goeje, S. 2126, fn. l). **Z. 7** ليلتين بَقِيَتا من جمادى الاولى : asyndetischer Relativsatz; zur arabischen Zählweise der Monatstage (d.h. vom Anfang oder vom Ende) vgl. Wright Bd. 2 § 111. **Z. 16** تقوى : vgl. Wright Bd. 1 § 148 Rem. b.

فقُم بامرهم الذى يحقّ عليك لا تقدّم المسلمين الى هلكة رجاءَ غنيمة ولا تنزلهم منزلا قبل ان تستريده لهم وتعلمَ كيف مأتاه ولا تبعث سريّة الا فى كَثْف من الناس واياك والقاءَ المسلمين فى الهلكة وقد ابلاك الله بى وابلانى بك فغمّضْ بصرك عن الدنيا وألّْه قلبك عنها وايّاك ان تهلكك كما اهلكتْ من كان قبلك فقد رايت مصارعهم [..] فحدثنا ابن حُميد قال ثنآ سَلَمة عن ابن اسحاق قال لما فرغ المسلمون من اجنادين ساروا الى فِحْل من ارض الأُرْدُنّ وقد اجتمعت فيها رافضة الروم والمسلمون على امرائهم وخالد على مقدّمة الناس فلما نزلت الروم بَيْسان بثقوا انهارها وهى ارض سَبْخة فكانت وَحَلا ونزلوا فِحْلَ وبَيْسانُ بين فلسطين وبين الاردنّ فلما غشيها المسلمون ولم يعلموا بما صنعت الروم وَحِلت خيولهم ولقوا فيها عناء ثم سلّمهم الله وسمّيت بيسانُ ذاتَ الرَدَغة لما لقى المسلمون فيها ثم نهضوا الى الروم وهم بفحل فاقتتلوا فهزمت الرومُ ودخل المسلمون فحل

Z. 4 واياك و : vgl. Fischer § 272 Anm. 2. **Z. 6** ألّْه : Imperativ, Wurzel *l–h–y*, IV. **Z. 10** رافضة : nach Blankinship 1993: 140, nf. 847, Leute, die nicht bereit sind, die *ǧizya* zu zahlen, und lieber kämpfen. **Z. 13** ارض سَبْخة : dieser Ausdruck kann als Attribut, als Annexion oder als Apposition analysiert werden; vgl. Lane s.v. (Wurzel *s–b–ḫ*).

ولحقت وافضة الروم بدِمَشْق فكانت فحل فى ذى القعدة سنة ١٣ على ستة اشهر من خلافة عمر ، واقام تلك الحِجّة للناس عبد الرحمن بن عَوْف ، ثم ساروا الى دمشق وخالد على مقدّمة الناس وقد اجتمعت الروم الى رجل منهم يقال له باهان بدمشق وقد كان عمر عزل خالد بن الوليد واستعمل ابا عبيدة على جميع الناس فالتقى المسلمون والروم فيما حول دمشق فاقتتلوا قتالا شديدا ثم هزم الله الروم واصاب منهم المسلمون ودخلت الروم دمشق فغلقوا ابوابها وجثم المسلمون عليها فرابطوها حتى فتحت دمشق وأعطوا الجزية وقد قدِم الكتاب على ابى عبيدة بإمارته وعزل خالد فاستحيى ابو عبيدة ان يقرئ خالدا الكتاب حتى فتحت دمشق وجرى الصلح على يدى خالد وكُتب الكتاب باسمه فلما صالحت دمشق لحق باهان صاحب الروم الذى قاتل المسلمين بهِرَقْل وكان فتْح دمشق فى سنة ١٤ فى رجب واظهر ابو عبيدة امارته وعزل خالدٍ وقد كان المسلمون التقوا هم والروم ببلد يقال له

Z. 1 فكانت فحل : "[die Schlacht von] Fiḥl fand statt"; zu dieserArt von elliptischen Konstruktionen, vgl. Reckendorf *AS* § 175, 6 (S. 352) und Brockelmann *GvG* II § 279b (S. 453). **Z. 10** جثم : "sich vor jemandem / etwas niederlassen (etwa von Raubvögeln gesagt), belagern". **Z. 14** وكُتب الكتاب باسمه : zu dem seltenen Typ des *ḥāl*-Satzes im Perfekt ohne *qad* vgl. Fischer § 409 Anm. 1.

عَيْن فِحْل بين فلسطين والاردنّ فاقتتلوا به قتالا
شديدا ثم لحقت الروم بدمشق [..] وانما نزع عمر
خالدا فى كلام كان خالد تكلّم به فيما يزعمون ولم
يزل عمر عليه ساخطا ولامره كارها فى زمان ابى بكر
كلّه لوقعته بابن نُوَيْرة وما كان يعمل به فى حربه ٥
فلما استُخلف عمر كان اول ما تكلّم به عزله فقال
لا يلى لى عملا ابدا فكتب عمر الى ابى عبيدة إن
خالد اكذب نفسَه فهو امير على ما هو عليه وإن
هو لم يكذب نفسه فانت الامير على ما هو عليه
ثم انزعْ عمامته عن راسه وقاسِمْه ماله نصفين ١٠
فلما ذكر ابو عبيدة ذلك لخالد قال أَنْظِرنى أَستشر
اختى فى امرى ففعل ابو عبيدة فدخل خالد على
اخته فاطمة بنت الوليد وكانت عند الحارث بن هِشام
فذكر لها ذلك فقالت والله لا يحبّك عمر ابدا وما
يريد الا ان تكذب نفسك ثم ينزعك فقبّل راسها ١٥
وقال صدقتِ والله فتمّ على امره وابى ان يكذب
نفسه فقام بِلال مولى ابى بكر الى ابى عبيدة فقال
ما أُمِرتَ به فى خالد قال أُمرت ان انزع عمامته

Z. 7 إنّ: der Inhalt des folgenden Briefs setzt hier asyndetisch ein. Z. 11 أَستشر: Wurzel š–w–r, X. Z. 17 بِلال: vgl. EI², s.v. Bilāl b. Rabāḥ. Z. 18 ما أُمرتَ به فى خالد : "was ist dir in Bezug auf Ḫālid aufgetragen worden?".

وأقاسمه ماله فقاسَمَه ماله حتى بقيت نعلاه فقال ابو عبيدة ان هذا لا يصلح الا بهذا فقال خالد اجل ما انا بالذى اعصى امير المؤمنين فاصنع ما بدا لك فأخذ نعلا واعطاه نعلا ثم قدم خالد على عمر المدينة حين عزله ، نآ ابن حميد قال نآ سلمة عن محمد بن اسحاق عن محمد بن عمرو ابن عَطاء عن سُلَيْمان بن يَسار قال كان عمر كلّما مرّ بخالد قال يا خالد أَخرِج مال الله من تحت استك فيقول والله ما عندى من مال فلما اكثر عليه عمر قال له خالد يا امير المؤمنين ما قيمة ما اصبتُ فى سلطانكم اربعين الف درهم فقال عمر قد اخذتُ ذلك منك باربعين الف درهم قال هو لك قال قد اخذته ولم يكن لخالد مال الا عُدّة ورقيق فحُسب ذلك فبلغت قيمتُه ثمانين الف درهم فناصفه عمر ذلك فاعطاه اربعين الف درهم واخذ المال فقيل له يا امير المؤمنين لو رددتَ على خالد ماله فقال انما انا تاجر للمسلمين والله لا اردّه عليه ابدا فكان عمر يَرَى انه قد اشتفى من خالد حين صنع به ذلك

Z. 3 ما انا بالذى : zum sogenannten *mā al-ḥiǧāzīya* vgl. Fischer § 367a Anm. 1 und Wright Bd. 2 § 42 Rem. d. **Z. 3–4** ما بدا لك : resultative Bedeutung: "was dir gut erscheint". **Z. 5** نآ : Kürzel für حدثنا . **Z. 16** لو رددتَ : "wenn du nur zurückgäbest ..."; vgl. Fischer § 457.

* (نخبة من خبر القادِسيّة) *

كتب الىّ السَرىّ عن شُعَيْب عن سَيْف عن محمد وطَلْحة وعمرو بإسنادهم قالوا وعجّ اهل السَواد الى يَزْدَجِرْد بن شَهْرِيار وارسلوا اليه إنّ العرب قد نزلوا القادسيّة بامر ليس يُشبه الا الحرب وإنّ فعل العرب مذ نزلوا القادسيّة لا يَبْقى عليه شىء وقد اخربوا ما بينهم وبين الفُرات وليس فيما هنالك انيس الا فى الحصون وقد ذهب الدوابّ وكلّ شىء لم تحتمله الحصونُ من الاطعمة ولم يَبْقَ الا ان يستنزلونا فان أبطأ عنّا الغياث اعطيناهم بأيدينا وكتب اليه بذلك الملوك الذين لهم الضياع بالطفّ واعانهم عليه وهيّجوه على بعثه رُسْتَم ولما بدا ليزدجرد ان يُرسل رستم ارسل اليه فدخل عليه فقال له انّى اريد ان اوجّهك فى هذا الوجه وانما يُعَدّ للامور على قدرها وانت رجل اهلِ فارس اليوم وقد ترى ما جاء اهلَ فارس من امر لم يأتهم مثله منذ ولِى آلُ أَرْدَشِير فأراه أن قد قبل منه وأثنى عليه فقال له الملك قد احبُّ ان انظر فيما لديك لأعرف ما عندك فصفْ لى العرب

Z. 2 السَواد : eine der Kampfnächte von al-Qādisīya. **Z. 3** وارسلوا اليه إنّ : unmittelbar direkte Rede (Inhalt des Briefs). **Z. 13–14** انت رجل … : hier: "du bist der [prominenteste] Mann ...". **Z. 15** أَرْدَشِير = Artaxerxes. فأراه : "ich (aṭ-Ṭabarī) sehe ihn" = "bin der Meinung über ihn"; zu أن mit dem Perfekt vgl. Fischer § 414. **Z. 17** لديك … عندك : zu den spezifischen Nuancen dieser Präpositionen vgl. Fischer § 307 Anm. 1 und Wright Bd. 2 § 58 Rem. b.

وفعلهم منذ نزلوا القادسيّة وصفْ لى العجم وما يلقون منهم فقال رستم صفة ذئاب صادفت غرّةً من رِعاء فافسدت فقال ليس كذلك انى انما سألتك رجاءَ ان تُعرب صفتَهم فاقوّيك لتعمل على قدر ذلك فلم تُصِبْ فافهمْ عنى انما مَثَلُهم ومَثَل اهل فارس كمَثَل عقاب اوفى على جبل يأوى اليه الطير بالليل فتبيت فى سَفْحه فى اوكارها فلما اصبحت تجلّت الطير فابصرَتْه يرقبها فان شذّ منها شىء اختطفه فلما ابصرته الطير لم تنهض من مخافته وجعلت كلّما شذّ منها طائر اختطفه فلو نهضت نهضةً واحدة ردّتْه وأَشَدُّ شىءٍ يكون فى ذلك ان تنجو كلّها الّا واحدا وان اختلفَتْ لم تنهض فرقةٌ الّا هلكت فهذا مَثَلهم ومَثَل الاعاجم فاعملْ على قدر ذلك فقال له رستم ايها الملك دَعْنى فانّ العرب لا تزال تهاب العجم ما لم تُضَرِّهم بى ولعلّ الدولة ان تثبت بى فيكونَ الله قد كفى ونكونَ قد اصبنا المكيدة ورأىَ الحرب فانّ الرأى فيها والمكيدة انفع من بعض الظفر فأَبَى عليه وقال

Z. 16–17 فيكونَ الله قد كفى : zur *consecutio temporum* (und *modorum*) in diesem Fall vgl. Fischer § 193 und Wright Bd. 2 § 10.

اىّ شىء بقى فقال رستم ان الأناة فى الحرب خير من العجلة وللاناة اليوم موضع وقتال جيش بعد جيش امثل من هزيمة بمرّة واشدّ على عدوّنا فلجّ وأبى فخرج حتى ضرب عسكره بساباط وجعلت تختلف الى الملك الرسلُ ليَرَى موضعا لإعفائه وبعثةِ غيره ويجتمع اليه الناس وجاء العيون الى سَعْد بن ابى وقّاص بذلك من قِبَل الحِيرة وبنى صَلوبا وكتب الى عمر بذلك ولما كثُرت الاستغاثة على يزدجرد من اهل السَواد على يدى الآزاذمَرْد بن الآزاذبِه جشِعت نفسه واتّقى الحرب برستم وترَك الرأى وكان ضيّقا لَجُوجا فاستحثّ رستمَ فاعاد عليه رستم القول وقال ايها الملك لقد اضطرّنى تضييعُ الرأى الى إعظام نفسى وتزكيتها ولو اجدُ من ذلك بدًّا لم اتكلّم به فانشدُك اللهَ فى نفسك واهلك ومُلكك دَعْنى أُقم بعسكرى واسرّح الجالِنُوس فإن تكن لنا فذلك والّا فأنا على رِجل وأبعث غيره حتى اذا لم نجد بدّا ولا حيلة صبرنا لهم وقد وهّنّاهم وحسّرناهم ونحن جامُّون فابى الّا ان يسير ، كتب الىّ

Z. 10 واتّقى الحرب برستم : vgl. Glossar s.v. *w–q–y*. الرأى : hier: "die vernünftige Ansicht/Position". **Z. 13** ولو اجدُ : vgl. Fischer § 453 und Wright Bd. 2 § 4 (c). **Z. 15** فإن تكن لنا فذلك : "wenn [der Sieg] unser ist, dann [ist es] das" (d.h. "dann ist alles perfekt").

السرىّ عن شعيب عن سيف عن النَضْر بن السرىّ الضَبّىّ عن ابن الرُفيل عن ابيه قال لما نزل رستم بساباط وجمع آلة الحرب وأداتها بعث على مقدّمته الجالنوس فى اربعين الفا وقال أزحف زحفا ولا تنجذب الا بأمرى واستعمل على ميمنته الهُرْمُزان وعلى ميسرته مِهْران بن بَهْرام الرازىّ وعلى ساقته البَيْرُزان وقال رستم ليشجّع الملك ان فتح الله علينا القومَ فهو وجهُنا الى مُلكهم فى دارهم حتى نشغلهم فى اصلهم وبلادهم الى ان يقبلوا المسالمة او يرضوا بما كانوا يرضون به فلما قدِمت وفود سعد على الملك ورجعوا من عنده راى رستم فيما يرى النائم رؤيا فكرهها واحسّ بالشرّ وكره لها الخروجَ ولقاء القوم واختلف عليه رأيه واضطرب وسأل الملكَ ان يُمضى الجالنوسَ ويُقيم حتى ينظر ما يصنعون وقال ان غَناء الجالنوس كغنائى وان كان اسمى اشدَّ عليهم من اسمه فان ظفر فهو الذى نريد وان يكن الاخرى وجّهتُ مثله ودفعنا هؤلاء القوم الى يومٍ ما فانّى لا ازال مرجوّا فى اهل فارس ما لم أُهزم ينشطون ولا ازال

Z. 4 فى : "inmitten von" = "zusammen mit"; vgl. Glossar und Fischer § 296a. **Z. 7** ان فتح : Beginn eines Konditionalsatzes. **Z. 12** لها : "wegen des Traums (رؤيا)". **Z. 14** ويُقيم : d.h. Rustam selbst. **Z. 15** وان يكن الاخرى : "wenn die andere [schlechte Alternative] wahr wird". **Z. 17** الى يومٍ ما : "auf absehbare Zeit"; cf. Fischer § 141 Anm. 4 und Glossar s.v. ما .

مهيبا فى صدور العرب ولا يزالون يهابون الإقدام ما لم اباشرهم فان باشرتُهم اجترءوا آخرَ دهرهم وانكسر اهل فارس آخرَ دهرهم فبعث مقدّمته اربعين الفا وخرج فى ستّين الفا وساقته عشرين الفا ، كتب الىّ السرىّ عن شعيب عن سيف عن محمد وطلحة وزِياد وعمرو بإسنادهم قالوا [..] لما أبى الملك الا السيرَ كتب رستم الى اخيه والى رؤوس اهل بلادهم من رستم الى البِنْدَوان مَرْزُبان الباب وسهم اهل فارس الذى كان لكلّ كون يكون فيفُضّ الله به كلّ جند عظيم شديد ويفتح به كلّ حصن حصين ومَن يليه فرُمّوا حصونكم واعِدّوا واستعِدّوا فكأنّكم بالعرب قد وردوا بلادكم وقارعوكم عن ارضكم وابناءكم وقد كان من رأيى مدافتهم ومطاولتهم حتى تعود سعودهم نُحوسا فابى الملك ، كتب الىّ السرىّ عن شعيب عن سيف عن الصَلْت بن بَهْرام عن رجل انّ يزدجرد لما امر رستم بالخروج من ساباط كتب الى اخيه بنحو من الكتاب الاول وزاد فيه فان السمكة قد كدّرت الماء وان النعائم قد حسُنت وحسُنت الزُهَرة واعتدل

Z. 8 الباب : die Stadt Darband am Kaspischen Meer; vgl. Friedmann 1992: 46, fn. 183. سهم : hier ein militärischer Kommandeursrang in der Infantrie; vgl. *EI*², s.v. *ḥarb* (S. 201a). **Z. 9** كان لكلّ كون يكون : präsentische Semantik: "der, wer alles kann". **Z. 11** فكأنّكم بالعرب قد وردوا : "dann befindet ihr euch in einer Position, so als ob die Araber bereits da wären" (asyndetischer vorzeitiger *ḥāl*-Satz). **Z. 17–S. 82, Z. 1** السمكة ... بهْرام : verschiedene Sternbilder; einen Überblick über die arabische Astronomie bietet z.B. Endress 1992: 86–103.

الميزان وذهب بهْرام ولا ارى هؤلاء القوم الا سيظهرون علينا ويستولون على ما يلينا وان اشدّ ما رايتُ ان الملك قال لتسيرنّ اليهم او لأسيرنّ اليهم انا بنفسى فأنا سائر اليهم ، كتب الىّ السرىّ عن شعيب عن سيف عن النَضْر بن السرى عن ابن الرُفيل عن ابيه قال كان الذى جرّأ يزدجرد على ارسال رستم غلامَ جابان منجّمِ كسرى وكان من اهل فُراتِ بادَقْلَى فارسل اليه فقال ما ترى فى مسير رستم وحرب العرب اليوم فخافه على الصدق فكذبه وكان رستم يعلم نحوا من علمه فثقُل عليه مسيره لعلمه وخفّ على الملك لما غرّه منه ، [..] وكتب جابان الى جُشْنَسْماه ان اهل فارس قد زال امرهم وأُديل عدوُّهم عليهم وذهب ملك المجوسيّة واقبل مُلك العرب وأُديل دينهم فاعتقدْ منهم الذمّة ولا تخلبنّك الامور والعجلَ العجلَ قبل ان تُؤخَذ فلمّا وقع الكتاب اليه خرج جشنسماه اليهم حتى اتى المعنَّى وهو فى خيل بالعَتيق وارسله الى سعد فاعتقد منه على نفسه واهل بيته ومن استجاب

Z. 7 غلامَ : alternativ kann hier auch unabhängiger Kasus ("Nominativ") gelesen werden; vgl. de Goeje, S. 2252.

له وردّه وكان صاحب اخبارهم واهدى للمعنَّى فالوذَقا فقال لامرأته ما هذا فقالت اظنّ البائسةَ امرأتَه اراغت العصيدة فاخطأتْها فقال المعنّى بُؤْسًا لها [...]

(يوم أَغْواث) كتب الىّ السرىّ عن شعيب عن سيف عن محمد وطلحة وزياد وشاركهم ابنُ مِخْراق عن رجل من طىّء قالوا وقاتلت الفرسان يوم الكتائب فيما بين ان اصبحوا الى انتصاف النهار فلما عدل النهار تزاحف الناس فاقتتلوا بها صَتيتا حتى انتصف الليل فكانت ليلة أَرْماث تُدعى الهَدْأة وليلةُ أغواث تُدعى السواد والنصفُ الاول يُدعى السواد ثم لم يزل المسلمون يرون فى يوم اغواث فى القادسيّة الظفر وقتلوا فيه عامّةَ اعلامهم وجالت فيه خيل القلب وثبتَ رَجْلهم فلولا أنّ خيلهم كرّت أُخذ رستم اخذا فلما ذهب السواد بات الناس على مثل ما بات عليه القوم ليلة أَرْماث ولم يزل المسلمون ينتمون لَدُن امسوا حتى تفايئوا فلما امسى سعد وسمع ذلك نام وقال لبعض مَن عنده ان تمّ الناس على الانتماء فلا

Z. 2–3 البائسةَ امرأتَه : syntaktisch gesehen Apposition: "seine Frau, die Böse". **Z. 5** يوم أَغْواث : ein gewisser Kampftag; die Wurzel *ġ–w–ṯ* hat mit "um Hilfe schreien" zu tun; auch im Titel der vorislamischen Textsammlung *ʾayyām al-ʿarab* bezieht sich *yawm* auf einen einzelnen Kampftag. **Z. 8** فيما بين : vgl. Fischer § 308 Anm. 6 und Wright Bd. 2 § 67. **Z. 15–16** الناس ... القوم : mit diesen beiden Begriffen werden hier jeweils die Araber und die Perser bezeichnet. **Z. 16–17** لَدُن امسوا : vgl. Fischer § 306 Anm. 1.

توقظْنى فانهم اقوياء على عدوهم وان سكتوا ولم يَنتم الآخَرون فلا توقظنى فانهم على السَواء فان سمعتَهم ينتمون فأَيقظْنى فان انتماءَهم من السُوء ، فقالوا ولما اشتدّ القتال بالسواد وكان ابو مِحْجَن قد حُبس وقُيّد فهو فى القصر فصعِد حين امسى الى سعد يستعفيه ويستقيله فزبره وردّه فنزل فأتى سَلْمَى بنت خَصَفة فقال يا سلمى يا بنت آل خَصَفة هل لكِ الى خير قالت وما ذاك قال تُخلّين عنّى وتُعيرِينى البلقاء فللّه علىّ ان سلّمنى الله أن ارجع اليك حتى أضع رجلى فى قيدى فقالت وما انا وذاك فرجع يَرسُف فى قيوده ويقول

(من الطويل)

كَفى حَزَنا أن تَرْدِىَ الخيلُ بالقنا
وأُتْرَكُ مشدودا علىّ وَثاقِيا
اذا قمتُ عنّانى الحديدُ وأُغلقتْ
مصاريعُ دونى قد تُصِمُّ المُنادِيا
وقدْ كنتُ ذا مال كثير وإِخْوةٍ
فقدْ تركونى واحدًا لا أَخَا لِيا

Z. 1 اقوياء : Plural von قوِىّ . **Z. 8** هل لكِ الىّ خير : ″willst du (f.) mir einen Gefallen tun?″. **Z. 4** ابو مِحْجَن : vgl. *GAS* II: 300–302. **Z. 9** تُعيرِينى : haplologische Silbenellipse. البلقاء : Name eines bestimmten Pferds. فللّه علىّ : vgl. Wright Bd. 2 § 53 (b) Rem. e. **Z. 11** وما انا وذاك : ″was habe ich damit zu tun?; vgl. Fischer § 328 Anm. 2. **Z. 18** لِيا : Reimform für لى .

وللّه عَهْدٌ لا أخِيسُ بعهده
لَئِنْ فُرِجَتْ أن لا أزور الحَوانيا

فقالت سلمى انى استخرتُ الله ورضيتُ بعهدك فاطلقتْه وقالت امّا الفَرَس فلا أُعِيرها ورجعتْ الى بيتها فاقتادها فاخرجها من باب القصر الذى يلى الخندق فركبها ثم دبّ عليها حتى اذا كان بحيال الميمنة كبّر ثم حمل على ميسرة القوم يلعب برمحه وسلاحه بين الصفين فقالوا بسرجها وقال سعيد والقاسم عُرْيا ثم رجع من خلف المسلمين الى الميسرة فكبّر وحمل على ميمنة القوم يلعب بين الصفين برمحه وسلاحه ثم رجع من خلف المسلمين الى القلب فنذر أمام الناس فحمل على القوم يلعب بين الصفين برمحه وسلاحه وكان يقصف الناسَ ليلتَئذٍ قصفا منكرا وتعجّب الناس منه وهم لا يعرفونه ولم يروه من النهار فقال بعضهم أوائل أصحاب هاشم أو هاشم بنَفْسِه وجعل سعد يقول وهو مُشرف على الناس مُكبّ من فوق القصر والله لو لا مَحْبَس ابى مِحْجَن لقلتُ هذا ابو محجن وهذه البلقاء وقال بعض الناس ان كان الخَضِر يشهد

Z. 2 الحَوانيا : poetische Pluralform von حانوت ; vgl. Glossar s.v. *ḥ–n–t*. **Z. 8–9** قالوا : "man (eine Tradition) sagte: ...". **Z. 13** يقصف الناسَ : entgegen dieser Vokalisierung schlägt Friedmann 1992: 105, fn. 364 – gestützt auf einen Vorschlag Nöldekes – eine passivische Lesart des Verbs يقصف und unabhängigen Kasus ("Nominativ") von الناس vor ("die Muslime waren in tiefer Angst"); vgl. auch de Goeje, S. 2314, Anm. (e). **Z. 15**: nach بعضهم kann man sich einen "Doppelpunkt" hinzudenken und هذا من ergänzen; nach هاشم ist بن عُتْبة zu ergänzen. **Z. 17** لو لا مَحْبَس : "wenn ... nicht im Gefängnis gesessen hätte"; zu Details zum sogenannten *maṣdar al-mīmī* vgl. Wright Bd. 1 § 221.

الحروب فنظنّ صاحب البلقاء الخَضِر وقال بعضهم لو لا انّ الملائكة لا تُباشِر القتال لقلنا مَلَكٌ يثبّتنا ولا يذّكره الناس ولا يأبَهون له لانّه بات فى محبسه فلمّا انتصف الليل حاجز اهلُ فارس وتراجع المسلمون واقبل ابو محجن حتى دخل من حيث خرج ووضع عن نفسه وعن دابّته واعاد رجليه فى قيديه وقال (من الوافر)

لقدْ علمتْ ثَقِيفٌ غيرَ فَخْرٍ   بأنّا نحن أكرمُهم سيوفَا
وأكثرُهم دروعًا سابغاتٍ   وأصبرُهم اذا كرهوا الوقوفا
وأنّا وَفْدُهم فى كلّ يوم   فإن عَمِيُوا فسَلْ بهِمُ عَريفا
وليلةَ قادسٍ لم يَشعروا بى   ولم أُشْعِرْ بمَخْرَجِىَ الزُحوفا
فإن أُحْبَس فذٰلِكُمُ بَلائى   وإن أُترك أُذيقُهمُ الحُتوفا

فقالت له سلمى يا ابا محجن فى اىّ شىء حبسك هذا الرجلُ قال أَمَ واللهِ ما حبسنى بحرام اكلتُه ولا شربتُه ولكنى كنت صاحب شراب فى الجاهليّة وانا امرؤ شاعر يدب الشعر على لسانى يبعثه على شفتى احيانا فيُساء لذلك ثنائى ولذلك حبسنى قلت (من الطويل)

Z. 2 مَلَكٌ : "Engel". **Z. 10** عَمِيُوا : nicht-kontrahierte Form (poetische Lizenz oder Dialektform).
Z. 14 أَمَ : Interjektion ("nicht wahr"); vgl. Fischer § 347.

اذا مِتُّ فأدْفِنِّى الى اصل كَرْمة
تُرَوِّى عِظامى بعد موتى عروقُها
ولا تَدْفنَنِّى بالفلاة فإنّنى
أَخافُ اذا ما متُّ أَن لا أَذوقُها
وتُرْوِى بخمر الحُصّ لَحْدى فإنّنى
أَسيرٌ لها من بعدِ ما قد أَسوقُها

ولم تزل سلمى مغاضِبة لسعد عشيّة ارماث وليلة الهَدْأَة وليلة السواد حتى اذا اصبحتْ اتتْه وصالحته واخبرته خبرها وخبر ابى محجن فدعا به فاطلقه وقال اذهب فما انا مؤاخذك بشىء تقوله حتى تفعله قال لا جَرَمَ والله لا أُجيب لسانى الى صفة قبيح ابدا

(يوم عَماس وليلة الهَرير) كتب الىّ السرىّ [.] عن شعيب عن سيف عن محمد وطلحة وزياد باسنادهم وابنِ مخْراق عن رجل من طيّئ قالوا فاصبحوا من اليوم الثالث وهم على مواقفهم واصبحت الاعاجم على مواقفهم واصبح ما بين الناس كالرِجْلة الحمراء يعنى الحَرّة مِيل فى عرضِ ما بين الصفّين وقد قُتل

Z. 4 أَن لا أَذوقُها : zu أَن mit dem Indikativ (dem sogenannten ʾ*an al-muḫaffafa*) vgl. Wright Bd. 2 § 15 (b); vgl. auch Nebes 1982/1985.

من المسلمين الفان من رثيث وميّت ومن المشركين عشرة آلاف من رثيث وميّت وقال سعد من شاء غسل الشهداء ومن شاء فلْيدفنْهم بدمائهم واقبل المسلمون على قتلاهم فاحزروهم فجعلوهم من وراء ظهورهم واقبل الذين يجمعون القتلى يحملونهم الى المقابر ويبلّغون الرثيث الى النساء وحاجِب بن زَيْد على الشهداء وكان النساء والصبيان يحفِرون القبور فى اليومين يوم اغواث ويوم ارماث بعُذْوتى مشرِّق فدُفن الفانِ وخمسمائة من اهل القادسيّة واهل الايّام فمرّ حاجب وبعض اهل الشهادة ووُلاةِ الشهداء فى اصل نخلة بين القادسيّة والعُذَيْب وليس بينهما يومئذ نخلة غيرُها فكان الرثيث اذا حُملوا فانتُهى بهم اليها وأحدُهم يَعقِل سألهم ان يقفوا به تحتها يسترْوِح الى ظلّها [..] كتب الىّ السرىّ عن شعيب عن سيف عن محمد وطلحة وزياد قالوا وبات القَعْقاع ليلته كلّها يسرّب اصحابه الى المكان الذى فارقهم فيه من الامس ثم قال اذا طلعت لكم الشمس فأَقْبِلوا مائةً مائةً كلَّما توارى عنكم مائة فليتبعها

Z. 9–10 اهل الايّام : d.h. die Teilnehmer an den früheren Kampftagen. **Z. 10** فمرّ : hier mit فى konstruiert. **Z. 14** يسترْوح : vgl. Fischer § 245 Anm. 3.

مائة فإن جاء هاشم فذاك والا جدّدتم للناس رجاءً وجِدًّا ففعلوا ولا يشعر بذلك احد واصبح الناس على مواقفهم قد احرزوا قتلاهم وخلّوْا بينهم وبين حاجب ابن زَيْد وقتلى المشركين بين الصفّين قد أضيعوا وكانوا لا يعرِضون لأمواتهم وكان مكانهم مما صنع الله للمسلمين مكيدةً فتحها ليشُدّ بها اعضادَ المسلمين فلما ذرّ قرن الشمس والقعقاع يلاحظ الخيل وطلعت نواصيها كبّر وكبّر الناس وقالوا جاء المَدَد وقد كان عاصم بن عمرو أُمر ان يصنع مثلها فجاءوا من قِبَل خَفّان فتقدّم الفرسان وتكتّبت الكتائب فاختلفوا الضربَ والطعنَ ومددهم متتابع فما جاء آخِر اصحاب القعقاع حتى انتهى اليهم هاشم وقد طلع فى سبعمائة فاخبروه برأى القعقاع وما صنع فى يوميه فعبّى اصحاب سبعين سبعين فلما جاء آخر اصحاب القعقاع خرج هاشم فى سبعين معه فيهم قَيْس بن هُبَيْرة بن عبد يَغوث ولم يكن من اهل الايّام انما اتى من اليَمَن اليرموكَ فانتدب مع هاشم فاقبل هاشم حتى اذا خالط القلبَ كبّر وكبّر المسلمون وقد اخذوا

Z. 1 فذاك : "dann [ist] das [so]", d.h. "alles ist in Ordnung". **Z. 3** قد احرزوا : asyndetischer *ḥāl*-Satz. **Z. 14** سبعين سبعين : vgl. Fischer § 135 Anm. 1.

مصافِّهم وقال هاشم اول القتال المطاردة ثم المراماة فأخذ قوسه فوضع سهما على كَبِدها ثم نزع فيها فرفعت فرسه رأسها فخلّ أُذُنها فضحك وقال وا سوءتاهْ من رمية رجل كلُّ من راى ينتظره اين ترون سهمى كان بالغًا فقيل العتيقَ فنزّقها وقد نزع السهم ثم ضربها حتى بلغت العتيق ثم ضربها فاقبلت به تخرقهم حتى عاد الى موقفه وما زالت مَقانبه تطلع الى الليل وقد بات المشركون فى عِلاج توابيتهم حتى اعادوها واصبحوا على مواقفهم واقبلت الفيلة معها الرجّالة يحمونها ان تقطَّع وُضُنها ومع الرجّالة فرسان يحمونها اذا ارادوا كتيبة دلفوا لها بفيل واتباعِه ليُنفروا بهم خيلَهم فلم يكن ذلك منهم كما كان بالامس لانّ الفيل اذا كان وحده ليس معه احد كان اوحش واذا اطافوا به كان آنس فكان القتال كذلك حتّى عدل النهار وكان يومُ عماس من اوله الى آخره شديدا العرب والعجم فيه على السواء ولا يكون بينهم نُقْطة الّا تَعاورها الرجال بالاصوات حتى تبلغ يزدجردَ فيبعث اليهم اهل النجدات ممن بقى عنده

Z. 3 وا سوءتاهْ : vgl. Fischer § 158 und Wright Bd. 2 § 38 (c). **Z. 12** فلم يكن ذلك منهم : "sie waren dazu nicht imstande". **Z. 16** العرب والعجم فيه على السواء : asyndetischer Anschluß: "wobei die Araber und die Perser gleich [stark] waren".

فيَقوون بهم واصبحت عنده للذى لَقِىَ بالامس الامداد على البُرُد فلولا الذى صنع الله للمسلمين بالذى ألهم القعقاعَ فى اليومين واتاح لهم بهاشم كسر ذلك المسلمين [...] كتب الىّ السرىّ عن شعيب عن سيف عن مجالِد عن الشَعْبى قال قال رجلان من بنى أَسَد يقال لهما الرِبِّيل وحَمّال يا معشر المسلمين ائ الموت اشدّ قالوا ان يُشَدّ على هذا الفيل فنزّقا فرسيهما حتى اذا قاما على السنابك ضرباهما على الفيل الذى بإزائهما فطعن احدهما فى عين الفيل فوطِئ الفيل من خلفه وضرب الآخر مشفره فضربه سائس الفيل ضربة شائنة بالطَبَرْزين فى وجهه فافلت بها هو والربيل وحمل القعقاع واخوه على الفيل الذى بازائهما ففقئا عينيه وقطعا مشفره فبقى متلدّدا بين الصفّين كلّما اتى صفّ المسلمين وخزوه واذا اتى صفّ المشركين نخسوه ، كتب الىّ السرىّ عن شعيب عن سيف عن عمرو عن الشَعْبى قال كان فى الفيلة فيلان يعلّمان الفيلة فلما كان يوم القادسية حملوهما على القلب فأمر بهما سعدٌ القعقاع وعاصما

Z. 12 بها : sc. ضربة شائنة . **Z. 13** ففقئا : Dualform. **Z. 18** بهما : d.h. die beiden Elefanten betreffend.

التميميّين وحَمّالا والرِبِّيل الأَسَديّين فذكر مثل الاول الا انّ فيه وعاش بعدُ وصاح الفيلان صياح الخنزير ثم ولّى الاجرب الذى عُوّر فوثب فى العَتيق فاتّبعته الفيلة فخرقت صفّ الاعاجم فعبرت العتيق فى اثره فأتت المدائن فى توابيتها وهلك من فيها [..] كتب الىّ السرىّ عن شعيب عن سيف عن محمد وطلحة وزياد قالوا لما امسى الناس من يومهم ذلك وطعنوا فى الليل اشتدّ القتال وصبر الفريقان فخرجا على السواء و لم تسمع الّا الغَماغم من هؤلاء وهؤلاء فسمّيت ليلة الهَرير لم يكن قتال بليل بعدها بالقادسيّة [...] كتب الىّ السرىّ عن شعيب عن سيف عن الوَليد بن عبد الله بن ابى طَبية عن ابيه قال حمل الناس ليلة الهرير عامّةً ولم ينتظروا بالحملة سعدا وكان اول من حمل القعقاع فقال اللهمّ اٌغفرها له واٌنصره وقال وا تميماهْ سائرَ الليلة ثم قال ارى الامر ما فيه هذا فاذا كبّرتُ ثلثا فاٌحملوا فكبّر واحدةً فلحقهم أَسَد فقيل قد حملت اسد فقال اللهمّ اغفرها لهم وانصرهم وا أَسَداهْ سائر الليلة ثم قيل حملت النَخَع

Z. 2 الا انّ فيه وعاش : "außer daß darin [steht]: [und] er [über]lebte" (d.h. der anderen Version dieser Episode zufolge). **Z. 15** وا تميماهْ : vgl. Fischer § 158 und Wright Bd. 2 § 38 (c).

فقال اللهم اغفرها لهم وانصرهم وا نَخَعاهْ سائر الليلة ثم قيل حملت بَجيلة فقال اللهم اغفرها لهم وانصرهم وا بَجيلتاهْ ثم حملت الكُنود فقيل حملت كِنْدة فقال وا كِنْدتاهْ ثم زحف الرؤساء بمن انتظر التكبيرة فقامت حربهم على ساق حتى الصباح فذلك ليلة الهرير ، كتب الىّ السرىّ عن شعيب عن سيف عن محمد بن نُويرة عن عمّه أَنَس بن الحُلَيْس قال شهدتُ ليلة الهرير فكان صليل الحديد فيها كصوت القيون ليلتَهم حتى الصباح أُفرِغ عليهم الصبر افراغا وبات سعد بليلة لم يَبت بمثلها وراى العرب والعجم امرًا لم يروا مثله قطّ وانقطعت الاصوات والاخبار عن رستم وسعد واقبل سعد على الدعاء حتى اذا كان وجه الصبح ابتهى الناس فاستدلّ بذلك على انّهم الاعلَوْن وانّ الغلبة لهم ، كتب الىّ السرىّ عن شعيب عن سيف عن عمرو بن محمد عن الأَعْوَر [.] المِنْقَرى قال اول شىء سمعه سعد ليلتئذ مما يستدِلّ به على الفتح فى نصف الليل الباقى صوت القعقاع بن عمرو وهو يقول (من الرجز)

Z. 5 فقامت حربهم على ساق : "ihr Kampf wurde heftig"; vgl. Lane s.v. *s–w–q*. **Z. 6** ليلة الهرير : wiederum der Name einer Kampfnacht. **Z. 9** أُفرِغ عليهم الصبر : vgl. Q 2: 250 und Q 7: 126. **Z. 13** ابتهى : "er gab an"; alternative Lesarten sind انتهى "es endete" und انتمى "er sprach seine Stammeszugehörigkeit aus"; vgl. de Goeje (S. 2333) und Friedmann 1992: 121, fn. 404. **Z. 14** الاعلَوْن : Plural vom Elativ الاعلى .

نحن قتلنا مَعْشَرا وزائدَا
اربعةً وخمسةً وواحِدا
نُحْسَب فوق اللِبَد الأَساودا
حتى اذا ماتوا دعوتُ جاهِدا
اللّهُ ربّى واحترزتُ عامِدا [..]

(ليلة القادسيّة) كتب الىّ السرىّ عن شعيب عن سيف عن محمد وطلحة وزياد قالوا واصبحوا ليلة القادسيّة وهى صُبْحة ليلة الهرير وهى تسمّى ليلة القادسية من بين تلك الايام والناس حَسْرَى لم يغمّضوا ليلتهم كلها فسار القعقاع فى الناس فقال ان الدَبْرة بعد ساعة لمن بدأ القوم فاصبروا ساعة واحملوا فان النصر مع الصبر فآثِروا الصبر على الجَزَع فاجتمع اليه جماعة من الرؤساء وصمدوا لرُستم حتى خالطوا الذين دونه مع الصبح ولما رات ذلك القبائل قام فيها رجال فقام قيس بن عبد يَغوث والاشعث ابن قيس وعمرو بن معدى كَرِب وابن ذى السَهْمَيْن الخَثْعَمى وابن ذى البُرْدَيْن الهِلالى فقالوا لا يكوننّ هؤلاء اجدّ فى امر الله منكم ولا يكوننّ هؤلاء لاهل

Z. 9 حَسْرَى : Plural: "erschöpft".

فارس اجرأ على الموت منكم ولا اسخى انفسا عن الدنيا تَنافَسوها فحملوا مما يليهم حتى خالطوا الذين بإزائهم وقام فى رَبيعة رجال فقالوا انتم اعلم الناس بفارس واجرؤهم عليهم فيما مضى فما يمنعكم اليوم ان تكونوا اجرأ مما كنتم بالجُرْءَة فكان اول من زال حين قام قائم الظهيرة الهُرْمُزان والبَيْرُزان فتأخّرا وثبتا حيث انتهيا وانفرج القلب حين قام قائم الظهيرة وركد عليهم النَقْع وهبّت ريح عاصف فقلعت طيّارة رستم عن سريره فهوت فى العتيق وهى دَبور ومال الغبار عليهم وانتهى القعقاع ومن معه الى السرير فعثروا به وقد قام رستم عنه حين طارت الريح بالطيّارة الى بغال قد قدمت عليه بمال يومئذ فهى واقفة فاستظلّ فى ظلّ بغل وحِمْله وضرب هِلال بن عُلَّفة الحمل الذى رستم تحته فقطع حباله ووقع عليه احد العدلين ولا يراه هلال ولا يشعر به فازال من ظهره فقارًا فنفحت أردانه مِسْكا ومضى رستم نحو العتيق فرمى بنفسه فيه واقتحمه هلال عليه فتناوله وقد عام وهلال قائم فأخذ برجله

Z. 2 تَنافَسوها : der Bezugspunkt des pronominalen Objekts ist hier schwierig zu bestimmen; vgl. Friedmann 1992: 123, fn. 409. **Z. 10** وهى دَبور : ein ominöser westlicher Wind; vgl. Friedmann 1992: 123, fn. 411.

ثم خرج به الى الجُدّ فضرب جبينه بالسيف حتى قتله ثم جاء به حتى رمى به بين ارجل البغال وصعد السرير ثم نادى قتلتُ رستم وربِّ الكعبة الىّ فاطافوا به وما يُحسّون السرير ولا يرونه وكبّروا وتنادوا وانبثّ قلب المشركين عندها وانهزموا وقام الجالِنوس على الردم ونادى اهلَ فارس الى العبور وانسفر الغبار فاما المقترنون فانهم جشعوا فتهافتوا فى العتيق فوخزهم المسلمون برماحهم فما افلت منهم مُخبِّر وهم ثلثون الفا واخذ ضِرار بن الخطّاب درَفْشِ كابِيان فعُوّض منها ثلثين الفا وكانت قيمتها الف الف ومائتى الف وقتلوا فى المعركة عشرة آلاف سوى من قتلوا فى الايّام قبله [.] كتب الىّ السرىّ عن شعيب عن سيف عن ابن مِخْراق عن ابى كعب الطائىّ ابيه قال أصيب من الناس قبل ليلة الهرير الفان وخمسمائة وقُتل ليلة الهرير ويوم القادسيّة ستّة آلاف من المسلمين فدفنوا فى الخندق بحيال مُشرِّق ، كتب الىّ السرىّ عن شعيب عن سيف عن محمد وطلحة وزياد قالوا لما انكشف اهل فارس فلم يبق منهم بين الخندق

Z. 8 ثلثون : defektive Schreibung. **Z. 9** درَفْشِ كابِيان : persisch *drafsh-i kavyān*; vgl. Friedmann 1992: 124, fn. 415.

والعتيق احد وطبَّقت القتلى ما بين قُدَيْس والعتيق امر سعد زُهْرة بإتباعهم فنادى زهرة فى المقدّمات وامر القعقاعَ بمن سفل وشُرَحْبيل بمن علا وامر خالدَ ابن عُرْفُطة بسَلْب القتلى وبدفن الشهداء فدُفن الشهداء شهداء ليلةِ الهرير ويومِ القادسيّة حول قُدَيْس الفان وخمسمائة وراءَ العتيق بحيال مُشرِّق ودُفن شهداء ما كان قبل ليلة الهرير على مُشرِّق وجمعت الاسلابُ والاموال فجمع منها شىء لم يجمع قبله ولا بعده مثله وارسل سعد الى هلال فدعى له فقال اين صاحبك قال رميتُ به تحت ابغل قال اذهب فجئْ به فذهب فجاء به فقال جرّدْه الا ما شئتَ فأخذ سلبه فلم يدع عليه شيئا ولما رجع القعقاع وشرحبيل قال لهذا أَغد فيما طلب هذا وقال لهذا اغد فيما طلب هذا فعلا هذا وسفل هذا حتى بلغا مقدار الخَرّارة من القادسيّة وخرج زُهرة بن الحَوِيّة فى آثارهم وانتهى الى الردم وقد بثقوه ليمنعوهم به من الطلب فقال زهرة يا بُكَيْر أَقدِم فضرب فرسه وكان يقاتل على الإناث فقال

Z. 13 أَغد : ″mach das gleich! = verfolge!″ (Wurzel *ġ–d–w*).

ثِبِى أَطْلالُ فتجمّعت وقالت وَثْبًا وسورةِ البَقَرة واوثب زهرةُ وكان عن حصان وسائرُ الخيل فاقتحمته وتتابع على ذلك ثلثمائة فارس ونادى زهرة حيث كاعت الخيل خذوا ايها الناس على القنطرة وعارِضونا فمضى ومضى الناس الى القنطرة يتّبعونه فلحق بالقوم والجالِنوس فى آخِرهم يحميهم فشاوله زهرة فاختلفا ضربتين فقتله زهرة واخذ سلبه وقتلوا ما بين الخرّارة الى السَيْلَحين الى النَجَف وامسوا فرجعوا فباتوا بالقادسيّة

* (من كتاب
وفيات الاعيان وانباء ابناء الزمان
لابن خَلِّكان) *

* (سِيبَوَيْهِ) *

ابو بِشْر عَمْرو بن عُثْمان بن قَنْبَر الملقب سيبويه مولى بنى الحارِث بن كَعْب وقيل آل الرَبيع بن زِياد

Z. 1 أَطْلالُ : Name einer Stute. وسورةِ البَقَرة : "bei der *Sūrat al-Baqara*". **Z. 10** سيبويه : zu Sībawayhis *Kitāb* (sowie biographischer Information zu Sībawayhi selbst) vgl. Carter 2004.

الحارثى كان اعلم المتقدمين والمتاخرين بالنحو ولم يوضع فيه مثل كتابه وذكره الجاحظ يوما فقال لم يكتب الناس فى النحو كتابا مثله وجميع كتب الناس عليه عيال وقال الجاحظ اردت الخروج الى محمد ابن عبد الملك الزَيّات وزير المعتصِم ففكرت فى شىء اهديه له فلم اجد شيئا اشرف من كتاب سيبويه فلما وصلت اليه قلت له لم اجد شيئا اهديه لك مثل هذا الكتاب وقد اشتريته من ميراث الفَرّاء فقال والله ما اهديت لى شيئا احب الى منه ورايت فى بعض التواريخ ان الجاحظ لما وصل الى ابن الزيات بكتاب سيبويه اعلمه به قبل احضاره فقال له ابن الزيات اوظننت ان خزانتنا خالية من هذا الكتاب فقال الجاحظ ما ظننت ذلك ولكنها بخط الفراء ومقابلة الكِسائى وتهذيب عمرو بن بَحر الجاحظ يعنى نفسه فقال ابن الزيات هذه اجل نسخة توجد واعزها فاحضرها اليه فسر بها ووقعت منه اجمل موقع ، واخذ سيبويه النحو عن الخَليل بن أَحْمَد المقدم ذكره وعن عِيسَى بن عُمَر ويُونُس بن حَبيب وغيرهم

Z. 4 عيال : "abhängig von" (vgl. auch عائلة "Familie"). **Z. 9** ورايت : Subjekt ist hier Ibn Ḫallikān selbst. **Z. 12** اوظننت : vgl. Fischer §§ 328a und 335 Anm. 1. **Z. 15** يعنى نفسه : d.h. Ǧāḥiẓ selbst. **Z. 17–18** المقدم ذكره : vgl. Fischer § 430b.

واخذ اللغة عن ابى الخَطّاب المعروف بالأَخْفَش الاكبر وغيره وقال ابن النَطّاح كنت عند الخليل بن احمد فاقبل سيبويه فقال الخليل مرحبا بزائر لا يُمِلُّ قال ابو عمر المخزومى وكان كثير المجالسة للخليل ما سمعت الخليل يقولها لاحد الا لسيبويه ، وكان قد ورد الى بغداد من البصرة والكسائى يومئذ يعلم الأمين بن هٰرُون الرَشيد فجمع بينهما وتناظرا وجرى مجلس يطول شرحه وزعم الكسائى ان العرب تقول كنت اظن الزنبور اشد لسعا من النحلة فاذا هو اياها فقال سيبويه ليس المثل كذا بل فاذا هو هى وتشاجرا طويلا واتفقا على مراجعة عربى خالص لا يشوب كلامه شىء من كلام اهل الحضر وكان الامين شديد العناية بالكسائى لكونه معلّمه فاستدعى عربيا وساله فقال كما قال سيبويه فقال له نريد ان تقول كما قال الكسائى فقال ان لسانى لا يطاوعنى على ذلك فانه ما يسبق الا الى الصواب فقرروا معه ان شخصا يقول قال سيبويه كذا وقال الكسائى كذا فالصواب مع من منهما فيقول العربى مع الكسائى فقال هذا يمكن ثم عقد لهما المجلس

Z. 7 فجمع : Subjekt ist Ḫalīl ibn ʾAḥmad. **Z. 9–10** فاذا هو اياها ~ فاذا هو هى : "und wahrlich, das ist es"; vgl. Fischer §§ 280 und 444 sowie Wright Bd. 1 § 362 (b) ; vgl. auch Ibn al-ʾAnbārīs *ʾInṣāf* (= Weil (Hrsg.) 1913: 292–295, *masʾala* 99): ذهب الكوفيون الى انه يجوز ان يقال كنت اظنّ ان العقرب اشدّ لسعة من الزنبور فاذا هو اياها وذهب البصريون الى انه لا يجوز ان يقال فاذا هو اياها ويجب ان يقال فاذا هو هى ; eine genaue Analyse der *masʾala zunbūrīya* bietet Blau 1963. **Z. 10** تشاجرا : die Grundbedeutung der Wurzel *š–ğ–r* ist "sich spalten, kompliziert sein"; vgl. Lane s.v. **Z. 11** عربى خالص : zu den Nachwirkungen der historischen linguistischen Dichotomie "Beduine–Städter" vgl. z.B. das Lemma "Bedouin Arabic" (J. Rosenhouse), in: *EALL*, Bd. 1, s.v.

واجتمع ائمة هذا الشان وحضر العربى وقيل له ذلك فقال الصواب مع الكسائى وهو كلام العرب فعلم سيبويه انهم تحاملوا عليه وتعصبوا للكسائى ، فخرج من بغداد وقد حمل فى نفسه لما جرى عليه وقصد بلاد فارس فتوفى بقرية من قرى شيراز يقال لها البَيْضاء فى سنة ١٨٠ وقيل سنة ٧٧ وعمره نيف واربعون سنة وقال ابن قانع بل توفى بالبصرة سنة ١٦١ وقيل سنة ٨٨ وقال الحافظ ابو الفَرَج ابن الجَوْزى توفى سنة ١٩٤ وعمره اثنتان وثلاثون سنة وانه توفى بمدينة ساوَه وذكر الخَطيب فى تاريخ بغداد عن ابن دُريد انه قال مات سيبويه بشيراز وقبره بها والله اعلم وقيل ان ولادته كانت بالبيضاء المذكورة لا وفاته قال ابو سَعيد الطُوَال رايت على قبر سيبويه هذه الابيات مكتوبة وهى لسُلَيْمان بن يَزيد العَدَوى (من الكامل)

ذهب الاحبّة بعد طول تزاور
ونأى المزار فاسلموك واقشعوا
تركوك اوحش ما تكون بقفرة
لم يؤنسوك وكربة لم يدفعوا

Z. 1 ائمة : Plural von إمام . **Z. 6–7** سنة ٧٧ ... وقيل سنة ٨٨ : die Hunderter sind bei diesen Zahlen jeweils hinzuzudenken, also 177 und 188; in den Manuskripten sind die Zahlen ausgeschrieben, also سبع وسبعين und ثمان وثمانين , und die abgekürzte Schreibweise (ohne die Hunderter) war an sich nur bei ausgeschriebenen Zahlen üblich bzw. sinnvoll. **Z. 8** ابن الجَوْزى : so auch in der Edition von ʾIḥsān ʿAbbās (Bd. 3: 464). **Z. 17** اوحش ما تكون : vgl. Fischer § 126 Anm. 1. **Z. 15–S. 102, Z. 2**: vgl. auch die Übersetzung des Gedichts in Carter 2004: 16.

قضى القضاء وصرت صاحب حفرة
عنك الاحبة اعرضوا وتصدعوا

وقال مُعْوية بن بَكْر العُليمى وقد ذكر عنده سيبويه رايته وكان حديث السن وكنت اسمع فى ذلك العصر انه اثبت من حمل عن الخليل بن احمد وقد سمعته يتكلم ويناظر فى النحو وكانت فى لسانه حبسة ونظرت فى كتابه فقلمه ابلغ من لسانه وقال ابو زَيْد الأَنْصارى كان سيبويه غلاما ياتى مجلسى وله ذؤابتان فاذا سمعته يقول حدثنى من اثق بعربيته فانما يعننى

وكان سيبويه كثيرا ما ينشد (من الطويل)

اذا بلّ مِن داءٍ به ظن انه
نجا وبه الداءُ الذى هو قاتِلُهْ

وسيبويه بكسر السين المهملة وسكون الياء المثناة من تحتها وفتح الباء الموحدة والواو وسكون الياء الثانية وبعدها هاء ساكنة ولا يقال بالتاء البتة وهو لقب فارسى هكذا يضبط اهل العربية هذا الاسم ونظائره مثل نِفْطويه وعَمْرويه وغيرهما والعجم يقولون سِيبُويَه بضم الباء الموحدة وسكون الواو وفتح الياء المثناة من تحتها

Z. 10 كثيرا ما : vgl. Fischer § 315 Anm. 1. **Z. 18** من تحتها : die Edition von ʾIḥsān ʿAbbās (Bd. 3: 465) hat من بعدها .

* (البُخَارىّ) *

ابـو عـبـد الـلـه مـحـمـد بـن ابـى الـحـسـن إسْـمٰـعِـيـل بـن إبْرٰهِيم بـن الـمُـغِـيرة بـن الأَحْنَف يَزْذِبَه وقـال ابـن مـاكُـولا هو يَزْدِزْبَه الجُعْفى بالولاء البخارى الحافظ الامام فى علم الحديث صاحب الجامع الصحيح والتاريخ رحل فى طلب الحديث الى اكثر محدثى الامصار وكتب بخُراسان والجِبال ومدن العِراق والحِجاز والشأم ومِصر وقدم بغداد واجتمع اليـه اهلـهـا واعـتـرفـوا بـفـضـلـه وشـهـدوا بـتـفـرده فـى عـلـم الرواية والدراية وحكى ابو عبد الله الحُميدى فى كتاب جذوة الـمـقـتـبـس والـخَـطـيب فـى تـاريخ بـغـداد ان الـبـخـارى لما قدم بغداد سمع به اصحاب الحديث فاجتمعوا وعمدوا الى مـائـة حـديث فـقـلـبـوا مـتـونـهـا واسـانـيـدهـا وجـعـلـوا مـتـن هـذا الاسـنـاد لاسـنـاد اخـر ودفـعـوا الـى عـشـرة انـفـس الـى كـل رجـل عـشـرة احـاديث وامـروهـم اذا حـضـروا الـمـجـلـس يلقون ذلك على البخارى واخذوا الموعد للمجلس فحضر الـمـجـلـس جـمـاعـة مـن اصـحـاب الـحـديث مـن الـغـربـاء مـن اهـل خـراسـان وغـيـرُهـا ومـن الـبـغـداديـيـن فـلـمـا اطـمـانّ

Z. 3 بـالـولاء : "in einem Klientelverhältnis zu". **Z. 5** الجِبال : vgl. Glossar. **Z. 8** الرواية والدراية : *tafsīr* ist mit dem Begriff *riwāya* ("Überlieferung") assoziiert, *taʾwīl* mit dem Begriff *dirāya* ("Kennen"): vgl. auch *EI*[2] s.v. *Tafsīr* (Bd. 10: 84). **Z. 9** جذوة المقتبس : Titel eines Buchs. **Z. 14** واخذوا الموعد : "sie versprachen, zu dem Termin zu kommen".

المجلس باهله انتدب اليه واحد من العشرة فساله عن حديث من تلك الاحاديث فقال البخارى لا اعرفه فساله عن اخر فقال لا اعرفه فما زال يلقى عليه واحدا بعد واحد حتى فرغ من عشرته والبخارى يقول لا اعرفه فكان الفقهاء ممن حضر المجلس يلتفت بعضهم الى بعض ويقولون الرجل فهم ومن كان منهم ضد ذلك يقضى على البخارى بالعجز والتقصير وقلة الفهم ثم انتدب رجل اخر من العشرة فساله عن حديث من تلك الاحاديث المقلوبة فقال البخارى لا اعرفه فساله عن الاخر فقال لا اعرفه فلم يزل يلقى عليه واحدا بعد واحد حتى فرغ من عشرته والبخارى يقول لا اعرفه ثم انتدب الثالث والرابع الى تمام العشرة حتى فرغوا كلهم من الاحاديث المقلوبة والبخارى لا يزيدهم على قوله لا اعرفه فلما علم البخارى انهم فرغوا التفت الى الاول منهم فقال اما حديثك الاول فهو كذا وحديثك الثانى فهو كذا والثالث والرابع على الولاء حتى اتى على تمام العشرة فرد كل متن الى اسناده وكل اسناد الى متنه وفعل بالاخرين كذلك ورد متون الاحاديث

Z. 9 الاحاديث المقلوبة : *maqlūb* "verdreht" ist zum terminus technicus für defektive *ʾaḥādīṯ* geworden (vgl. auch die Begriffe *maʿlūl* "geschwächt" und *muḍṭarib* "gestört"). **Z. 13–14** لا يزيدهم على قوله : "er sagte nicht mehr als sie". **Z. 16** على الولاء : "einer nach dem anderen in Folge".

كلها الى اسانيدها واسانيدها الى متونها فاقر له الناس بالحفظ واذعنوا له بالفضل ، وكان ابن صاعد اذا ذكره يقول الكبش النطاح ونقل عنه محمد بن يوسُف الفَرَبْرى انه قال ما وضعت فى كتابى الصحيح حديثا الا اغتسلت قبل ذلك وصليت ركعتين وعنه انه قال صنفت كتابى الصحيح لست عشرة سنة خرجته من ستمائة الف حديث وجعلته حجة فيما بينى وبين الله [.] وقال الفربرى سمع صحيح البخارى تسعون الف رجل فما بقى احد يروى عنه غيرى وروى عنه ابو عِيسَى التِرْمِذى ، وكانت ولادته يوم الجمعة بعد الصلوة لثلث عشرة [.] ليلة خلت من شوال سنة ١٩٤ وقال ابو يَعْلَى الخَليلى فى كتاب الإرشاد ان ولادته كانت لاثنتى عشرة ليلة خلت من الشهر المذكور وتوفى ليلة السبت بعد صلوة العشاء وكانت ليلة عيد الفطر ودفن يوم الفطر بعد صلوة الظهر سنة ٢٥٦ بخَرْتَنْك رحمه الله تعالى ، وذكر ابن يونُس فى تاريخ الغرباء انه قدم مصر وتوفى بها وهو غلط والصواب ما ذكرناه هاهنا [.] وكان خالد بن احمد بن خالد الذُهْلى امير خراسان قد اخرجه من بُخارى الى

Z. 6 لست عشرة سنة : "im Laufe von sechzehn Jahren"; vgl. Fischer § 295 Anm. 1 und Wright Bd. 2 § 53 (e). **Z. 8–9** روى عن : "unterrichten gestützt auf die Autorität von". **Z. 16** تاريخ الغرباء : Titel eines Buchs.

خرتنك ثم حج خالد المذكور فوصل الى بغداد فحبسه الموفَّق بن المتوكِّل اخو المعتمِد الخليفة فمات فى حبسه ، وكان شيخا نحيف الجسم لا بالطويل ولا بالقصير وقد اختلف فى اسم جده فقيل انه يزذبه بفتح الياء المثناة من تحتها وسكون الزاء وكسر الذال المعجمة وبعدها باء موحدة ثم هاء ساكنة وقال ابو نصر بن ماكولا فى كتاب الإكمال هو يزدزبه بدال وزاء وباء معجمة بواحدة والله اعلم وقال غيره كان هذا الجد مجوسيا مات على دينه واول من اسلم منهم المغيرة ووجدته فى موضع اخر عوض يزذبه الاحنف ولعل يزذبه كان احنف الرجل [.] ، والبخارى بضم الباء الموحدة وفتح الخاء المعجمة وبعد الالف راء هذه النسبة الى بخارا وهى من اعظم مدن ما وراء النهر بينها وبين سَمَرْقَنْد مسافة ثمانية ايام ، وخرنتك بفتح الخاء المعجمة وسكون الراء وفتح التاء المثناة من فوقها وسكون النون وبعدها كاف وهى قرية من قرى سمرقند ، وقد سبق الكلام على الجُعْفى ونسبة البخارى الى

Z. 5 مثناة : hier: "mit zwei diakritischen Punkten versehen". الزاء : die Edition von ˀIḥsān ˁAbbās (Bd. 4: 190) hat الزاى . **Z. 6** معجمة : hier: "mit diakritischen Punkten versehen". موحدة : hier: "mit einem diakritischen Punkt versehen". **Z. 8** يزدزبه : richtig lautet die Form بَرْدِزْبَه , dem Traktat ˀ*Ikmāl* zufolge. بواحدة : sc. بنقطة واحدة . **Z. 11** nach احنف الرجل : ولله اعلم . **Z. 13** ما وراء النهر : Transoxanien (heute größtenteils in Uzbekistan).

سعيد بن جَعْفَر الجُعْفى والى خراسان وكان له عليهم الولاء فنسبوا اليه

* (ابن إسْحٰق صاحب المغازى والسير) *

ابو بَكْر وقيل ابو عبد الله محمد بن اسحاق بن يَسار المُطَّلِبى بالولاء المدينى صاحب المغازى والسير كان جده يسار مولى قَيْس بن مَخْرَمة بن المُطَّلِب بن عبد مَناف القُرَشى سباه خالد بن الوَليد من عَيْن التَمْر وكان محمد المذكور ثبتا فى الحديث عند اكثر العلماء واما فى المغازى والسير فلا تجهل امامته فيها قال ابن شِهاب الزُهْرى من اراد المغازى فعليه بابن اسحاق وذكره البخارى فى تاريخه وروى عن الشافعى رضّه انه قال من اراد ان يتبحر فى المغازى فهو عيال على ابن اسحاق وقال سُفْيان ابن عُيَيْنة ما ادركت احدا يتهم ابن اسحاق فى حديثه وقال شُعْبة بن الحَجّاج محمد بن اسحاق امير المؤمنين يعنى فى الحديث ، ويحكى عن الزهرى انه خرج الى قرية له فاتبعه طلاب الحديث فقال لهم اين انتم عن الغلام الاحول او قد خلفت فيكم

Z. 8 عند اكثر العلماء : vgl. Fischer § 307 Anm. 1 und Wright Bd. 2 § 66. **Z. 10** فعليه بابن اسحاق : vgl. Fischer § 294 Anm. 5. **Z. 14–15** امير المؤمنين : übertragener Gebrauch des Titels. **Z. 17** اين انتم عن الغلام الاحول "warum habt ihr euch von dem schielenden jungen Mann entfernt?"; vgl. Glossar s.v. اين ; die Edition von ʾIḥsān ʿAbbās (Bd. 4: 276) hat من الغلام .

الغلام الاحول يعنى ابن اسحاق وذكر الساجِى ان اصحاب الزهرى كانوا يلجؤون الى محمد بن اسحاق فيما شكوا فيه من حديث الزهرى ثقة منهم بحفظه وحكى عن يَحْيَى بن مَعين وأَحْمَد بن حَنْبَل ويحيى ابن سَعيد القَطّان انهم وثقوا محمد بن اسحاق واحتجوا بحديثه وانما لم يخرّج البخارى عنه وقد وثقه وكذلك مُسْلِم بن الحَجّاج لم يخرّج عنه الا حديثا واحدا فى الرجم من أجل طعن مالك بن أَنَس فيه وانما طعن مالك فيه لانه بلغه عنه انه قال هاتوا حديث مالك فانا طبيب بعلله فقال مالك وما ابن اسحاق انما هو دجال من الدجاجلة نحن اخرجناه من المدينة يشير والله اعلم الى ان الدجال لا يدخل المدينة ، وكان محمد بن اسحاق قد اتى ابا جَعْفَر المنصور وهو بالحِيرة فكتب له المغازى فسمع منه اهل الكُوفة بذلك السبب وكان يروى عن فاطمة بنت المُنْذِر بن الزُبَيْر وهى امراة هِشام بن عُرْوة ابن الزُبير فبلغ ذلك هشاما فانكره وقال اهو كان يدخل على امراتى وحكى الخَطيب ابو بكر احمد بن

Z. 3 ثقة منهم بحفظه : im adverbiellen abhängigen Kasus (*ḥāl*). **Z. 10** هاتوا : usprünglich eine Kausativform; vgl. Fischer § 349 und Wright Bd. 1 § 46 Rem. d.

عَلىّ بن ثابت فى تاريخ بغداد ان محمد بن اسحاق راى أَنَس بن مالك رضّه وعليه عمامة سوداء والصبيان خلفه يشتدون ويقولون هذا رجل من اصحاب رسول الله صلّعم لا يموت حتى يلقى الدجال ، وتوفى محمد ابن اسحاق ببغداد سنة ١٥١ وقيل سنة ٥٠ وقيل سنة ٥٢ وقال خَليفة بن خَيّاط سنة ٥٣ وقيل ٤٤ والله اعلم والاول اصح رحمه الله تعالى ودفن فى مقبرة الخَيْزُران بالجانب الشرقى وهى منسوبة الى الخيزران ام هٰرُون الرَشيد واخيه الهادى وانما نسبت اليها لانها مدفونة بها وهذه المقبرة اقدم المقابر التى بالجانب الشرقى ، ومن كتبه اخذ عبد المَلِك بن هِشام سيرة الرسول صلّعم وكذلك كل من تكلم فى هذا الباب فعليه اعتماده واليه اسناده

* (ابو العَلاء المَعَرّىّ) *

ابو العلاء احمد بن عبد الله بن سُلَيْمان [.] التَنُوخى المعرّى اللغوى الشاعر كان متضلعا من فنون الادب قرأ النحو واللغة على ابيه بالمعرّة وعلى

Z. 5–6 سنة ٥٠ وقيل سنة ٥٢ وقال خَليفة بن خَيّاط سنة ٥٣ وقيل ٤٤ : die Hunderter sind bei diesen Zahlen jeweils hinzuzudenken, also 150, 152, 153 und 144. **Z. 16** قرأ ... على : "bei jemandem studieren".

محمد بن عبد الله بن سَعْد النحوى بحَلَب وله التصانيف الكثيرة المشهورة والرسائل الماثورة وله من النظم لزوم ما لا يلزم وهو كبير يقع فى خمسة اجزاء او ما يقاربها وله سقط الزند ايضا وشرحه بنفسه وسماه ضوء السقط وبلغنى ان له كتبا سماه الأيك والغصون وهو المعروف بالهمزة والردف يقارب المائة جزء فى الادب ايضا وحكى لى من وقف على المجلد الاول بعد المائة من كتاب الهمزة والردف وقال لا اعلم ما كان يعوزه بعد هذا المجلد وكان علّامة عصره ، واخذ عنه ابو القاسم عَلىّ بن المحسِّن التنوخى والخَطيب ابو زَكَرِيّاء التِبْرِيزى وغيرهما ، وكانت ولادته يوم الجمعة عند مغيب الشمس لثلث بقين من شهر ربيع الاول سنة ٣٦٣ بالمعرة وعمى من الجدرى اول سنة ٦٧ غشى يمنى عينيه بياض وذهبت اليسرى جملة قال الحافظ السِلَفى اخبرنى ابو محمد عبد الله بن الوَليد بن غريب الإيادى انه دخل مع عمه على ابى العلاء يزوره فرآه قاعدا على سجادة لِبْد وهو شيخ قال فدعا لى ومسح على راسى وكنت

Z. 3 لزوم ما لا يلزم : vgl. Glossar. **Z. 4–6** سقط الزند ، ضوء السقط ، الايك والغصون ، الهمزة والردف : Titel verschiedener Traktate (vgl. Glossar). **Z. 7** المائة جزء : vgl. Fischer § 129 Anm. 4. **Z. 9** يعوزه : vgl. Fischer § 245 Anm. 3. **Z. 12–13** لثلث بقين من شهر ربيع الاول : d.h. drei Tage ["die geblieben waren"] vor Ende des Monats Rabīᶜ al-ᵓawwal. **Z. 14** ٦٧ : d.h. 367.

صبيا قال وكأنّى انظر اليه الساعة والى عينيه احداهما نادرة والاخرى غائرة جدا وهو مجدَّر الوجه نحيف الجسم ولما فرغ من تصنيف كتاب اللامع العزيزى فى شرح شعر المتنبّى وقرئ عليه اخذ الجماعة فى وصفه فقال ابو العلاء كانما نظر المتنبّى الىّ بلحظ الغيب حيث يقول (من البسيط)

انا الذى نظر الاعمى الى أَدبى
وأسمعتْ كلماتى من به صَمَمُ

اختصر ديوان ابى تَمّام وشرحه وسماه ذكرى حبيب وديوان البُحْتُرى وسماه عبث الوليد وديوان المتنبى وسماه معجز احمد وتكلم على غريب اشعارهم ومعانيها ومآخذهم من غيرهم وما اخذ عليهم وتولى الانتصار لهم والنقد فى بعض المواضع عليهم والتوجيه فى اماكن لخطئهم ، ودخل بغداد سنة ٣٩٨ ودخلها ثانيا

Z. 3 اللامع العزيزى : Titel eines Traktats. **Z. 9** ذكرى حبيب : Titel eines Traktats; Ḥabīb ibn ᵓAws aṭ-Ṭāᵓī war der Name von ᵓAbū Tammām. **Z. 10** عبث الوليد : Titel eines Traktats; al-Walīd ibn ᶜUbayd (aṭ-Ṭāᵓī) war der Name von al-Buḥturī. **Z. 11** معجز احمد : Titel eines Traktats; ᵓAḥmad ibn Ḥusayn war der Name von al-Mutanabbī; vgl. auch Glossar s.v. احمد .

سنة ٩٩ واقام بها سنة وسبعة اشهر ثم رجع الى المعرة ولزم منزله وشرع فى التصنيف واخذ عنه الناس وسار اليه الطلبة من الآفاق وكاتبه العلماء والوزراء واهل الاقدار وسمى نفسه رهين المحبسين للزومه منزله ولذهاب عينيه ومكث مدة خمس واربعين سنة لا ياكل اللحم تدينا لانه كان يرى راى الحكماء المتقدمين وهم لا ياكلونه كى لا يذبحوا الحيوان ففيه تعذيب له وهم لا يرون الإيلام مطلقا فى جميع الحيوانات ، وعمل الشعر وهو ابن احدى عشرة سنة ومن شعره فى اللزوم قوله (من الكامل)

لا تطلبنّ بآلة لك رتبةً
قلمُ البليغ بغير جدّ مغزلُ
سكن السماكان السماءَ كلاهما
هذا له رمح وهذا اعزلُ

وتوفى يوم الجمعة ثالث وقيل ثانى شهر ربيع الاول وقيل ثالث عشرةُ سنة ٤٤٩ بالمعرة وبلغنى انه اوصى ان يكتب على قبره هذا البيت (من الكامل)

هذا جناه ابى علىّ   وما جنيتُ على احدْ

Z. 1 ٩٩ : d.h. 399. **Z. 4** رهين : die Edition von ʾIḥsān ʿAbbās (Bd. 1: 114) hat رهن . **Z. 8** لا يرون الإيلام : Wurzel ʾ–*l*–*m*, IV; in früheren Auflagen der Chrestomathie لا يرون بالايلام . **Z. 13** السماكان : zwei bestimmte Sterne; vgl. Glossar. **Z. 16** ثالث عشرةُ : d.h. am 13. Rabīʿ al-ʾawwal.

وهو ايضا متعلق باعتقاد الحكماء فانهم يقولون ايجاد الولد واخراجه الى هذا العالم جناية عليه لانه يتعرض للحوادث والآفات ، وكان مرضه ثلاثة ايام ومات فى اليوم الرابع ولم يكن عنده غير بنى عمه فقال لهم فى اليوم الثالث اكتبوا عنى فتناولوا الدُوىّ والاقلام فاملى عليهم غير الصواب فقال القاضى ابو محمد عبد الله التنوخى احسن الله عزاءكم فى الشيخ فانه ميت فمات ثانى يوم ولما توفى رثاه تلميذه ابو الحَسَن عَلىّ بن هَمّام بقوله (من الكامل)

ان كنتَ لم ترق الدماء زهادةً
فلقد ارقتَ اليوم من جفنى دما
سيّرتَ ذكرك فى البلاد كانه
مسك يضمِّخ منه سمعا او فما
وأَرَى الحجيج اذا ارادوا ليلة
ذِكْراك اخرج فدية مَنْ أَحْرَما

وقد اشار فى البيت الاول الى ما كان يعتقده ويتدين به من عدم الذبح كما تقدم ذكره ، وقبره فى ساحة من دور اهله وعلى الساحة باب صغير قديم وهو

Z. 8 ثانى يوم : "am folgenden Tag"; vgl. Glossar. **Z. 13** مسك يضمّخ منه سمعا او فما : die Edition von ʾIḥsān ʿAbbās (Bd. 1: 115) hat hier مسك فسامعة يضمّخ او فما . **Z. 18** دور : sg. دار .

على غاية ما يكون من الاهمال وترك القيام بمصالحه واهله لايحتفلون به ، والتنوخى بفتح التاء المثناة من فوقها وضم النون المخففة وبعد الواو خاء معجمة وهذه النسبة الى تنوخ وهو اسم لعدة قبائل اجتمعوا قديما بالبَحْرَيْن وتحالفوا على التناصر واقاموا هناك فسموا تنوخا والتنوخ الاقامة وهذه القبيلة احدى القبائل الثلاث التى هى نصارى العرب وهم بَهْراء وتنوخ وتَغْلِب والمعرّى بفتح الميم والعين المهملة وتشديد الراء وهذه النسبة الى معرّة النُعْمان وهى بلدة صغيرة بالشام بالقرب من حَماة وشَيْزَر وهى منسوبة الى النعمان بن بَشير الانصارى رضّه فانه تديّرها فنسبت اليه

* (الحَرِيرىّ صاحب المقامات) *

ابو محمد القاسم بن عَلىّ بن محمد بن عُثْمان الحريرى البَصْرى الحَرامى صاحب المقامات كان احد ائمة عصره ورزق الحظوة التامة فى عمل المقامات واشتملت على شىء كثير من كلام العرب من لغاتها

Z. 3 النون المخففة : vgl. Glossar. **Z. 6** والتنوخ الاقامة : eine Art Glosse (تنوخ wird mit اقامة erklärt); vgl. Lane s.v. *n–w–ḥ*. **Z. 8** العين المهملة : vgl. Glossar.

وامثالها ورموز اسرار كلامها ومن عرفها حق معرفتها استدل بها على فضل هذا الرجل وكثرة اطلاعه وغزارة مادته وكان سبب وضعه لها ما حكاه ولده ابو القاسم عبد الله قال كان ابى جالسا فى مسجده ببنى حَرام فدخل شيخ ذو طِمْرَين عليه اهبة السفر رث الحال فصيح الكلام حسن العبارة فسالته الجماعة من اين الشيخ فقال من سَرُوج فاستخبروه عن كنيته فقال ابو زَيْد فعمل ابى المقامة المعروفة بالحرامية وهى الثامنة والاربعون وعزاها الى ابى زيد المذكور واشتهرت فبلغ خبرها الوزير شَرَف الدِين ابا نَصْر أَنُوشِرْوان ابن خالد بن محمد القاسانى وزير الامام المسترشِد بالله فلما وقف عليها اعجبته واشار على والدى ان يضم اليها غيرها فاتمها خمسين مقامة والى الوزير المذكور اشار الحريرى فى خطبة المقامات بقوله فاشار من اشارته حكم وطاعته غنم الى ان انشئ مقامات اتلو فيها تلو البديع وان لم يدرك الظالع شأو الضليع هكذا وجدته فى عدة تواريخ ثم رايت فى بعض شهور

Z. 5 بنى حَرام : hier: Name einer Straße. **Z. 15–16** فاشار من اشارته حكم وطاعته غنم : eingebetteter (nominalisierter) Relativsatz; vgl. Fischer §§ 421–423. **Z. 17** البديع : vgl. Glossar.

سنة ٦٥٦ بالقاهرة المحروسة نسخة مقامات وجميعها بخط مصنفها الحريرى وقد كتب بخطه ايضا على ظهرها انه صنفها للوزير جَمال الدِين عَميد الدَوْلة ابى علىّ الحَسَن بن ابى العِزّ على بن صَدَقة وزير المسترشد ايضا ولا شك ان هذا اصح من الرواية الاولى لكونه بخط المصنف وتوفى الوزير المذكور فى رجب سنة ٥٢٢ ، فهذا كان مستنده فى نسبتها الى ابى زيد السروجى وذكر القاضى الأَكْرَم جمال الدين ابو الحسن على بن يوسُف الشَيْبانى القِفْطى وزير حَلَب فى كتابه الذى سماه أنباه الرواة على أنباه النحاة ان ابا زيد المذكور اسمه المطهَّر بن سَلّام وكان بصيرا نحويا صحب الحريرى المذكور واشتغل عليه بالبصرة وتخرج به وروى عنه وروى القاضى ابو الفَتْح محمد بن احمد بن المَنْدائىّ الواسطى عنه ملحة الإعراب للحريرى وذكر انه سمعها منه عن الحريرى وقال قدم علينا واسط فى سنة ٥٣٨ فسمعتها منه وتوجه منها مصعدا الى بغداد فوصلها واقام بها مدة يسيرة وتوفى بها رحمه الله تعالى وكذا ذكر

Z. 1 المحروسة : *epitheton ornans* von Städten (hier: القاهرة); vgl. Glossar. **Z. 11** سَلّام : Variante: سَلّار .
Z. 12 واشتغل عليه : "er studierte bei". **Z. 13** وتخرج به : "er bekam Unterricht".

السَمْعانى فى الذيل والعِماد فى الخريدة وقال لقبه فَخْر الدين وتولى صدرية المَشان ومات بها بعد سنة ٥٤٠ ، واما تسميته الراوى لها بالحُرِث بن هَمّام فانما عنى به نفسه هكذا وقفت عليه فى بعض شروح المقامات وهو ماخوذ من قوله صلّعم كلّكم حارث وكلكم همام فالحارث الكاسب والهمام الكثير الاهتمام وما من شخص الا وهو حارث وهمام لان كل واحد كاسب ومهتم باموره ، وقد اعتنى بشرحها خلق كثير فمنهم من طول ومنهم من اختصر ، ورايت فى بعض المجاميع ان الحريرى لما عمل المقامات كان قد عملها اربعين مقامة وحملها من البصرة الى بغداد وادعاها فلم يصدقه فى ذلك جماعة من ادباء بغداد وقالوا انها ليست من تصنيفه بل هى لرجل مغربى من اهل البلاغة مات بالبصرة ووقعت اوراقه اليه فادعاها فاستدعاه الوزير الى الديوان وساله عن صناعته فقال انا رجل منشئ فاقترح عليه انشاء رسالة فى واقعة عينها فانفرد فى ناحية من الديوان واخذ الدواة والورقة ومكث

Z. 1 الذيل ، الخريدة : Titel bestimmter Traktate. **Z. 5** قوله صلّعم: sc. Muḥammads Aussage (Ḥadīṯ). **Z. 12** وادعاها : VIII. Stamm.

زمانا كثيرا فلم يفتح الله سبحانه عليه بشىء من ذلك فقام وهو خجلان وكان فى جملة من انكر دعواه فى عملها ابو القٰسِم علىّ بن أَفْلَح الشاعر [.] فلما لم يعمل الحريرى الرسالة التى اقترحها الوزير انشد ابن افلح وقيل ان هذين البيتين لابى محمد بن احمد المعروف بابن جَكِينا الحَريمى البغدادى الشاعر المشهور (من المنسرِح)

شيخ لنا من ربيعة الفرسِ
ينتف عثنونه من الهوس
انطقه الله بالمشان كما
رماه وسط الديوان بالخرس

وكان الحريرى يزعم انه من ربيعة الفرس وكان مولعا بنتف لحيته عند الفكرة وكان يسكن فى مشان البصرة فلما رجع الى بلده عمل عشر مقامات اخر وسيرهن واعتذر من عيه وحصره فى الديوان بما لحقه من المهابة ، وللحريرى تواليف حسان منها درة الغوّاص فى اوهام الخواصّ ومنها ملحة الاعراب المنظومة فى النحو وله ايضا شرحها وله ديوان رسائل وشعر

Z. 8 ربيعة الفرسِ : ein Ortsname. **Z. 10** المشان : ein Ortsname. **Z. 16–17** درة الغواص فى اوهام الخواص und ملحة الاعراب : Titel bestimmter Traktate. **Z. 17** منظومة : ein Traktat in Versform; vgl. Glossar.

كثير غير شعره الذى فى المقامات [..] وله قصائد استعمل فيها التجنيس كثيرا ، ويحكى انه كان دميما قبيح المنظر فجاءه شخص غريب يزوره وياخذ عنه شيئا فلما راه استزرى شكله ففهم الحريرى ذلك منه فلما التمس منه ان يملى عليه قال له اكتب (من البسيط)

ما انت اول سارٍ غرّه قمرٌ
ورائد اعجبته خضرة الدمنِ
فاختر لنفسك غيرى اننى رجل
مثل المُعَيْدىّ فاسمع بى ولا ترنى

فخجل الرجل منه وانصرف ، وكانت ولادة الحريرى فى سنة ٤٤٦ وتوفى سنة ٥١٦ وقيل ١٥ بالبصرة فى سكة بنى حرام وخلف ولدين وقال ابو منصور ابن الجَوالِيقى اجازنى المقامات نجم الدين عبد الله وقاضى قضاة البصرة ضياء الإسلام عُبيد الله عن ابيهما منشئها ، نسبته بالحرامى الى هذه السكة رحمه الله تعالى وهى بفتح الحاء المهملة والراء وبعدها الف بعده ميم وبنو حرام قبيلة من العرب سكنوا فى هذه السكة فنسبت اليهم والحريرى نسبة الى

Z. 6 اول : hier kann sowohl unabhängiger Kasus ("Nominativ") als auch abhängiger Kasus ("Akkusativ"; prädikativer Kasus) gelesen werden. **Z. 11** ١٦ : d.h. 516. **Z. 14** قاضى قضاة البصرة : vgl. Reckendorf *AS* § 80 (S. 144).

الحرير وعمله او بيعه والمشان بفتح الميم والشين المعجمة وبعد الالف نون بليدة فوق البصرة كثيرة النخل موصوفة بشدة الوخم وكان اصل الحريرى منها ويقال انه كان له بها ثمانية عشر الف نخلة وانه كان من ذوى اليسار [..] والمعيدى بضم الميم وفتح العين المهملة وسكون الياء المثناة من تحتها وبعدها دال مهملة مكسورة وياء مشددة وقد جاء فى المثل تَسْمَعُ بالمعيدى لا أن تَراه وجاء ايضا تَسْمَعُ بالمعيدى خير مِن ان تراه وقال المفضَّل الضَبّى اول من تكلم به المُنْذِر بن ماء السَماء قاله لشِقّة بن ضَمْرة التَميمى الدارمى وكان قد سمع بذكره فلما راه اقتحمته عينه فقال له هذا المثل وسار عنه فقال له شقة أبَيْتَ اللعن ان الرجال ليسوا بجزر يراد منها الاجسام انما المرء باصغريه قلبه ولسانه فاعجب المنذر ما راى من عقله وبيانه وهذا المثل يضرب لمن له صيت وذكر ولا منظر له والمعيدى منسوب الى مَعَدّ بن عَدْنان وقد نسبوه بعد ان صغروه وخففوا منه الدال

Z. 13 أبَيْتَ اللعن : "mögest du Verfluchung vermeiden!"; vgl. Glossar. **Z. 14** ليسوا بجزر يراد منها الاجسام : "sie sind keine Schlachtkamele, deren Körper verlangt werden". **Z. 18** وخففوا منه الدال : "und sie nahmen das *šadda* von dem [ursprünglich geminierten] *dāl*."

۞ (من القُرْآن) ۞

۞ (سُورةُ الفاتِحةُ ١) ۞

مَكّيّة وآياتها سبع

بِسْمِ ٱللَّهِ ٱلرَّحْمَٰنِ ٱلرَّحِيمِ (١)
ٱلْحَمْدُ لِلَّهِ رَبِّ ٱلْعَٰلَمِينَ (٢) ٱلرَّحْمَٰنِ ٱلرَّحِيمِ (٣)
مَٰلِكِ يَوْمِ ٱلدِّينِ (٤) إِيَّاكَ نَعْبُدُ وَإِيَّاكَ نَسْتَعِينُ (٥)
ٱهْدِنَا ٱلصِّرَٰطَ ٱلْمُسْتَقِيمَ (٦) صِرَٰطَ ٱلَّذِينَ
أَنعَمْتَ عَلَيْهِمْ غَيْرِ ٱلْمَغْضُوبِ عَلَيْهِمْ وَلَا ٱلضَّآلِّينَ (٧)

۞ (سُورةُ الإِخْلاصُ ١١٢) ۞

مَكّيّة وآياتها أربع

بِسْمِ ٱللَّهِ ٱلرَّحْمَٰنِ ٱلرَّحِيمِ
قُلْ هُوَ ٱللَّهُ أَحَدٌ (١) ٱللَّهُ ٱلصَّمَدُ (٢) لَمْ يَلِدْ
وَلَمْ يُولَدْ (٣) وَلَمْ يَكُن لَّهُۥ كُفُوًا أَحَدٌ (٤)

Qur'ān: stellvertretend für Einführungen in die Thematik wird Neuwirth 1987 empfohlen; zur Textgestalt ist das Nachwort *at-ta'rīf bi-hāḏā l-muṣḥaf aš-šarīf* zur Kairener Standardausgabe zu vergleichen. **Surentitel**: ٱلفاتِحةُ : auch in älteren Korandrucken steht hier der unabhängige Kasus ("Nominativ") im Sinne eines "epexegetischen" Genitivs; vgl. auch Q 23, *sūrat al-mu'minūn*, Q 63, *sūrat al-munāfiqūn*, und Q 109, *sūrat al-kāfirūn* (aber Q 83, *sūrat al-muṭaffifīn*). **Z. 3** بِسْمِ ٱللَّهِ ٱلرَّحْمَٰنِ ٱلرَّحِيمِ : die *basmala* zählt hier ausnahmsweise als erste *'āya* in der Sure. **Z. 5** ٱلصِّرَٰطَ : zu Lehnvokabular im Qur'ān vgl. Jeffery 2007 (1938) und Carter 2006. **Z. 6** غَيْرِ ٱلْمَغْضُوبِ عَلَيْهِمْ : unpersönliches Passiv und *na't sababī*-Konstruktion. **Z. 9** قُلْ : zu den *qul*-Phrasen im Qur'ān vgl. Radscheit 1997. **Z. 10** كُفُوًا : man beachte die Variante كُفُؤًا (vgl. auch Glossar s.v. *k-f-'*). لَّهُۥ : auf diese Weise wird markiert, daß das Pronominalsuffix *-hū* hier lang ist (weil die vorhergehende Silbe kurz ist); vgl. Fischer § 268 Anm. 3.

(سُورةُ الكافِرون ١٠٩)

مَكّيّة وآياتها ستّ

بِسْمِ ٱللَّهِ ٱلرَّحْمَٰنِ ٱلرَّحِيمِ

قُلْ يَٰٓأَيُّهَا ٱلْكَٰفِرُونَ (١) لَآ أَعْبُدُ مَا تَعْبُدُونَ (٢) وَلَآ أَنتُمْ عَٰبِدُونَ مَآ أَعْبُدُ (٣) وَلَآ أَنَا عَابِدٌ مَّا عَبَدتُّمْ (٤) وَلَآ أَنتُمْ عَٰبِدُونَ مَآ أَعْبُدُ (٥) لَكُمْ دِينُكُمْ وَلِيَ دِينِ (٦)

(من سورة الأنْعامُ ٦)

مَكّيّة وآياتها خمس وستّون ومائة

إِنَّ ٱللَّهَ فَالِقُ ٱلْحَبِّ وَٱلنَّوَىٰ يُخْرِجُ ٱلْحَىَّ مِنَ ٱلْمَيِّتِ وَمُخْرِجُ ٱلْمَيِّتِ مِنَ ٱلْحَىِّ ذَٰلِكُمُ ٱللَّهُ فَأَنَّىٰ تُؤْفَكُونَ (٩٥) فَالِقُ ٱلْإِصْبَاحِ وَجَعَلَ ٱلَّيْلَ سَكَنًا وَٱلشَّمْسَ وَٱلْقَمَرَ حُسْبَانًا ذَٰلِكَ تَقْدِيرُ ٱلْعَزِيزِ ٱلْعَلِيمِ (٩٦) وَهُوَ ٱلَّذِى جَعَلَ لَكُمُ ٱلنُّجُومَ لِتَهْتَدُوا بِهَا فِى ظُلُمَٰتِ ٱلْبَرِّ وَٱلْبَحْرِ قَدْ فَصَّلْنَا ٱلْأَيَٰتِ لِقَوْمٍ يَعْلَمُونَ (٩٧) وَهُوَ ٱلَّذِىٓ أَنشَأَكُم مِّن نَّفْسٍ وَٰحِدَةٍ فَمُسْتَقَرٌّ وَمُسْتَوْدَعٌ قَدْ فَصَّلْنَا ٱلْأَيَٰتِ لِقَوْمٍ يَفْقَهُونَ (٩٨)

Z. 6 دِينِ : vgl. Wright Bd. 2 § 228 Rem. c. **Z. 9** ذَٰلِكُمُ : vgl. Fischer § 275 Anm. 2 und § 278 Anm. 1.
Z. 15 فَمُسْتَقَرٌّ وَمُسْتَوْدَعٌ : elliptische Syntax: "es gibt einen Platz (eine Zeit) der Ruhe und einen Platz (eine Zeit) der Niederlegung"; vgl. Paret 1977: 148.

وَهُوَ ٱلَّذِىٓ أَنزَلَ مِنَ ٱلسَّمَآءِ مَآءً فَأَخْرَجْنَا بِهِۦ نَبَاتَ كُلِّ شَىْءٍ فَأَخْرَجْنَا مِنْهُ خَضِرًا نُّخْرِجُ مِنْهُ حَبًّا مُّتَرَاكِبًا وَمِنَ ٱلنَّخْلِ مِن طَلْعِهَا قِنْوَانٌ دَانِيَةٌ وَجَنَّٰتٍ مِّنْ أَعْنَابٍ وَٱلزَّيْتُونَ وَٱلرُّمَّانَ مُشْتَبِهًا وَغَيْرَ مُتَشَٰبِهٍ ٱنظُرُوٓا۟ إِلَىٰ ثَمَرِهِۦٓ إِذَآ أَثْمَرَ وَيَنْعِهِۦٓ إِنَّ فِى ذَٰلِكُمْ لَأَيَٰتٍ لِّقَوْمٍ يُؤْمِنُونَ (٩٩) وَجَعَلُوا لِلَّهِ شُرَكَآءَ ٱلْجِنَّ وَخَلَقَهُمْ وَخَرَقُوا لَهُۥ بَنِينَ وَبَنَٰتٍ بِغَيْرِ عِلْمٍ سُبْحَٰنَهُۥ وَتَعَٰلَىٰ عَمَّا يَصِفُونَ (١٠٠) بَدِيعُ ٱلسَّمَٰوَٰتِ وَٱلْأَرْضِ أَنَّىٰ يَكُونُ لَهُۥ وَلَدٌ وَلَمْ تَكُن لَّهُۥ صَٰحِبَةٌ وَخَلَقَ كُلَّ شَىْءٍ وَهُوَ بِكُلِّ شَىْءٍ عَلِيمٌ (١٠١) ذَٰلِكُمُ ٱللَّهُ رَبُّكُمْ لَآ إِلَٰهَ إِلَّا هُوَ خَٰلِقُ كُلِّ شَىْءٍ فَٱعْبُدُوهُ وَهُوَ عَلَىٰ كُلِّ شَىْءٍ وَكِيلٌ (١٠٢) لَّا تُدْرِكُهُ ٱلْأَبْصَٰرُ وَهُوَ يُدْرِكُ ٱلْأَبْصَٰرَ وَهُوَ ٱللَّطِيفُ ٱلْخَبِيرُ (١٠٣)

۞ (آيَةُ الكُرْسِيِّ ٢: ٢٥٥) ۞

ٱللَّهُ لَآ إِلَٰهَ إِلَّا هُوَ ٱلْحَىُّ ٱلْقَيُّومُ لَا تَأْخُذُهُۥ سِنَةٌ وَلَا نَوْمٌ لَّهُۥ مَا فِى ٱلسَّمَٰوَٰتِ وَمَا فِى ٱلْأَرْضِ مَن ذَا ٱلَّذِى يَشْفَعُ عِندَهُۥٓ إِلَّا بِإِذْنِهِۦ يَعْلَمُ مَا بَيْنَ أَيْدِيهِمْ

Z. 1 بِهِۦ : auf diese Weise wird markiert, daß das Pronominalsuffix *-hī* hier lang ist (weil die vorhergehende Silbe kurz ist); vgl. Fischer § 268 Anm. 3. **Z. 5 u. 10** ذَٰلِكُمْ : vgl. Fischer § 45. **Z. 14** سِنَةٌ : Wurzel *w–s–n*. **Z. 15** مَنْ ذَا : vgl. Fischer § 274 Anm. 2.

وَمَا خَلْفَهُمْ وَلَا يُحِيطُونَ بِشَىْءٍ مِّنْ عِلْمِهِۦٓ إِلَّا بِمَا
شَآءَ وَسِعَ كُرْسِيُّهُ ٱلسَّمَٰوَٰتِ وَٱلْأَرْضَ وَلَا يَـُٔودُهُۥ حِفْظُهُمَا
وَهُوَ ٱلْعَلِىُّ ٱلْعَظِيمُ (٢٥٥)

۞ (سورة القَدْرُ ٩٧) ۞
مَكِّيّة وآياتها خمس
بِسْمِ ٱللَّهِ ٱلرَّحْمَٰنِ ٱلرَّحِيمِ
إِنَّآ أَنزَلْنَٰهُ فِى لَيْلَةِ ٱلْقَدْرِ (١) وَمَآ أَدْرَىٰكَ مَا
لَيْلَةُ ٱلْقَدْرِ (٢) لَيْلَةُ ٱلْقَدْرِ خَيْرٌ مِّنْ أَلْفِ شَهْرٍ (٣)
تَنَزَّلُ ٱلْمَلَٰٓئِكَةُ وَٱلرُّوحُ فِيهَا بِإِذْنِ رَبِّهِم مِّن
كُلِّ أَمْرٍ (٤) سَلَٰمٌ هِىَ حَتَّىٰ مَطْلَعِ ٱلْفَجْرِ (٥)

۞ (أوّل سورة المُدَّثِّرُ ٧٤) ۞
مَكِّيّة وآياتها ستّ وخمسون
بِسْمِ ٱللَّهِ ٱلرَّحْمَٰنِ ٱلرَّحِيمِ
يَٰٓأَيُّهَا ٱلْمُدَّثِّرُ (١) قُمْ فَأَنذِرْ (٢) وَرَبَّكَ فَكَبِّرْ (٣)
وَثِيَابَكَ فَطَهِّرْ (٤) وَٱلرُّجْزَ فَٱهْجُرْ (٥) وَلَا تَمْنُن
تَسْتَكْثِرُ (٦) وَلِرَبِّكَ فَٱصْبِرْ (٧) فَإِذَا نُقِرَ فِى ٱلنَّاقُورِ (٨)
فَذَٰلِكَ يَوْمَئِذٍ يَوْمٌ عَسِيرٌ (٩) عَلَى ٱلْكَٰفِرِينَ غَيْرُ

Z. 6 أَنزَلْنَٰهُ : sc. den Qurʾān. **Z. 8–9** مِّن كُلِّ أَمْرٍ : vgl. Paret 1977: 517. **Z. 10** لمُدَّثِّرُ : Wurzel *d–ṯ–r*, V; vgl. Fischer § 47 und Wright Bd. 1 § 111. **Z. 13** الـرُّجْـزَ : vgl. auch Paret 1977: 493 und Bell 1991, Bd. 2: 450.

يَسِيرٍ (١٠) ذَرْنِى وَمَنْ خَلَقْتُ وَحِيدًا (١١) وَجَعَلْتُ لَهُۥ مَالًا مَّمْدُودًا (١٢) وَبَنِينَ شُهُودًا (١٣) وَمَهَّدتُّ لَهُۥ تَمْهِيدًا (١٤) ثُمَّ يَطْمَعُ أَنْ أَزِيدَ (١٥) كَلَّآ إِنَّهُۥ كَانَ لِأَيَـٰتِنَا عَنِيدًا (١٦) سَأُرْهِقُهُۥ صَعُودًا (١٧) إِنَّهُۥ فَكَّرَ وَقَدَّرَ (١٨) فَقُتِلَ كَيْفَ قَدَّرَ (١٩) ثُمَّ قُتِلَ كَيْفَ قَدَّرَ (٢٠) ثُمَّ نَظَرَ (٢١) ثُمَّ عَبَسَ وَبَسَرَ (٢٢) ثُمَّ أَدْبَرَ وَٱسْتَكْبَرَ (٢٣) فَقَالَ إِنْ هَـٰذَآ إِلَّا سِحْرٌ يُؤْثَرُ (٢٤) إِنْ هَـٰذَآ إِلَّا قَوْلُ ٱلْبَشَرِ (٢٥) سَأُصْلِيهِ سَقَرَ (٢٦) وَمَآ أَدْرَىٰكَ مَا سَقَرُ (٢٧) لَا تُبْقِى وَلَا تَذَرُ (٢٨) لَوَّاحَةٌ لِّلْبَشَرِ (٢٩) عَلَيْهَا تِسْعَةَ عَشَرَ (٣٠)

۞ (سورة المَسَد ١١١) ۞

مَكِّيّة وآياتها خمس

بِسْمِ ٱللَّهِ ٱلرَّحْمَـٰنِ ٱلرَّحِيمِ

تَبَّتْ يَدَآ أَبِى لَهَبٍ وَتَبَّ (١) مَآ أَغْنَىٰ عَنْهُ مَالُهُۥ وَمَا كَسَبَ (٢) سَيَصْلَىٰ نَارًا ذَاتَ لَهَبٍ (٣) وَٱمْرَأَتُهُۥ حَمَّالَةَ ٱلْحَطَبِ (٤) فِى جِيدِهَا حَبْلٌ مِّن مَّسَدٍ (٥)

Z. 1 ذَرْنِى : Wurzel *w-ḏ-r*, nur in nicht-perfektiven Formen belegt. **Z. 5** فَقُتِلَ : Verwünschungsformel; vgl. Glossar. **Z. 7** إِنْ : vgl. Fischer § 52 Anm. 1, § 322 und § 365a, sowie Wright Bd. 2 § 158. **Z. 13** أَبِى لَهَبٍ : ʿAbd al-ʿUzzā, ein Halbbruder von Muḥammads Vater; vgl. Paret 1977: 528 und Bell 1991, Bd. 2: 597. **Z. 13** تَبَّتْ: vgl. Fischer § 182 und Wright Bd. 2 § 1.

(سورة القارِعةُ ١٠١)

مَكّيّة وآياتها إحدى عشرة

بِسْمِ ٱللَّهِ ٱلرَّحْمَٰنِ ٱلرَّحِيمِ

ٱلْقَارِعَةُ (١) مَا ٱلْقَارِعَةُ (٢) وَمَآ أَدْرَىٰكَ مَا ٱلْقَارِعَةُ (٣)
يَوْمَ يَكُونُ ٱلنَّاسُ كَٱلْفَرَاشِ ٱلْمَبْثُوثِ (٤) وَتَكُونُ
ٱلْجِبَالُ كَٱلْعِهْنِ ٱلْمَنفُوشِ (٥) فَأَمَّا مَن ثَقُلَتْ مَوَٰزِينُهُۥ (٦)
فَهُوَ فِى عِيشَةٍ رَّاضِيَةٍ (٧) وَأَمَّا مَنْ خَفَّتْ مَوَٰزِينُهُۥ (٨)
فَأُمُّهُۥ هَاوِيَةٌ (٩) وَمَآ أَدْرَىٰكَ مَا هِيَهْ (١٠) نَارٌ حَامِيَةٌ (١١)

(سورة التَكْوِيرُ ٨١)

مَكّيّة وآياتها تسع وعشرون

بِسْمِ ٱللَّهِ ٱلرَّحْمَٰنِ ٱلرَّحِيمِ

إِذَا ٱلشَّمْسُ كُوِّرَتْ (١) وَإِذَا ٱلنُّجُومُ ٱنكَدَرَتْ (٢)
وَإِذَا ٱلْجِبَالُ سُيِّرَتْ (٣) وَإِذَا ٱلْعِشَارُ عُطِّلَتْ (٤)
وَإِذَا ٱلْوُحُوشُ حُشِرَتْ (٥) وَإِذَا ٱلْبِحَارُ سُجِّرَتْ (٦)
وَإِذَا ٱلنُّفُوسُ زُوِّجَتْ (٧) وَإِذَا ٱلْمَوْءُۥدَةُ سُئِلَتْ (٨)
بِأَىِّ ذَنۢبٍ قُتِلَتْ (٩) وَإِذَا ٱلصُّحُفُ نُشِرَتْ (١٠)
وَإِذَا ٱلسَّمَآءُ كُشِطَتْ (١١) وَإِذَا ٱلْجَحِيمُ سُعِّرَتْ (١٢)

Z. 7 فَأُمُّهُۥ هَاوِيَةٌ : vgl. Paret 1977: 518f. und Bell 1991, Bd. 2: 576f. هِيَهْ : vgl. Wright Bd. 2 § 230 Rem. b.
Z. 10–15: zu den semantischen Problemen in diesen Zeilen vgl. Paret 1977: 503 und Bell 1991, Bd. 2: 499ff.

وَإِذَا ٱلْجَنَّةُ أُزْلِفَتْ (١٣) عَلِمَتْ نَفْسٌ مَّآ أَحْضَرَتْ (١٤) فَلَآ أُقْسِمُ بِٱلْخُنَّسِ (١٥) ٱلْجَوَارِ ٱلْكُنَّسِ (١٦) وَٱللَّيْلِ إِذَا عَسْعَسَ (١٧) وَٱلصُّبْحِ إِذَا تَنَفَّسَ (١٨) إِنَّهُۥ لَقَوْلُ رَسُولٍ كَرِيمٍ (١٩) ذِى قُوَّةٍ عِندَ ذِى ٱلْعَرْشِ مَكِينٍ (٢٠) مُّطَاعٍ ثَمَّ أَمِينٍ (٢١) وَمَا صَاحِبُكُم بِمَجْنُونٍ (٢٢) وَلَقَدْ رَءَاهُ بِٱلْأُفُقِ ٱلْمُبِينِ (٢٣) وَمَا هُوَ عَلَى ٱلْغَيْبِ بِضَنِينٍ (٢٤) وَمَا هُوَ بِقَوْلِ شَيْطَٰنٍ رَّجِيمٍ (٢٥) فَأَيْنَ تَذْهَبُونَ (٢٦) إِنْ هُوَ إِلَّا ذِكْرٌ لِّلْعَٰلَمِينَ (٢٧) لِمَن شَآءَ مِنكُمْ أَن يَسْتَقِيمَ (٢٨) وَمَا تَشَآءُونَ إِلَّآ أَن يَشَآءَ ٱللَّهُ رَبُّ ٱلْعَٰلَمِينَ (٢٩)

۞ (سورة الرَحْمنُ ٥٥) ۞

مَكّيّة وآياتها ثمانٍ وتسعون

بِسْمِ ٱللَّهِ ٱلرَّحْمَٰنِ ٱلرَّحِيمِ

ٱلرَّحْمَٰنُ (١) عَلَّمَ ٱلْقُرْءَانَ (٢) خَلَقَ ٱلْإِنسَٰنَ (٣) عَلَّمَهُ ٱلْبَيَانَ (٤) ٱلشَّمْسُ وَٱلْقَمَرُ بِحُسْبَانٍ (٥)

Z. 14 ٱلْبَيَانَ : vgl. Paret 1977: 465 und Bell 1991, Bd. 2: 329.

وَٱلنَّجْمُ وَٱلشَّجَرُ يَسْجُدَانِ (٦) وَٱلسَّمَآءَ رَفَعَهَا وَوَضَعَ ٱلْمِيزَانَ (٧) أَلَّا تَطْغَوْا فِى ٱلْمِيزَانِ (٨) وَأَقِيمُوا ٱلْوَزْنَ بِٱلْقِسْطِ وَلَا تُخْسِرُوا ٱلْمِيزَانَ (٩) وَٱلْأَرْضَ وَضَعَهَا لِلْأَنَامِ (١٠) فِيهَا فَٰكِهَةٌ وَٱلنَّخْلُ ذَاتُ ٱلْأَكْمَامِ (١١) وَٱلْحَبُّ ذُو ٱلْعَصْفِ وَٱلرَّيْحَانُ (١٢) فَبِأَىِّ ءَالَآءِ رَبِّكُمَا تُكَذِّبَانِ (١٣) خَلَقَ ٱلْإِنسَٰنَ مِن صَلْصَٰلٍ كَٱلْفَخَّارِ (١٤) وَخَلَقَ ٱلْجَآنَّ مِن مَّارِجٍ مِّن نَّارٍ (١٥) فَبِأَىِّ ءَالَآءِ رَبِّكُمَا تُكَذِّبَانِ (١٦) رَبُّ ٱلْمَشْرِقَيْنِ وَرَبُّ ٱلْمَغْرِبَيْنِ (١٧) فَبِأَىِّ ءَالَآءِ رَبِّكُمَا تُكَذِّبَانِ (١٨) مَرَجَ ٱلْبَحْرَيْنِ يَلْتَقِيَانِ (١٩) بَيْنَهُمَا بَرْزَخٌ لَّا يَبْغِيَانِ (٢٠) فَبِأَىِّ ءَالَآءِ رَبِّكُمَا تُكَذِّبَانِ (٢١) يَخْرُجُ مِنْهُمَا ٱللُّؤْلُؤُ وَٱلْمَرْجَانُ (٢٢) فَبِأَىِّ ءَالَآءِ رَبِّكُمَا تُكَذِّبَانِ (٢٣) وَلَهُ ٱلْجَوَارِ ٱلْمُنشَـَٔاتُ فِى ٱلْبَحْرِ كَٱلْأَعْلَٰمِ (٢٤) فَبِأَىِّ ءَالَآءِ رَبِّكُمَا تُكَذِّبَانِ (٢٥) كُلُّ مَنْ عَلَيْهَا فَانٍ (٢٦) وَيَبْقَىٰ وَجْهُ رَبِّكَ ذُو ٱلْجَلَٰلِ وَٱلْإِكْرَامِ (٢٧) فَبِأَىِّ ءَالَآءِ رَبِّكُمَا تُكَذِّبَانِ (٢٨) يَسْـَٔلُهُۥ مَن فِى ٱلسَّمَٰوَٰتِ وَٱلْأَرْضِ كُلَّ يَوْمٍ هُوَ فِى شَأْنٍ (٢٩) فَبِأَىِّ ءَالَآءِ رَبِّكُمَا تُكَذِّبَانِ (٣٠) سَنَفْرُغُ لَكُمْ أَيُّهَ ٱلثَّقَلَانِ (٣١)

Z. 5 ءَالَآءِ : Wurzel *ʾ–l–y*; vgl. Glossar. **Z. 6** تُكَذِّبَانِ : zum Gebrauch des Duals in diesem Fall vgl. Paret 1977: 466 und Bell 1991, Bd. 2: 331. **Z. 14** عَلَيْهَا : sc. الأرض . **Z. 18** ٱلثَّقَلَانِ : möglicherweise ein "meristischer" Ausdruck.

فَبِأَىِّ ءَالَآءِ رَبِّكُمَا تُكَذِّبَانِ (٣٢) يَٰمَعْشَرَ ٱلْجِنِّ وَٱلْإِنسِ إِنِ ٱسْتَطَعْتُمْ أَن تَنفُذُوا مِنْ أَقْطَارِ ٱلسَّمَٰوَٰتِ وَٱلْأَرْضِ فَٱنفُذُوا لَا تَنفُذُونَ إِلَّا بِسُلْطَٰنٍ (٣٣) فَبِأَىِّ ءَالَآءِ رَبِّكُمَا تُكَذِّبَانِ (٣٤) يُرْسَلُ عَلَيْكُمَا شُوَاظٌ مِّن نَّارٍ وَنُحَاسٌ فَلَا تَنتَصِرَانِ (٣٥) فَبِأَىِّ ءَالَآءِ رَبِّكُمَا تُكَذِّبَانِ (٣٦) فَإِذَا ٱنشَقَّتِ ٱلسَّمَآءُ فَكَانَتْ وَرْدَةً كَٱلدِّهَانِ (٣٧) فَبِأَىِّ ءَالَآءِ رَبِّكُمَا تُكَذِّبَانِ (٣٨) فَيَوْمَئِذٍ لَّا يُسْـَٔلُ عَن ذَنبِهِۦ إِنسٌ وَلَا جَانٌّ (٣٩) فَبِأَىِّ ءَالَآءِ رَبِّكُمَا تُكَذِّبَانِ (٤٠) يُعْرَفُ ٱلْمُجْرِمُونَ بِسِيمَٰهُمْ فَيُؤْخَذُ بِٱلنَّوَٰصِى وَٱلْأَقْدَامِ (٤١) فَبِأَىِّ ءَالَآءِ رَبِّكُمَا تُكَذِّبَانِ (٤٢) هَٰذِهِۦ جَهَنَّمُ ٱلَّتِى يُكَذِّبُ بِهَا ٱلْمُجْرِمُونَ (٤٣) يَطُوفُونَ بَيْنَهَا وَبَيْنَ حَمِيمٍ ءَانٍ (٤٤) فَبِأَىِّ ءَالَآءِ رَبِّكُمَا تُكَذِّبَانِ (٤٥) وَلِمَنْ خَافَ مَقَامَ رَبِّهِۦ جَنَّتَانِ (٤٦) فَبِأَىِّ ءَالَآءِ رَبِّكُمَا تُكَذِّبَانِ (٤٧) ذَوَاتَآ أَفْنَانٍ (٤٨) فَبِأَىِّ ءَالَآءِ رَبِّكُمَا تُكَذِّبَانِ (٤٩) فِيهِمَا عَيْنَانِ تَجْرِيَانِ (٥٠) فَبِأَىِّ ءَالَآءِ رَبِّكُمَا تُكَذِّبَانِ (٥١) فِيهِمَا مِن كُلِّ فَٰكِهَةٍ زَوْجَانِ (٥٢) فَبِأَىِّ ءَالَآءِ رَبِّكُمَا تُكَذِّبَانِ (٥٣) مُتَّكِئِينَ عَلَى فُرُشٍ بَطَآئِنُهَا

Z. 11–12 هَٰذِهِۦ جَهَنَّمُ ٱلَّتِى يُكَذِّبُ بِهَا ٱلْمُجْرِمُونَ : zu einer von Ibn Masʿūd vorgeschlagenen Textvariante vgl. Paret 1977: 466 und Bell 1991, Bd. 2: 334. **Z. 15** ذَوَاتَآ : Dual, feminin, kongruiert mit جَنَّتَانِ. **Z. 18** مُتَّكِئِينَ : der syntaktische Bezug ist hier schwer zu entscheiden.

مِنْ إِسْتَبْرَقٍ وَجَنَى ٱلْجَنَّتَيْنِ دَانٍ (٥٤) فَبِأَيِّ ءَالَآءِ رَبِّكُمَا تُكَذِّبَانِ (٥٥) فِيهِنَّ قَٰصِرَٰتُ ٱلطَّرْفِ لَمْ يَطْمِثْهُنَّ إِنسٌ قَبْلَهُمْ وَلَا جَآنٌّ (٥٦) فَبِأَيِّ ءَالَآءِ رَبِّكُمَا تُكَذِّبَانِ (٥٧) كَأَنَّهُنَّ ٱلْيَاقُوتُ وَٱلْمَرْجَانُ (٥٨) فَبِأَيِّ ءَالَآءِ رَبِّكُمَا تُكَذِّبَانِ (٥٩) هَلْ جَزَآءُ ٱلْإِحْسَٰنِ إِلَّا ٱلْإِحْسَٰنُ (٦٠) فَبِأَيِّ ءَالَآءِ رَبِّكُمَا تُكَذِّبَانِ (٦١) وَمِن دُونِهِمَا جَنَّتَانِ (٦٢) فَبِأَيِّ ءَالَآءِ رَبِّكُمَا تُكَذِّبَانِ (٦٣) مُدْهَآمَّتَانِ (٦٤) فَبِأَيِّ ءَالَآءِ رَبِّكُمَا تُكَذِّبَانِ (٦٥) فِيهِمَا عَيْنَانِ نَضَّاخَتَانِ (٦٦) فَبِأَيِّ ءَالَآءِ رَبِّكُمَا تُكَذِّبَانِ (٦٧) فِيهِمَا فَٰكِهَةٌ وَنَخْلٌ وَرُمَّانٌ (٦٨) فَبِأَيِّ ءَالَآءِ رَبِّكُمَا تُكَذِّبَانِ (٦٩) فِيهِنَّ خَيْرَٰتٌ حِسَانٌ (٧٠) فَبِأَيِّ ءَالَآءِ رَبِّكُمَا تُكَذِّبَانِ (٧١) حُورٌ مَّقْصُورَٰتٌ فِي ٱلْخِيَامِ (٧٢) فَبِأَيِّ ءَالَآءِ رَبِّكُمَا تُكَذِّبَانِ (٧٣) لَمْ يَطْمِثْهُنَّ إِنسٌ قَبْلَهُمْ وَلَا جَآنٌّ (٧٤) فَبِأَيِّ ءَالَآءِ رَبِّكُمَا تُكَذِّبَانِ (٧٥) مُتَّكِـِٔينَ عَلَىٰ رَفْرَفٍ خُضْرٍ وَعَبْقَرِيٍّ حِسَانٍ (٧٦) فَبِأَيِّ ءَالَآءِ رَبِّكُمَا تُكَذِّبَانِ (٧٧) تَبَٰرَكَ ٱسْمُ رَبِّكَ ذِي ٱلْجَلَٰلِ وَٱلْإِكْرَامِ (٧٨)

Z. 2 فِيهِنَّ : hat einen Bezugspunkt im Dual (ٱلْجَنَّتَيْنِ). **Z. 3** يَطْمِثْهُنَّ : zu einer syrisch-aramäischen Erklärung dieses Verbs vgl. das Buch des unter dem Pseudonym "Christoph Luxenberg" publizierenden Forschers, *Die syro-aramäische Lesart des Koran: Ein Beitrag zur Entschlüsselung der Koransprache* (2000. Berlin: Das arabische Buch, S. 248–251). **Z. 8** مُدْهَآمَّتَانِ : Partizip, XI; vgl. Fischer, Paradigmen, 6. **Z. 12** حُورٌ : morphologisch ist diese Form ein Plural von *ḥawrāʾu* 'weiß'; die Interpretation von حُورٌ als "Paradiesjungfrauen" (oder einfach "Mädchen mit schönen weißen Augen") wird von "Luxenberg" (2000: 228–230) zugunsten der Interpretation als "Weintrauben" zurückgewiesen; vgl. aber Jeffery 2007 (1938): 117–120 mit poetischen Belegen, die die traditionelle Interpretation stützen; zur Form vgl. auch Fischer § 119 Anm. 2 und Wright Bd. 1 § 304 (S. 200).

۞ (سورة الضُّحَى ٩٣) ۞

مَكِّيَّة وآياتها إحدى عشرة

بِسْمِ ٱللَّهِ ٱلرَّحْمَٰنِ ٱلرَّحِيمِ

وَٱلضُّحَىٰ (١) وَٱللَّيْلِ إِذَا سَجَىٰ (٢) مَا وَدَّعَكَ رَبُّكَ وَمَا قَلَىٰ (٣) وَلَلْأَخِرَةُ خَيْرٌ لَّكَ مِنَ ٱلْأُولَىٰ (٤) وَلَسَوْفَ يُعْطِيكَ رَبُّكَ فَتَرْضَىٰ (٥) أَلَمْ يَجِدْكَ يَتِيمًا فَـَٔاوَىٰ (٦) وَوَجَدَكَ ضَالًّا فَهَدَىٰ (٧) وَوَجَدَكَ عَآئِلًا فَأَغْنَىٰ (٨) فَأَمَّا ٱلْيَتِيمَ فَلَا تَقْهَرْ (٩) وَأَمَّا ٱلسَّآئِلَ فَلَا تَنْهَرْ (١٠) وَأَمَّا بِنِعْمَةِ رَبِّكَ فَحَدِّثْ (١١)

۞ (سورة الفَلَقُ ١١٣) ۞

مَكِّيَّة وآياتها خمس

بِسْمِ ٱللَّهِ ٱلرَّحْمَٰنِ ٱلرَّحِيمِ

قُلْ أَعُوذُ بِرَبِّ ٱلْفَلَقِ (١) مِن شَرِّ مَا خَلَقَ (٢) وَمِن شَرِّ غَاسِقٍ إِذَا وَقَبَ (٣) وَمِن شَرِّ ٱلنَّفَّٰثَٰتِ فِى ٱلْعُقَدِ (٤) وَمِنْ شَرِّ حَاسِدٍ إِذَا حَسَدَ (٥)

Z. 11 مِن شَرِّ مَا خَلَقَ : "von dem Übel (determiniert durch den folgenden Relativsatz), das er (Gott) geschaffen hat"; Goldziher (1920: 177) diskutiert die alternative (muʿtazilitische) Lesart مِن شَرِّ مَا خَلَقَ "von Übel (indef.), das er nicht geschaffen hat", in der مَا als Negativmarker zu analysieren ist; vgl. auch Edzard 2003: 364.

۞ (النصف الأوّل من سورة يُوسُفَ ١٢) ۞
مَكِّيَّة وآياتها إحدى عشرة ومائة
بِسْمِ ٱللَّهِ ٱلرَّحْمَٰنِ ٱلرَّحِيمِ
الٓر تِلْكَ ءَايَٰتُ ٱلْكِتَٰبِ ٱلْمُبِينِ (١) إِنَّآ أَنزَلْنَٰهُ قُرْءَٰنًا عَرَبِيًّا لَّعَلَّكُمْ تَعْقِلُونَ (٢) نَحْنُ نَقُصُّ عَلَيْكَ أَحْسَنَ ٱلْقَصَصِ بِمَآ أَوْحَيْنَآ إِلَيْكَ هَٰذَا ٱلْقُرْءَانَ وَإِن كُنتَ مِن قَبْلِهِۦ لَمِنَ ٱلْغَٰفِلِينَ (٣) إِذْ قَالَ يُوسُفُ لِأَبِيهِ يَٰٓأَبَتِ إِنِّى رَأَيْتُ أَحَدَ عَشَرَ كَوْكَبًا وَٱلشَّمْسَ وَٱلْقَمَرَ رَأَيْتُهُمْ لِى سَٰجِدِينَ (٤) قَالَ يَٰبُنَىَّ لَا تَقْصُصْ رُءْيَاكَ عَلَىٰٓ إِخْوَتِكَ فَيَكِيدُوا۟ لَكَ كَيْدًا إِنَّ ٱلشَّيْطَٰنَ لِلْإِنسَٰنِ عَدُوٌّ مُّبِينٌ (٥) وَكَذَٰلِكَ يَجْتَبِيكَ رَبُّكَ وَيُعَلِّمُكَ مِن تَأْوِيلِ ٱلْأَحَادِيثِ وَيُتِمُّ نِعْمَتَهُۥ عَلَيْكَ وَعَلَىٰٓ ءَالِ يَعْقُوبَ كَمَآ أَتَمَّهَا عَلَىٰٓ أَبَوَيْكَ مِن قَبْلُ إِبْرَٰهِيمَ وَإِسْحَٰقَ إِنَّ رَبَّكَ عَلِيمٌ حَكِيمٌ (٦) لَّقَدْ كَانَ فِى يُوسُفَ وَإِخْوَتِهِۦٓ ءَايَٰتٌ لِّلسَّآئِلِينَ (٧) إِذْ قَالُوا۟ لَيُوسُفُ وَأَخُوهُ أَحَبُّ إِلَىٰٓ أَبِينَا مِنَّا وَنَحْنُ عُصْبَةٌ إِنَّ أَبَانَا لَفِى ضَلَٰلٍ مُّبِينٍ (٨) ٱقْتُلُوا۟ يُوسُفَ أَوِ ٱطْرَحُوهُ أَرْضًا يَخْلُ لَكُمْ وَجْهُ أَبِيكُمْ وَتَكُونُوا۟ مِنۢ بَعْدِهِۦ قَوْمًا

Surentitel: eine nützliche Quelle ist Beeston, A.F.L. 1963. *Baiḍāwī's Commentary on Sūrah 12 of the Qurʾān: Text, accompanied by an interpretative rendering and notes*. Oxford. **Z. 3** الٓر : vgl. die Hinweise in Paret 1977: 12f., Bellamy 1993 und Schmucker 1995. **Z. 6** إِذْ قَالَ : vgl. Fischer § 442 Anm. 1 und Wright Bd. 2 § 362 (b). **Z. 7** يَٰٓأَبَتِ : zu dieser Vokativform vgl. Fischer § 157 Anm. 3 und Wright Bd. 1 § 38 Rem. b.

صَٰلِحِينَ (٩) قَالَ قَآئِلٌ مِّنْهُمْ لَا تَقْتُلُوا يُوسُفَ وَأَلْقُوهُ فِى غَيَٰبَتِ ٱلْجُبِّ يَلْتَقِطْهُ بَعْضُ ٱلسَّيَّارَةِ إِن كُنتُمْ فَٰعِلِينَ (١٠) قَالُوا يَٰٓأَبَانَا مَا لَكَ لَا تَأْمَنَّا عَلَىٰ يُوسُفَ وَإِنَّا لَهُۥ لَنَٰصِحُونَ (١١) أَرْسِلْهُ مَعَنَا غَدًا يَرْتَعْ وَيَلْعَبْ وَإِنَّا لَهُۥ لَحَٰفِظُونَ (١٢) قَالَ إِنِّى لَيَحْزُنُنِى أَن تَذْهَبُوا بِهِۦ وَأَخَافُ أَن يَأْكُلَهُ ٱلذِّئْبُ وَأَنتُمْ عَنْهُ غَٰفِلُونَ (١٣) قَالُوا لَئِنْ أَكَلَهُ ٱلذِّئْبُ وَنَحْنُ عُصْبَةٌ إِنَّآ إِذًا لَّخَٰسِرُونَ (١٤) فَلَمَّا ذَهَبُوا بِهِۦ وَأَجْمَعُوا أَن يَجْعَلُوهُ فِى غَيَٰبَتِ ٱلْجُبِّ وَأَوْحَيْنَآ إِلَيْهِ لَتُنَبِّئَنَّهُم بِأَمْرِهِمْ هَٰذَا وَهُمْ لَا يَشْعُرُونَ (١٥) وَجَآءُوا أَبَاهُمْ عِشَآءً يَبْكُونَ (١٦) قَالُوا يَٰٓأَبَانَا إِنَّا ذَهَبْنَا نَسْتَبِقُ وَتَرَكْنَا يُوسُفَ عِندَ مَتَٰعِنَا فَأَكَلَهُ ٱلذِّئْبُ وَمَآ أَنتَ بِمُؤْمِنٍ لَّنَا وَلَوْ كُنَّا صَٰدِقِينَ (١٧) وَجَآءُو عَلَىٰ قَمِيصِهِۦ بِدَمٍ كَذِبٍ قَالَ بَلْ سَوَّلَتْ لَكُمْ أَنفُسُكُمْ أَمْرًا فَصَبْرٌ جَمِيلٌ وَٱللَّهُ ٱلْمُسْتَعَانُ عَلَىٰ مَا تَصِفُونَ (١٨) وَجَآءَتْ سَيَّارَةٌ فَأَرْسَلُوا وَارِدَهُمْ فَأَدْلَىٰ دَلْوَهُۥ قَالَ يَٰبُشْرَىٰ هَٰذَا غُلَٰمٌ وَأَسَرُّوهُ بِضَٰعَةً وَٱللَّهُ عَلِيمٌۢ بِمَا يَعْمَلُونَ (١٩) وَشَرَوْهُ بِثَمَنٍۭ بَخْسٍ دَرَٰهِمَ مَعْدُودَةٍ وَكَانُوا فِيهِ

Z. 5 يَلْعَبْ : so der *textus receptus;* die älteren Auflagen der Chrestomathie haben نَلْعَبْ , eine vom Korankommentator al-Bayḍāwī vertretene Lesart; vgl. Bell 1991, Bd. 1: 377. **Z. 13** وَلَوْ كُنَّا صَٰدِقِينَ : vgl. Reckendorf *AS* § 259, 1 und Paret 1977: 248. **Z. 14–15** فَصَبْرٌ جَمِيلٌ : vgl. Wright Bd. 2 § 127 Rem. b und Paret 1977: 248.

مِنَ ٱلزَّٰهِدِينَ (٢٠) وَقَالَ ٱلَّذِى ٱشْتَرَىٰهُ مِن مِّصْرَ لِٱمْرَأَتِهِۦٓ أَكْرِمِى مَثْوَىٰهُ عَسَىٰٓ أَن يَنفَعَنَآ أَوْ نَتَّخِذَهُۥ وَلَدًا وَكَذَٰلِكَ مَكَّنَّا لِيُوسُفَ فِى ٱلْأَرْضِ وَلِنُعَلِّمَهُۥ مِن تَأْوِيلِ ٱلْأَحَادِيثِ وَٱللَّهُ غَالِبٌ عَلَىٰٓ أَمْرِهِۦ وَلَٰكِنَّ أَكْثَرَ

5 ٱلنَّاسِ لَا يَعْلَمُونَ (٢١) وَلَمَّا بَلَغَ أَشُدَّهُۥٓ ءَاتَيْنَٰهُ حُكْمًا وَعِلْمًا وَكَذَٰلِكَ نَجْزِى ٱلْمُحْسِنِينَ (٢٢) وَرَٰوَدَتْهُ ٱلَّتِى هُوَ فِى بَيْتِهَا عَن نَّفْسِهِۦ وَغَلَّقَتِ ٱلْأَبْوَٰبَ وَقَالَتْ هَيْتَ لَكَ قَالَ مَعَاذَ ٱللَّهِ إِنَّهُۥ رَبِّىٓ أَحْسَنَ مَثْوَاىَ إِنَّهُۥ لَا يُفْلِحُ ٱلظَّٰلِمُونَ (٢٣) وَلَقَدْ هَمَّتْ بِهِۦ وَهَمَّ بِهَا لَوْلَآ

10 أَن رَّءَا بُرْهَٰنَ رَبِّهِۦ كَذَٰلِكَ لِنَصْرِفَ عَنْهُ ٱلسُّوٓءَ وَٱلْفَحْشَآءَ إِنَّهُۥ مِنْ عِبَادِنَا ٱلْمُخْلَصِينَ (٢٤) وَٱسْتَبَقَا ٱلْبَابَ وَقَدَّتْ قَمِيصَهُۥ مِن دُبُرٍ وَأَلْفَيَا سَيِّدَهَا لَدَا ٱلْبَابِ قَالَتْ مَا جَزَآءُ مَنْ أَرَادَ بِأَهْلِكَ سُوٓءًا إِلَّآ أَن يُسْجَنَ أَوْ عَذَابٌ أَلِيمٌ (٢٥) قَالَ هِىَ رَٰوَدَتْنِى عَن نَّفْسِى

15 وَشَهِدَ شَاهِدٌ مِّنْ أَهْلِهَآ إِن كَانَ قَمِيصُهُۥ قُدَّ مِن قُبُلٍ فَصَدَقَتْ وَهُوَ مِنَ ٱلْكَٰذِبِينَ (٢٦) وَإِن كَانَ قَمِيصُهُۥ قُدَّ مِن دُبُرٍ فَكَذَبَتْ وَهُوَ مِنَ ٱلصَّٰدِقِينَ (٢٧) فَلَمَّا رَءَا قَمِيصَهُۥ قُدَّ مِن دُبُرٍ قَالَ إِنَّهُۥ مِن

Z. 7–8 هَيْتَ لَكَ : vgl. Wright Bd. 1 § 368. Z. 8 إِنَّهُ : ḍamīr aš-šaʾn.

كَيْدِكُنَّ إِنَّ كَيْدَكُنَّ عَظِيمٌ (٢٨) يُوسُفُ أَعْرِضْ عَنْ هٰذَا وَٱسْتَغْفِرِى لِذَنبِكِ إِنَّكِ كُنْتِ مِنَ ٱلْخَاطِئِينَ (٢٩) وَقَالَ نِسْوَةٌ فِى ٱلْمَدِينَةِ ٱمْرَأَتُ ٱلْعَزِيزِ تُرٰوِدُ فَتٰهَا عَن نَّفْسِهِۦ قَدْ شَغَفَهَا حُبًّا إِنَّا لَنَرٰهَا فِى ضَلٰلٍ مُّبِينٍ (٣٠) فَلَمَّا سَمِعَتْ بِمَكْرِهِنَّ أَرْسَلَتْ إِلَيْهِنَّ وَأَعْتَدَتْ لَهُنَّ مُتَّكَـًٔا وَءَاتَتْ كُلَّ وٰحِدَةٍ مِّنْهُنَّ سِكِّينًا وَقَالَتِ ٱخْرُجْ عَلَيْهِنَّ فَلَمَّا رَأَيْنَهُۥ أَكْبَرْنَهُۥ وَقَطَّعْنَ أَيْدِيَهُنَّ وَقُلْنَ حٰشَ لِلَّهِ مَا هٰذَا بَشَرًا إِنْ هٰذَآ إِلَّا مَلَكٌ كَرِيمٌ (٣١) قَالَتْ فَذٰلِكُنَّ ٱلَّذِى لُمْتُنَّنِى فِيهِ وَلَقَدْ رٰوَدتُّهُۥ عَن نَّفْسِهِۦ فَٱسْتَعْصَمَ وَلَئِن لَّمْ يَفْعَلْ مَآ ءَامُرُهُۥ لَيُسْجَنَنَّ وَلَيَكُونًا مِّنَ ٱلصّٰغِرِينَ (٣٢) قَالَ رَبِّ ٱلسِّجْنُ أَحَبُّ إِلَىَّ مِمَّا يَدْعُونَنِىٓ إِلَيْهِ وَإِلَّا تَصْرِفْ عَنِّى كَيْدَهُنَّ أَصْبُ إِلَيْهِنَّ وَأَكُن مِّنَ ٱلْجٰهِلِينَ (٣٣) فَٱسْتَجَابَ لَهُۥ رَبُّهُۥ فَصَرَفَ عَنْهُ كَيْدَهُنَّ إِنَّهُۥ هُوَ ٱلسَّمِيعُ ٱلْعَلِيمُ (٣٤) ثُمَّ بَدَا لَهُم مِّن بَعْدِ مَا رَأَوُا ٱلْأَيٰتِ لَيَسْجُنُنَّهُۥ حَتَّى حِينٍ (٣٥) وَدَخَلَ مَعَهُ ٱلسِّجْنَ فَتَيَانِ قَالَ أَحَدُهُمَآ إِنِّىٓ أَرٰنِىٓ أَعْصِرُ خَمْرًا وَقَالَ ٱلْأَخَرُ إِنِّىٓ أَرٰنِىٓ أَحْمِلُ فَوْقَ رَأْسِى خُبْزًا تَأْكُلُ

Z. 3 ٱمْرَأَتُ : historische Orthographie (*tāʾ* anstelle von *tāʾ marbūṭa*); vgl. Diem 1981: 378ff. **Z. 8** حٰشَ لِلَّهِ : vgl. Wright Bd. 2 § 186 (d) (S. 342f.). **Z. 11** وَلَيَكُونًا : vgl. Fischer § 11 Anm. 2. **Z. 17** أَرٰنِى أَعْصِرُ : vgl. Wright Bd. 2 § 135 und Paret 1977: 250.

ٱلطَّيْرُ مِنْهُ نَبِّئْنَا بِتَأْوِيلِهِۦٓ إِنَّا نَرَىٰكَ مِنَ ٱلْمُحْسِنِينَ (٣٦) قَالَ لَا يَأْتِيكُمَا طَعَامٌ تُرْزَقَانِهِۦٓ إِلَّا نَبَّأْتُكُمَا بِتَأْوِيلِهِۦ قَبْلَ أَن يَأْتِيَكُمَا ذَٰلِكُمَا مِمَّا عَلَّمَنِى رَبِّىٓ إِنِّى تَرَكْتُ مِلَّةَ قَوْمٍ لَّا يُؤْمِنُونَ بِٱللَّهِ وَهُم بِٱلْأَخِرَةِ هُمْ كَٰفِرُونَ (٣٧) وَٱتَّبَعْتُ مِلَّةَ ءَابَآءِىٓ إِبْرَٰهِيمَ وَإِسْحَٰقَ وَيَعْقُوبَ مَا كَانَ لَنَآ أَن نُّشْرِكَ بِٱللَّهِ مِن شَىْءٍ ذَٰلِكَ مِن فَضْلِ ٱللَّهِ عَلَيْنَا وَعَلَى ٱلنَّاسِ وَلَٰكِنَّ أَكْثَرَ ٱلنَّاسِ لَا يَشْكُرُونَ (٣٨) يَٰصَٰحِبَىِ ٱلسِّجْنِ ءَأَرْبَابٌ مُّتَفَرِّقُونَ خَيْرٌ أَمِ ٱللَّهُ ٱلْوَٰحِدُ ٱلْقَهَّارُ (٣٩) مَا تَعْبُدُونَ مِن دُونِهِۦٓ إِلَّآ أَسْمَآءً سَمَّيْتُمُوهَآ أَنتُمْ وَءَابَآؤُكُم مَّآ أَنزَلَ ٱللَّهُ بِهَا مِن سُلْطَٰنٍ إِنِ ٱلْحُكْمُ إِلَّا لِلَّهِ أَمَرَ أَلَّا تَعْبُدُوٓا۟ إِلَّآ إِيَّاهُ ذَٰلِكَ ٱلدِّينُ ٱلْقَيِّمُ وَلَٰكِنَّ أَكْثَرَ ٱلنَّاسِ لَا يَعْلَمُونَ (٤٠) يَٰصَٰحِبَىِ ٱلسِّجْنِ أَمَّآ أَحَدُكُمَا فَيَسْقِى رَبَّهُۥ خَمْرًا وَأَمَّا ٱلْأَخَرُ فَيُصْلَبُ فَتَأْكُلُ ٱلطَّيْرُ مِن رَّأْسِهِۦ قُضِىَ ٱلْأَمْرُ ٱلَّذِى فِيهِ تَسْتَفْتِيَانِ (٤١) وَقَالَ لِلَّذِى ظَنَّ أَنَّهُۥ نَاجٍ مِّنْهُمَا ٱذْكُرْنِى عِندَ رَبِّكَ فَأَنسَىٰهُ ٱلشَّيْطَٰنُ ذِكْرَ رَبِّهِۦ فَلَبِثَ فِى ٱلسِّجْنِ بِضْعَ سِنِينَ (٤٢) وَقَالَ ٱلْمَلِكُ إِنِّىٓ أَرَىٰ سَبْعَ بَقَرَٰتٍ

Z. 17 فَأَنسٰهُ : das grammatische Objekt ist Joseph selbst; vgl. Paret 1977: 250f.

سِمَانٍ يَأْكُلُهُنَّ سَبْعٌ عِجَافٌ وَسَبْعَ سُنۢبُلَٰتٍ خُضْرٍ وَأُخَرَ يَابِسَٰتٍ يَٰٓأَيُّهَا ٱلْمَلَأُ أَفْتُونِى فِى رُءْيَٰىَ إِن كُنتُمْ لِلرُّءْيَا تَعْبُرُونَ (٤٣) قَالُوٓا۟ أَضْغَٰثُ أَحْلَٰمٍ وَمَا نَحْنُ بِتَأْوِيلِ ٱلْأَحْلَٰمِ بِعَٰلِمِينَ (٤٤) وَقَالَ ٱلَّذِى نَجَا مِنْهُمَا وَٱدَّكَرَ بَعْدَ أُمَّةٍ أَنَا۠ أُنَبِّئُكُم بِتَأْوِيلِهِۦ فَأَرْسِلُونِ (٤٥) يُوسُفُ أَيُّهَا ٱلصِّدِّيقُ أَفْتِنَا فِى سَبْعِ بَقَرَٰتٍ سِمَانٍ يَأْكُلُهُنَّ سَبْعٌ عِجَافٌ وَسَبْعِ سُنۢبُلَٰتٍ خُضْرٍ وَأُخَرَ يَابِسَٰتٍ لَّعَلِّىٓ أَرْجِعُ إِلَى ٱلنَّاسِ لَعَلَّهُمْ يَعْلَمُونَ (٤٦) قَالَ تَزْرَعُونَ سَبْعَ سِنِينَ دَأَبًا فَمَا حَصَدتُّمْ فَذَرُوهُ فِى سُنۢبُلِهِۦٓ إِلَّا قَلِيلًا مِّمَّا تَأْكُلُونَ (٤٧) ثُمَّ يَأْتِى مِنۢ بَعْدِ ذَٰلِكَ سَبْعٌ شِدَادٌ يَأْكُلْنَ مَا قَدَّمْتُمْ لَهُنَّ إِلَّا قَلِيلًا مِّمَّا تُحْصِنُونَ (٤٨) ثُمَّ يَأْتِى مِنۢ بَعْدِ ذَٰلِكَ عَامٌ فِيهِ يُغَاثُ ٱلنَّاسُ وَفِيهِ يَعْصِرُونَ (٤٩) وَقَالَ ٱلْمَلِكُ ٱئْتُونِى بِهِۦ فَلَمَّا جَآءَهُ ٱلرَّسُولُ قَالَ ٱرْجِعْ إِلَىٰ رَبِّكَ فَسْـَٔلْهُ مَا بَالُ ٱلنِّسْوَةِ ٱلَّٰتِى قَطَّعْنَ أَيْدِيَهُنَّ إِنَّ رَبِّى بِكَيْدِهِنَّ عَلِيمٌ (٥٠) قَالَ مَا خَطْبُكُنَّ إِذْ رَٰوَدتُّنَّ يُوسُفَ عَن نَّفْسِهِۦ قُلْنَ حَٰشَ لِلَّهِ مَا عَلِمْنَا عَلَيْهِ مِن سُوٓءٍ قَالَتِ ٱمْرَأَتُ ٱلْعَزِيزِ

Z. 5 بَعْدَ أُمَّةٍ : "nach einer Weile"; vgl. Glossar. **Z. 6** ٱلصِّدِّيقُ : ein *epitheton ornans* Josephs sowohl in jüdischer als auch islamischer religiöser Literatur. **Z. 9** دَأَبًا : vgl. Bell 1991, Bd. 1: 382.

ٱلْـٰٔنَ حَصْحَصَ ٱلْحَقُّ أَنَا رٰوَدتُّهُۥ عَن نَّفْسِهِۦ وَإِنَّهُۥ لَمِنَ ٱلصّٰدِقِينَ (٥١) ذٰلِكَ لِيَعْلَمَ أَنِّى لَمْ أَخُنْهُ بِٱلْغَيْبِ وَأَنَّ ٱللَّهَ لَا يَهْدِى كَيْدَ ٱلْخَآئِنِينَ (٥٢) وَمَآ أُبَرِّئُ نَفْسِىٓ إِنَّ ٱلنَّفْسَ لَأَمَّارَةٌۢ بِٱلسُّوٓءِ إِلَّا مَا رَحِمَ رَبِّىٓ إِنَّ رَبِّى غَفُورٌ رَّحِيمٌ (٥٣) وَقَالَ ٱلْمَلِكُ ٱئْتُونِى بِهِۦٓ أَسْتَخْلِصْهُ لِنَفْسِى فَلَمَّا كَلَّمَهُۥ قَالَ إِنَّكَ ٱلْيَوْمَ لَدَيْنَا مَكِينٌ أَمِينٌ (٥٤) قَالَ ٱجْعَلْنِى عَلَىٰ خَزَآئِنِ ٱلْأَرْضِ إِنِّى حَفِيظٌ عَلِيمٌ (٥٥) وَكَذٰلِكَ مَكَّنَّا لِيُوسُفَ فِى ٱلْأَرْضِ يَتَبَوَّأُ مِنْهَا حَيْثُ يَشَآءُ نُصِيبُ بِرَحْمَتِنَا مَن نَّشَآءُ وَلَا نُضِيعُ أَجْرَ ٱلْمُحْسِنِينَ (٥٦) وَلَأَجْرُ ٱلْأٰخِرَةِ خَيْرٌ لِّلَّذِينَ ءَامَنُوا وَكَانُوا يَتَّقُونَ (٥٧)

۞ (سورة التَحْرِيمُ ٦٦) ۞

مدنيّة وآياتها اثنتا عشرة

بِسْمِ ٱللَّهِ ٱلرَّحْمٰنِ ٱلرَّحِيمِ

يٰٓأَيُّهَا ٱلنَّبِىُّ لِمَ تُحَرِّمُ مَآ أَحَلَّ ٱللَّهُ لَكَ تَبْتَغِى مَرْضَاتَ أَزْوٰجِكَ وَٱللَّهُ غَفُورٌ رَّحِيمٌ (١) قَدْ فَرَضَ ٱللَّهُ لَكُمْ تَحِلَّةَ أَيْمٰنِكُمْ وَٱللَّهُ مَوْلٰكُمْ وَهُوَ ٱلْعَلِيمُ ٱلْحَكِيمُ (٢)

Z. 1 حَصْحَصَ : vgl. Bell 1991, Bd. 1: 382. **Z. 15** مَرْضَاتَ : historische Orthographie.

وَإِذْ أَسَرَّ ٱلنَّبِيُّ إِلَىٰ بَعْضِ أَزْوَٰجِهِۦ حَدِيثًا فَلَمَّا نَبَّأَتْ بِهِۦ وَأَظْهَرَهُ ٱللَّهُ عَلَيْهِ عَرَّفَ بَعْضَهُۥ وَأَعْرَضَ عَن بَعْضٍ فَلَمَّا نَبَّأَهَا بِهِۦ قَالَتْ مَنْ أَنبَأَكَ هَٰذَا قَالَ نَبَّأَنِىَ ٱلْعَلِيمُ ٱلْخَبِيرُ (٣) إِن تَتُوبَآ إِلَى ٱللَّهِ فَقَدْ صَغَتْ قُلُوبُكُمَا وَإِن تَظَٰهَرَا عَلَيْهِ فَإِنَّ ٱللَّهَ هُوَ مَوْلَىٰهُ وَجِبْرِيلُ وَصَٰلِحُ ٱلْمُؤْمِنِينَ وَٱلْمَلَٰٓئِكَةُ بَعْدَ ذَٰلِكَ ظَهِيرٌ (٤) عَسَىٰ رَبُّهُۥٓ إِن طَلَّقَكُنَّ أَن يُبْدِلَهُۥٓ أَزْوَٰجًا خَيْرًا مِّنكُنَّ مُسْلِمَٰتٍ مُّؤْمِنَٰتٍ قَٰنِتَٰتٍ تَٰٓئِبَٰتٍ عَٰبِدَٰتٍ سَٰٓئِحَٰتٍ ثَيِّبَٰتٍ وَأَبْكَارًا (٥) يَٰٓأَيُّهَا ٱلَّذِينَ ءَامَنُوا قُوٓا أَنفُسَكُمْ وَأَهْلِيكُمْ نَارًا وَقُودُهَا ٱلنَّاسُ وَٱلْحِجَارَةُ عَلَيْهَا مَلَٰٓئِكَةٌ غِلَاظٌ شِدَادٌ لَا يَعْصُونَ ٱللَّهَ مَآ أَمَرَهُمْ وَيَفْعَلُونَ مَا يُؤْمَرُونَ (٦) يَٰٓأَيُّهَا ٱلَّذِينَ كَفَرُوا لَا تَعْتَذِرُوا ٱلْيَوْمَ إِنَّمَا تُجْزَوْنَ مَا كُنتُمْ تَعْمَلُونَ (٧) يَٰٓأَيُّهَا ٱلَّذِينَ ءَامَنُوا تُوبُوٓا إِلَى ٱللَّهِ تَوْبَةً نَّصُوحًا عَسَىٰ رَبُّكُمْ أَن يُكَفِّرَ عَنكُمْ سَيِّـَٔاتِكُمْ وَيُدْخِلَكُمْ جَنَّٰتٍ تَجْرِى مِن تَحْتِهَا ٱلْأَنْهَٰرُ يَوْمَ لَا يُخْزِى ٱللَّهُ ٱلنَّبِىَّ وَٱلَّذِينَ ءَامَنُوا مَعَهُۥ نُورُهُمْ يَسْعَىٰ بَيْنَ أَيْدِيهِمْ وَبِأَيْمَٰنِهِمْ يَقُولُونَ رَبَّنَآ أَتْمِمْ لَنَا نُورَنَا وَٱغْفِرْ لَنَآ إِنَّكَ عَلَىٰ كُلِّ

Z. 4 تَتُوبَآ : Dual (angesprochen sind Muḥammads Frauen Ḥafṣa und ʿĀʾiša). **Z. 4–5** إِنْ … وإِنْ : Konditionalsätze ohne Apodosis ("mit Verschiebung"). **Z. 5** تَظَٰهَرَا : VI. Stamm mit haplologischer Silbenellipse. **Z. 9** سَٰٓئِحَٰتٍ : vgl. Bell 1991, Bd. 2: 398. **Z. 10** قُوٓا : Imperativ, Wurzel *w–q–y*.

شَیْءٍ قَدِيرٌ (٨) يَٰٓأَيُّهَا ٱلنَّبِیُّ جَٰهِدِ ٱلْكُفَّارَ وَٱلْمُنَٰفِقِينَ وَٱغْلُظْ عَلَيْهِمْ وَمَأْوَىٰهُمْ جَهَنَّمُ وَبِئْسَ ٱلْمَصِيرُ (٩) ضَرَبَ ٱللَّهُ مَثَلًا لِّلَّذِينَ كَفَرُوا ٱمْرَأَتَ نُوحٍ وَٱمْرَأَتَ لُوطٍ كَانَتَا تَحْتَ عَبْدَيْنِ مِنْ عِبَادِنَا صَٰلِحَيْنِ فَخَانَتَاهُمَا فَلَمْ يُغْنِيَا عَنْهُمَا مِنَ ٱللَّهِ شَيْـًٔا وَقِيلَ ٱدْخُلَا ٱلنَّارَ مَعَ ٱلدَّٰخِلِينَ (١٠) وَضَرَبَ ٱللَّهُ مَثَلًا لِّلَّذِينَ ءَامَنُوا ٱمْرَأَتَ فِرْعَوْنَ إِذْ قَالَتْ رَبِّ ٱبْنِ لِی عِندَكَ بَيْتًا فِی ٱلْجَنَّةِ وَنَجِّنِی مِن فِرْعَوْنَ وَعَمَلِهِۦ وَنَجِّنِی مِنَ ٱلْقَوْمِ ٱلظَّٰلِمِينَ (١١) وَمَرْيَمَ ٱبْنَتَ عِمْرَٰنَ ٱلَّتِیٓ أَحْصَنَتْ فَرْجَهَا فَنَفَخْنَا فِيهِ مِن رُّوحِنَا وَصَدَّقَتْ بِكَلِمَٰتِ رَبِّهَا وَكُتُبِهِۦ وَكَانَتْ مِنَ ٱلْقَٰنِتِينَ (١٢)

۞ (نُبَذ مختارات من سورة البَقَرَةُ ٢) ۞

مدنيّة وآياتها ستّ وثمانون ومائتان

بِسْمِ ٱللَّهِ ٱلرَّحْمَٰنِ ٱلرَّحِيمِ

قَدْ نَرَىٰ تَقَلُّبَ وَجْهِكَ فِی ٱلسَّمَآءِ فَلَنُوَلِّيَنَّكَ قِبْلَةً تَرْضَىٰهَا فَوَلِّ وَجْهَكَ شَطْرَ ٱلْمَسْجِدِ ٱلْحَرَامِ وَحَيْثُ مَا كُنتُمْ فَوَلُّوا وُجُوهَكُمْ شَطْرَهُۥ وَإِنَّ ٱلَّذِينَ أُوتُوا

Z. 2 بِئْسَ : zu den "Verben des Lobs und Vorwurfs" (*ʾafʿāl al-madḥ wa-d-ḏamm*: نِعْمَ، بِئْسَ) vgl. Fischer §§ 259–261 und Wright Bd. 1 § 183 und Bd. 2 § 142 (d). **Z. 14** قَدْ نَرَى : vgl. Fischer § 189b und Wright Bd. 1 § 362 (z).

ٱلْكِتَٰبَ لَيَعْلَمُونَ أَنَّهُ ٱلْحَقُّ مِن رَّبِّهِمْ وَمَا ٱللَّهُ بِغَٰفِلٍ عَمَّا يَعْمَلُونَ (١٤٤) [...] يَٰٓأَيُّهَا ٱلَّذِينَ ءَامَنُوا كُلُوا مِن طَيِّبَٰتِ مَا رَزَقْنَٰكُمْ وَٱشْكُرُوا لِلَّهِ إِن كُنتُمْ إِيَّاهُ تَعْبُدُونَ (١٧٢) إِنَّمَا حَرَّمَ عَلَيْكُمُ ٱلْمَيْتَةَ وَٱلدَّمَ وَلَحْمَ ٱلْخِنزِيرِ وَمَآ أُهِلَّ بِهِۦ لِغَيْرِ ٱللَّهِ فَمَنِ ٱضْطُرَّ غَيْرَ بَاغٍ وَلَا عَادٍ فَلَآ إِثْمَ عَلَيْهِ إِنَّ ٱللَّهَ غَفُورٌ رَّحِيمٌ (١٧٣) [...] لَيْسَ ٱلْبِرَّ أَن تُوَلُّوا وُجُوهَكُمْ قِبَلَ ٱلْمَشْرِقِ وَٱلْمَغْرِبِ وَلَٰكِنَّ ٱلْبِرَّ مَنْ ءَامَنَ بِٱللَّهِ وَٱلْيَوْمِ ٱلْأَخِرِ وَٱلْمَلَٰٓئِكَةِ وَٱلْكِتَٰبِ وَٱلنَّبِيِّينَ وَءَاتَى ٱلْمَالَ عَلَىٰ حُبِّهِۦ ذَوِى ٱلْقُرْبَىٰ وَٱلْيَتَٰمَىٰ وَٱلْمَسَٰكِينَ وَٱبْنَ ٱلسَّبِيلِ وَٱلسَّآئِلِينَ وَفِى ٱلرِّقَابِ وَأَقَامَ ٱلصَّلَوٰةَ وَءَاتَى ٱلزَّكَوٰةَ وَٱلْمُوفُونَ بِعَهْدِهِمْ إِذَا عَٰهَدُوا وَٱلصَّٰبِرِينَ فِى ٱلْبَأْسَآءِ وَٱلضَّرَّآءِ وَحِينَ ٱلْبَأْسِ أُولَٰٓئِكَ ٱلَّذِينَ صَدَقُوا وَأُولَٰٓئِكَ هُمُ ٱلْمُتَّقُونَ (١٧٧) يَٰٓأَيُّهَا ٱلَّذِينَ ءَامَنُوا كُتِبَ عَلَيْكُمُ ٱلْقِصَاصُ فِى ٱلْقَتْلَى ٱلْحُرُّ بِٱلْحُرِّ وَٱلْعَبْدُ بِٱلْعَبْدِ وَٱلْأُنثَىٰ بِٱلْأُنثَىٰ فَمَنْ عُفِىَ لَهُۥ مِنْ أَخِيهِ شَىْءٌ فَٱتِّبَاعٌ بِٱلْمَعْرُوفِ وَأَدَآءٌ إِلَيْهِ بِإِحْسَٰنٍ ذَٰلِكَ تَخْفِيفٌ مِّن رَّبِّكُمْ وَرَحْمَةٌ فَمَنِ ٱعْتَدَىٰ بَعْدَ ذَٰلِكَ فَلَهُۥ عَذَابٌ أَلِيمٌ (١٧٨) وَلَكُمْ

Z. 9 عَلَىٰ حُبِّهِ : zum grammatischen Bezugspunkt von *-hī* (d.h. zu *māl* oder zu Gott) vgl. Paret 1977: 38 und Bell 1991, Bd. 1: 35. **Z. 10** وَٱبْنَ ٱلسَّبِيلِ : vgl. Paret 1977: 38 und Bell 1991, Bd. 1: 35. **Z. 11** وَٱلْمُوفُونَ : Partizip, Wurzel *w–f–y*, IV.

فِى ٱلْقِصَاصِ حَيَوٰةٌ يَـٰٓأُو۟لِى ٱلْأَلْبَـٰبِ لَعَلَّكُمْ تَتَّقُونَ (١٧٩) كُتِبَ عَلَيْكُمْ إِذَا حَضَرَ أَحَدَكُمُ ٱلْمَوْتُ إِن تَرَكَ خَيْرًا ٱلْوَصِيَّةُ لِلْوَٰلِدَيْنِ وَٱلْأَقْرَبِينَ بِٱلْمَعْرُوفِ حَقًّا عَلَى ٱلْمُتَّقِينَ (١٨١) فَمَنۢ بَدَّلَهُۥ بَعْدَ مَا سَمِعَهُۥ فَإِنَّمَآ إِثْمُهُۥ عَلَى ٱلَّذِينَ يُبَدِّلُونَهُۥٓ إِنَّ ٱللَّهَ سَمِيعٌ عَلِيمٌ (١٨١) فَمَنْ خَافَ مِن مُّوصٍ جَنَفًا أَوْ إِثْمًا فَأَصْلَحَ بَيْنَهُمْ فَلَآ إِثْمَ عَلَيْهِ إِنَّ ٱللَّهَ غَفُورٌ رَّحِيمٌ (١٨٢) يَـٰٓأَيُّهَا ٱلَّذِينَ ءَامَنُوا۟ كُتِبَ عَلَيْكُمُ ٱلصِّيَامُ كَمَا كُتِبَ عَلَى ٱلَّذِينَ مِن قَبْلِكُمْ لَعَلَّكُمْ تَتَّقُونَ (١٨٣) أَيَّامًا مَّعْدُودَٰتٍ فَمَن كَانَ مِنكُم مَّرِيضًا أَوْ عَلَىٰ سَفَرٍ فَعِدَّةٌ مِّنْ أَيَّامٍ أُخَرَ وَعَلَى ٱلَّذِينَ يُطِيقُونَهُۥ فِدْيَةٌ طَعَامُ مِسْكِينٍ فَمَن تَطَوَّعَ خَيْرًا فَهُوَ خَيْرٌ لَّهُۥ وَأَن تَصُومُوا۟ خَيْرٌ لَّكُمْ إِن كُنتُمْ تَعْلَمُونَ (١٨٤) شَهْرُ رَمَضَانَ ٱلَّذِىٓ أُنزِلَ فِيهِ ٱلْقُرْءَانُ هُدًى لِّلنَّاسِ وَبَيِّنَـٰتٍ مِّنَ ٱلْهُدَىٰ وَٱلْفُرْقَانِ فَمَن شَهِدَ مِنكُمُ ٱلشَّهْرَ فَلْيَصُمْهُ وَمَن كَانَ مَرِيضًا أَوْ عَلَىٰ سَفَرٍ فَعِدَّةٌ مِّنْ أَيَّامٍ أُخَرَ يُرِيدُ ٱللَّهُ بِكُمُ ٱلْيُسْرَ وَلَا يُرِيدُ بِكُمُ ٱلْعُسْرَ وَلِتُكْمِلُوا۟ ٱلْعِدَّةَ وَلِتُكَبِّرُوا۟ ٱللَّهَ عَلَىٰ مَا هَدَىٰكُمْ وَلَعَلَّكُمْ تَشْكُرُونَ (١٨٥) وَإِذَا سَأَلَكَ

Z. 1 يَـٰٓأُو۟لِى ٱلْأَلْبَـٰبِ : abhängiger Kasus ("Akkusativ"), wenn die *ʾiḍāfa* im Vokativ steht. **Z. 6** مُّوصٍ : Wurzel *w–ṣ–y*, IV. **Z. 11–12** فَمَن تَطَوَّعَ خَيْرًا فَهُوَ خَيْرٌ لَّهُۥ : vgl. Paret 1977: 39 und Glossar (möglicherweise Wortspiel mit *ḫayr*). **Z. 14** بَيِّنَـٰتٍ : abhängiger Kasus (adverbieller "Akkusativ").

عِبَادِى عَنِّى فَإِنِّى قَرِيبٌ أُجِيبُ دَعْوَةَ ٱلدَّاعِ إِذَا دَعَانِ فَلْيَسْتَجِيبُوا لِى وَلْيُؤْمِنُوا بِى لَعَلَّهُمْ يَرْشُدُونَ (١٨٦) أُحِلَّ لَكُمْ لَيْلَةَ ٱلصِّيَامِ ٱلرَّفَثُ إِلَى نِسَآئِكُمْ هُنَّ لِبَاسٌ لَّكُمْ وَأَنتُمْ لِبَاسٌ لَّهُنَّ عَلِمَ ٱللَّهُ أَنَّكُمْ كُنتُمْ تَخْتَانُونَ أَنفُسَكُمْ فَتَابَ عَلَيْكُمْ وَعَفَا عَنكُمْ فَٱلْـٰٔنَ بٰشِرُوهُنَّ وَٱبْتَغُوا مَا كَتَبَ ٱللَّهُ لَكُمْ وَكُلُوا وَٱشْرَبُوا حَتَّى يَتَبَيَّنَ لَكُمُ ٱلْخَيْطُ ٱلْأَبْيَضُ مِنَ ٱلْخَيْطِ ٱلْأَسْوَدِ مِنَ ٱلْفَجْرِ ثُمَّ أَتِمُّوا ٱلصِّيَامَ إِلَى ٱللَّيْلِ وَلَا تُبٰشِرُوهُنَّ وَأَنتُمْ عٰكِفُونَ فِى ٱلْمَسٰجِدِ تِلْكَ حُدُودُ ٱللَّهِ فَلَا تَقْرَبُوهَا كَذٰلِكَ يُبَيِّنُ ٱللَّهُ ءَايٰتِهِۦ لِلنَّاسِ لَعَلَّهُمْ يَتَّقُونَ (١٨٧) [...] يَسْـَٔلُونَكَ عَنِ ٱلْأَهِلَّةِ قُلْ هِىَ مَوٰقِيتُ لِلنَّاسِ وَٱلْحَجِّ وَلَيْسَ ٱلْبِرُّ بِأَنْ تَأْتُوا ٱلْبُيُوتَ مِن ظُهُورِهَا وَلٰكِنَّ ٱلْبِرَّ مَنِ ٱتَّقَى وَأْتُوا ٱلْبُيُوتَ مِنْ أَبْوٰبِهَا وَٱتَّقُوا ٱللَّهَ لَعَلَّكُمْ تُفْلِحُونَ (١٨٩) وَقٰتِلُوا فِى سَبِيلِ ٱللَّهِ ٱلَّذِينَ يُقٰتِلُونَكُمْ وَلَا تَعْتَدُوٓا إِنَّ ٱللَّهَ لَا يُحِبُّ ٱلْمُعْتَدِينَ (١٩٠) وَٱقْتُلُوهُمْ حَيْثُ ثَقِفْتُمُوهُمْ وَأَخْرِجُوهُم مِّنْ حَيْثُ أَخْرَجُوكُمْ وَٱلْفِتْنَةُ أَشَدُّ مِنَ ٱلْقَتْلِ وَلَا تُقٰتِلُوهُمْ عِندَ ٱلْمَسْجِدِ ٱلْحَرَامِ حَتَّى يُقٰتِلُوكُمْ فِيهِ فَإِن قٰتَلُوكُمْ فَاقْتُلُوهُمْ

Z. 1 دَعَانِ : vgl. Wright Bd. 1 § 185 Rem. c.

كَذَٰلِكَ جَزَآءُ ٱلْكَٰفِرِينَ (١٩١) فَإِنِ ٱنتَهَوْا۟ فَإِنَّ ٱللَّهَ غَفُورٌ رَّحِيمٌ (١٩٢) وَقَٰتِلُوهُمْ حَتَّىٰ لَا تَكُونَ فِتْنَةٌ وَيَكُونَ ٱلدِّينُ لِلَّهِ فَإِنِ ٱنتَهَوْا۟ فَلَا عُدْوَٰنَ إِلَّا عَلَى ٱلظَّٰلِمِينَ (١٩٣) ٱلشَّهْرُ ٱلْحَرَامُ بِٱلشَّهْرِ ٱلْحَرَامِ وَٱلْحُرُمَٰتُ قِصَاصٌ فَمَنِ ٱعْتَدَىٰ عَلَيْكُمْ فَٱعْتَدُوا۟ عَلَيْهِ بِمِثْلِ مَا ٱعْتَدَىٰ عَلَيْكُمْ وَٱتَّقُوا۟ ٱللَّهَ وَٱعْلَمُوٓا۟ أَنَّ ٱللَّهَ مَعَ ٱلْمُتَّقِينَ (١٩٤) وَأَنفِقُوا۟ فِى سَبِيلِ ٱللَّهِ وَلَا تُلْقُوا۟ بِأَيْدِيكُمْ إِلَى ٱلتَّهْلُكَةِ وَأَحْسِنُوٓا۟ إِنَّ ٱللَّهَ يُحِبُّ ٱلْمُحْسِنِينَ (١٩٥) وَأَتِمُّوا۟ ٱلْحَجَّ وَٱلْعُمْرَةَ لِلَّهِ فَإِنْ أُحْصِرْتُمْ فَمَا ٱسْتَيْسَرَ مِنَ ٱلْهَدْىِ وَلَا تَحْلِقُوا۟ رُءُوسَكُمْ حَتَّىٰ يَبْلُغَ ٱلْهَدْىُ مَحِلَّهُۥ فَمَن كَانَ مِنكُم مَّرِيضًا أَوْ بِهِۦٓ أَذًى مِّن رَّأْسِهِۦ فَفِدْيَةٌ مِّن صِيَامٍ أَوْ صَدَقَةٍ أَوْ نُسُكٍ فَإِذَآ أَمِنتُمْ فَمَن تَمَتَّعَ بِٱلْعُمْرَةِ إِلَى ٱلْحَجِّ فَمَا ٱسْتَيْسَرَ مِنَ ٱلْهَدْىِ فَمَن لَّمْ يَجِدْ فَصِيَامُ ثَلَٰثَةِ أَيَّامٍ فِى ٱلْحَجِّ وَسَبْعَةٍ إِذَا رَجَعْتُمْ تِلْكَ عَشَرَةٌ كَامِلَةٌ ذَٰلِكَ لِمَن لَّمْ يَكُنْ أَهْلُهُۥ حَاضِرِى ٱلْمَسْجِدِ ٱلْحَرَامِ وَٱتَّقُوا۟ ٱللَّهَ وَٱعْلَمُوٓا۟ أَنَّ ٱللَّهَ شَدِيدُ ٱلْعِقَابِ (١٩٦) ٱلْحَجُّ أَشْهُرٌ مَّعْلُومَٰتٌ فَمَن فَرَضَ فِيهِنَّ ٱلْحَجَّ فَلَا رَفَثَ وَلَا فُسُوقَ وَلَا جِدَالَ فِى ٱلْحَجِّ وَمَا

Z. 9 فَمَا ٱسْتَيْسَرَ : hier und andernorts elliptische Ausdrucksweise. **Z. 13** تَمَتَّعَ بِٱلْعُمْرَةِ إِلَى ٱلْحَجِّ : vgl. Glossar und Paret 1977: 41. **Z. 17** ٱلْحَجُّ أَشْهُرٌ مَّعْلُومَٰتٌ : zu diesem Typ von Nominalsatz vgl. Reckendorf *AS* § 3, 7.

تَفْعَلُوا مِنْ خَيْرٍ يَعْلَمْهُ ٱللَّهُ وَتَزَوَّدُوا فَإِنَّ خَيْرَ ٱلزَّادِ ٱلتَّقْوَى وَٱتَّقُونِ يَـٰٓأُولِى ٱلْأَلْبَـٰبِ (١٩٧) لَيْسَ عَلَيْكُمْ جُنَاحٌ أَن تَبْتَغُوا فَضْلاً مِّن رَّبِّكُمْ فَإِذَآ أَفَضْتُم مِّنْ عَرَفَـٰتٍ فَٱذْكُرُوا ٱللَّهَ عِندَ ٱلْمَشْعَرِ ٱلْحَرَامِ وَٱذْكُرُوهُ كَمَا هَدَىٰكُمْ وَإِن كُنتُم مِّن قَبْلِهِۦ لَمِنَ ٱلضَّآلِّينَ (١٩٨) ثُمَّ أَفِيضُوا مِنْ حَيْثُ أَفَاضَ ٱلنَّاسُ وَٱسْتَغْفِرُوا ٱللَّهَ إِنَّ ٱللَّهَ غَفُورٌ رَّحِيمٌ (١٩٩) فَإِذَا قَضَيْتُم مَّنَـٰسِكَكُمْ فَٱذْكُرُوا ٱللَّهَ كَذِكْرِكُمْ ءَابَآءَكُمْ أَوْ أَشَدَّ ذِكْرًا فَمِنَ ٱلنَّاسِ مَن يَقُولُ رَبَّنَآ ءَاتِنَا فِى ٱلدُّنْيَا وَمَا لَهُۥ فِى ٱلْأَخِرَةِ مِنْ خَلَـٰقٍ (٢٠٠) [...] يَسْـَٔلُونَكَ مَاذَا يُنفِقُونَ قُلْ مَآ أَنفَقْتُم مِّنْ خَيْرٍ فَلِلْوَٰلِدَيْنِ وَٱلْأَقْرَبِينَ وَٱلْيَتَـٰمَى وَٱلْمَسَـٰكِينِ وَٱبْنِ ٱلسَّبِيلِ وَمَا تَفْعَلُوا مِنْ خَيْرٍ فَإِنَّ ٱللَّهَ بِهِۦ عَلِيمٌ (٢١٥) كُتِبَ عَلَيْكُمُ ٱلْقِتَالُ وَهُوَ كُرْهٌ لَّكُمْ وَعَسَى أَن تَكْرَهُوا شَيْـًٔا وَهُوَ خَيْرٌ لَّكُمْ وَعَسَى أَن تُحِبُّوا شَيْـًٔا وَهُوَ شَرٌّ لَّكُمْ وَٱللَّهُ يَعْلَمُ وَأَنتُمْ لَا تَعْلَمُونَ (٢١٦) يَسْـَٔلُونَكَ عَنِ ٱلشَّهْرِ ٱلْحَرَامِ قِتَالٍ فِيهِ قُلْ قِتَالٌ فِيهِ كَبِيرٌ وَصَدٌّ عَن سَبِيلِ ٱللَّهِ وَكُفْرٌ بِهِۦ وَٱلْمَسْجِدِ ٱلْحَرَامِ وَإِخْرَاجُ أَهْلِهِۦ مِنْهُ أَكْبَرُ عِندَ ٱللَّهِ

Z. 10 خَلَـٰقٍ : vgl. Jeffery 2007 (1938): 124f. und Bell 1991, Bd. 1: 42. **Z. 17** وَكُفْرٌ بِهِۦ : dieser Ausdruck ist in Parenthese zu denken (وَٱلْمَسْجِدِ hängt syntaktisch von صَدٌّ عَن ab).

وَٱلْفِتْنَةُ أَكْبَرُ مِنَ ٱلْقَتْلِ وَلَا يَزَالُونَ يُقَٰتِلُونَكُمْ حَتَّىٰ يَرُدُّوكُمْ عَن دِينِكُمْ إِنِ ٱسْتَطَٰعُوا وَمَن يَرْتَدِدْ مِنكُمْ عَن دِينِهِۦ فَيَمُتْ وَهُوَ كَافِرٌ فَأُوْلَٰٓئِكَ حَبِطَتْ أَعْمَٰلُهُمْ فِى ٱلدُّنْيَا وَٱلْأَخِرَةِ وَأُوْلَٰٓئِكَ أَصْحَٰبُ ٱلنَّارِ هُمْ فِيهَا خَٰلِدُونَ (٢١٧) إِنَّ ٱلَّذِينَ ءَامَنُوا وَٱلَّذِينَ هَاجَرُوا وَجَٰهَدُوا فِى سَبِيلِ ٱللَّهِ أُوْلَٰٓئِكَ يَرْجُونَ رَحْمَتَ ٱللَّهِ وَٱللَّهُ غَفُورٌ رَّحِيمٌ (٢١٨) يَسْـَٔلُونَكَ عَنِ ٱلْخَمْرِ وَٱلْمَيْسِرِ قُلْ فِيهِمَآ إِثْمٌ كَبِيرٌ وَمَنَٰفِعُ لِلنَّاسِ وَإِثْمُهُمَآ أَكْبَرُ مِن نَّفْعِهِمَا وَيَسْـَٔلُونَكَ مَاذَا يُنفِقُونَ قُلِ ٱلْعَفْوَ كَذَٰلِكَ يُبَيِّنُ ٱللَّهُ لَكُمُ ٱلْأَيَٰتِ لَعَلَّكُمْ تَتَفَكَّرُونَ (٢١٩) فِى ٱلدُّنْيَا وَٱلْأَخِرَةِ وَيَسْـَٔلُونَكَ عَنِ ٱلْيَتَٰمَىٰ قُلْ إِصْلَاحٌ لَّهُمْ خَيْرٌ وَإِنْ تُخَالِطُوهُمْ فَإِخْوَٰنُكُمْ وَٱللَّهُ يَعْلَمُ ٱلْمُفْسِدَ مِنَ ٱلْمُصْلِحِ وَلَوْ شَآءَ ٱللَّهُ لَأَعْنَتَكُمْ إِنَّ ٱللَّهَ عَزِيزٌ حَكِيمٌ (٢٢٠) وَلَا تَنكِحُوا ٱلْمُشْرِكَٰتِ حَتَّىٰ يُؤْمِنَّ وَلَأَمَةٌ مُّؤْمِنَةٌ خَيْرٌ مِّن مُّشْرِكَةٍ وَلَوْ أَعْجَبَتْكُمْ وَلَا تُنكِحُوا ٱلْمُشْرِكِينَ حَتَّىٰ يُؤْمِنُوا وَلَعَبْدٌ مُّؤْمِنٌ خَيْرٌ مِّن مُّشْرِكٍ وَلَوْ أَعْجَبَكُمْ أُوْلَٰٓئِكَ يَدْعُونَ إِلَى ٱلنَّارِ وَٱللَّهُ يَدْعُوٓا إِلَى ٱلْجَنَّةِ وَٱلْمَغْفِرَةِ

Z. 9 ٱلْعَفْوَ: vgl. Paret 1977: 46f. und Bell 1991, Bd. 1: 45.

بِإِذْنِهِۦ وَيُبَيِّنُ ءَايَٰتِهِۦ لِلنَّاسِ لَعَلَّهُمْ يَتَذَكَّرُونَ (٢٢١) وَيَسْـَٔلُونَكَ عَنِ ٱلْمَحِيضِ قُلْ هُوَ أَذًى فَٱعْتَزِلُوا۟ ٱلنِّسَآءَ فِى ٱلْمَحِيضِ وَلَا تَقْرَبُوهُنَّ حَتَّىٰ يَطْهُرْنَ فَإِذَا تَطَهَّرْنَ فَأْتُوهُنَّ مِنْ حَيْثُ أَمَرَكُمُ ٱللَّهُ إِنَّ ٱللَّهَ يُحِبُّ ٱلتَّوَّٰبِينَ وَيُحِبُّ ٱلْمُتَطَهِّرِينَ (٢٢٢) نِسَآؤُكُمْ حَرْثٌ لَكُمْ فَأْتُوا۟ حَرْثَكُمْ أَنَّىٰ شِئْتُمْ وَقَدِّمُوا۟ لِأَنفُسِكُمْ وَٱتَّقُوا۟ ٱللَّهَ وَٱعْلَمُوٓا۟ أَنَّكُم مُّلَٰقُوهُ وَبَشِّرِ ٱلْمُؤْمِنِينَ (٢٢٣) وَلَا تَجْعَلُوا۟ ٱللَّهَ عُرْضَةً لِّأَيْمَٰنِكُمْ أَن تَبَرُّوا۟ وَتَتَّقُوا۟ وَتُصْلِحُوا۟ بَيْنَ ٱلنَّاسِ وَٱللَّهُ سَمِيعٌ عَلِيمٌ (٢٢٤) لَّا يُؤَاخِذُكُمُ ٱللَّهُ بِٱللَّغْوِ فِىٓ أَيْمَٰنِكُمْ وَلَٰكِن يُؤَاخِذُكُم بِمَا كَسَبَتْ قُلُوبُكُمْ وَٱللَّهُ غَفُورٌ حَلِيمٌ (٢٢٥) لِّلَّذِينَ يُؤْلُونَ مِن نِّسَآئِهِمْ تَرَبُّصُ أَرْبَعَةِ أَشْهُرٍ فَإِن فَآءُو فَإِنَّ ٱللَّهَ غَفُورٌ رَّحِيمٌ (٢٢٦) وَإِنْ عَزَمُوا۟ ٱلطَّلَٰقَ فَإِنَّ ٱللَّهَ سَمِيعٌ عَلِيمٌ (٢٢٧) وَٱلْمُطَلَّقَٰتُ يَتَرَبَّصْنَ بِأَنفُسِهِنَّ ثَلَٰثَةَ قُرُوٓءٍ وَلَا يَحِلُّ لَهُنَّ أَن يَكْتُمْنَ مَا خَلَقَ ٱللَّهُ فِىٓ أَرْحَامِهِنَّ إِنْ كُنَّ يُؤْمِنَّ بِٱللَّهِ وَٱلْيَوْمِ ٱلْءَاخِرِ وَبُعُولَتُهُنَّ أَحَقُّ بِرَدِّهِنَّ فِى ذَٰلِكَ إِنْ أَرَادُوٓا۟ إِصْلَٰحًا وَلَهُنَّ مِثْلُ ٱلَّذِى عَلَيْهِنَّ بِٱلْمَعْرُوفِ وَلِلرِّجَالِ عَلَيْهِنَّ دَرَجَةٌ

Z. 7 مُلَٰقُوهُ : vgl. Fischer § 203. Z. 11 يُؤْلُونَ : Wurzel ʾ-l-w, IV.

وَٱللَّهُ عَزِيزٌ حَكِيمٌ (٢٢٨) ٱلطَّلَٰقُ مَرَّتَانِ فَإِمْسَاكٌۢ بِمَعْرُوفٍ أَوْ تَسْرِيحٌۢ بِإِحْسَٰنٍ وَلَا يَحِلُّ لَكُمْ أَن تَأْخُذُوا مِمَّآ ءَاتَيْتُمُوهُنَّ شَيْـًٔا إِلَّآ أَن يَخَافَآ أَلَّا يُقِيمَا حُدُودَ ٱللَّهِ فَإِنْ خِفْتُمْ أَلَّا يُقِيمَا حُدُودَ ٱللَّهِ فَلَا جُنَاحَ عَلَيْهِمَا فِيمَا ٱفْتَدَتْ بِهِۦ تِلْكَ حُدُودُ ٱللَّهِ فَلَا تَعْتَدُوهَا وَمَن يَتَعَدَّ حُدُودَ ٱللَّهِ فَأُولَٰٓئِكَ هُمُ ٱلظَّٰلِمُونَ (٢٢٩) فَإِن طَلَّقَهَا فَلَا تَحِلُّ لَهُۥ مِن بَعْدُ حَتَّىٰ تَنكِحَ زَوْجًا غَيْرَهُۥ فَإِن طَلَّقَهَا فَلَا جُنَاحَ عَلَيْهِمَآ أَن يَتَرَاجَعَآ إِن ظَنَّآ أَن يُقِيمَا حُدُودَ ٱللَّهِ وَتِلْكَ حُدُودُ ٱللَّهِ يُبَيِّنُهَا لِقَوْمٍ يَعْلَمُونَ (٢٣٠) وَإِذَا طَلَّقْتُمُ ٱلنِّسَآءَ فَبَلَغْنَ أَجَلَهُنَّ فَأَمْسِكُوهُنَّ بِمَعْرُوفٍ أَوْ سَرِّحُوهُنَّ بِمَعْرُوفٍ وَلَا تُمْسِكُوهُنَّ ضِرَارًا لِّتَعْتَدُوا وَمَن يَفْعَلْ ذَٰلِكَ فَقَدْ ظَلَمَ نَفْسَهُۥ وَلَا تَتَّخِذُوٓا ءَايَٰتِ ٱللَّهِ هُزُوًا وَٱذْكُرُوا نِعْمَتَ ٱللَّهِ عَلَيْكُمْ وَمَآ أَنزَلَ عَلَيْكُم مِّنَ ٱلْكِتَٰبِ وَٱلْحِكْمَةِ يَعِظُكُم بِهِۦ وَٱتَّقُوا ٱللَّهَ وَٱعْلَمُوٓا أَنَّ ٱللَّهَ بِكُلِّ شَيْءٍ عَلِيمٌ (٢٣١) وَإِذَا طَلَّقْتُمُ ٱلنِّسَآءَ فَبَلَغْنَ أَجَلَهُنَّ فَلَا تَعْضُلُوهُنَّ أَن يَنكِحْنَ أَزْوَٰجَهُنَّ إِذَا تَرَٰضَوْا بَيْنَهُم بِٱلْمَعْرُوفِ ذَٰلِكَ يُوعَظُ بِهِۦ مَن كَانَ مِنكُمْ يُؤْمِنُ بِٱللَّهِ وَٱلْيَوْمِ ٱلْأَخِرِ

Z. 1 فَإِمْسَاكٌ : vgl. Wright, Bd. 2 § 35 Rem. a. **Z. 4** خِفْتُمْ : Subjekt sind wohl die Richter, die den Fall zu entscheiden haben; vgl. Bell 1991, Bd. 1: 48 und Paret 1977: 48f. **Z. 5** ٱفْتَدَتْ بِهِ : "sich mit (einem Teil des) Brautgeld(s) freikaufen".

ذَٰلِكُمْ أَزْكَىٰ لَكُمْ وَأَطْهَرُ وَٱللَّهُ يَعْلَمُ وَأَنتُمْ لَا تَعْلَمُونَ (٢٣٢) وَٱلْوَٰلِدَٰتُ يُرْضِعْنَ أَوْلَٰدَهُنَّ حَوْلَيْنِ كَامِلَيْنِ لِمَنْ أَرَادَ أَن يُتِمَّ ٱلرَّضَاعَةَ وَعَلَى ٱلْمَوْلُودِ لَهُۥ رِزْقُهُنَّ وَكِسْوَتُهُنَّ بِٱلْمَعْرُوفِ لَا تُكَلَّفُ نَفْسٌ إِلَّا وُسْعَهَا لَا تُضَآرَّ وَٰلِدَةٌۢ بِوَلَدِهَا وَلَا مَوْلُودٌ لَّهُۥ بِوَلَدِهِۦ وَعَلَى ٱلْوَارِثِ مِثْلُ ذَٰلِكَ فَإِنْ أَرَادَا فِصَالًا عَن تَرَاضٍ مِّنْهُمَا وَتَشَاوُرٍ فَلَا جُنَاحَ عَلَيْهِمَا وَإِنْ أَرَدتُّمْ أَن تَسْتَرْضِعُوٓا أَوْلَٰدَكُمْ فَلَا جُنَاحَ عَلَيْكُمْ إِذَا سَلَّمْتُم مَّآ ءَاتَيْتُم بِٱلْمَعْرُوفِ وَٱتَّقُوا ٱللَّهَ وَٱعْلَمُوٓا أَنَّ ٱللَّهَ بِمَا تَعْمَلُونَ بَصِيرٌ (٢٣٣) وَٱلَّذِينَ يُتَوَفَّوْنَ مِنكُمْ وَيَذَرُونَ أَزْوَٰجًا يَتَرَبَّصْنَ بِأَنفُسِهِنَّ أَرْبَعَةَ أَشْهُرٍ وَعَشْرًا فَإِذَا بَلَغْنَ أَجَلَهُنَّ فَلَا جُنَاحَ عَلَيْكُمْ فِيمَا فَعَلْنَ فِىٓ أَنفُسِهِنَّ بِٱلْمَعْرُوفِ وَٱللَّهُ بِمَا تَعْمَلُونَ خَبِيرٌ (٢٣٤) وَلَا جُنَاحَ عَلَيْكُمْ فِيمَا عَرَّضْتُم بِهِۦ مِنْ خِطْبَةِ ٱلنِّسَآءِ أَوْ أَكْنَنتُمْ فِىٓ أَنفُسِكُمْ عَلِمَ ٱللَّهُ أَنَّكُمْ سَتَذْكُرُونَهُنَّ وَلَٰكِن لَّا تُوَاعِدُوهُنَّ سِرًّا إِلَّآ أَن تَقُولُوا قَوْلًا مَّعْرُوفًا وَلَا تَعْزِمُوا عُقْدَةَ ٱلنِّكَاحِ حَتَّىٰ يَبْلُغَ ٱلْكِتَٰبُ أَجَلَهُۥ وَٱعْلَمُوٓا أَنَّ ٱللَّهَ يَعْلَمُ مَا فِىٓ أَنفُسِكُمْ فَٱحْذَرُوهُ وَٱعْلَمُوٓا أَنَّ ٱللَّهَ

Z. 3 ٱلْمَوْلُودِ لَهُۥ : "dem das Kind geboren wird" (dem Vater). **Z. 17** ٱلْكِتَٰبُ : hier: "Vorschrift".

غَفُورٌ حَلِيمٌ (٢٣٥) لَا جُنَاحَ عَلَيْكُمْ إِن طَلَّقْتُمُ ٱلنِّسَآءَ مَا لَمْ تَمَسُّوهُنَّ أَوْ تَفْرِضُوا لَهُنَّ فَرِيضَةً وَمَتِّعُوهُنَّ عَلَى ٱلْمُوسِعِ قَدَرُهُۥ وَعَلَى ٱلْمُقْتِرِ قَدَرُهُۥ مَتَٰعًا بِٱلْمَعْرُوفِ حَقًّا عَلَى ٱلْمُحْسِنِينَ (٢٣٦) وَإِن طَلَّقْتُمُوهُنَّ مِن قَبْلِ أَن تَمَسُّوهُنَّ وَقَدْ فَرَضْتُمْ لَهُنَّ فَرِيضَةً فَنِصْفُ مَا فَرَضْتُمْ إِلَّآ أَن يَعْفُونَ أَوْ يَعْفُوَا ٱلَّذِى بِيَدِهِۦ عُقْدَةُ ٱلنِّكَاحِ وَأَن تَعْفُوٓا أَقْرَبُ لِلتَّقْوَى وَلَا تَنسَوُا ٱلْفَضْلَ بَيْنَكُمْ إِنَّ ٱللَّهَ بِمَا تَعْمَلُونَ بَصِيرٌ (٢٣٧) حَٰفِظُوا عَلَى ٱلصَّلَوَٰتِ وَٱلصَّلَوٰةِ ٱلْوُسْطَى وَقُومُوا لِلَّهِ قَٰنِتِينَ (٢٣٨) فَإِنْ خِفْتُمْ فَرِجَالًا أَوْ رُكْبَانًا فَإِذَآ أَمِنتُمْ فَٱذْكُرُوا ٱللَّهَ كَمَا عَلَّمَكُم مَّا لَمْ تَكُونُوا تَعْلَمُونَ (٢٣٩) وَٱلَّذِينَ يُتَوَفَّوْنَ مِنكُمْ وَيَذَرُونَ أَزْوَٰجًا وَصِيَّةً لِّأَزْوَٰجِهِم مَّتَٰعًا إِلَى ٱلْحَوْلِ غَيْرَ إِخْرَاجٍ فَإِنْ خَرَجْنَ فَلَا جُنَاحَ عَلَيْكُمْ فِى مَا فَعَلْنَ فِىٓ أَنفُسِهِنَّ مِن مَّعْرُوفٍ وَٱللَّهُ عَزِيزٌ حَكِيمٌ (٢٤٠) وَلِلْمُطَلَّقَٰتِ مَتَٰعٌ بِٱلْمَعْرُوفِ حَقًّا عَلَى ٱلْمُتَّقِينَ (٢٤١) كَذَٰلِكَ يُبَيِّنُ ٱللَّهُ لَكُمْ ءَايَٰتِهِۦ لَعَلَّكُمْ تَعْقِلُونَ (٢٤٢)

[...] ءَامَنَ ٱلرَّسُولُ بِمَآ أُنزِلَ إِلَيْهِ مِن رَّبِّهِۦ وَٱلْمُؤْمِنُونَ كُلٌّ ءَامَنَ بِٱللَّهِ وَمَلَٰٓئِكَتِهِۦ وَكُتُبِهِۦ وَرُسُلِهِۦ لَا نُفَرِّقُ بَيْنَ

Z. 9 ٱلصَّلَوٰةِ ٱلْوُسْطَى: vgl. Paret 1977: 50f. und Bell 1991, Bd. 1: 49f.

أَحَدٍ مِّن رُّسُلِهِ وَقَالُوا سَمِعْنَا وَأَطَعْنَا غُفْرَانَكَ رَبَّنَا وَإِلَيْكَ ٱلْمَصِيرُ (٢٨٥)

(من كتاب الجامع الصَحيح للبُخارىّ)

(من كتاب التوحيد)

(١) بابُ ما جاء فى دعاء النبىّ صلّعم أُمَّتَه الى توحيد الله تبارك وتعالى [...] ، حدثنى عبد الله بن ابى الأَسْوَد ثّنا الفَضْل بن العَلاء ثّنا إسْمٰعِيل بن أُمَيّة عن يَحْيَى بن محمد بن عبد الله بن صَيْفىّ انّه سمع ابا مَعْبَد مولى ابن عبّاس يقول سمعتُ ابن عبّاس يقول لمّا بعث النبىّ صلّعم مُعاذًا نحو اليمن قال له انّك تَقْدَم على قوم من اهل الكتاب فلْيكن اوّلَ ما تدعوهم الى ان يوحّدوا الله تعالى فاذا عرفوا ذلك فأَخبِرهم انّ الله فرض عليهم خمسَ صلوات فى يومهم وليلتهم فاذا صلّوا فأَخبِرهم انّ الله افترض عليهم زكاةَ اموالهم تؤخَذُ من غنيّهم فتُردّ على فقيرهم فاذا اقرّوا بذلك فخذْ منهم زكاة اموالهم وتَوَقَّ كرائمَ اموال الناس ، حدثنا محمد بن بَشّار ثّنا غُنْدَر ثّنا شُعْبة عن ابى

Z. 1 غُفْرَانَكَ : elliptische Ausdrucksweise. **Überschrift** الصَحيح : "der Solide im Sinne der Zuverlässigkeit der Überlieferung"; eine nützliche thematische Einführung ist Hallaq 1999. **Z. 14** تَوَقَّ : Imperativ, Wurzel *w–q–y*, V.

حَصين والأَشْعَثِ بن سُليم سمِعا الاسودَ بن هِلال عن مُعاذ بن جَبَل قال قال النبىّ صلّعم يا معاذ أَتَدْرى ما حقّ الله على العباد قال اللهُ ورسولُه اعلمُ قال أن يعبدوه ولا يُشركوا به شيئًا اتدرى ما حقّهم عليه قال الله ورسوله اعلم قال ان لا يعذّبهم ، حدثنا اسماعيل حدثنى مالك عن عبد الرحمٰن بن عبد الله بن عبد الرحمن بن ابى صَعْصَعة عن ابيه عن ابى سَعيد الخُدْرِىّ انّ رجلا سمع رجلا يقرأ ﴿ قُلْ هو اللهُ أَحَدٌ ﴾ يردّدها فلمّا اصبح جاء الى النبىّ صلّعم فذكر له ذلك وكأنّ الرجل يتقالّها فقال رسول الله صلّعم والذى نفسى بيده انّها لتَعْدل ثلثَ القرآن [...] (٤) باب قول الله تعٓ ﴿ عالمُ الغيب فلا يُظْهِرُ على غيبه احدًا ﴾ و ﴿ إنّ الله عنده عِلْم الساعة ﴾ و ﴿ أَنْزَلَه بعِلْمه ﴾ و ﴿ما تَحْمل من انثى ولا تضع الّا بعلمه﴾ ﴿ اليه يُرَدّ علم الساعة ﴾ قال يحيى بن زِياد الظاهرُ على كلّ شىء عِلْمًا والباطن على كلّ شىء عِلْما ،

Z. 9 قُلْ هو اللهُ أَحَدٌ : vgl. Q 112: 1. **Z. 10** يتقالّها : ″er geringschätzt(e) sie″ (VI; gewöhnlich X). **Z. 12–13** عالمُ الغيب فلا يُظْهِرُ على غيبه احدًا : vgl. Q 72: 26. **Z. 13–14** إنّ الله عنده عِلْم الساعة : vgl. Q 31: 35. **Z. 14** أَنْزَلَه بعِلْمه : vgl. Q 4: 166. **Z. 14–15** ما تَحْمل من انثى ولا تضع الّا بعلمه : vgl. Q 35: 11 und 41: 47. **Z. 15** اليه يُرَدّ علم الساعة : vgl. Q 41: 47. **Z. 16** الظاهرُ ... والباطن : ähnlicher Wortlaut in Q 57: 3.

حدثنا خالد بن مَخْلَد ثَنا سُلَيْمٰن بن بِلال حدثنى عبد الله بن دِينار عن ابن عمر رضى الله عنهما عن النبىّ صلّعم قال مفاتيح الغيب خمس لا يَعلمها الّا الله لا يعلم ما تَغيض الارحام الا الله ولا يعلم ما فى غَد الا الله ولا يعلم متى يأتى المطر احد الا الله ولا تدرى نفس بأىّ ارض تموت الا الله ولا يعلم متى تَقوم الساعة الا الله ، حدثنا محمد ابن يوسُف ثَنا سُفْيان عن اسماعيل عن الشَعْبىّ عن مسروق عن عائشة رضى الله عنها قالت مَن حدّثكَ انّ محمدا صلّعم رأى ربّه { ليلة المعراج } فقد كذب وهو يقول ﴿ لا تُدركه الابصارُ ﴾ ومن حدّثك انّه يعلم الغيب فقد كذب وهو يقول ﴿ لا يعلم الغيب الّا اللهُ ﴾ (٥) بابُ قول الله تعٓ ﴿ السَلامُ المؤْمِن ﴾ ، حدثنا أَحْمَد بن يونُس ثَنا زُهير ثَنا مُغِيرة ثَنا شَقيق بن سَلَمة قال قال عبد الله كنّا نصلّى خلف النبىّ صلّعم فنقول السلامُ على الله فقال النبىّ صلّعم

Z. 4 ما تَغيض الارحام : vgl. Q 13: 8; etwa: "die verbleibende Zeit der Schwangerschaft". **Z. 10** die zwischen geschweiften Klammern gesetzten Interpolationen in den älteren Ausgaben der Chrestomathie (hier: { ليلة المعراج }) stützen sich zum Teil auf Ḥadīṯ-Kommentatoren wie Ibn Ḥağar al-ʿAsqalānī (gest. 1449), Badr ad-Dīn al-ʿAynī (gest. 1451) und al-Qasṭallānī (gest. 1517); vgl. auch *GAS* I: 118–126. **Z. 11** لا تُدركه الابصارُ : vgl. Q 6: 103. **Z. 12–13** لا يعلم الغيب الّا اللهُ : vgl. Q 27: 65. **Z. 13** السَلامُ المؤْمِن : vgl. Q 59: 23.

انّ الله هو السلام ولكن قولوا التَحيّاتُ لله والصلوات والطيّبات السلامُ عليك ايُها النبى ورحمةُ الله وبركاته السلامُ علينا وعلى عباد الله الصالحين أَشْهَدُ انْ لا الهَ الّا اللهُ واشهد انّ محمدا عبده ورسوله [..] (٨) بابُ قول الله تعٓ ﴿ وهو الذى خلق السموات والارض بالحَقّ ﴾ ، حدثنا قَبيصة ثٓنا سُفْيان عن ابن جُريج عن سليمان عن طاوُس عن ابن عبّاس رضى الله عنهما قال كان النبى صلّعم يدعو من الليل اللهمّ لك الحمد انت ربّ السموات والارض لك الحمد انت قَيِّم السموات والارض ومن فيهنّ لك الحمد انت نور السموات والارض قولُك الحقّ ووعْدك الحقّ ولقاؤك حقٌّ والجنّة حق والنار حق والساعة حق اللهم لك اسلمتُ وبك آمنت وعليك توكّلت واليك أنبت وبك خاصمت واليك حاكمت فأغفر لى ما قدّمتُ وما اخّرت واسررت واعلنت انت الهى لا الهَ لى غَيرُك حدثنا ثابت بن محمد ثٓنا سفيان بهذا { السند والمتن المذكورَيْن } وقال انت الحقّ وقولك الحقّ [..]

Z. 5–6 وهو الذى خلق السموات والارض بالحَقّ : vgl. Q 6: 72. **Z. 13–14** اسلمتُ etc.: mehrere Beispiele für die Suffixkonjugation mit resultativem Aspekt. **Z. 14** أنبت : Wurzel *n–w–b*, IV. **Z. 14–15**: zu denominativen Funktionen des IV. Stamms vgl. Wright Bd. 1 § 45 Rem. c.

(١٠) بابُ قول الله تعَ ﴿ قُلْ هو القادر ﴾ ، حدثنى إبْراهيم ابن المنذِر ثّنا مَعْن بن عِيسَى حدثنى عبد الرحمن ابن ابى المَوالِى قال سمعت محمد بن المنكدِر يحدّث عبدَ الله بن الحسن يقول اخبرنى جابر بن عبد الله السَلَمىّ قال كان رسول الله صلّعم يعلّم اصحابه الاستخارة فى الامور كلّها كما يعلّم السورة من القرآن يقول اذا همّ احدكم بالامر فليركع ركعتين من غير الفريضة ثمّ لْيقل اللهمّ انّى استخيرك بعِلْمك واستقدرك بقدرتك واسألك مِن فضلك فانّك تَقدِر ولا اقدر وتعلم ولا اعلم وانت علّام الغيوب اللهم فان كنت تَعلم هذا الامر ثمّ يسميه بعينه خيرا لى فى عاجل امرى وآجله قال { الراوى } او { قال } فى دينى ومعاشى وعاقبة امرى فاُقدُره لى ويسّرْه لى ثمّ بارك لى فيه اللهم وان كنت تعلم انّه شرّ لى فى دينى ومعاشى وعاقبة امرى او قال فى عاجل امرى وآجله فاُصرفنى عنه واقدر لى الخير حيث كان ثمّ رضّنى به [..] (١٢) بابٌ إن لله مائة اسم الا واحدا قال ابن عبّاس ذو

Z. 1 قُلْ هو القادر : vgl. Q 6: 72. **Z. 8** ثمّ لْيقل: vgl. Fischer § 195 Anm. 1. **Z. 15** او قال : diese Formulierung deutet eine Textvariante an; vgl. Z. 12 (فى عاجل امرى وآجله entspricht ومعاشى وعاقبة امرى). **Z. 16** حيث كان : "wo (auch) immer es sein wird".

الجلال { اى } العظمة البَرّ { معناه } اللطيف ، حدثنا ابو اليَمان انّا شُعيب ثّنا ابو الزِناد عن الاعرج عن ابى هُريرة ان رسول الله صلّعم قال ان لله تسعة وتسعين اسما مائة الا واحدا من احصاها دخل الجنّة ، احصيناه { اى } حفظناه (١٣) بابُ السؤال باسماء الله تعالى والاستعاذةِ بها [..] ، حدثنا سَعْد بن حَفْص ثّنا شَيْبان عن منصور عن رِبْعىّ بن حِراش عن خَرَشة بن الحُرّ عن ابى ذَرّ قال كان النبى صلّعم اذا اخذ مضجعه من الليل قال باسمك نموت ونحيا فاذا استيقظ قال الحمد لله الذى احيانا بعد ما اماتنا واليه النشور ، حدثنا قُتيبة بن سَعيد ثّنا جَرير عن منصور عن سالم عن كُريب عن ابن عبّاس رضهما قال قال رسول الله صلّعم لو أن احدكم اذا اراد ان ياتى اهلَه فقال باسم الله اللهم جَنِّبْنا الشيطان وجنّب الشيطان ما رزقتنا فانّه ان يقدَّرْ بينهما ولدٌ فى ذلك لم يَضرّه شيطان ابدًا

۞ (من كتاب القَدَر) ۞

(١) باب فى القدر ، حدثنا ابو الوَليد هِشام بن عبد

Z. 2 انّا : Abkürzung für أخبرنا . **Z. 11** واليه النشور : vgl. Q 67: 15. **Z. 14** ان ياتى اهلَه : "daß er mit seiner Frau schläft"; vgl. Glossar.

المَلِك ثّنا شُعْبة انبانى سُلَيْمان الأَعْمَش قال سمعت زَيْد بن وَهْب عن عبد الله قال ثّنا رسول الله صلّعم وهو الصادق المصدوق قال انّ احدكم يُجْمَع فى بطن امه اربعين يوما ثم علقةً مثلَ ذلك ثم يكون مضغة مثل ذلك ثم يبعث اليه ملكا فيُؤْمَر باربع برزقه واجلِه وشقىٌّ او سعيد فوالله انّ احدكم او الرجلَ يعمل بعمل اهل النار حتى ما يكونَ بينه وبينها غيرُ باع او ذراع فيَسبق عليه الكتاب فيعمل بعمل اهل الجنة فيدخلها وان الرجل ليعمل بعمل اهل الجنة حتى ما يكون بينه وبينها غير ذراع او ذراعين فيسبق عليه الكتاب فيعمل بعمل اهل النار فيدخلها قال آدَم الّا ذراع ، حدثنا سليمان بن حَرْب ثّنا حَمّاد عن عُبيد الله بن ابى بَكْر بن أَنَس عن انس بن مالك رضى الله عنه عن النبى صلّعم قال وكّل الله بالرحم ملكا فيقول أى ربِّ نطفةٌ اى رب علقة اى رب مضغة فاذا اراد الله ان يقضى خَلْقها قال اى رب ذكر ام انثى أشقىّ ام سعيد فما الرزق فما الاجل فيُكتب كذلك فى بطن أُمّه (٢) بابٌ [..] حدثنا

Z. 6 وشقىٌّ او سعيد : "und [ob er] unglücklich oder glücklich [im Jenseits sein wird]". **Z. 8** فيَسبق : hier liegt wiederum ein alter s-Kausativ vor; vgl. Wright Bd. 1 § 65 Rem.

آدَم ثَنا شُعْبة ثَنا يَزيد الرِشْكُ قال سمعت مُطرِّف ابن عبد الله بن الشِخِّير يحدّث عن عِمْران بن حُصين قال قال رجل يا رسول الله أيُعرف اهل الجنة من اهل النار قال نعم قال فلِمَ يعمل العاملون قال كلّ يعمل لِما خُلق له او لما يُسّر له [..] (٤) بابٌ ﴿ وكان امر اللهِ قدرا مقدورا ﴾ ، حدثنا عبد الله بن يوسف اتّا مالك عن ابى الزِناد عن الاعرج عن ابى هُريرة قال قال رسول الله صلّعم لا تسأل المرأةُ طلاق اختها لتَستفرغ صحفتها ولْتَنْكح فان لها ما قُدّر لها ، حدثنا مالك بن إسْمٰعِيل ثَنا إسْرائِيل عن عاصم عن ابى عُثْمان عن أُسامة قال كنت عند النبى صلّعم اذ جاءه رسولُ احدى بناته وعنده سَعْد { هو ابن عُبادة } وَأُبَىّ بن كَعْب ومُعاذ { هو ابن جَبَل } أن ابنها يجود بنفسه فبعث اليها لله ما أخذ ولله ما اعطى كلٌّ بأجل فلْتصبر ولْتحتسب ، [..] حدثنا عَبْدان عن ابى حَمْزة عن الاعمش عن سَعْد بن عُبيدة عن ابى عبد الرحمن السُلَمىّ عن عَلىّ رضّه قال كنّا جلوسا مع النبى صلّعم ومعه عود يَنكت فى

Z. 4 فلِمَ يعمل العاملون : elliptische Ausdrucksweise: "warum handeln sie [gut oder schlecht]?". **Z. 5–6** وكان امر اللهِ قدرا مقدورا : vgl. Q 33: 38. **Z. 9** صحفتها : hier: "ihr Platz im Haushalt". **Z. 14** يجود بنفسه : "war dem Tode nahe". **Z. 18** جلوسا : hier Plural von جالسا (vgl. Glossar).

الارض وقال ما منكم من احد الا قد كُتب مقعده من النار او من الجنة فقال رجل من القوم ألا نتّكل يا رسول الله قال لا اعْملوا فكلّ ميسَّر ثم قرأ ﴿ فأمّا من أَعْطَى واتَّقى ﴾ الآيَةَ (٥) بابُ العمل بالخواتيم [..] حدثنا سعيد بن ابى مَرْيَم ثّنا ابو غَسّان حدثنى ابو حازم عن سَهْل بن سعد ان رجلا من اعظم المسلمين غَناءً عن المسلمين فى غزوة غزاها مع النبى صلّعم فنظر النبى صلّعم فقال من احب ان ينظر الى الرجل من اهل النار فلينظر الى هذا فاتّبعه رجل من القوم وهو على تلك الحال من اشدّ الناس على المشركين { قتيلا } حتى جُرح فاستعجل الموت فجعل ذبابة سيفه بين ثدييه حتى خرج من بين كتفيه فاقبل الرجل الى النبى صلّعم مسرعا فقال اشهد انك رسول الله فقال وما ذاك قال قلتَ لفلان { اى عن فلان } مَن احب ان ينظر الى رجل من اهل النار فلينظر اليه وكان من اعظمنا غناءً عن المسلمين فعرفتُ انه لا يموت على ذلك فلما جرح استعجل الموت فقتل نفسه

Z. 2 نتّكل : Wurzel *w–k–l*, VIII. **Z. 3–4** فأمّا من أَعْطَى واتَّقى : vgl. Q 92: 5.

فقال النبى صلّعم عند ذلك ان العبد ليعمل عمل اهل النار وانه من اهل الجنة ويعمل عمل اهل الجنة وانه من اهل النار وانّما الاعمال بالخواتيم [...] (١٦) بابُ ﴿ وما كنّا لِنهتدى لولا أنْ هدانا الله ﴾ ، ﴿ لو أنّ الله هدانى لكنت من المتّقين ﴾ ، حدثنا ابو النُعْمان انّا جَرير هو ابن حازم عن ابى إسحٰق عن البَراء ابن عازب قال رأيت النبى صلّعم يوم الخندق ينقل معنا التراب وهو يقول (من الرَجَز)

واللهِ لولا اللهُ ما اهتدَيْنا ولا صمنا ولا صلّينا
فأَنْزِلَنْ سكينة علينا وثَبِّت الأَقدامَ إن لاقينا
والمشركون قد بغوا علينا اذا ارادوا فتنة أَبَيْنا

﴿ (من كتاب اللباس) ﴾

(٨٨) بابُ التصاوير ، حدثنا آدَم ثَنا ابن ابى ذِئْب عن الزُهْرىّ عن عُبيد الله بن عبد الله بن عُتْبة عن ابن عبّاس عن ابى طَلْحة رضّهم قال قال النبى صلّعم لا تدخل الملائكة بيتا فيه كلب ولا تصاويرُ [...]

(٩١) بابُ ما وُطِئ من التصاوير ، حدثنا عَلىّ بن عبد

Z. 4 وما كنّا لِنهتدى لولا أنْ هدانا الله : vgl. Q 7: 43. **Z. 4–5** لو أنّ الله هدانى لكنت من المتّقين : vgl. Q 39: 57. **Z. 7** يوم الخندق : Anspielung auf die Schlacht von Qādisīya. **Z. 9** صُمْنا : oder: تَصَدَّقْنا . **Z. 10** فأَنْزِلَنْ: vgl. Fischer § 221a. **Z. 15** ولا : hier: "und (auch) nicht (wenn)".

الله ثّنا سُفْيان قال سمعت عبد الرحمن بن القاسم وما بالمدينة يومئذ أفضلُ منه قال سمعت ابى قال سمعت عائشة رضّها قدِم رسول الله صلّعم من سفر وقد سترتُ بقرام لى على سهوة لى فيها تماثيل فلما رآه رسول الله صلّعم هتكه وقال أشدّ الناس عذابا يوم القيامة الذين يُضاهون بخلق الله قالت فجعلناه وسادة او وسادتين [..] (٩٣) بابُ كراهية الصلاة فى التصاوير ، حدثنا عِمْران بن مَيْسَرة ثّنا عبد الوارث ثّنا عبد العَزيز بن صُهيب عن أَنَس رضّه قال كان قرام لعائشة سترت به جانب بيتها فقال لها النبى صلّعم أميطى عنى فانه لا تزال تصاويره تَعرض لى فى صلاتى (٩٤) بابٌ لا تدخل الملائكة بيتا فيه صورة ، حدثنا يَحْيَى بن سُلَيْمان قال حدثنى ابن وَهْب قال حدثنى عُمَر هو ابن محمد عن سالم عن ابيه قال وَعَدَ النبىَّ صلّعم جبريلُ فراث عليه حتى اشتدّ على النبى صلّعم فخرج النبى صلّعم فلقيه فشكا اليه ما وجد فقال له انا لا ندخل بيتا فيه صورة ولا كلب [..] (٩٦) بابُ مَن لعن المصوّر ، حدثنا محمد بن المثنَّى

Z. 6 يُضاهون: Wurzel *ḍ-h-w*, III. **Z. 11** أميطى : Wurzel *m–y–ṭ*, IV.

حدثنى محمد بن جَعْفَر غُنْدَر ثّنا شُعْبة عن عَوْن بن ابى جُحيفة عن ابيه انه اشترى غلاما حجّاما { فأمر بمحاجمه فكُسرت فسألته عن ذلك } فقال ان النبى صلّعم نهى عن ثمن الدم وثمن الكلب وكَسْب البغىّ ولعَن آكل الربا ومؤكله والواشمة والمستوشمة والمصوّر (٩٧) بابٌ من صوَّر صورة كُلّف يوم القيامة ان ينفخ فيها الروح وليس بنافخ ، حدثنا عَيّاش بن الوَليد ثّنا عبد الأعلى ثّنا سَعيد قال سمعت النَضْر ابن أَنَس بن مالك يحدّث قَتادةَ قال كنت عند ابن عبّاس وهم يسألونه { اى يستفتونه وهو يجيبهم عمّا يستفتونه } ولا يذكر النبىَّ صلّعم { فيما يجيبهم اى لا يذكر الدليل من السنّة } حتى سئل فقال سمعت محمدا صلّعم يقول من صوّر صورة فى الدنيا كلّف يوم القيامة ان ينفخ فيها الروح وليس بنافخ

(من كتاب النكاح)

(٢) بابُ قول النبى صلّعم من استطاع منكم الباءة فليتزوّج لانّه { اى التزوّج } أغضُّ للبصر وأحصن للفرج وهل يتزوّج من لا أَرَبَ له فى النكاح ، حدثنا

Z. 3: hier ist der Zusatz in der Tat unumgänglich, um den Sinn des Ḥadīṯs zu verstehen (die Pointe dafür, daß der Sklave gekauft wurde). **Z. 7, 14** وليس بنافخ : "er wird nicht einhauchen können".

عُمَر بن حَفْص ثَنا ابى ثَنا الأعمش قال حدثنى إبْراهيم عن عَلْقَمة قال كنت مع عبد الله { بن مسعود } فلقيه عُثْمان بمِنًى فقال { عثمان له } يا ابا عبد الرحمن ان لى اليك حاجةً فَخَلَيَا فقال عثمان هل لك يا ابا عبد الرحمن فى ان نزوّجك بِكْرا تذكّرك ما كنت تعهد { من نشاطك وقوة شبابك } فلما رأى عبد الله انْ ليس له حاجة الى هذا أشار الىّ فقال يا علقمة فانتهيت اليه وهو يقول أما لئن قلتَ ذلك لقد قال لنا النبى صلّعم يا معشر الشباب من استطاع منكم الباءة فليتزوّج ومن لم يستطع فعليه بالصوم فانه له وِجاء [..]

(٤) بابُ كثرة النساء ، حدثنا ابراهيم بن مُوسَى انّا هشام بن يُوسُف ان ابن جُريج اخبرهم قال اخبرنى عَطاء قال حضرنا مع ابن عبّاس جنازة مَيْمُونة بسَرِفَ فقال ابن عباس هذه زوجة النبى صلّعم فاذا رفعتم نعشها فلا تزعزعوها ولا تزلزلوها وارفُقوا فانه كان عند النبى صلّعم تسع كان يقسم لثمان { منهن فى المبيت عندهن } ولا يقسم لواحدة { منهن وهى سَوْدة وهبت ليلتها لعائشة } [..]

Z. 15–16 فلا تزعزعوها ولا تزلزلوها : zu reduplizierten vierradikaligen Wurzeln vgl. Wright Bd. 1 § 67 (a).

حدثنا عَلىّ بن الحَكَم الأَنْصارىّ ثَنا ابو عَوانة عن رَقَبة عن طَلْحة اليامىّ عن سَعيد بن جُبير قال قال لى ابن عباس هل تزوّجت قلت لا قال فتزوّجْ فان خير هذه الأمّة اكثرُها نساءً (٨) بابُ ما يُكره من التبتّل والخصاء ، حدثنا احمد بن يُونُس ثَنا ابراهيم بن سعد انَا ابن شِهاب سمع سَعيد بن المسيّب يقول سمعت سعد بن ابى وَقّاص يقول ردّ رسول الله صلّعم على عُثْمان بن مظعون التبتّل ولو أذن له لاختصينا [. .] حدثنا قُتيبة بن سَعيد ثَنا جَرير عن إسْمٰعِيل عن قَيْس قال قال عبد الله { بن مسعود رضّه } كنا نغزو مع رسول الله صلّعم وليس لنا شىء فقلنا ألا نستخصى فنهانا عن ذلك ثم رخّص لنا { بعد ذلك } ان ننكح المراة بالثَوْب { اى الى آجل فى نكاح المتعة } ثم قرأ علينا { اى عبد الله بن مسعود } ﴿ يا ايّها الذين آمنوا لا تحرّموا طيّباتِ ما أحلّ الله لكم ولا تعتدوا إن الله لا يحبّ المعتدين ﴾ ، وقال أَصْبَغ اخبرنى ابن وَهْب عن يونس بن يَزيد عن ابن

Z. 13 ان ننكح المراة بالثَوْب : vgl. Glossar s.v. *n–k–ḥ;* impliziert ist eine *mutᶜa*-Ehe. **Z. 14–16** يا ايّها الذين آمنوا لا تحرّموا طيّباتِ ما أحلّ الله لكم ولا تعتدوا إن الله لا يحبّ المعتدين : vgl. Q 5: 87.

شِهاب عن ابى سَلَمة عن ابى هُريرة رضّه قال قلت يا رسول الله انى رجل شابّ وانا أخاف على نفسى العنت { اى الزنا } ولا اجد ما اتزوّج به النساء فسكت عنّى ثم قلت مثل ذلك فسكت عنى ثم قلت مثل ذلك فسكت عنى ثم قلت مثل ذلك فقال النبى صلّعم يا ابا هريرة جفّ القلم بما انت لاق فاختصِ على ذلك { اى فاختص حال استعلائك على العِلْم بأن كلّ شىء بقضاء الله وقدره } او ذر (٩) باب نكاح الابكار وقال ابن ابى مُليكة قال ابن عباس لعائشة لم ينكح النبى صلّعم بكرا غيرك ، حدثنا اسماعيل بن عبد الله قال حدثنى اخى عن سليمان عن هِشام بن عُرْوة عن ابيه عن عائشة رضّها قالت قلت يا رسول الله أَرَأيتَ لو نزلتَ واديا وفيه شجرة قد أُكل منها ووجدتَ شجرا لم يؤكل منها فى ايّها كنت ترتع بعيرك قال فى الذى لم يُرْتَع منها تعنى ان رسول الله صلّعم لم يتزوّج بكرا غيرها [..] (١٠) باب تزويج الثيّبات وقالت امّ حَبيبة { امّ المؤمنين } قال لى النبى صلّعم لا تَعْرضن علىّ بناتِكن ولا اخواتكن { لحرمتهن

Z. 8 او ذر : "oder laß es bleiben!". **Z. 15** ترتع : vgl. Glossar.

لأنّهن ربائبه وهو يحقق أنه عليه الصلاة والسلام تزوج الثيب ذات البنت من غيره فحصلت المطابقة بين الحديث والترجمة } حدثنا ابو النُعْمان ثّنا هُشيم ثّنا سَيّار عن الشَعْبيّ عن جابر بن عبد الله قال قفلنا مع النبى صلّعم من غزوة فتعجّلت على بعير لى قطوف فلحقنى راكب مِن خلفى فنخس بعيرى بعنزة كانت معه فانطلق بعيرى كأجودِ ما انت راءٍ من الابل فاذا النبى صلّعم فقال ما يُعجلك قلت كنت حديث عَهْد بعُرْس قال أبِكْرا ام ثيّبا قلت ثيّبا قال فهلّا جاريةً تلاعبها وتلاعبك قال فلما ذهبنا لندخل { المدينة } قال أمهِلوا حتى تدخلوا ليلا اى عشاء لكى تمتشط الشعثة وتستحدّ المُغِيبة [..]

(١٢) باب اتّخاذ السراريّ ومَن أعتق جاريتَه ثم تزوّجها [..] ، حدثنا قُتيبة ثّنا اسماعيل بن جَعْفَر عن حُميد عن أنس رضى الله عنه قال اقام النبى صلّعم بين خَيْبَر والمدينة ثلاثا يُبْنَى عليه بصَفِيّة بنت حُيَىّ فدعوت المسلمين الى وليمته فما كان فيها من خبز ولا لحم أُمِرَ بالأنطاع فألْقَى فيها من التمر والأقط والسمن فكانت وليمتَه

Z. 7–8 كأجودِ ما انت راءٍ : "wie der Schnellste, den du siehst". **Z. 13**: Kap. 12 in der Edition von Krehl entspricht hier Kap. 13 in der Edition von Ḫaṭīb.

فقال المسلمون احدى امّهات المؤمنين او مما ملَكت يمينُه فقالوا ان حجبها فهى من امّهات المؤمنين وان لم يحجبها فهى مما ملكت يمينه فلما ارتحل وطَّأ لها خَلْفَه { اى على الراحلة } ومدّ الحجابَ بينها وبين الناس (١٣) باب مَن جعل عتق الأمة صداقها ، حدثنا قُتيبة بن سَعيد ثَنا حَمّاد عن ثابت وشُعيب بن الحَبْحاب عن أنس بن مالك ان رسول الله صلّعم أعتق صَفيّة وجعل عتقها صداقها [...] (٢٤) بابُ ما يَحِلّ من النساء وما يَحرم وقوله تعٓ ﴿ حُرّمت عليكم امّهاتكم وبناتكم واخواتكم وعمّاتكم وخالاتكم وبنات الاخ وبنات الاخت ﴾ الى آخر الآيتين الى قوله ﴿ ان الله كان عليما حكيما ﴾ وقال أنس ﴿ والمحصَنات من النساء ﴾ { اي } ذوات الازواج الحرائر حرامٌ ﴿ الّا ما ملكت أيمانُكم ﴾ لا يرى بأسا أن ينزع الرجل جاريتَه من عبده وقال { الله تعٓ } ﴿ ولا تنكحوا المشركات حتى يؤمنّ ﴾ وقال ابن عباس ما زاد على اربع { من الزوجات } فهو حرام كأمّه وابنته واخته ، وقال لنا احمد بن حَنْبَل ثَنا يَحْيَى بن سَعيد عن سُفْيان

Z. 9–11 حُرّمت عليكم امّهاتكم وبناتكم واخواتكم وعمّاتكم وخالاتكم وبنات الاخ وبنات الاخت : vgl. Q 4: 23. **Z. 11** ان الله كان عليما حكيما : Q 4: 24. **Z. 11–13** والمحصَنات من النساء الّا ما ملكت أيمانُكم : vgl. Q 4: 24. **Z. 14–15** ولا تنكحوا المشركات حتى يؤمنّ : vgl. Q 2: 221.

حدثنى حَبيب عن سَعيد بن جبير عن ابن عباس حُرّم من النسب سبع ومن الصهر سبع ثم قرأ ﴿ حرّمت عليكم امّهاتكم ﴾ الآيةَ { وزاد الطَبَرانىّ من طريق عُمير مولى ابن عباس عن ابن عباس فى آخر الحديث ثم قرأ حرمت عليكم امهاتكم حتى بلغ وبنات الاخ ثم قال هذا النسب ثم قرأ وامهاتكم اللاتى أرضعنكم حتى بلغ وأن تَجمعوا بين الأختين وقرأ ولا تَنكحوا ما نكح آباؤكم من النساء فقال هذا الصهر } وجمع عبد الله بن جَعْفَر { اى ابن أبى طالب } بين ابنة عَلىّ وامراة علىّ وقال ابن سِيرِين لا بأس به وكرهه الحَسَنُ { البَصْرىّ } مرّة ثم قال لا بأس به وجمع الحسن بن الحسن بن علىّ بين ابنتى عمّ فى ليلة وكرهه جابر بن زَيْد للقطيعة { اى لوقوع التنافس بينهما فى الحظوة عند الزوج فيؤدّى ذلك الى القطيعة } وليس فيه تحريم لقوله تعَ ﴿ وأُحِلَّ لكم ما وراء ذلكم ﴾ [..]

(٢٩) باب هل للمراة أن تهب نفسها لأحد ، حدثنا محمد ابن سَلام ثَنا ابن فُضيل ثَنا هِشام عن ابيه { عُرْوة

Z. 2–3 حرّمت عليكم امّهاتكم : vgl. Q 4: 23. Z. 7–8 ولا تَنكحوا ما نكح آباؤكم من النساء : vgl. Q 4: 22. Z. 15 وأُحِلَّ لكم ما وراء ذلكم : vgl. Q 4: 24.

ابن الزُبير } قال كانت خَوْلة بنت حكيم من اللائى وهبن انفسهن للنبى صلّعم فقالت عائشة أما تستحى المراةُ أن تهب نفسها للرجل فلما نزلت ﴿ تُرْجِئُ من تشاء منهنّ ﴾ قلت يا رسول الله ما أرى ربَّك الّا يسارع فى هواك رواه { اى الحديث المذكور } ابو سَعيد المؤدِّب ومحمد بن بِشْر وعَبْدة عن هِشام عن ابيه عن عائشة يزيد بعضهم على بعض [..] (٣١) باب نَهْى رسول الله صلّعم عن نكاح المُتْعة آخِرا { وهو المؤقّت بمدّة معلومة كسنة او مجهولة كقدوم زيد وقد كان جائزا فى صدر الإسلام للمضطرّ كأكل الميتة ثم حرّم كما أفهمه قول المصنّف } ، حدثنا مالك بن اسماعيل ثّنا ابن عُيينة انه سمع الزُهْرىّ يقول اخبرنى الحسن ابن محمد بن علىّ واخوه عبد الله عن ابيهما ان عليّا رضّه قال لابن عباس ان النبى صلّعم نهى عن المتعة وعن لحوم الحمر الأهليّة زمنَ خيبر ، حدثنا محمد بن بشّار ثّنا غُنْدَر ثّنا شُعْبة عن ابى جَمْرة قال سمعت ابن عباس سئل عن متعة النساء فرخّص

Z. 1 اللائى : vgl. Fischer § 281 Anm. 1 und Wright Bd. 1 § 347. **Z. 3–4** تُرْجِئُ من تشاء منهنّ : vgl. Q 33: 51.

فقال له مولى له انما ذلك { الترخيص } فى الحال الشديد { من قوة الشهوة والعزوبة } وفى النساء قلّةٌ او نحوَه فقال ابن عباس نَعَم [..] (٨٥) باب اذا باتت المراة مهاجرةً فراش زوجها ، حدثنا محمد بن بشّار ثّنا ابن ابى عَدىّ عن شُعْبة عن سليمان عن ابى حازم عن ابى هُريرة رضى الله عنه عن النبى صلّعم قال اذا دعا الرجل امراته الى فراشه فأبت ان تجىء لعنتها الملائكةُ حتى تصبح [..] (١١٥) باب خروج النساء لحوائجهن ، حدثنا فَرْوة بن ابى المَغْراء ثّنا علىّ بن مُسْهِر عن هِشام عن ابيه { عُروة بن الزُبير } عن عائشة قالت خرجت سَوْدةُ بنت زَمْعة ليلا فرآها عُمَر فعرفها فقال انك والله يا سودة ما تَخفين علينا فرجعت الى النبى صلّعم فذكرت ذلك له وهو فى حجرتى يتعشّى وان فى يده لعَرْقا فأُنزل عليه فرُفع عنه وهو يقول قد أذن الله لكن أن تخرجن لحوائجكن (١١٦) باب استئذان المراة زوجها فى الخروج الى المسجد وغيره ، حدثنا علىّ بن عبد الله ثّنا سُفْيان ثّنا الزُهْرىّ عن سالم عن ابيه عن النبى

Z. 14–15 فأُنزل عليه فرُفع عنه : unpersönliche Passivformen.

صلّعم اذا استأذنت امراةُ احدكم الى المسجد فلا يمنعْها

* (كتاب الآجُرُّومِيّة

لمحمّد بن داوُد الصِنْهاجىّ الشهير

بابن آجرّوم) *

بسم الله الرحمن الرحيم

(١) الكَلام هو اللفظ المركَّب المُفِيد بالوَضْع وأقسامه ثلاثة اسْم وفِعْل وحَرْف جاء لِمَعْنًى ، فالاسم يُعْرَف بالخَفْض والتَنْوِين ودخولِ الأَلِف واللام وحروفِ الخفض وهى مِنْ وإِلَى وعَنْ وعَلَى وفِى ورُبَّ والباءُ والكاف واللام وحروفِ القَسَم وهى الواو والباء والتاء ، والفعل يعرف بقَدْ والسِين وسَوْفَ وتاء التأنيث الساكنة ، والحرف ما لا يَصلح معه دليل الاسم ولا دليل الفعل (٢) (باب الإعْرابِ) الاعراب تغيير أواخر الكلم لاختلاف العوامل الداخلة عليها لفظًا او تقديرًا وأقسامه اربعة رَفْع ونَصْب وخَفْض وجَزْم فللأسماء من ذلك الرفع والنصب والخفض ولا جَزْمَ فيها وللأفعال من ذلك الرفع

Z. 4 (١) : hinzudenken ist hier (باب الكلام); die Numerierung erfolgt im Einklang mit Carter 1981. **Z. 5** حَرْف جاء لمَعْنًى : "ein Element, das grammatische Bedeutung erhält"; siehe auch die gleichlautende Definition zu Beginn von Sībawayhis *Kitāb*; vgl. Carter 1981: 15. **Z. 11** الإعْراب : zum funktionalen Charakter der arabischen Kasus- und Modusendungen vgl. die Lemmata "Declension" (L. Edzard) und "ʾIʿrāb" (K. Dévényi), in: *EALL*, Bd. 1 und 2, s.v.; zentral bei diesem Thema ist, daß einerseits der Begriff *rafʿ* "[grammatische] Unabhängigkeit" (wörtlich: "Hervorhebung") sowohl den "Nominativ" als auch den "Indikativ" bezeichnet, und andererseits der Begriff *naṣb* "[grammatische] Abhängigkeit" sowohl den "Akkusativ" (in seinen verschiedenen Funktionen) und den "Subjunktiv" bezeichnet. **Z. 12** تقديرًا : "implizit" ("durch Einschätzung"), d.h. unterhalb der Oberflächenstruktur gelegen; vgl. Carter 1981: 35 sowie das Lemma *Taḳdīr* in *EI*^{2} (A. Levin).

والنصب والجزم ولا خفضَ فيها (٣) (باب معرفة علامات الإعراب) للرفع أربع علامات الضمّة والواو والأَلِف والنُون فأمّا الضمّة فتكون علامة للرفع فى اربعة مواضع الاسم المُفْرَد وجَمْع التكسير وجمع المؤنَّث السالم والفِعْل المُضارِع الذى لم يَتّصل بآخِره شىء وأمّا الواو فتكون علامة للرفع فى موضعين فى جمع المذكَّر السالم وفى الاسماء الخمسة وهى أَبُوكَ وأَخُوك وحَمُوك وفُوك وذو مالٍ وأمّا الألف فتكون علامة للرفع فى تَثْنِيَة الأسماء خاصّةً وأمّا النون فتكون علامة للرفع فى الفعل المضارع اذا اتَّصل به ضميرُ تثنية او ضمير جمع او ضمير المؤنَّثة المخاطَبة ، وللنصب خمس علامات الفَتْحة والألف والكَسْرة والياء وحَذْف النون فأمّا الفتحة فتكون علامة للنصب فى ثلاثة مواضع فى الاسم المفرد وجمع التكسير والفعل المضارع الذى لم يتّصل بآخره شىء وامّا الألف فتكون علامة للنصب فى الأسماء الخمسة نَحْوَ رأيتُ اباك واخاك [.] وامّا الكسرة فتكون علامة للنصب فى جمع المؤنَّث السالم وامّا الياء فتكون علامة للنصب فى التثنية والجمع وامّا

Z. 2 والــــواو : d.h. das -*ū*-Element im gesunden maskulinen Plural und in Constructusformen wie *ʾabū*. **Z. 5** الذى لم يَتّصل بآخِره شىء: d.h. ohne Objektsuffixe. **Z. 10** ضمير : dieser Begriff umfaßt auch die Personalendungen an finiten Verbformen; vgl. das Lemma "Ḍamīr" (Y. Peled), in: *EALL*, Bd. 1, s.v. **Z. 11** المخاطَبة : d.h. die zweite Person. **Z. 14–15** الذى لم يتّصل : die Editionen haben hier اذا دخل عليه ناصب ولم يتصل ; vgl. Trumpp 1876: 18 und Carter 1981: 62. **Z. 16** [.] : وما أشبه ذلك ; vgl. Carter 1981: 64. **Z. 18** فى التثنية والجمع : d.h. die Elemente -*ay*- und -*ī*- in den Dual- und Pluralendungen.

حذف النون فيكون علامة للنصب فى الأفعال الخمسة التى رَفْعها بثَبات النون ، وللخفض ثلاث علامات الكسرة والياء والفتحة فامّا الكسرة فتكون علامة للخفض فى ثلاثة مواضع فى الاسم المفرد المنصرِف وجمع التكسير المنصرِف وجمع المؤنّث السالم وامّا الياء فتكون علامة للخفض فى ثلاثة مواضع فى الأسماء الخمسة وفى التثنية والجمع وامّا الفتحة فتكون علامة للخفض فى الاسم الذى لا ينصرف ، وللجزم علامتان السُكون والحَذْف فامّا السكون فيكون علامة للجزم فى الفعل المضارعِ الصَحيحِ الآخِرِ وامّا الحذف فيكون علامة للجزم فى الفعل المضارع المُعْتلّ الآخر وفى الأفعال التى رفعها بثبات النون (٤) (باب المُعْرَبات) المُعْرَبات قِسْمان قسم يُعْرَب بالحَرَكات وقسم يعرب بالحروف فالذى يعرب بالحركات أربعة أنواع الاسم المفرد وجمع التكسير وجمع المؤنث السالم والفعل المضارع الذى لم يتّصل بآخره شىء وكُلّها تُرْفَع بالضمّة وتنصب بالفتحة وتخفض بالكسرة وتجزم بالسكون وخرَج عن ذلك ثلاثة أشياء جمع المؤنّث السالم ينصب بالكسرة والاسم

Z. 1–2 فى الأفعال التى رَفْعها بثَبات النون : z.B. *yafʿalū* (abhängig) vs. *yafʿalūna* (unabhängig). **Z. 2** الخفض : Carter (1981: 73) schlägt "obliqueness" (wörtlich: "Senkung") als Übersetzung vor. **Z. 4** منصرِف : "triptotisch". **Z. 8** لا ينصرف : was "nicht-deklinierbar", d.h. "halb-deklinierbar" = "diptotisch" ist. **Z. 9–10** فى الفعل المضارع الصَحيحِ الآخِرِ : "im Imperfekt(verb) mit starkem dritten Radikal" (syntaktisch liegt hier eine uneigentliche Genitivverbindung vor); الحذف : hier: Kürzung eines langen Schlußvokals (*tertiae infirmae*). **Z. 10** باب : hier der Systematik halber anstelle von فصل eingesetzt. **Z. 13** بالحَرَكات : hier: "Kurzvokale"; بالحروف : hier: "[schwache] Konsonanten"; vgl. Carter 1981: 85. **Z. 17** خرَج: man beachte den "stativischen" Tempusgebrauch (Suffixkonjugation mit imperfektiver Bedeutung).

الذى لا ينصرف يخفض بالفتحة والفعل المضارع المعتلّ الآخر يجزم بحذف آخره والذى يعرب بالحروف اربعة انواع التثنية وجمع المذكّر السالم والاسماء الخمسة والافعال الخمسة وهى يَفْعَلانِ وتَفْعَلانِ ويَفْعَلُونَ وتَفْعَلُونَ وتَفْعَلِينَ فامّا التثنية فترفع بالالف وتنصب وتخفض بالياء وامّا جمع المذكّر السالم فيرفع بالواو وينصب ويخفض بالياء وامّا الاسماء الخمسة فترفع بالواو وتنصب بالالف وتخفض بالياء وامّا الافعال الخمسة فترفع بالنون وتنصب وتجزم بحذفها (٥) (باب الأفعال) الافعال ثلاثة ماضٍ ومُضارِع وأَمْر نحوَ ضَرَبَ يَضْرِبُ اضْرِبْ فالماضى مفتوح الآخِر أَبَدًا والأمر مجزوم أبدا والمضارع ما كان فى أوّله إحدى الزوائد الاربع يَجْمعها قولُك أَنَيْتُ وهو مرفوع ابدا حتّى يَدخلَ عليه ناصبٌ او جازم ، فالنواصب عشرة وهى أَنْ ولَنْ وإِذًا وكَىْ ولامُ كَىْ ولامُ الجُحود وحَتَّى والجوابُ بالفاء والواوِ وأَوْ ، والجوازم ثمانية عشر وهى لَمْ ولَمَّا وأَلَمْ وأَلَمَّا ولامُ الأَمْر والدُعاء ولا فى النَهْى

Z. 4 الافعال الخمسة : hier: "die fünf [folgenden] Verbformen". **Z. 10** بحذفها : d.h. mit Apokopierung des *nūn*. **Z. 11** مفتوح الآخِر : d.h. mit *fatḥa* auf dem letzten Wurzelkonsonant. **Z. 12** ما : hier: Relativmarker. **Z. 13** أَنَـيْـتُ : ein mnemotechnisches Akronym, das auch "ich erreichte" bedeutet; vgl. Carter 1981: 105. **Z. 15** ولامُ كَىْ ولامُ الجُحود : das *li-* in *li-kay* und die Negationspartikel *lā*. إِذًا : alternative Orthographie إِذَنْ ; vgl. Carter 1981: 113. **Z. 15** إِذًا : orthographische Variante: إِذَنْ . **Z. 16** والجوابُ بالفاء والواوِ وأَوْ : d.h.die Fälle, in denen diese Konjunktionen den abhängigen Modus ("Subjunktiv") regieren. **Z. 17** لَمَّا : vgl. Fischer § 319 und Wright Bd. 2 § 12.

والدُعاء وإنْ ومَا ومَنْ ومَهْمَا وإذْمَا وأَىّ ومَتَى وأَيَّانَ وأَيْنَ وأَنَّى وحَيْثُما وكَيْفَمَا وإذَا فى الشِعْر خاصّةً (٦) (باب مرفوعات الأسماء) المرفوعاتُ سبعةٌ وهى الفاعل والمفعول الذى لم يُسَمَّ فاعلُه والمبتدَأ وخَبَرُه واسم كان وأخواتِها وخبر إنّ وأخواتِها والتابع للمرفوع وهو اربعة اشياء النَعْت والعَطْف والتَوْكِيد والبَدَل (٧) (باب الفاعل) الفاعل هو الاسم المرفوع المذكور قَبْلَه فِعْلُه وهو على قسمين ظاهرٌ ومُضْمَرٌ فالظاهر نحوُ قولك قامَ زَيْدٌ ويَقوم زيد وقام الزيدانِ ويقوم الزيدان وقام الزيدُون ويقوم الزيدون وقام أخوك ويقوم أخوك والمضمر نحوُ قولك ضَرَبْتُ وضربْنا وضربتَ وضربتِ وضربتما وضربتم وضربتنّ وضرَب وضربَتْ وضربا وضربوا وضربن (٨) (باب المفعول الذى لم يسمّ فاعله) وهو الاسم المرفوع الذى لم يُذْكَر معه فاعلُه فإن كان الفعل ماضيا ضُمّ أوّلُه وكُسر ما قبل آخره وإن كان مضارعا ضمّ أوّله وفتح ما قبل آخره وهو على قسمين ظاهرٌ ومضمر فالظاهر نحوُ قولك ضُرب زيدٌ ويُضرب زيد وأُكرم عَمْرٌو ويكرم عمرو والمضمر

Z. 1–2 ومَا ... وكَيْفَمَا : zum Apokopat nach diesen Partikeln vgl. Fischer § 461. **Z. 3** المرفوعات: "die unabhängigen Elemente" (im "Nominativ"). **Z. 5** اسم كان وأخواتِها : "das Subjektsnomen von *kāna wa-ʾaḫawātu-hā*"; التابع : "das in Konkordanz oder Apposition stehende [Nomen]". **Z. 15** أوّلُه: d.h. dessen erster Wurzelkonsonant.

نحوُ قولك ضُربتُ وضربنا وضربتَ وما أشبه ذلك

(٩) (باب المبتدأ والخبر) المبتدأ هو الاسم المرفوع العارى عن العوامل اللفظية والخبر هو الاسم المرفوع المُسْنَد اليه نحوَ قولك زيدٌ قائمٌ والزيدان قائمان والزيدون قائمون ، والمبتدأ قسمان ظاهر ومضمر فالظاهر ما تقدّم ذكرُه والمضمر اثنا عشر وهى أنا ونحن وأنتَ وأنتِ وأنتما وأنتم وأنتنّ وهو وهى وهما وهم وهنّ نحوَ قولك أنا قائم ونحن قائمون وما اشبه ذلك ، والخبر قسمان مُفْرَد وغيرُ مفرد فالمفرد نحوُ زيدٌ قائم وغير المفرد اربعةُ اشياء الجارُّ والمجرورُ والظَرْف والفعل مع فاعلِه والمبتدأ مع خبره نحوَ زيدٌ فى الدار وزيد عندك وزيد قامَ أبوه وزيد جاريتُه ذاهبةٌ

(١٠) (باب العوامل الداخلة على المبتدإ والخبر) وهى ثلاثة اشياء كان واخواتها وإنّ واخواتها وظَنَنْتُ واخواتها ، فامّا كان واخواتها فإنّها ترفع الاسم وتنصب الخبرَ وهى كان وأمسى وأصبح وأضحى وظلّ وبات وصار وليس وما زال وما انفكّ وما فتئ وما برِح وما دام وما تصرَّف منها نحوَ كان ويَكون وكُنْ وأصبح

Z. 1 وما أشبه ذلك : ein Zusatz von A. Fischer. Z. 3 العارى عن العوامل : "frei (nicht betroffen) von formalen Operatoren". Z. 10 الجارُّ والمجرورُ والظَرْف : vgl. Glossar und Carter 1981: 199. Z. 12 وزيد قامَ أبوه وزيد جاريتُه ذاهبةٌ : diese Sätze sind als Subjekt mit komplexem Prädikat gedacht (غير مفرد oder مركّب), nicht als (topikalisierte) Pendenskonstruktionen; vgl. Carter 1981: 201.

ويُصبح وأصبِحْ تقول كان زيد قائما وليس عمرو شاخصا وما اشبه ذلك ، وامّا إنّ واخواتها فإنّها تنصب الاسم وترفع الخبر وهى إنَّ وأَنَّ ولٰكِنَّ وكَأَنَّ ولَيْتَ ولَعَلَّ تقول إنّ زيدا قائم وليت عَمْرًا شاخص وما اشبه ذلك ومعنى إنّ وأنّ للتوكيد ولكنّ للاستدراك وكأنّ للتشبيه وليت للتمنّى ولعلّ للترجّى والتوقّع ، وامّا ظننت واخواتها فإنّها تنصب المبتدأ والخبر على أنّهما مفعولان لها وهى ظننت وحسِبت وخِلْت وزعمت ورأيت وعلمت ووجدت واتّخذت وجعلت وسمعت تقول ظننت زيدا منطلِقا وخلت عمرا شاخصا وما اشبه ذلك (١١) (باب النَعْت) النعت تابع للمَنْعُوت فى رفعه ونصبه وخفضه وتعريفه وتنكيره تقول قام زيدٌ العاقلُ ورأيت زيدا العاقلَ ومررتُ بزيد العاقلِ ، والمَعْرِفة خمسة اشياء الاسمُ المضمر نحوَ أنا وأنت والاسمُ العَلَمُ نحو زيد ومكّة والاسم المُبْهَم نحو هذا وهذه وهؤلاء والاسم الذى فيه الألف واللام نحو الرجل والغلام وما أُضِيفَ الى واحد من هذه الاربعة ، والنَكِرة كلّ اسم شائع فى جنسه لا يَختصّ به واحد

Z. 8 مفعولان : Trumpps (1878: 70) Übersetzung "Complemente" paßt hier recht gut. **Z. 15** المُبْهَم : ursprüngliche Bedeutung: "vage". **Z. 18** اسم شائع فى جنسه : "ein generisch/generell bekanntes Nomen".

دون آخَر وتقريبُه كُلُّ ما صلَح دخولُ الالف واللام عليه نحوَ الرجل والفرس (١٢) (باب العَطْف) وحروف العطف عشرة وهى الواو والفاء وثُمَّ وأَوْ وأَمْ وإمّا وبَلْ ولا ولٰكِنْ وحَتّى فى بعض المواضع فإنْ عطَفتَ على مرفوع رفعتَ او على منصوب نصبتَ او على مخفوض خفضت او على مجزوم جزمت تقول قام زيدٌ وعمرٌو ورأيتُ زيدا وعمرا ومررت بزيد وعمرو (١٣) (باب التوكيد) التوكيد تابع للمؤكَّد فى رفعه ونصبه وخفضه وتعريفه ويكون بألفاظ معلومة وهى النَفْس والعيْن وكُلّ وأَجْمَعُ وتوابعُ أَجْمَعَ وهى أَكْتَعُ وأَبْتَعُ وأَبْصَعُ تقول قام زيدٌ نفسُه ورأيت القومَ كلَّهم ومررت بالقوم اجمعِينَ (١٤) (باب البَدل) اذا أُبدل اسم من اسم او فعل من فعل تبِعه فى جميع إعرابه وهو على اربعة اقسام بدلُ الشىء من الشىء وبدل البَعْض من الكُلّ وبدل الاشتمال وبدل الغَلَط نحوَ قولك جاء زيدٌ اخوك وأكلتُ الرغيف ثُلْثَه ونفعنى زيدٌ عِلْمُه ورأيت زيدا الفرسَ أردتَ أن تقول الفرسَ فغلطت فأبدلتَ زيدا منه (١٥) (باب منصوبات الأسماء)

Z. 1 صلَح : oder صلُح "linguistisch korrekt sein"; vgl. Carter 1981: 273. **Z. 2** الرجل والفرس : die zwei prototypischen Beispiele für Substantive in der einheimischen arabischen Grammatiktheorie, angefangen mit Sībawayhīs *Kitāb*, wie sie auch aus der griechischen Grammatiktheorie belegt sind; vgl. hierzu Versteegh 1977: 42 und Carter 1981: 273.

المنصوبات خمسة عشر وهى المفعول به والمَصْدَر وظَرْف الزمان وظرف المَكان والحال والتمييز والمستثنَى واسمُ لا والمنادَى والمفعول من أَجْله والمفعول معه وخبر كان واخواتِها واسم إنّ واخواتِها والتابع للمنصوب وهو اربعة اشياء النعت والعطف والتوكيد والبدل

(١٦) (باب المفعول به) وهو الاسم المنصوب الذى يقع به الفعلُ نحوَ ضربتُ زيدا وركبت الفرس وهو قسمان ظاهر ومضمر فالظاهر ما تقدّم ذكرُه والمضمر قسمان متّصِل ومنفصِل فالمتّصل اثنا عشر نحو ضَرَبَنِى وضَرَبَنا وضربكَ وضربكِ وضربكما وضربكم وضربكن وضربه وضربها وضربهما وضربهم وضربهنّ والمنفصل اثنا عشر وهى إيّاىَ وإيّانا واياكَ واياكِ واياكما واياكم واياكن واياه واياها واياهما واياهم واياهنّ

(١٧) (باب المَصْدَر) المصدر هو الاسم المنصوب الذى يَجِىء ثالثا فى تصريف الفعل نحوَ قولك ضَرَبَ يَضْرِبُ ضَرْبًا

Z. 1 المنصوبات خمسة عشر : die folgende Aufzählung enthält nur vierzehn Beispiele: deswegen hat man in der Beiruter Ausgabe zwischen واسم إنّ واخواتِها und والتابع للمنصوب als fünfzehntes Beispiel مفعولا ظننتُ وأخواتها "die beiden Objekte von *ẓanantu* und seinen Schwestern" interpoliert; vgl. Trumpp 1876: 86 und Carter 1981: 326f.; die älteren Auflagen der Chrestomathie suggerieren, daß das fünfzehnte Beispiel das *mā al-ḥiǧāzīya* gewesen sein könnte, eine Meinung, die auch der *ʾĀǧurrūmīya*-Kommentator al-Mākūdī (gest. 1401) vertreten hat. **Z. 14** ثالثا : d.h. bezüglich der arabischen Zitierreihenfolge Perfekt–Imperfekt–*maṣdar*.

وهو على قسمين لَفْظىٌّ ومَعْنوىّ فإن وافق لفظه لفظَ فعله فهو لفظىّ نحوَ قتلتُه قتلًا وإن وافق معنى فعله دون لفظه فهو معنوى نحو جلست قعودا وقمت وقوفا وما اشبه ذلك (١٨) (باب ظَرْف الزمان وظرف المكان) ظرف الزمان هو اسم الزمان المنصوبُ بتقديرِ فى نحوَ اليومَ والليلةَ وغُدْوةً وبُكْرةً وسَحَرًا وغدًا وعَتَمةً وصَباحًا ومَساءً وأَبَدًا وأَمَدًا وحِينًا وما اشبه ذلك ، وظرف المكان هو اسم المكان المنصوب بتقديرِ فى نحوَ أَمامَ وخَلْفَ وقُدّامَ ووَراءَ وفَوْقَ وتَحْتَ وعِنْدَ ومَعَ وإزاءَ وحِذاءَ وتِلْقاءَ وهُنا وثَمَّ وما اشبه ذلك (١٩) (باب الحال) الحال هو الاسم المنصوب المفسِّر لِما انبهم من الهَيْئات نحوَ جاء زيدٌ راكبًا وركبتُ الفرس مُسْرَجا ولقيتُ عبد الله راكبا وما اشبه ذلك ولا تكون الحال إلّا نكرةً ولا تكون إلّا بعد تمام الكلام ولا يكون صاحبها إلّا معرفةً (٢٠) (باب التمييز) التمييز هو الاسم المنصوب المفسِّر لِما انبهم من الذوات نحوَ قولك تصبّب زيدٌ عَرَقًا وتفقّأَ بَكْرٌ شَحْمًا وطابَ محمد نَفْسًا

Z. 5 بتقديرِ : "mit der impliziten Bedeutung". **Z. 6** وغُدْوةً وبُكْرةً وسَحَرًا : mit *tanwīn* beziehen sich diese Adverbien auf Zeitabschnitte generell, ohne *tanwīn* beziehen sie sich auf einen spezifischen Zeitabschnitt; vgl. Trumpp 1876: 91 und Carter 1981: 355. **Z. 12** الهَيْئات : "äußerliche Aspekte". **Z. 16** الذوات : "Einheiten".

واشتريتُ عشرين غلاما وملكتُ تسعين نعجة وزيد أَكْرَمُ منك أَبًا وأَجْمَلُ منك وَجْها ولا يكون إلّا نكرة ولا يكون إلّا بعد تمام الكلام (٢١) (باب الاستثناء) وحروف الاستثناء ثمانية وهى إلّا وغَيْر وسِوًى وسُوًى وسَواء وخَلَا وعَدَا وحَاشَا فالمستثنَى بإلّا يُنْصَب إذا كان الكلام مُوجَبا تامّا نحوَ قال القومُ إلّا زيدا وخرج الناس إلّا عمرا وإن كان الكلام مَنْفيّا تامّا جاز فيه البدل والنصب على الاستثناء نحوَ ما قام أَحدٌ إلّا زيدٌ وإلّا زيدا وإن كان الكلام ناقصا كان على حَسَب العوامل نحوَ ما قام إلّا زيدٌ وما ضربتُ إلّا زيدا وما مررت إلّا بزيد والمستثنى بغَيْر وسِوى وسُوى وسواء مجرور لا غَيْرُ والمستثنى بخلا وعدا وحاشا يجوز نصبه وجَرّه نحوَ قام القومُ خلا زيدا وزيدٍ وعدا عمرا وعمرٍو وحاشا بكرا وبكرٍ (٢٢) (باب لا) اِعْلَمْ أنّ لا تنصب النكرةَ بغير تنوين اذا باشرتِ النكرةَ ولم تتكرّر لا نحوَ لا رجلَ فى الدار فإن لم تباشرها وجب الرفع والتنوين ووجب تَكْرارُ لا نحوَ لا فى الدار

Z. 5 حَاشَا : orthographische Variante: حَاشَى . **Z. 6** مُوجَبا تامّا : Carter (1981: 394–395) übersetzt mit ″structurally complete″ und ″positive″. **Z. 8** البدل والنصب : d.h. sowohl ″Ersetzung (im unabhängigen Kasus) und (syntaktische) Abhängigkeit″. **Z. 9–10** على حَسَب العوامل : ″gemäß den grammatischen Operatoren″, d.h. die Partikel ʾ*illā* hat keinen Einfluß. **Z. 14** بكرا وبكرٍ : die Quellen (Trumpp 1876: 99 und Carter 1981: 408) haben hier زيدا وزيدٍ . **Z. 17** والتنوين : eine spätere Interpolation im Text.

رجلٌ ولا امرأةٌ وإن تكرّرت جاز إعمالها وإلغاؤها نحوَ لا رجلَ فى الدار ولا امرأةَ (٢٣) (باب المنادَى) المنادى خمسة انواع المُفْرَدُ العَلَمُ والنكرة المقصودة والنكرة غير المقصودة والمُضاف والمشبَّه بالمضاف فاما المفرد العلم والنكرة المقصودة فيُبْنَيانِ على الضمّ من غير تنوين نحوَ يا زيدُ ويا رجلُ والثلاثة الباقية منصوبة لا غيرُ (٢٤) (باب المفعول مِن أَجْلِه) وهو الاسم المنصوب الذى يُذْكَر بيانا لسبب وقوع الفعل نحوَ قولك قام زيد إجْلالًا لِعمرو وقصدتُك ابتغاءَ معروفك (٢٥) (باب المفعول معه) وهو الاسم المنصوب الذى يُذْكَر لبيان مَن فُعل معه الفعلُ نحوَ قولك جاء الاميرُ والجيشَ واستوى الماءُ والخشبةَ ، وامّا خبر كان واخواتها واسم إنّ واخواتها فقد تقدم ذكرهما فى المرفوعات وكذلك التوابع فقد تقدّمت هناك (٢٦) (باب مخفوضات الاسماء) المخفوضات ثلاثة مخفوض بالحرف ومخفوض بالاضافة وتابع

Z. 1: vor نحوَ lies فإن شئت قلت . **Z. 2**: vor (باب المنادَى) lies وإن شئت قلت لا رجلٌ فى الدار ولا امراةٌ ; der Begriff المـنـادَى bedeutet eigentlich "der/das Auf-/Angerufene (Ding oder Person)"; vgl. Carter 1981: 418ff. **Z. 4** المُضاف : d.h. was annektiert ist (in einer ʾ*iḍāfa*). **Z. 6** يا رجلُ : mit dieser Formulierung wird ein spezifischer Mann angesprochen; Beispiele für die anderen drei Ausdruckstypen (die nur im abhängigen Kasus vorkommen) sind يا رجلا "oh [unspezifischer] Mann", يا عبد الله "oh ʿAbdallāh" und يا طالعا جبلا "oh du, der den Berg besteigst".

للمخفوض فامّا المخفوض بالحرف فهو ما يُخفض بمِنْ وإلى وعن وعلى وفى ورُبَّ والباء والكاف واللام وبحروف القَسَم وهى الواو والباء والتاء وبواو رُبَّ وبمُذْ ومُنْذُ وامّا ما يخفض بالإضافة فنحوُ غلامُ زيدٍ وهو على قسمين ما يقدَّر باللام وما يقدّر بمِنْ فالذى يقدّر باللام نحوُ غلامُ زيد والذى يقدّر بمن نحوُ ثوبُ خزّ وبابُ ساج وخاتم حديد

* (من كتاب العين لابى عبد الرحمن الخليل بن أحمد الفراهيدى) *

* (من المقدّمة) *

بسم الله الرحمن الرحيم بحمد الله نبتدئ ونستهدى وعليه نتوكل وهو حسبنا ونعم الوكيل هذا ما ألفه الخليل بن أحمد البصرى رحمة الله عليه ، من حروف ا ب ت ث مع ما تكمَّلَتْ به فكان مدار كلام العرب وألفاظهم فلا يخرج منها عنه شىء أراد أن تَعرف به العرب فى أشعارها وأمثالها ومخاطباتها فلا يشذّ عنه شىء من ذلك فأعمل فكره فيه فلم يمكنه أن يبتدئ التأليف من أول ا ب ت ث وهو الالف لان الالف حرف معتلّ

Z. 9 … هذا ما ألفه : zu den Quellen des *Kitāb al-ᶜayn* und Authentizitätsfragen im allgemeinen vgl. Wild 1965 und Schoeler 2000. **Z. 11** … ما تكملت به : alternativ kann ما تكلمت به العرب فى مدار كلامهم وألفاظهم gelesen werden. مدار : "Angelpunkt, Zentrum; Spektrum".

فلما فاته الحرف الاول كره أن يبتدئ بالثانى وهو الباء إلا بعد حجة واستقصاء النظر فدبّر ونظر إلى الحروف كلها وذاقها فصيّر أولاها بالابتداء أدخل حرف منها فى الحلق ، وإنما كان ذواقه إياها أنه كان يفتح فاه بالالف ثم يظهر الحرف نحو اب ات اح اع اغ فوجد العين أدخل الحروف فى الحلق فجعلها أول الكتاب ثم ما قرب منها الأرفع فالأرفع حتى أتى على آخرها وهو الميم ، فإذا سئلت عن كلمة وأردت أن تعرف موضعها فانظر إلى حروف الكلمة فمهما وجدت منها واحدا فى الكتاب المقدم فهو فى ذلك الكتاب ، وقلب الخليل ا ب ت ث فوضعها على قدر مخرجها من الحلق وهذا تأليفه ع ح ه خ غ ق ك ج ش ض ص س ز ط د ت ظ ث ذ ر ل ن ف ب م و ا ى همزة ، قال أبو معاذ عبد الله بن عائذ حدثنى الليث بن المظفر بن نصر بن سيار عن الخليل بجميع ما فى هذا الكتاب ، قال الليث قال الخليل كلام العرب مبنى على أربعة أصناف على الثنائى والثلاثى والرباعى والخماسى فالثنائى على حرفين نحو قد لم هل لو بل ونحوه من الادوات والزجر ، والثلاثى من الافعال

Z. 1 فاته الحرف الاول : "als ihm der erste Buchstabe 'entging'", d.h. "sich als unbrauchbar erwies". **Z. 9–10** الكتاب المقدم : d.h. das Kapitel mit dem jeweils nächsten Buchstaben. **Z. 11** مخرج : "Artikulationsstelle". **Z. 12–13:** zur "Ḫalīlschen Reihe" im besonderen vgl. Wild 1965: 26–40 und Wild 1987: 139f. **Z. 15** الليث : ein Philologe und Jurist, gest. 748; vgl. *EI*^{2} s.v. **Z. 18** الادوات والزجر : "Partikeln und [Wörter des] 'Zurückhaltens' [wie 'pst!']"; andere Lesarten: الادوات والحروف und الادوات الأخر .

نحو قولك ضرب خرج دخل مبنى على ثلاثة أحرف ، ومن الاسماء نحو عمر وجمل وشجر مبنى على ثلاثة أحرف ، والرباعى من الافعال نحو دحرج هملج قرطس مبنى على أربعة أحرف ومن الاسماء نحو عبقر وعقرب وجندب وشبهه ، والخماسى من الافعال نحو اسحنكك واقشعرّ واسحنفر واسبكرّ مبنى على خمسة أحرف ، ومن الاسماء نحو سفرجل وهمرجل وشمردل وكنهبل وقرعبل وعقنقل وقبعثر وشبهه ، والالف التى فى اسحنكك واقشعرّ واسحنفر واسبكرّ ليست من أصل البناء وإنما أدخلت هذه الالفات فى الافعال وأمثالها من الكلام لتكون الالف عمادا وسُلّما للسان إلى حرف البناء لان حرف اللسان لا ينطلق بالساكن من الحروف فيحتاج إلى ألف الوصل إلا أن دحرج وهملج وقرطس لم يحتج فيهن إلى الالف لتكون السُلّم فافهم إن شاء الله ، اعلم أن الراء فى اقشعرّ واسبكرّ هما راءان أُدغمت واحدة فى الاخرى والتشديد علامة الإدغام ، قال الخليل وليس للعرب بناء فى الاسماء ولا فى الافعال أكثر من خمسة أحرف فمهما وجدت زيادة على خمسة أحرف فى فعل أو اسم فاعلم أنها

Z. 5–6 اسحنكك واقشعرّ واسحنفر واسبكرّ : aus heutiger "westlicher" Perspektive sind diese Verben jedoch als vierradikalige Verben zu klassifizieren: اسحنكك (III. Stamm); اقشعرّ (IV. Stamm); اسحنفر (III. Stamm); اسبكرّ (IV. Stamm); vgl. Fischer, Paradigmata, S. 232, und Wright Bd. 1 §§ 68–72.

زائدة على البناء وليست من أصل الكلمة مثل قرعبلانة إنما أصل بنائها قرعبل ومثل عنكبوت إنما أصل بنائها عنكب ، وقال الخليل الاسم لا يكون أقل من ثلاثة أحرف حرف يبتدأ به وحرف يحشى به الكلمة وحرف يوقف عليه فهذه ثلاثة أحرف مثل سعد وعمر ونحوهما من الاسماء بُدئ بالعين وحشيت الكلمة بالميم ووقف على الراء فأما زيد وكيد فالياء متعلقة لا يعتد بها [...] قال الليث قال الخليل اعلم أن الكلمة الثنائية تتصرف على وجهين نحو قد دق شد دش والكلمة الثلاثية تتصرف على ستة أوجه وتسمّى مسدوسة وهى نحو ضرب ضبر برض بضر رضب ربض والكلمة الرباعية تتصرف على أربعة وعشرين وجها وذلك أن حروفها وهى أربعة أحرف تضرب فى وجوه الثلاثى الصحيح وهى ستة أوجه فتصير أربعة وعشرين وجها يكتب مستعملها ويلغى مهملها وذلك نحو عبقر تقول منه عقرب عبرق عقبر عبقر عرقب عربق قعرب قبعر قبرع قرعب قربع رعقب رعبق رقعب رقبع ربقع ربعق بعقر بعرق بقعر بقرع برعق برقع ، والكلمة الخماسية تتصرف على

Z. 10 مسدوسة : "sechsfach"; eine Wurzel mit n Radikalen kann in n! ("n Fakultät") Permutationen (= n x (n-1) x ... x 1) auftauchen, eine 2-radikalige Wurzel also in 2 Permutationen (2 x 1), eine 3-radikalige Wurzel in 6 Permutationen (3 x 2 x 1), eine 4-radikalige Wurzel in 24 Permutationen (4 x 3 x 2 x 1) und eine 5 radikalige Wurzel in 120 Permutationen (5 x 4 x 3 x 2 x 1). **Z. 15–18**: die Form قعبر fehlt in der Liste.

مئة وعشرين وجها وذلك أن حروفها وهى خمسة أحرف تضرب فى وجوه الرباعى وهى أربعة وعشرون حرفا فتصير مئة وعشرين وجها يستعمل أقله ويلغى أكثره وهى نحو سفرجل سفرلج سفجرل سجفرل سجرلف سرفجل سرجفل سلجرف سلرفج سلفرج سجفلر سرفلج سجفرل سلفجر سرجلف سجرلف سرلجف سجلفر وهكذا ، وتفسير لثلاثى الصحيح أن يكون ثلاثة أحرف ولا يكون فيها واو ولا ياء ولا ألف [لينة ولا همزة] فى أصل البناء لان هذه الحروف يقال لها حروف العلل فكلّما سلمت كلمة على ثلاثة أحرف من هذه الحروف فهى ثلاثى صحيح مثل ضرب خرج دخل والثلاثى المعتل مثل ضرا ضرى ضرو خلا خلى خلو لانه جاء مع الحرفين ألف أو واو أو ياء فافهم ، وقال الخليل بدأنا فى مؤلفنا هذا بالعين وهو أقصى الحروف ونضم إليه ما بعده حتى نستوعب كلام العرب الواضح والغريب وبدأنا الابنية بالمضاعف لانه أخف على اللسان وأقرب مأخذا للمتفهم

Z. 1 مئة : man beachte die ungewöhnliche Orthographie. **Z. 4–6**: die Form سجرلف taucht irrtümlich zweimal in der Liste auf. **Z. 6** وهكذا : laut Haywood (1965: 36, fn. 19) bieten die Manuskripte ca. 25 Permutationen des fünfradikaligen Verbs.

* (من لسان العرب لابن منظور : قطرب) *

قطرب القُطْرُبُ دويبة كانتْ فى الجاهلية يزعمون أَنها ليس لها قَرارٌ البتة وقيل لا تَسْتَريح نهارَها سَعْيًا وفى حديث ابن مسعود لا أَعْرِفَنَّ أَحدكم جيفَةَ لَيْل قُطْرُبَ نَهارٍ قال أَبو عبيد يقال إِن القُطْرُبَ لا تستريح نهارها سَعْيًا فشَبَّه عبدُ اللّه الرجلَ يَسْعى نَهارَه فى حوائج دُنْياه فإِذا أَمْسَى أَمْسَى كالًّا تَعِبًا فينامُ ليلَتَه حتى يُصْبِح كالجِيفة لا يَتحرك فهذا جِيفةُ ليلٍ قُطْرُبُ نَهار والقُطْرُبُ الجاهل الذى يَظْهَرُ بجَهْله والقُطْرُب السفيه والقَطارِيبُ السُّفَهاء حكاه ابن الأَعرابى وأَنشد

عادٌ حُلُومًا إِذا طاشَ القَطارِيبُ

ولم يذكر له واحدًا قال ابن سيده وخَلِيقٌ أَن يكون واحدُه قُطْرُوبًا إِلَّا أَن يكون ابنُ الأَعرابى أَخَذ القَطارِيبَ مِن هذا البيت فإِن كان ذلك فقد يكون واحدُه قُطْرُوبًا وغير ذلك مما تثبت الياءُ فى جَمْعِه رابعة مِن هذا الضرب وقد يكون جمعَ قُطْرُب إِلَّا أَن الشاعر احتاج فأَثبت الياء فى الجمع كقوله

نَفْىَ الدَّراهِيمِ تَنْقادُ الصَّياريفِ

Z. 1 قطرب : abgeleitet von griechisch λυκάνθρωπος; es sei empfohlen, die folgenden beiden Lexikoneinträge von Ibn Manẓūr (*Lisān al-ᶜArab*), gest. 1312, und az-Zabīdī (*Tāǧ al-ᶜArūs*), gest. 1791, gestützt auf Ullmann 1976 zu studieren. دويبة : "ein kleines Kriechtier". **Z. 3** ابن مسعود : als einer der engsten Gefährten Muḥammads wichtiger Ḥadīṯ-Überlieferer, gest. ca. 652; vgl. Glossar s.v. *ᶜ–b–d*. جيفَة : "Kadaver". **Z. 4** أبو عبيد : Grammatiker und Lexikograph, gest. 839; vgl. *GAS* IX: 70–72 . **Z. 5** عبدُ اللّه : d.h. Ibn Masᶜūd. **Z. 9** ابن الأعرابى : kufischer Philologe, gest. ca. 846; vgl. *EI*[2] s.v. **Z. 10** عادٌ حُلُومًا إِذا طاشَ القَطارِيبُ : "so besonnen wie ᶜĀd, wenn die Werwölfe umherstreifen"; vgl. Ullmann 1976: 180. **Z. 11** ابن سيده : andalusischer Lexikograph, gest. 1066; vgl. *EI*[2] s.v. خَلِيقٌ أَن : "natürlich, daß". **Z. 17** الدَّراهِيمِ ... الصَّياريفِ : aus metrischen Gründen anstelle von ... الدَّراهِمِ الصَّيارفِ ; vgl. zu diesem Vers Wright Bd. 2 § 27 (b) (S. 58).

وحكى ثعلب أَن القُطْرُبَ الخفيف وقال على إِثْر ذلك إِنه لَقُطْرُبُ لَيْلٍ فهذا يدل على أَنها دويبة وليس بصفة كما زعم ، وقُطْرُبٌ لقبُ محمد بن المُسْتَنِير النَّحْوِيّ وكان يُبَكِّر إِلى سيبويه فيَفْتَحُ سيبويه بابه فيَجِدُه هنالك فيقول له ما أَنتَ إِلّاَ قُطْرُبُ ليل فلُقِّبَ قُطْرُبًا لذلك ، وتَقَطْرَبَ الرجلُ حَرَّك رأْسَه حكاه ثعلب وأَنشد

إِذا ذَاقَها ذو الحِلْمِ منهمْ تَقَطْرَبا

وقيل تَقَطْرَب ههنا صار كالقُطْرُب الذى هو أَحدُ ما تقدم ذكره ، والقُطْرُبُ ذَكَرُ الغِيلانِ الليث القُطْرُبُ والقُطْرُوبُ الذَّكَرُ من السَّعالى والقُطْرُبُ الصغيرُ من الكِلاب والقُطْرُبُ اللِّصُّ الفارِهُ فى اللُّصُوصِيَّة والقُطْرُبُ طائر والقُطْرُبُ الذئبُ الأَمْعَط والقُطْرُبُ الجَبانُ وإِن كان عاقلًا والقُطْرُبُ المَصْرُوعُ من لَمَمٍ أَو مِرارٍ وجمعُها كلها قَطارِيبُ واللّه أَعلم

* (من تاج العروس للزبيدى : قطرب) *

القطرب بالضم اللص والفأرة هكذا فى نسختنا وكذا فى غيرها من النسخ وهو خطأ صوابه اللص الفاره

Z. 3 مـحـمـد بـن الـمُسْتَنِير : Grammatiker, gest. 821; cf. *GAS* VIII ,61–67; IX, 64–65. **Z. 4** كان يُبَكِّر : "er pflegte am Morgen zu besuchen". **Z. 6** ثعلب : kufischer Grammatiker, gest. 904; vgl. *GAS* IX: 40–142. **Z. 7** تَقَطْرَبا : wiederum Längung (poetische Lizenz). **Z. 9** غِيلانِ : pl. von غول "(weiblicher) Dämon". **Z. 10** سَعالى : pl. von سِعلاة "(weiblicher) Dämon". **Z. 11, 15** فارِهُ : "lebhaft"; die hier von az-Zabīdī textkritisch hervorgehobene orthographische Verwechslung mit فـارة "Maus, Ratte" liegt auch in al-Fīrūzābādīs *al-Qāmūs al-muḥīṭ* vor. **Z. 12** أَمْعَط : "von Haarausfall betroffen". **Z. 13** المَصْرُوعُ من لَمَمٍ أَو مِرارٍ : "von einem Geistesanfall oder einem Zweikampf niedergeworfen".

اللصوصية كما هو عبارة ابن منظور وغيره ، القطرب الذئب الأمعط القطرب ذكر الغيلان وعن الليث القطرب ذكر السعالى كالقطروب بالضم أيضا وهذه عن الصاغانى ، القطرب الجاهل الذى يظهر بجهله ، القطرب الجبان وإن كان عاقلا ، القطرب السفيه والقطاريب السفهاء حكاه ابن الأعرابى وأنشد

عاد حلوما إذا طاش القطاريب

ولم يذكر له واحدا قال ابن سيده وخليق أن يكون واحده قطروبا إلا أن يكون ابن الأعرابى أخذ القطاريب من هذا البيت فإن كان كذلك فقد يكون واحده قطروبا وغير ذلك مما تثبت فى الياء فى جمعه رابعة من هذا الضرب قد يكون جمع قطرب إلا أن الشاعر احتاج فأثبت الياء فى الجمع وقد علم مما ذكرنا أن القطروب لغة فى القطرب بمعنى السفيه والمؤلف ذكره فى القطرب بمعنى ذكر الغيلان ، القطرب المصروع من لمم أو مرار ، والقطرب فى اصطلاح الأطباء نوع من الماليخوليا وهو داء معروف ينشأ من السوداء وأكثر حدوثه فى شهر شباط يفسد العقل ويقطّب الوجه ويُديم الحزن ويهيّم

Z. 4 الصاغانى : der auch als aṣ-Ṣaġānī (mit kurzem erstem *a*) bekannte Lexikograph, gest. 1252; vgl. *EI*[2] s.v. **Z. 13** لغة فى القطرب : d.h. ein von der Wurzel القطرب abgeleitetes Wort. **Z. 14** المؤلف : gemeint ist al-Fīrūzābādī, der Autor des *Qāmūs*. **Z. 16** الماليخوليا : das Wort السوداء "die Schwarze" in Z. 17 ist eine *calque* (Lehnübersetzung) dieses griechischen Lehnworts. **Z. 18** يقطّب : "[das Gesicht] verziehen". يهيّم : "verzaubern".

باللیل ویخضّر الوجه ویغوّر العینین ویُنحل البدن نقله الصاغانی ، القطرب صغار الكلاب وصغار الجن ، حكى ثعلب أن القطرب الخفیف وقال على إثر ذلك إنه لقطرب لیل فهذا یدل على أنها دویبة ولیس بصفة كما زعم ، القطرب طائر ودویبة كانت فی الجاهلیة یزعمون أنها لیس لها قرار البتة وقال أبو عبید القطرب دویبة لا تستریح نهارها سعیا وفی حدیث ابن مسعود لا أعرفن أحدكم جیفة لیل قطرب نهار قال القاری فی ناموسه یشبّه به الرجل یسعى نهاره فی حوائج دنیاه ، قال شیخنا بعد ذكر هذا الكلام هو مأخوذ من كلام سیبویه لابن المستنیر وتقییده بحوائج الدنیا فیه نظر فإنه إنما كان یلازم بابه لتحصیل العلم الذی هو من أجل أعمال الآخرة فالقید غیر صحیح انتهى ، قلت وهذا تحامل من شیخنا على صاحب الناموس فإنه إنما اقتطع عبارته من كلام أبی عبید فی تفسیر قول ابن عباس فإنه قال یقال إن القطرب لا تستریح نهارها سعیا فشبه عبد الله الرجل یسعى نهارا فی حوائج دنیاه فإذا أمسى أمسى كالا تعبا فینام لیلته حتى یصبح كالجیفة لا تتحرك فهذا جیفة

Z. 1 یغوّر : "einsinken lassen (Augen)". یُنحل : "dünn machen". **Z. 7** ابن مسعود : als einer der engsten Gefährten Muḥammads wichtiger Ḥadīṯ-Überlieferer, gest. ca. 652. **Z. 8** القاری : Lexikograph, gest. 1606; der *Nāmūs* ist eine Art Kurzfassung des *Qāmūs*. **Z. 9, 13** شیخنا : gemeint ist az-Zabīdīs Hauptlehrer Ibn aṭ-Ṭayyib, gest. 1757. **Z. 10–11** ابن المستنیر : also der Grammatiker, der den Spitznamen *quṭrub* erhielt. **Z. 11** تقیید : lexikalischer terminus technicus: "Bedeutung im engeren Sinn" **Z. 13** انتهى : editionstechnisch: Ende einer Periode. تحامل : "tendenziöse Einstellung". **Z. 14** صاحب الناموس : al-Qārī (vgl. Z. 8). **Z. 15** ابن عباس : Cousin Muḥammads, gest. ca. 678/688.

ليل قطرب نهار وقد لقب به محمد بن المستنير النحوى لأنه كان يبكّر أى يذهب إلى سيبويه فى بكرة النهار فكلما فتح بابه وجده هنالك فقال له ما أنت إلا قطرب ليل فجرى ذلك لقبًا له ، والجمع من ذلك كله قطاريب ، وقَطْرَبَ الرجل أَسْرَعَ وصَرَعَ لغة فى قرطب ، وتقطرب الرجل حرّك رأسه تشبه بالقطرب حكاه ثعلب وأنشد

إذا ذاقها ذو الحلم منهم تقطربا

وقيل تقطرب هنا صار كالقطرب الذى هو أحد ما تقدم ذكره ، والقطريب بالكسر عَلَمٌ

* (من كتاب مروج الذهب ومعادن الجوهر للمسعودى) *

* (فى ذكر تنازع الناس فى المعنى الذى من أجله سمِّى اليمن يمنا والعراق والشام والحجاز) *

تنازع الناس فى اليمن وتسميته فمنهم من زعم أنه إنما سمى يمنًا لأنه عن يمين الكعبة وهو التيمين

Z. 2 فى بكرة ... كان يبكّر أى يذهب : eine Art Glosse az-Zabīdīs. **Z. 5** صَرَعَ : "niederwerfen". **Überschrift zu al-Mas^cūdī** تنازع : "Meinungsverschiedenheit". والعراق والشام والحجاز : die jeweiligen Toponyme sind jeweils als zweites Akkusativobjekt (abhängig von سمِّى) noch einmal in indefiniter Form hinzuzudenken.

وسمى الشام شامًا لأنه عن شمال الكعبة وسمى الحجاز حجازًا لأنه حاجز بين اليمن والشام نحو ما أخبر اللّه عز وجل عن البرزخ الذى بين بحر القُلْزُم وبحر الروم بقوله عز وجل ﴿ وَجَعَلَ بين البحرين حاجزًا ﴾ وإنما سمى العراق عراقًا لمصبّ المياه إليه كدجلة والفرات وغيرهما من الأنهار وأظنه مأخوذًا من عراقى الدلو وعراقى القِربة ومنهم من زعم أن اليمن إنما سمى يمنًا ليُمنه والشام شامًا لشُؤمه وهذا قول يُعزى إلى قُطْرب النحوى فى آخرين من الناس ومنهم من رأى أنه إنما سمى اليمن يمنًا لأن الناس حين تفرّقت لغاتهم ببابل تيامن بعضهم يمين الشمس وهو اليمن وبعضهم تشاءم فوُسما بهذا الاسم وسنذكر تفرق هذه القبائل من أرض بابل بعد هذا الموضع وبعض ما قالوه فى ذلك من الشعر عند مسيرهم فى الأرض واختيارهم البِقاع وقيل إنما سمى الشام شامًا لشامات فى أرضه بيض وسود وكذلك فى التُرَب والبقاع والحجر وأنواع النبات والأشجار وهذا قول الكلبى وقال الشرقى بن القُطامى إنما سمّى الشام شامًا بسام بن نوح لأنّه أول من نزله وقطن فيه فلما

Z. 3 بحر القُلْزُم : “das rote Meer”. بحر الروم : “das Mittelmeer”. **Z. 4** وَجَعَلَ بين البحرين حاجزًا : Q 27: 61. **Z. 6** وأظنه مأخوذًا : andere Lesart: وإنه مأخوذ ; pl. عراقى الدلو sg. عرقوة الدلو ; “Holzstücke, die über einen Lederbecher (دلو) gelegt werden”; vgl. Lane s.v. قِربة : “Lederbeutel (für Wasser)”. **Z. 10** تيامن : “sich nach rechts wenden”. **Z. 11** فوُسما : “und so wurden sie beide genannt”. **Z. 14** بِقاع : “Stücke Land”. **Z. 15** شامات : “Flecken, Geburtsmale” **Z. 17** الكلبى : kufischer Philologe und “Universalgelehrter”, gest. 763. الشرقى بن القُطامى : Überlieferer arabischer Poesie, gest. ca. 767; vgl. *EI*[2], Bd. 9: 354 und *GAS* VIII: 115. **Z. 18** سام بن نوح : “Shem, Sohn des Noah”. قطن “residieren”.

سكنته العرب تطيّرت من أن تقول سام فقالت شام وقيل إن سامَرّى إنما سمّيت بذلك إضافةً إلى سام وقيل إن أول من سكنها من خلفاء بنى العبّاس سمّاها بهذا الاسم وإنها سرور لمن رآها وقد ذكر فى أسماء هذه المعاقل والبقاع والأمصار وجوه غير ما ذكرنا قد أتينا عليها فيما سلف من كتبنا

* (من كتاب معجم البلدان لأبى عبد الله ياقوت) *

* (فى جمل من أخبار البلدان) *

قال الحَجّاج لزادان فَرُّوخ أخبِرْنى عن العرب والأمصار فقال أصلح الله الأمير أنا بالعجم أبصر منّى بالعرب قال لتُخبرْنى قال سَلْنى عمّا بدا لك قال أخبِرْنى عن أهل الكوفة قال نزلوا بحضرة أهل السواد فأخذوا من مناقبهم ومن سماحتهم قال فأهل البصرة قال نزلوا بحضرة الخوز فأخذوا من مَكْرهم وبُخْلهم قال فأهل الحجاز قال نزلوا بحضرة السُودان فأخذوا من خفّة عقولهم وطَرَبهم فغضب الحجاج فقال أعزَّك الله لستَ منهم حجازيًّا أنت رجل من

Z. 1 تطيّرت : "sie [die Araber] betrachteten [es] als schlechtes Omen". **Z. 7** الحَجّاج : Gouverneur des Iraqs und der östlichen Provinzen des Omayyadenreichs (lebte ca. 661–714 AD.). زادان فَرُّوخ : der Finanzminister von الحَجّاج. **Z. 8** أنا بالعجم أبصر منّى بالعرب : "von den Persern verstehe ich mehr als von den Arabern". **Z. 12** مَكْر : "betrügerisches Geschick". بُخْل : "Sparsamkeit". **Z. 13** طَرَب : "Sinn für Unterhaltung".

أهل الشام قال أخبرنى عن أهل الشام قال نزلوا بحضرة
أهل الروم فأخذوا من ترفُّقهم وصناعتهم وشجاعتهم ،
وسأل معاويةُ ابنَ الكوّاء عن أهل الكوفة فقال أبحث
الناس عن صغيرة وأُضْيَعهم لكبيرة قال فأهل البصرة قال
غَنَم وَرَدْنَ جميعا وصدرن شتَّى قال فأهل الحجاز قال   ٥
أسرع الناس إلى فتنة وأضعفهم فيها قال فأهل مصر قال
أجِدّاء أجِدّاء أشِدّاء أَكَلَةُ مَنْ غَلَبَ قال فأهل الموصل قال
قِلادة أُمّة فيها من كل خَرَزَة قال فأهل الجزيرة قال كُناسة
بين المِصْرَيْن ثم سكت قال ابن الكوّاء سَلْنى فسكت قال
لتسأل أو لأُخبرك عمّا عنه تَحيد قال أخبرنى عن أهل   ١٠
الشام قال أطوع الناس لمخلوق وأعصاهم لخالق ، وقد
جعلت القدماء ملوكَ الأرض طبقاتٍ فأَقَرَّت فيما زعموا
جميع الملوك لملك بابل بالتعظيم وأنه أول ملوك العالم
ومنزلته فيها كمنزلة القمر فى الكواكب لأن إقليمه
أشرف الأقاليم ولأنه أكثر الملوك مالا وأحسنهم طبعا   ١٥
وأكثرهم سياسةً وحَزْما وكانت ملوكه يلقّبونه بشاهنشاه
ومعناه ملك الملوك ومنزلته من العالم كمنزلة القلب من
الجسد والواسطة من القلادة، ثم يتلوه فى العظمة ملك

Z. 2: ترفُّق: "freundliches Verhalten". Z. 3: معاويةُ: der erste Omayyadenkalif. ابنَ الكوّاء: eine Führungspersönlichkeit, die im Konflikt zwischen ʿAlī und Muʿāwiya auf der Seite ʿAlīs stand. Z. 4: صغيرة – لكبيرة: "kleinere – größere Sünde". Z. 5: شتَّى: pl. von شتيت "versprengt". Z. 7: أَكَلَةُ مَنْ غَلَبَ: "diejenigen (pl. von آكِل), die die Überlegenen verschlingen [können]". Z. 8: قِلادة: "Halskette". خَرَزَة: "Perle auf einer Kette". كُناسة: "Weggefegtes". Z. 9: المِصْرَيْن: "die beiden Länder" (generisch). Z. 10: تَحيد: "du vermeidest". Z. 11ff: وقد جعلت: der Text von dieser Stelle an bis zum Ende des folgenden Gedichts ist fast gleichlautend mit einer entsprechenden Passage in al-Masʿūdīs *Murūǧ*, Bd. 1: 189f. Z. 16: شاهنشاه: paronomastisch "der König der Könige" (persisch).

الهند وهو ملك الحكمة وملك الغلبة لأن عند الملوك الأكابرالحكمة من الهند ، ثم يتلو ملك الهند فى الرتبة ملك الصين وهو ملك الرعاية والسياسة وإتقان الصنعة وليس فى ملوك العالم أكثر رعايةً وتفقُّدا من ملك الصين فى رعيّته وجُنده وأعوانه وهو ذو بأس شديد وقوة ومنعة له الجنود المستعدّة والكُراع والسلاح وجنده ذو أرزاق مثل ملك بابل ، ثم يتلوه ملك الترك صاحب مدينة كوشان وهو ملك التغزغز ويُدْعَى ملك السباع وملك الخيل إذ ليس فى ملوك العالم أشد من رجاله ولا أجرأ منه على سفك الدماء ولا أكثر خيلا منه ومملكته ما بين بلاد الصين ومَفاوِز خراسان ويُدْعَى بالاسم الأعمّ وهو إيرخان وكان للترك ملوك كثيرة وأجناس مختلفة أولو بأس وشدة لا يدينون لأحد من الملوك إلا أنه ليس فيهم من يدارى ملكَه ثم ملك الروم ويدعى ملك الرجال وليس فى ملوك العالم أصبح من رجاله ثم تتساوى الملوك بعد هؤلاء فى الترتيب وقد قال بعض الشعراء

الـدارُ داران إيـوَانُ وغُـمْـدانُ
والـمُـلك مـلكان سـاسان وقَـحْـطَانُ

Z. 4 تـفـقُّـد : "Inspektion". **Z. 6** كُـراع : "Ausrüstung". **Z. 8** تـغـزغـز : Toghuzghuz, ein türkischer Stammesverband; vgl. *EI*[2] s.v. سـبـاع : pl. von سَـبُـع "wildes Tier". **Z. 11** مَـفـاوِز : pl. von مَـفـازة "Wüste". **Z. 12** مـلـوك كـثـيـرة : vgl. Reckendorf *AS* § 42 (S. 59). أولـو : vgl. Fischer § 7 Anm. 7 und § 283. **Z. 14** من يدارى : bessere Lesart: من يدانى ; vgl. Jwaideh 1959: 77, fn. 5. **Z. 16** بعض الشعراء : gemeint ist hier der Dichter ʿIṣāba al-Ǧarǧarāy. **Z. 17** إيـوَانُ : die Edition hat an dieser Stelle أيـوَانُ ; vgl. auch *EI*[2] s.v.

والأرض فارس والإقليم بابلُ وا
لإسلام مكّة والدنيا خراسانُ
والجانبان العلندان اللّذا حَسُنَا
منها بخارى وبلخ الشاه تورانُ
والبَيْلَقانُ وطبرستان فأُزْرهما
واللّكْز شروانُها والجيلُ جيلانُ
قد رُتِّبَ الناس جَمٌّ فى مَرَاتبهم
فمَرْزُبان وبَطريق وطَرْخانُ
فى الفُرس كِسْرَى وفى الروم القياسر وا
لحبشِ النَّجَاشِيُّ والأتراكِ خاقانُ

رُوى أن عمر بن الخطاب رضى الله عنه سأل كعب الأحبار عن البلاد وأحوالها فقال يا أمير المؤمنين لما خلق الله سبحانه وتعالى الأشياء ألحق كل شىء بشىء فقال العقلُ أنا لاحق بالعراق فقال العلم أنا معك فقال المال أنا لاحق بالشام فقال الفِتَنُ وأنا معك فقال الفقر أنا لاحق بالحجاز فقال القنوع وأنا معك فقالت القساوة أنا لاحقة بالمغرب فقال سُوء الخُلق وأنا معك فقالت الصباحة أنا لاحقة بالمشرق فقال حُسن الخُلق وأنا معك

Z. 3 علندان : "dick"; vgl. Lane s.v. *ᶜ–l–d*. اللّذا : verkürzte Form des Relativpronomen (Dual). **Z. 8** مَرْزُبان وبَطريق وطَرْخان : hinter den drei arabisierten Titelformen steckt der Pahlavi-Titel *Marzpān*, der Begriff *Patrizier* sowie ein Titel bestimmter türkischer Würdenträger; vgl. Jwaideh 1959: 78, fn. 2–4. **Z. 10** النَّجَاشِيُّ : "der *Negus* (äthiopische König)". **Z. 11** رُوى أن : die folgende Anekdote ist in ähnlicher Form auch überliefert in al-Masᶜūdīs *Murūǧ*, Bd. 2: 183f. **Z. 11–12** كعب الأحبار : ein jüdischer Konvertit zum Islam, der als älteste Autorität zu "jüdisch-muslimischen" Traditionen gilt.

فقال الشقاء أنا لاحق بالبداوى فقالت الصحّة وأنا معك انتهى كلام كعب الأحبار ،

والله الموفّق للصواب إليه المرجع والمآب

* (بغداد) *

بَغْداد أُمّ الدُّنيا وسَيّدة البلاد قال ابن الأنبارى أصل بغداد للأعاجم والعرب يختلف فى لفظه إذ لم يكن أصلُها من كلامهم ولا اشتقاقها من لغاتهم قال بعض الأعاجم تفسيره بُسْتان رجل فباغ بستان وداد اسم رجل وبعضهم يقول بَغ اسم للصَّنَم فذُكر أنه أُهْدِىَ إلى كِسْرَى خَصِىٌّ من المشرق فأقطعه إياها وكان الخصىُّ من عُبَّاد الأصنام ببلده فقال بغ دادى أى الصنم أعطانى وقيل بغ هو البستان وداد أعْطى وكان كسرى قد وهب لهذا الخصىّ هذا البستان فقال بغ داد فسمّيت به وقال حمزة بن الحسن بغداد اسم فارسىٌّ معرَّب عن باغ دَاذوَيْه لأن بعض رُقْعة مدينة المنصور كان باغًا لرجل من الفُرس اسمه داذويه وبعضها أثر مدينة دارسة كان بعض ملوك الفرس اختطّها فاعتلّ فقالوا ما الذى يأمر الملك أن

Z. 4 بَغْداد : moderne Iranisten leiten den Namen *Baghdad* von altpersisch *bag* "Gott" und *dād* "gegeben", also als "von Gott gegeben" ab (vgl. H. Kennedy, "Baghdad", *Encyclopædia Iranica*, vol. 3 (1989): 412–415); die letztliche Etymologie bleibt wohl unklar (vgl. *EI*², s.v. Baghdād). ابن الأنبارى : Philologe, Autor u.a. des *al-ʾInṣāf fī masāʾil al-ḫilāf bayn an-naḥwīyīn al-baṣrīyīn wa-l-kūfīyīn* (1119–1181). **Z. 8** كِسْرَى : *kisrā* ist die arabisierte Form des persischen Namens *Ḫusraw* (vgl. Glossar). **Z. 9** خَصِىٌّ : "Eunuch". أقطع : "geben, widmen [ein Grundstück]; vgl. *EI*² s.v. *ʾiḳṭāʿ*". **Z. 14** رُقْعة : "Stück Land". المنصور : der zweite ʿabbāsidische Kalif, der Bagdad im Jahre 762 gegründet hat. **Z. 15** مدينة دارسة : "eine Stadt in Ruinen".

تُسَمَّى به هذه المدينة فقال هِلِيدوه وروز أى خَلُّوها بسلام فحُكى ذلك للمنصور فقال سَمَّيْتُها مدينة السلام ، وفى بغداد سبع لُغات بغداد وبغدان ويأبى أهل البصرة ولا يُجيزون بغداد فى آخره الذال المعجمة وقالوا لأنه ليس فى كلام العرب كلمة فيها دال بعدها ذال قال أبو القاسم عبد الرحمن بن إسحاق فقلتُ لأبى إسحاق إبراهيم بن السرى فما تقول فى قولهم خزداذ فقال هو فارسىٌّ ليس من كلام العرب قلتُ أنا وهذا حُجَّةُ مَن قال بغداذ فإنه ليس من كلام العرب وأجاز الكسائى بغداد على الأصل وحكى أيضا مغداذ ومغداد ومغدان وحكى الخارْزَنْجى بغداد بدالَيْن مهملتين وهى فى اللغات كلّها تذكّر وتؤنّث وتسمَّى مدينة السلام أيضا فأمّا الزَوْراء فمدينة المنصور خاصّة وسمّيت مدينة السلام لأن دجلة يقال لها وادى السلام وقال موسى بن عبد الحميد النَّسائى كنتُ جالسا عند عبد العزيز بن أبى روّاد فأتاه رجل فقال له من أين أنت فقال له من بغداد فقال لا تقُلْ بغداد فإن بغ صنم وداد أعطى ولكن قُلْ مدينة السلام فإن الله هو السلام والمُدُن كلها له ، وقيل إن بغداد كانت قبل سوقا

Z. 1 هِلِيدوه وروز : zu dieser Vorlage von خَلُّوها بسلام vgl. persisch *helidan* “lassen“; die Sequenz وروز ist unklar. **Z. 5–6** أبو القاسم عبد الرحمن بن إسحاق [الزجّاجى] : Grammatiker, gest. 949; vgl. *GAS* IX: 88–95. **Z. 6–7** أبو إسحاق إبراهيم بن السرى [الزجّاج] : Grammatiker, gest. 923; vgl. *GAS* IX: 81–82. **Z. 10** الخارْزَنْجى : Lexikograph, gest. 959; vgl. *GAS* VIII: 195–196. **Z. 12** الزَوْراء : “Bogen“.

يقصدها تُجّار أهل الصين بتجاراتهم فيُرْبحون الرَّبَح الواسع وكان اسم ملك الصين بغ فكانوا إذا انصرفوا إلى بلادهم قالوا بغ داد أى أن هذا الربح الذى رَبَحْناه من عطية الملك وقيل إنما سميت مدينة السلام لأن السلام هو الله فأرادوا مدينة الله [...]

۞ تم بحمد الله ۞

Z. 1 الـرَّبَـح : wenn diese Vokaliserung (vgl. Wüstenfeld, Bd. 1: 678) stimmt, "Pferde und Kamele, die zum Verkauf von einem Platz zum anderen gebracht werden"; vgl. Lane s.v. (andernfalls einfach الرِّبْح).